U0700935

中国专利侵权判定诉讼实务指南

章建勤　张小娟◎著

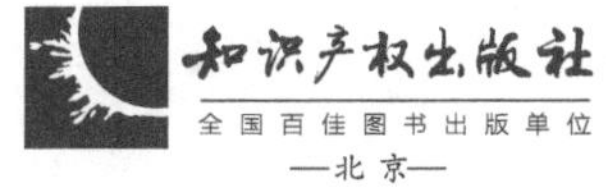

全国百佳图书出版单位
—北京—

图书在版编目（CIP）数据

中国专利侵权判定诉讼实务指南：正义——从粗糙到精细／章建勤，张小娟著．—北京：知识产权出版社，2021.8（2025.5 重印）

ISBN 978－7－5130－7617－3

Ⅰ.①中… Ⅱ.①章… ②张… Ⅲ.①专利侵权—民事诉讼—研究—中国 Ⅳ.①D923.424

中国版本图书馆 CIP 数据核字（2021）第 142186 号

责任编辑：齐梓伊　　**责任校对：**潘凤越

执行编辑：凌艳怡　　**责任印制：**刘译文

封面设计：智兴设计室　索晓青

中国专利侵权判定诉讼实务指南

正义——从粗糙到精细

章建勤　张小娟　著

出版发行：知识产权出版社有限责任公司　　**网　　址：**http://www.ipph.cn

社　　址：北京市海淀区气象路 50 号院　　**邮　　编：**100081

责编电话：010－82000860 转 8176　　**责编邮箱：**qiziyi2004@qq.com

发行电话：010－82000860 转 8101/8102　　**发行传真：**010－82000893/82005070/82000270

印　　刷：北京建宏印刷有限公司　　**经　　销：**各大网上书店、新华书店及相关专业书店

开　　本：720mm×1000mm　1/16　　**印　　张：**31

版　　次：2021 年 8 月第 1 版　　**印　　次：**2025 年 5 月第 3 次印刷

字　　数：488 千字　　**定　　价：**98.00 元

ISBN 978－7－5130－7617－3

序　一

章建勤、张小娟二位律师的新书《中国专利侵权判定诉讼实务指南　正义——从粗糙到精细》，即将付梓，作者嘱我写序，我深感荣幸，欣然命笔。

本书是作者多年来在知识产权领域辛勤耕耘的成果，立足于实务，但充满理论关注。全书分为两大部分，第一部分讨论外观设计专利的侵权判定，第二部分探讨发明、实用新型专利的侵权判定。本书作者结合自己求知和成长经历，希望通过对自己实践经验的总结，为从事专利实务的青年律师和学人提供相应的指南。律师著书立说，在西方是司空见惯的事情，但国内似乎并不多见。学者们从理论的角度阐明基本原理固然重要，但法学毕竟还是实用之学。从这个意义上说，实务部门实践者的著作更具有指导实践的意义，而其价值并不亚于理论上的推理。

本书的一大特点是，书中除阐述了作者本人在实践中积累起来的经验之外，还重现了优秀法官在处理各种案件时表现出来的司法智慧。正如作者指出的，案例在成文法国家已经越来越重要。以案释法、以案说法是对成文法规定的具体运用和补充。因此，本书的重要性是显而易见的。本书作者脚踏实地而视野高远，精于业务又勤于思考。

1985 年我应卡门卡教授和郑汝纯教授之邀，在澳大利亚国立大学做访问学者时，曾翻译过一些法规。在哈佛读书时，我的导师安守廉教授的研究兴趣之一也是知识产权，我虽然没有得其真传，但也曾恭读过该领域的重要文献，不敢疏怠。在麦肯斯律师事务所芝加哥办公室工作时，我偶尔也跟着资深律师做过知识产权方面的业务。近年来，我对新科技与法律的研究兴趣渐浓，对算法领域稍有涉猎。算法可否受到专利保护是该领域中一个非常有趣但难以回答的问题。英国学人莱恩·阿伯特（Ryan Abbott）积极提倡赋予算法专利，并且在好几个地方提交了算法专利申请。我在写这篇序的时候，刚刚拿到他在剑桥大学出版的新书《理智的机器人》（*The Reasonable Robot*）。该书为倡导算法专利大张旗鼓，不遗余力。一旦算法被赋予专利权，那就是等于承认了人工智能载体的法律人格，机器人侵权该谁赔偿，机器人是否该纳税等一系列问题都会有新的答案。

专利特许证或称专利证书出自英文“letters patent”（源自拉丁语 *literae patentes*），是由国家或国家元首签发的法律文书，以一页公开信的模式授权，以建立及确立某个官方组织，授予某人某种特殊权利，以至授予某人职位、地位或头衔。现代的发明专利发源于专利特许证制度。所谓“专利”指发明人由此获得特别权利。英国国王以君主名义发出的特许证，如果与发明专利无关，也称为“君主制诰”。这种证书没有封印，证书中的内容是公开的，任何人都可以展开观看。据英国大法学家布莱克斯通解释，专利证书是“敞开的信件”，不同于另一种封印的皇室信件（letters close），只供收信人展阅。16 世纪，英国皇室习惯性地恩赐或给准备为之付款的人授予垄断专利权。

专利的概念至少在 1843 年就传入中国。英国 1842 年占领香港以后，为了给英国政府对香港的统治提供指引，英国女王维多利亚在 1843 年以皇家特权立法的形式颁布了《英皇制诰》（*Hong Kong Letters Patent*）及《皇室训令》。《英皇制诰》作为英国殖民统治时期的重要宪制性法律文件确立了香港总督的职权，授权设立行政局与立法局以及确立各官员的职责等，授予总督全权管理香港的独占权。《英皇制诰》后来又有不同版本，直到 1997 年废止。

1898 年，“戊戌变法”时期，光绪皇帝签发了《振兴工艺给奖章程》，这可能是中国历史上的第一部专利法，但它并未付诸实施。

中华人民共和国成立以后，早在 1950 年就颁布了《保障发明权与专利权暂行条例》，但后来几经周折，到 1984 年才有了第一部专利法。1985 年中国加入了《保护工业产权巴黎公约》。此后，专利申请工作有了长足的进步。汤森路透研究人员在 2005 年预测，中国国家知识产权局已取代美国专利商标局成为全球最大的专利局。在 2012 年，全球五个最大的专利局提交了约 198 万份专利申请，其中中国提交了 526 412 份，超过了美国的 503 582 份。这种发展速度是惊人的。但是这些提交的专利申请在何种程度上促进了中国发明创造的真实状况，尚待实证研究予以澄清。中国的科技大公司在模仿和应用方面已经取得可观的成就，但在发明创新方面努力的空间仍然很大。

毫无疑问，专利制度是一项对于一国经济发展举足轻重的制度，其重要性在各国宪法和法律中均有规定。在科技飞速发展，科技创新引领经济发展的大潮中，我们面临的是一个鱼龙混杂、泥沙俱下、真伪难辨的时代。专利制度对于刺激并保障真正的发明创造尤为重要。随着新科技——人工智能、大数据、算法、云计算、神经网络等的不断更新发展，专利诉讼案件必然会大幅度增加，专利实践方面人才的需求也会随之增加。专利侵权诉讼是一项复杂的任务，它涉及众多可做灵活处理的细节，往往会让非专业人士难以理解。由于专利案件常常涉及难懂的技术和独特的诉讼程序，并牵涉需要仔细分梳的法律问题，处理此类案件需要高度专业的精神和技术。

本书的出版恰逢其时，作者对精选案例的认真编排和专业分析，为有志于从事专利事业的青年学子和实务工作者提供了入门的指南和参考的坐标。一如作者所言，在经历了很多研读判决书时的智力快感和逻辑享受之后，终于领悟到“在我国目前的发展阶段，很多技术类知识产权的纠纷处理，往往是没有足够的直接可用的规则可依，没有可直接遵照的先例可循的，是审案法官在‘智慧’的引导下，在现有法律规定及司法解释的基础上，通过法律解释的方法‘发现’所‘缺少’的裁判规则，以此定分止争的同时，通过一个个判决建立起引导后来者前行的‘灯塔’，或者‘路标’的”。这些“灯塔”或“路标”自有其发光和指引的奥妙，不是三言两语能说得清楚的。有心的读者自然会顺着作者指出的路径，寻到自己所欲的宝藏。

於兴中
2020 年 8 月 12 日于绮色佳

序 二

众所周知，专利侵权判定，既关乎如何精准适用法律，又关乎复杂的技术认定，难度大，专业性强。不少法律中人期待能够觅得使人深得要领的书籍作学习指引，但目前的专业著述中虽不乏专利侵权案例编、专利法或司法解释的理解与适用以及涉及专利侵权某个问题的学术论文与专著等，却鲜有专门针对专利侵权司法实践，整体上系统梳理专利侵权理论体系，并以此为引领，以真实案例为实证，去分析、解剖、揭示司法实践中专利侵权疑难案件如何解决，法官如何分析，相关争议焦点又如何处理等实践性强，且对专利侵权判定之推敲呈立体感指引的丰硕著述。章建勤君、张小娟女士的这部《中国专利侵权判定诉讼实务指南　正义——从粗糙到精细》正是这样的作品。

本书着眼实践，实用性强。本书中，作者除对专利侵权构成要件做体系化梳理外，还对专利侵权判定所涉疑难点、困惑点自微观层面进行入里的论述与有价值的探研。如对外观专利侵权判定中的“一般消费者”“设计空间”“区别于现有设计的设计特征”“功能性设计特征”“装饰性设计特征”等抽象模糊不易把握的法律概念的着力阐释，对发明、实用新型专利侵权判定中的“专利权保护范围确定”“专利权利要求解释”“功能性技术特征识别”等疑难问题的深入解剖。尤可称道的是，作者在对疑难、争议问题界定厘清时，均是以真实案例为抓手，着力展示理论在案例深入分析中的鲜活应用。于细微处体现作者的追求和践行：正义——从粗糙到精细。

本书选取的案例经典，针对性强。针对专利侵权判定所涉疑难问题，作者筛选大量经典案例，以求精准阐释。

研读本书，不仅可知悉作者对专利侵权判定的实体心得，还可通晓作者研习专利侵权判定的有效方法，那就是经常地、大量地仔细阅读，反复推敲各级法院的典型司法案例，尤其是最高人民法院的司法案例。从案例中感受法理，感悟司法裁判者面对疑难、困惑，面对诸如“无论争论多久，斟酌得多么仔细，都永远不可能确定不移”的踌躇难决的纠结时，而又必须在两难中作出决断的睿智抉择。这可从作者深入研读疑难案例时常为那些智慧裁判而“惊心动魄、荡气回肠、欲罢不能”的快感兴奋中明显感知。欣喜的是，这些作者读来“兴奋”的案例，已被作者精选于本书，供读者研习体验。需提醒的是，这些案例需耐心咀嚼，反复品咂，才会尝得个中真味。正如作者真诚所言，“这些案例须不慌不忙地读，如果实在读不下去，过段时间再读，但不要彻底放弃。认同判决的理由，就是读懂了，不认同判决的理由，只要能给出令人信服的理由，那也是读懂了。”

当今时代是以专利发明为代表的创新时代，专利保护就是鼓励创新，保护生产力，专利侵权判定则无疑是专利保护的着力保障。研习专利侵权判定，非经潜心以钻、孜孜探研，不能正确把握其内涵要义，稍有疏忽，案件裁判必将剑走偏锋，扭曲公正。由此，期待本书的出版，能对专利保护，对专利保护执业者、研习者有所助益。

安建须

2020 年 10 月 31 日

自 序

一、写作初心

自笔者自绝于拆迁维权江湖，进入技术类知识产权维权领域以来，在学习上曾一度遇到很大困难。首先，在考取专利代理人资格证时，在把握相关术语或者概念的准确含义以及我国专利法律体系的逻辑结构时，由于没有老师指导，也没有找到系统的指导材料，只能通过一遍遍阅读大量的考试材料，特别是读《专利审查指南》，来揣摩意会。虽然到最后基本上算是“无师自通”了，但付出的代价远远不止事倍功半。而考试通过到实操阶段后，面对一个个具体实务问题，尽管“上穷碧落下黄泉”地找遍《专利法》《专利法实施细则》《专利审查指南》以及专利法的相关司法解释，很多问题笔者还是找不到直接可用的判断依据，只好求助于以往的生效判决。这对笔者这个守“死理”的人来说实在是迫不得已的。在笔者以往的认知中，我国是制定法国家，判例是不能作为裁判依据的，当然也就不能作为笔者自己进行判断的依据；再说，笔者还对其中一些判决的“正确性”存有疑问。谨慎起见，笔者就先从最高人民法院关于专利侵权和专利无效的判决书读起。

没有想到，这是个“柳暗花明”的转向。尽管我国早期的一些专利侵权诉讼判决中，一审判决被改判的较多，二审判决中有些说理也不透彻、不充分，但相当多的二审判决书，特别是最高人民法院的判决书，惊心动魄、荡气回肠，常常是使笔者欲罢不能。经历了很多研读判决书时的智力快感和逻辑享受之后，笔者终于领悟到，在我国目前的发展阶段，很多技术类知识产权纠纷的处理，往往没有足够直接可用的规则可依，也没有直接可遵照的先例可循，是审案法官在“智慧”的引导下，在现有法律规定及司法解释的基础上，通过法律解释的方法“发现”所缺失的裁判规则，以此定分止争的同时，通过一个个判决建立起引导后来者前行的“灯塔”或者“路标”。而正是这些通过法律解释的方法“发现”的裁判规则作为法律、司法解释不可或缺的补充，成为裁判依据的重要组成部分，与法律、司法解释共同“引导”“规范”着我国的专利侵权判定。笔者所说的“智慧”，是指知识、智力、道德（或者爱心/担当）三者在时间河流中，经过长期互相激荡后形成的结晶。这些裁判规则的“发现”及判决的作出，不仅体现了审案法官的知识、智力，更体现了裁判者的道德。在这个每个人都很忙、很累的时代，一个判决书动辄数万字，有的仅就一个问题的说理就达上万字，而笔者这个害有严重逻辑癖的人都很少发现其中的说理瑕疵。经过了何等的呕心沥血，才能作出这样的判决啊！刚好搭档张小娟律师，也采用同样的学习方法和路径，笔者的学习领悟得到了她的高度共鸣。

同时，在和同道的交流中笔者得知，自己遇到过的问题具有很大的普遍性，交流过的很多同道都希望笔者将自己学习中的领悟付诸文字，与大家分享。

对这些法官们呕心沥血的“智慧结晶”的学习领悟，如果仅仅是自己欣赏并自用的话，不仅对不住这些“智慧法官”作出这些判决的初心，也与笔者的基督信仰不符。由此，笔者便产生了将这些领悟与同道交流，特别是与新手同道分享的强烈愿望，而不仅仅是自己乐在其中（隆安同事廉振保律师的评语）。这一想法又得到了搭档张小娟律师的全力支持，由此将这些学习领悟付梓成书便成了笔者和张小娟律师这两年最核心的工作。

二、对本书的期望

自己领悟是一回事，使人明白是另一回事。一本对读者确实有帮助的书，不仅要说正确并且有用的东西，还要让读者有兴趣读，还要尽可能被轻松理解。这使我们遇到了比自己学习更大的挑战。因为专利本身就是法律、技术和商业的结合，理解起来非常困难，准确判定是否构成侵犯专利权更难，要让人“不费劲”地学会判定是否构成侵犯专利权更是难中之难。为此，张小娟律师还承担了一项特别任务，就是对本书初稿站在读者角度把关。首先，张小娟律师把关书中内容是否正确；其次，我们考虑对读者是否会有帮助，有无歧义、读者理解起来有无困难等；最后，针对张小娟律师提出的问题我们共同商讨修正补充。

期望通过这样的努力，能够向读者奉献一本有帮助，同时也容易理解的专利侵权判定的“准工具书”。

三、本书内容、结构及书名

有论者说：法律是一种语言，法律的实施是法律语言与生活语言的沟通。而在笔者看来，专利是法律、技术、商业三者的结合；专利侵权的判定则是法律语言、技术语言、商业语言、生活语言四个维度的沟通。严谨是法律必备的品质，精准则是技术的生命。谚语“裁缝差一寸，口咬牙齿扽（扽，音dèn，用力拉、扯的意思）；木匠差一寸，气得把天恨”，形象地说明了精准在技术领域的极端重要性。法律的严谨、技术的精准、商业利益的冲突与衡平以及法律、技术、商业语言、生活语言之间的距离，使得准确理解和把握专利本身就是很难的事情，而要准确判定是否构成专利侵权，更是难上加难。加上我们的目标之一是对读者在理解和把握专利侵权判定的疑难问题和前沿问题上，提供尽可能大的帮助。本书的部分内容，对有些读者而言，读起来可能有些吃力。为了使读者尽可能容易理解，对于张小娟律师认为读者理解起来可能费劲的内容，我们都添加了额外解释说明（这些额外解释说明，对于部分读者来说应该是多余的，而且一定程度上也影响了整体逻辑贯通和行文流畅）。尽管有了这些额外解释，有些内容对于部分读者可能还是有些难度。当感觉吃力时，建议读者想想，专利侵权判定本身就是很难的事情。这样一想，也许就容易静下心来，坚持读下去。笔者自己曾经对于一些专利，第一年实在读不下去，只能暂放；第二年能够读懂了，但还是不能把握“个中三昧”；第三年再读时，不仅轻松，而且对其中的“门道”一目了然。

我们认为，一本对读者进行专利侵权判定有较大帮助的书，还应该是体系化的，即结构符合思维逻辑的同时，内容包括专利侵权判定的所有重要方面；同时，也应该像教科书那样，对每个重要问题，既有相关的“理论论述”，又有配套的适当“例题”。宋健法官带领江苏省高级人民法院知识产权庭编制的《江苏省高级人民法院侵犯商业秘密纠纷案件审理指南》就是一个很好的范例，使笔者在商业秘密侵权诉讼的学习中事半功倍。北京市高级人民法院的《专利侵权判定指南（2017）》作为我们了解到的迄今为止唯一个专利侵权判定的系统指导性文件（尽管其中还有不少需要完善的地方）与前述江苏高院的商业秘密审理指南一起，在确定本书的内容方面，给予了我们很大的帮助。最初，为了体系完备，我们的初稿定为：第一编，外观设计专利侵权判定；第二编，发明、实用新型专利侵权判定；第三编，专利侵权诉讼的程序（包括侵权赔偿金额的计算）。后来考虑到，专利侵权诉讼属于民事诉讼的一种，专利侵权诉讼程序中属于民事诉讼程序共性的一部分，现在的民事诉讼法特别是民事诉讼法司法解释的规定已经很系统完备了；而关于专利侵权诉讼的特殊部分，特别是如何解决举证难和赔偿数额低的问题，目前各种主张仍处于激烈的讨论中，且尚无共识，因此我们去掉了第三编。

外观设计专利权虽然与发明专利权和实用新型专利权一样，具有经申请后审批授权、先申请原则等专利权基本法律属性，但外观设计更多地是涉及审美，而不涉及技术，因此，为了体系上与第二编对应，第一编外观设计专利侵权判定分为八章，章下无节。对于外观设计专利侵权的判定，我们认为一些专业术语或者概念的理解掌握，对读者来说应该是必要的，因此这一编第一章都是对一些术语或概念的解释说明。

在我国，对于是否构成侵犯专利权，发明专利和实用新型专利所用规则是一致的（除在判定与权利要求的技术特征是否构成等同及确定权利要求的保护范围时，对于技术贡献较小的实用新型专利，比相较而言技术贡献较大的发明专利采取更为严格的标准，给予相对较小的保护范围）。由此，第二编即发明、实用新型专利侵权判定，是统一适用于发明专利和实用新型专利的，分七章。其中，第三、四、五、六章的核心内容已经通过《中国发明与专利》杂志先行奉献给了读者，见《中国发明与专利》杂志 2019 年第 10、11、12 期及 2020 年第 1 期。这几章都由“理论”和对应的案例构成，其中的“理论”部分是我们结合现有相关实际案例，在现行专利法律及其司法解释的基础上，总结归纳出的在我国专利侵权判定的各个环节实际和/或应该遵循的方法和“规则”；对应案例是我们精心选编的权威和/或典型的案例。这些案例是我们总结归纳出方法和“规则”的重要依据，同时也是帮助读者理解掌握对应专利法及其司法解释的规定，特别是理解我们的“理论”的实际案例。

起初，令我们感到不安的是，尽管本书的内容缺少程序部分，但字数就已近50万，其中选编的一些案例，有时一个案例就超过1万字。但在听了於兴中老师（哈佛大学法学博士、美国康奈尔大学法学院王氏讲席教授）于2019年5月17日下午在北京大学凯原楼307教室，以“正义——从粗糙到精细”为题的讲座后，笔者突然有所释怀。那些被本书引用的最高人民法院的判决书，往往长达数万字，其中有些仅就一个问题的说理就超过1万字，这对我们追求大而化之、言简意赅的传统读者，应该是很不适应的。但仔细想想，对于专利侵权判定这样高难度的问题，可能很难做到言简意赅；就算法官能够做到，作为当事人或社会公众的读者要理解、接受，恐怕是非常困难的。往往一个耗时数年，诉至最高人民法院的专利侵权案件，其审判不仅要定分止争，而且还要维护正义，同时要给下级法院作出表率，给社会公众提供“规范”，一个好的判决，不仅要结论正确，还要令人信服。令人信服，就得讲道理。太“言简意赅”地讲道理，必然是粗糙的；而令人信服地讲道理，必然是耐心细致的，是精细的。在我们看来，我国判决书从几百字到几千字再到几万字，不能不说是一种进步。为了凸显这种进步，同时解释为什么本书特别是其中的一些案例如此之长，得到於兴中老师赞同后，我们将本书的书名定为《中国专利侵权判定诉讼实务指南　正义——从粗糙到精细》。

四、致敬、致谢

没有“智慧法官”的“智慧结晶”，就没有我们的初心；没有众多师友的指导、支持、鼓励，不可能有个人的学习领悟付梓成书。

笔者从一个老家的中学物理教师到京城律师，从拆迁维权律师到知识产权的双证律师，再到本书的完成，与於兴中老师的言传身教是分不开的。在西北政法大学读研究生期间，听於兴中老师亲自介绍他的哈佛大学博士论文序言时，笔者感觉就像有人开了下百宝箱，亮了下箱中的宝物又马上盖上了；从箱中发出的光芒对刚从大山出来的笔者而言就像暗夜中的闪电。於兴中老师是笔者家乡的一个传奇——恢复高考时，於兴中老师已经23岁，从老家甘肃岷县考到兰州大学外语系，他以身作则的家国情怀、学者风范以及一次次对笔者私下的教导和启迪，使知错就改、不懂就学在笔者身上成为可能。而2019年夏天，听於兴中老师“正义——从粗糙到精细”“正义是智者的慈善”等讲座，笔者再次茅塞顿开。於兴中老师亲口说他很高兴为本书作序，使笔者深感惶恐，同时也动力大增。

还有许多法官的心血和汗水，帮助笔者从山重水复走向柳暗花明。当笔者对外观专利产品的完整外壳与外观设计专利的关系，直接侵犯专利权、间接侵犯专利权、帮助侵犯专利权、教唆侵犯专利权等冥思苦想时，看到了广东省高级人民法院的相关判决以及欧丽华法官写的案件评析，就如同夜行的船只看到了灯塔。笔者请求欧丽华法官准许对其评析在本书中原文采用时，欧丽华法官不但欣然应允，而且大加鼓励，通过笔者同学传话说：“你同学太有眼光了，原文引用没有问题，但得答应一个条件，书出版后必须签名送我一本。”

当笔者对机械领域专利权利要求也应该分封闭式和开放式并遵循封闭式、开放式权利要求保护范围的确定规则，而且这种区分和遵循不应当受到专利申请时间的限制的想法苦苦找不到依据时，看到最高人民法院的再审判决书和案件承办人郎桂梅法官对该案的评析，简直是“久旱逢甘霖”。

当笔者为如何识别专利权利要求中的功能性特征伤神时，朋友推荐了广东省高级人民法院知识产权庭前副庭长张学军法官的论著，实在是雪中送炭。而张学军法官（当时仍是法官）欣然允准笔者对她的著述在文章和书稿中自由选用。《中国发明与专利》杂志彭耀林主编和他的编辑团队的器重，使得本书的部分内容通过《中国发明与专利》杂志先行奉献给读者。

学长、前法官安建须博士的民商事案件“四面一体”的裁判理论和实践，使笔者对自己专利侵权判定的思辨进路更加坚信。安建须博士主张，民商事案件裁判一定要，而且一定能，做到法律规定、法理、利益衡平、价值引领四个方面的统一。并且安建须博士以案件事实、民商事法源、公平正义、公序良俗、立法本意、司法政策等为出发点，以法律解释为手段，以达到法律规定、法理、利益衡平、价值引领相统一，进而达到法律价值和社会价值同时实现的长期亲身实践，在技术类知识产权维权服务中为我们树立了实实在在的榜样。安建须博士一再鼓励笔者要“大言发声”。安建须博士也欣然为本书作序。

当知识产权出版社的齐梓伊主任了解了我们的初心并看了初稿中的部分内容后，当场表示，我们的书稿完成后可通过知识产权出版社出版。

在此，谨对作出本书所引用的所有判决的法官、书记员及支持他们的团队和领导致以崇高的敬意！对齐梓伊主任及其团队的凌艳怡编辑等、郎桂梅法官、宋健法官、欧丽华法官、张学军前法官、丛芳女士、彭耀林主编及参与本书写作的孙晓静主任致以崇高的敬意！对指导、支持、鼓励我们的师友致以衷心的感谢！

章建勤

2020 年 2 月于北京

目　录 / CONTENTS

第一编　外观设计专利权侵权判定

第二编 发明、实用新型专利权侵权判定

01

第一编 外观设计专利权侵权判定

全面、准确地掌握外观设计专利权侵权诉讼实务中的一些术语和概念的含义，不仅有利于准确理解对方当事人、代理人及法官等的意思表示，也比较有利于自己作出精准的意思表示。同时，这也是准确理解相关法律司法解释的规定，对是否构成侵犯外观设计专利权作出比较准确的判定的前提或者基础。因此，对笔者认为读者需要掌握的一些概念和问题，本编第一章进行了专门的解释说明；而对其中重要而且理解应用难度较大的概念和问题，则用专门一章的篇幅进行尽可能详细的解释说明。“设计空间”的理解和适用问题，专列一章论述，见第二章。包括图形用户界面产品的外观设计专利侵权判定问题，具有一定的特殊性，专列一章，见第三章。外观设计专利权评价报告在专利侵权诉讼中对原告的价值及被告如何应对和利用，有特殊的重要性，也专列一章，见第四章。构成外观设计专利权侵权的判定，是整个外观设计专利侵权诉讼实务的核心问题，也是本部分的核心问题，见第五章。将侵犯外观设计专利权的产品作为零部件制造另一产品并销售，是否构成侵犯专利权的判定问题，虽不是外观设计专利权侵权诉讼实务的核心问题，但却是一个容易出错的问题，也专章论述，见第六章。产品外壳在侵犯外观设计专利权判定的作用以及以帮助、教唆方式实施间接侵犯专利权的判定问题，虽然同样不是外观专利权侵权诉讼实务的核心问题，但却是一个容易出错的疑难问题，也专章论述，见第七章。现有设计抗辩问题，是一个容易被忽视，但却非常重要的问题，也专章论述，见第八章。另外，对于不属于《中华人民共和国专利法》（以下简称《专利法》）第 75 条规定的不视为侵犯专利权的问题以及不侵犯专利权确认之诉，参见本书第二编第七章。

第一章

外观设计专利权侵权判定中需要掌握的概念和问题

一、外观设计专利权的保护时间

（一）外观设计专利权的有效期间、生效时间及实际享有权利的期间

《专利法》第42条第1款规定："发明专利权的期限为二十年，实用新型专利权的期限为十年，外观设计专利权的期限为十五年，均自申请日起计算。"而根据《中华人民共和国专利法实施细则》（以下简称《专利法实施细则》）第11条的规定，"除专利法第二十八条和第四十二条规定的情形外，专利法所称申请日，有优先权的，指优先权日。本细则所称申请日，除另有规定的外，是指专利法第二十八条规定的申请日。"由此看来我国包括外观设计在内的专利权的有效期间的起算中，"申请日"排除"优先权日"，仅指专利授权文件记载的"申请日"。根据《专利法》第40条的规定："实用新型和外观设计专利申请经初步审查没有发现驳回理由的，由国务院专利行政部门作出授予实用新型专利权或者外观设计专利权的决定，发给相应的专利证书，同时予以登记和公告。实用新型专利权和外观设计专利权自公告之日起生效。"外观设计专利权实际生效期间的起算日与发明专利权、实用新型专利权相同，都是授权公告之日。由此，一项外观设计专利权实际享有专利权的期间是少于15年的，是15年减去申请日到授权公告日这段时间。

（二）外观设计在授权公告之前被他人使用不构成侵犯专利权

在申请日之后和授权公告日之前的这段时间内，申请人实际是不享有专利权的。如果外观设计专利申请人在该专利授权公告日之前就将该专利申请的内容向社会公开，如将体现其专利设计的产品投向市场，他人使用了该产品的外观设计，又如制造同样外观的产品出售，由于此时申请人尚未取得专利权，他人的使用行为不构成侵犯该外观设计专利权，即便该外观设计专利申请日后被授予专利权。又由于《专利法》对外观设计专利没有规定如同发明专利那样的，在发明专利申请内容公布之后授权公告之前，他人使用该公开的发明创造内容的要缴纳适当的费用。因此，就算该外观设计专利申请符合《专利法》的规定，被授予了专利权，在授权公告日之前他人使用该外观设计，是不构成侵犯其外观设计专利权的。《最高人民法院研究室关于兰州某研究所与兰州某有限责任公司专利权侵权纠纷一案如何适用法律问题的答复》（法研〔2011〕88 号，2011 年 6 月 29 日发布）认为："根据《中华人民共和国专利法》第十一条、第四十条的规定，起诉实用新型专利权侵权应以专利权被依法授予为前提，而实用新型专利权自公告之日起生效，因此在专利申请日到公告日之间，实用新型专利权并未产生，在此期间发生的实施与该实用新型专利申请相同技术方案的行为，不构成专利权侵权，由此引发的纠纷应适用相关法律规定处理。"此答复同样适用于外观设计专利。

如果外观设计申请人自己在授权公告之前没有公开所申请的外观设计，他人以不正当手段获取该外观设计加以使用的，可能构成侵犯该外观设计专利申请人的商业秘密权。当然，在外观设计申请之后，授权之前，申请人对公开的外观设计享有著作权、商标权等在先权利的，受著作权法、商标法等法律的保护，但这与专利权无关。

二、外观设计专利权的保护范围

（一）法律法规中关于外观设计专利权的规定

《专利法》第 64 条第 2 款规定："外观设计专利权的保护范围以表示在

图片或者照片中的该产品的外观设计为准，简要说明可以用于解释图片或者照片所表示的该产品的外观设计。”《最高人民法院关于审理侵犯专利权纠纷案件应用法律若干问题的解释》（以下简称《侵犯专利权纠纷案件解释》）第8条规定：“在与外观设计专利产品相同或者相近种类产品上，采用与授权外观设计相同或者近似的外观设计的，人民法院应当认定被诉侵权设计落入专利法第五十九条[①]第二款规定的外观设计专利权的保护范围。”据此，外观设计专利权的保护范围为，在与体现或者承载授权外观设计的产品相同或者近似种类产品上的，与授予专利权的外观设计相同或者近似的外观设计。至于何为与外观设计专利产品相同或者近似，《侵犯专利权纠纷案件解释》第9条规定：“人民法院应当根据外观设计产品的用途，认定产品种类是否相同或者相近。确定产品的用途，可以参考外观设计的简要说明、国际外观设计分类表、产品的功能以及产品销售、实际使用的情况等因素。”何为与授予专利权的外观设计相同或者近似的外观设计，是外观设计专利侵权判定的最基本、最重要、最核心也最难的问题。特别是，对于侵犯外观设计专利权的，与外观设计专利设计近似性的判定，在整个外观设计专利权判定中，不论对于专利权人、被诉侵权人、专利侵权诉讼代理律师，还是对于审案法官，都是一个难中又难的问题；无论是法律规定还是司法解释，或者是类似于北京市高级人民法院《专利侵权判定指南（2017)》这类指导性的文件，这都是尚未解决的问题。对此，本书将在第一编第五章重点进行探讨，此也是体现本书实用价值的核心内容所在。

（二）请求保护色彩对外观设计专利权保护范围的限缩

《专利法实施细则》第27条第1款规定：“申请人请求保护色彩的，应当提交彩色图片或者照片。”

由此，在外观设计专利权授权、确权及外观设计专利权保护中存在保护色彩的问题。某一产品外观设计是否侵犯了外观设计专利权，就看该被诉产品外观设计是否与授予专利权的外观设计相同或者近似。而判断是否构成相同或者近似时，如果授予外观设计专利权的外观设计没有要求保护色彩，就

---

① 《专利法》（2020年修正）第64条。

只考虑产品的形状和图案两个要素。如果要求保护色彩，就算两者从形状和/或图案角度构成相同或者近似，如果色彩有明显差异，导致两者的整体视觉效果有明显差异的话，也不可能构成侵权。外观设计要求保护色彩，使得在判定是否构成侵权时多了一个对色彩的判定要素，这类似于发明或者实用新型专利的权利要求多出了一个必要技术特征，实际上是限缩了专利权的保护范围，减小了构成侵权的可能性。因此，要求保护色彩，虽然对于获得授权及授权后权利的稳定性有帮助，但对于保护范围而言是限缩的。

三、侵犯外观设计专利权

（一）侵犯外观设计专利权的含义

《专利法》第 11 条第 2 款规定："外观设计专利权被授予后，任何单位或者个人未经专利权人许可，都不得实施其专利，即不得为生产经营目的制造、许诺销售、销售、进口其外观设计专利产品。"据此，未经外观设计专利权人许可，实施其专利的，即为生产经营目的制造、许诺销售、销售、进口其外观设计专利产品，就可能构成侵犯外观设计专利权。至于"实施其专利"更具体的含义，根据《侵犯专利权纠纷案件解释》第 8 条的规定，"在与外观设计专利产品相同或者相近种类产品上，采用与授权外观设计相同或者近似的外观设计的，人民法院应当认定被诉侵权设计落入专利法第五十九条第二款规定的外观设计专利权的保护范围"是指在与外观设计专利产品相同或者相近种类产品上，采用与授权外观设计相同或者近似的外观设计。因为，按照该条司法解释的规定，"在与外观设计专利产品相同或者相近种类产品上，采用与授权外观设计相同或者近似的外观设计"的，就属于落入外观设计专利权保护范围的行为，所以只要不属于《专利法》第 67 条（现有设计不侵权抗辩）或者第 75 条（不视为侵犯专利权）规定的情形，就构成侵犯外观设计专利权。因此，"在与外观设计专利产品相同或者相近种类产品上，采用与授权外观设计相同或者近似的外观设计"是《专利法》第 11 条第 2 款规定的实施外观设计专利权的具体体现。

另外，《专利法》第 11 条中"许诺销售"是指明确表示愿意出售某种产品的行为，具体表现为以做广告、在商店橱窗中陈列或者在展销会上展出等方式作出的销售商品的意思表示。

综上所述，侵犯外观设计专利权是指外观设计专利权被授予后，任何单位或者个人未经专利权人许可，为生产经营目的制造、许诺销售、销售或者进口的产品，与该授予了外观设计专利权的产品种类相同或者相近，且采用了与该授予了外观设计专利权的外观设计相同或者近似的外观设计。具体而言，如果某单位或者个人未经外观设计专利权人许可，擅自为生产经营目的制造、许诺销售、销售、进口与授权外观设计专利产品种类相同或者近似的产品中，采用与授权外观设计相同或者近似的外观设计的产品的，就构成侵犯外观设计专利权，但符合《专利法》第 75 条规定的，不视为侵犯专利权，或者按照《专利法》第 67 条的规定，被诉产品属于现有设计产品的，也不构成侵犯外观设计专利权。要特别注意的是，只有同时具备以下四个条件，才可能构成专利侵权。其一，被诉产品与授予外观设计专利权的产品种类相同或者相近。其二，被诉产品的外观设计与授予专利权的外观设计相同或者近似（判断是否构成此处所指的近似，是整个外观设计专利侵权判定的难点，本书将在第一编第五章予以专门解析）。其三，只有为生产经营目的制造、许诺销售、销售、进口的行为，才构成侵犯外观设计专利权，否则就不构成，如为个人学习、欣赏或者研究等非营利目的，就不构成侵犯外观设计专利权。与发明或者实用新型专利权的保护不同，为生产经营目的的“使用”行为不构成外观设计专利侵权。另外，《侵犯专利权纠纷案件解释》第 12 条第 2 款规定：“将侵犯外观设计专利权的产品作为零部件，制造另一产品并销售的，人民法院应当认定属于专利法第十一条规定的销售行为，但侵犯外观设计专利权的产品在该另一产品中仅具有技术功能的除外。”其四，不属于《专利法》第 75 条规定的不视为构成侵犯专利权的情况，也不属于《专利法》第 67 条规定的现有设计。

其中，在与外观设计专利产品相同或者相近种类产品上，采用与授权外观设计相同的外观设计，构成侵犯外观设计专利权的，称为外观设计相同侵权；在与外观设计专利产品相同或者相近种类产品上，采用与授权外观设计近似的外观设计，构成侵犯外观设计专利权的，称为外观设计近似侵权。被诉侵权设计与授权外观设计在整体视觉效果上无差异的，人民法院应当认定两者相同；在整体视觉效果上无实质性差异的，应当认定两者近似。

（二）共同侵犯外观设计专利权的含义

《侵犯专利权纠纷案件解释》第 12 条规定：“……将侵犯外观设计专利权的产品作为零部件，制造另一产品并销售的，人民法院应当认定属于专利法第十一条规定的销售行为，但侵犯外观设计专利权的产品在该另一产品中仅具有技术功能的除外。对于前两款规定的情形，被诉侵权人之间存在分工合作的，人民法院应当认定为共同侵权。”根据该款规定，被诉侵权人之间分工合作，将侵犯外观设计专利权的产品作为零部件，制造另一产品并销售的（侵犯外观设计专利权的产品在该另一产品中仅具有技术功能的除外），构成外观设计专利权共同侵权。共同侵权的，承担连带责任。

（三）帮助侵犯外观设计专利权行为和教唆侵犯外观设计专利权行为

《最高人民法院关于审理侵犯专利权纠纷案件应用法律若干问题的解释（二）》（以下简称《侵犯专利权纠纷案件解释（二）》）第 21 条规定：“明知有关产品系专门用于实施专利的材料、设备、零部件、中间物等，未经专利权人许可，为生产经营目的将该产品提供给他人实施了侵犯专利权的行为，权利人主张该提供者的行为属于民法典第一千一百六十九条规定的帮助他人实施侵权行为的，人民法院应予支持。明知有关产品、方法被授予专利权，未经专利权人许可，为生产经营目的积极诱导他人实施了侵犯专利权的行为，权利人主张该诱导者的行为属于民法典第一千一百六十九条规定的教唆他人实施侵权行为的，人民法院应予支持。”

根据该规定，行为人明知有关产品系专门用于实施专利的材料、设备、零部件、中间物等，未经专利权人许可，为生产经营目的将该产品提供给他人实施了侵犯专利权的行为，该提供者的行为构成《中华人民共和国民法典》（以下简称《民法典》）第 1169 条规定的帮助他人实施侵权行为，承担民法典及专利法规定的帮助侵权的法律责任；行为人明知有关产品、方法被授予专利权，未经专利权人许可，为生产经营目的积极诱导他人实施了侵犯专利权的行为，该诱导者的行为构成《民法典》第 1169 条规定的教唆他人实施侵权行为，承担连带责任。该规定对发明专利权、实用新型专利权、外观设计专利权同样适用。

关于共同侵权、帮助侵权、教唆侵权，详见第一编第七章的论述。

四、外观设计专利权侵权判定中所指的“相同或者相近种类产品”

根据《侵犯专利权纠纷案件解释》第 8 条规定，只有在与外观设计专利产品相同或者相近种类产品上，采用与授权外观设计相同或者近似的外观设计的，才可能构成侵犯外观设计专利权。而根据该司法解释第 9 条的规定：人民法院应当根据外观设计产品的用途，认定产品种类是否相同或者相近。确定产品的用途，可以参考外观设计的简要说明、国际外观设计分类表、产品的功能以及产品销售、实际使用的情况等因素。据此，外观设计专利侵权判定中所指“相同或者相近种类产品”，是指被诉侵权产品的用途与授予外观设计专利权的产品的用途相同或者相近。

五、“以外观设计的整体视觉效果进行综合判断”的含义

《侵犯专利权纠纷案件解释》第 11 条第 1 款规定：“人民法院认定外观设计是否相同或者近似时，应当根据授权外观设计、被诉侵权设计的设计特征，以外观设计的整体视觉效果进行综合判断；对于主要由技术功能决定的设计特征以及对整体视觉效果不产生影响的产品的材料、内部结构等特征，应当不予考虑。”对于该条所规定的“以外观设计的整体视觉效果进行综合判断”的具体含义，目前尚未有司法解释予以明确。在司法实践中，通常的做法是，站在“一般消费者”的角度，将授予专利权外观设计的设计特征（是指授予外观设计专利权的授权文件的图片或者照片所显示的，而不是体现授予外观设计专利权设计的实际产品所显示的）及被诉侵权产品的外观设计特征逐一列出，然后对两者对应的设计特征的异同点逐一比较，在逐一比较的基础上综合判断，得出被诉侵权产品外观设计与授予专利权的外观设计是否构成相同或者近似的结论。具体如何进行，是本书重点解析的内容，见本编第五章。其中的“设计特征”是指，授予专利权的外观设计，或者被诉侵权产品的外观设计中，能够给“一般消费者”留下一定的视觉影响，或者

能够引起"一般消费者"一定的注意，进而能够对"一般消费者"的美感判断，和/或与其他产品的外观区分发生一定影响的，构成整体外观设计的组成部分。"设计特征"可以是授予专利权的外观设计或者被诉产品外观的，整体或者组成部分的形状、图案或者色彩，或者形状、图案、色彩两者或三者的组合。

六、外观设计专利权侵权判定中"一般消费者"的含义

由于现实当中，不同的人对产品外观设计的主观分辨能力是不同的；同样的比较对象，让不同的人进行分辨时，对被分辨的两个外观设计是否构成相同或者近似（实质相同），可能会得出完全不同的结论。这在日常生活中不会带来很大问题，但在专利无效宣告程序中或者是否构成专利侵权的司法判定中，如果得出的结论因人而异，就会造成很大的问题。为了尽量避免这种因人而异的审查结论或者判决结论，《专利审查指南》第四部分第五章第四节判断主体部分规定：

在判断外观设计是否符合专利法第二十三条第一款、第二款规定时，应当基于涉案专利产品的一般消费者的知识水平和认知能力进行评价。

不同种类的产品具有不同的消费者群体。作为某种类外观设计产品的一般消费者应当具备下列特点：

（1）对涉案专利申请日之前相同种类或者相近种类产品的外观设计及其常用设计手法具有常识性的了解。例如，对于汽车，其一般消费者应当对市场上销售的汽车以及诸如大众媒体中常见的汽车广告中所披露的信息等有所了解。

常用设计手法包括设计的转用、拼合、替换等类型。（审查指南中原文如此，笔者认为应该表述为"对常用设计手法包括设计的转用、拼合、替换等类型有所了解"。）

（2）对外观设计产品之间在形状、图案以及色彩上的区别具有一定的分辨力，但不会注意到产品的形状、图案以及色彩的微小变化。

"一般消费者"这一概念也被用来指导判定两个外观设计是否构成相同或者近似（实质相同）的最高人民法院的司法解释所采用。在相关司法解释

中，“一般消费者”概念的含义与《专利审查指南》中此概念的含义一致。两者都要求判定者将自己设定成对相同或相近种类产品的外观设计及其常用设计手法有常识性了解的人，其对外观设计产品之间在形状、图案以及色彩上的区别具备一定的分辨力，但又不会过度关注产品在形状、图案及色彩上的微小变化。但需要注意的是，司法解释中的判定基准日为“侵权行为发生日”，而《专利审查指南》中的判定基准日为“涉案专利申请日”。此外，司法解释之所以设置“设计空间”的概念，是为了在判断是否构成外观设计专利侵权的相同或者近似（实质相同）的过程中尽力保持“客观性”和统一性。

七、“设计空间”的含义

由于“设计空间”概念的理解和适用都具有很大的难度，本书将专门用一章的篇幅进行解析，见第一编第二章。

八、区别于现有设计的设计特征

（一）区别于现有设计的设计特征的重要性

《侵犯专利权纠纷案件解释》第 11 条第 2 款规定，授权外观设计区别于现有设计的设计特征相对于授权外观设计的其他设计特征，通常对外观设计的整体视觉效果更具有影响。据此，区别于现有设计的设计特征在判定被诉产品是否构成外观设计专利近似侵权，即被诉产品外观设计与涉案授权外观设计实质相同中有特别重要的意义。最高人民法院在〔2015〕民提字第 23 号判决中“本院认为”部分指出：“如果被诉侵权设计未包含授权外观设计区别于现有设计的全部设计特征，一般可以推定被诉侵权设计与授权外观设计不近似。”这充分表明区别于现有设计的设计特征的特殊重要性。

（二）区别于现有设计的设计特征的含义

通常情况下，对于已有产品，外观设计的设计人都是以现有设计为基础进行创新设计。获得专利权的外观设计一般会具有现有设计的部分内容，同时具有与现有设计不相同也不近似的设计内容。正是与现有设计不相同也不近似的这部分设计内容使得该授权外观设计具有创新性，从而满足《专利法》第 23 条所规定的实质性授权条件（不属于现有设计也不存在抵触申请，并且与现有设计或者现有设计特征的组合相比具有明显区别）。与现有设计不相同也不近似的这部分设计内容即构成授权外观设计区别于现有设计的设计特征。区别于现有设计的设计特征体现了授权外观设计不同于现有设计的创新内容，也体现了设计人对现有设计的创造性贡献。

（三）区别于现有设计的设计特征的识别或认定

在判定是否构成侵犯外观设计专利权方面，区别于现有设计的设计特征的作用相当于发明或者实用新型专利权利要求的区别于现有技术的技术特征；区别于现有设计的设计特征越多，在专利权侵权判定中，对专利权人越不利。如果作为原告的专利权人懂得这点的话，就会尽力掩藏甚至否认区别于现有设计的设计特征。而被诉侵权人即被告就会主张尽可能多的区别于现有技术的设计特征。对此，应该按照谁主张谁举证的原则，由被告举证。通常，专利权人可能将区别于现有设计的设计特征记载在简要说明中，也可能会在专利授权、确权或者侵权程序中对区别于现有设计的设计特征作出相应陈述。有关审查文档的相关记载对确定区别于现有设计的设计特征有着重要的参考意义。另外，在专利权确权程序中，专利权人为了保住其专利，通常会充分揭示并证明其专利区别于现有设计的设计特征。因此，在专利侵权案件中，被告可以先对涉案专利申请无效。就算最终不能宣告无效，也能充分挖掘出尽可能多的区别于现有技术的设计特征。这样就能在侵权判定中，争取到更多的有利条件。因为，通常只要被诉侵权产品缺少一个区别于现有设计的设计特征，就很可能不构成侵权。还有，在专利权人提供的专利权评价报告中，很可能会对区别于现有设计的设计特征进行描述，最起码被告可以利用专利权评价报告中作为评价依据的“现有设计”，分析该专利区别于现有设计的设计特征。

九、“对整体视觉效果更具有影响”的含义

《侵犯专利权纠纷案件解释》第 11 条规定：“人民法院认定外观设计是否相同或者近似时，应当根据授权外观设计、被诉侵权设计的设计特征，以外观设计的整体视觉效果进行综合判断；对于主要由技术功能决定的设

计特征以及对整体视觉效果不产生影响的产品的材料、内部结构等特征，应当不予考虑。下列情形，通常对外观设计的整体视觉效果更具有影响：（一）产品正常使用时容易被直接观察到的部位相对于其他部位；（二）授权外观设计区别于现有设计的设计特征相对于授权外观设计的其他设计特征。被诉侵权设计与授权外观设计在整体视觉效果上无差异的，人民法院应当认定两者相同；在整体视觉效果上无实质性差异的，应当认定两者近似。”

在该条中，出现了“对整体视觉效果不产生影响”和“对外观设计的整体视觉效果更具有影响”的用语。其中，“对整体视觉效果不产生影响”的，如构成产品的材料特征、结构特征等，在外观设计侵权判定中不予考虑。“产品正常使用时容易被直接观察到的部位相对于其他部位”和“授权外观设计区别于现有设计的设计特征相对于授权外观设计的其他设计特征”是“对外观设计的整体视觉效果更具有影响”的设计特征。由此，这两者之外的其他设计特征，就是具有一般视觉效果的设计特征。在判断是否构成外观设计侵权时，具有一般视觉效果的设计特征和更具视觉效果的设计特征，都应予以关注和考虑。但对更具视觉效果的设计特征要更予以重点关注和考虑。当被诉侵权产品与涉案外观设计在更具视觉效果的设计特征上出现明显差异时，一般应认定两者在整体视觉效果上具有实质性差异，不应认定构成侵犯外观设计专利权。

十、“功能性设计特征”与“装饰性设计特征”的含义

《侵犯专利权纠纷案件解释》第 11 条中有“对于主要由技术功能决定的设计特征以及对整体视觉效果不产生影响的产品的材料、内部结构等特征，应当不予考虑”的用语，其含义应该是对于主要由技术功能决定的设计特征，在判定整体视觉效果是否相同或者实质相同，进而是否构成侵犯外观设计权专利侵权时，应当不予考虑。

而对于何为“功能性设计特征”，何为“装饰性设计特征”及其对整体视觉效果的影响，进而对是否构成外观设计专利权侵权的影响，最高人民法

院判决（〔2015〕民提字第23号）中的相关论述全面而精彩。原文引述如下，不再续貂。

本院认为，外观设计的功能性设计特征是指那些在外观设计产品的一般消费者看来，由产品所要实现的特定功能唯一决定而不考虑美学因素的特征。通常情况下，设计人在进行产品外观设计时，会同时考虑功能因素和美学因素。在实现产品功能的前提下，遵循人文规律和法则对产品外观进行改进，即产品必须首先实现其功能，其次还要在视觉上具有美感。具体到一项外观设计的某一特征，大多数情况下均兼具功能性和装饰性，设计者会在能够实现特定功能的多种设计中选择一种其认为最具美感的设计，而仅由特定功能唯一决定的设计只有在少数特殊情况下存在。因此，外观设计的功能性设计特征包括两种：一是实现特定功能的唯一设计；二是实现特定功能的多种设计之一，但是该设计仅由所要实现的特定功能决定而与美学因素的考虑无关。对功能性设计特征的认定，不在于该设计是否因功能或技术条件的限制而不具有可选择性，而在于在外观设计产品的一般消费者看来该设计是否仅仅由特定功能所决定，而不需要考虑该设计是否具有美感。一般而言，功能性设计特征对于外观设计的整体视觉效果不具有显著影响；而功能性与装饰性兼具的设计特征对整体视觉效果的影响需要考虑其装饰性的强弱，装饰性越强，对整体视觉效果的影响相对较大，反之则相对较小。

本案中，涉案授权外观设计与被诉侵权产品外观设计的区别之一在于后者缺乏前者在手柄位置上具有的一类跑道状推钮设计。推钮的功能是控制水流开关，是否设置推钮这一部件是由是否需要在淋浴喷头产品上实现控制水流开关的功能所决定的，但是，只要在淋浴喷头手柄位置设置推钮，该推钮的形状就可以有多种设计。当一般消费者看到淋浴喷头手柄上的推钮时，自然会关注其装饰性，考虑该推钮设计是否美观，而不是仅仅考虑该推钮是否能实现控制水流开关的功能。涉案授权外观设计的设计者选择将手柄位置的推钮设计为类跑道状，其目的也在于与其跑道状的出水面相协调，增加产品整体上的美感。因此，二审判决认定涉案授权外观设计中的推钮为功能性设计特征，适用法律错误，本院予以纠正。

十一、成套产品外观设计专利权侵权判定

（一）成套产品外观设计专利权的含义

《专利法》第 31 条第 2 款规定："一件外观设计专利申请应当限于一项外观设计。同一产品两项以上的相似外观设计，或者用于同一类别并且成套出售或者使用的产品的两项以上外观设计，可以作为一件申请提出。"《专利法实施细则》第 35 条第 2 款规定："专利法第三十一条第二款所称同一类别并且成套出售或者使用的产品的两项以上外观设计，是指各产品属于分类表中同一大类，习惯上同时出售或者同时使用，而且各产品的外观设计具有相同的设计构思。"《专利审查指南》第一部分第三章第 9. 2 节规定："成套产品是指由两件以上（含两件）属于同一大类、各自独立的产品组成，各产品的设计构思相同，其中每一件产品具有独立的使用价值，而各件产品组合在一起又能体现出其组合使用价值的产品，例如由咖啡杯、咖啡壶、牛奶壶和糖罐组成的咖啡器具。"第 9. 2. 2 节规定："同时出售，是指外观设计产品习惯上同时出售，例如由床罩、床单和枕套等组成的多套件床上用品……同时使用，是指产品习惯上同时使用，也就是说，使用其中一件产品时，会产生使用联想，从而想到另一件或另几件产品的存在，而不是指在同一时刻同时使用这几件产品。例如，咖啡器具中的咖啡杯、咖啡壶、糖罐、牛奶壶等。"

根据以上规定，成套产品的外观设计专利是指对按照国际专利外观设计分类（即洛迦诺分类法）属于同一大类，习惯上同时出售、同时使用，各产品的设计构思相同，其中每一件产品具有独立的使用价值，而各件产品组合在一起又能体现出其组合使用价值的两件以上（含两件）产品的外观设计，在一件专利申请文件中提出申请，又在同一份专利授权文件中对该成套使用的每个产品外观设计各自授予了外观设计专利权后，申请人对其所享有的权利。

（二）成套产品外观设计专利权侵权判定

《侵犯专利权纠纷案件解释（二）》第 15 条规定："对于成套产品的外观设计专利，被诉侵权设计与其一项外观设计相同或者近似的，人民法院应当认定被诉侵权设计落入专利权的保护范围。"据此，只要被诉侵犯外观设计专利权的产品外观设计与授予了成套产品外观设计专利权的任意一项专利权的外观设计相同或者实质相同，就可能构成侵犯外观设计专利权。因此，成套产品的外观设计专利权侵权判定，实际上是选择被授予了成套产品的外观设计专利权的其中一项或者几项授权设计，逐一与被诉侵权设计比对，只要落入其中一项专利权的保护范围，就可能构成专利侵权。

十二、变化状态产品外观设计专利权侵权判定

（一）变化状态产品的外观设计专利权的含义

《专利审查指南》第四部分第五章第 5.2.5.2 节规定："变化状态产品，是指在销售和使用时呈不同状态的产品。"此处所称的"呈不同状态"，是指有不同的外观表现，也就是呈现给一般消费者的该产品外观是在变化之中。由此，对于变化状态产品在申请外观设计专利权时，所提交的表现其外观设计的图片或照片，就应当包括该产品被使用时表现出的每一个外观状态的图片或者照片。所授予的外观设计专利权的授权文件中，包括了该产品在使用时各个不同外观状态的图片或者照片。而每个外观状态的视图又包括主视图、左视图等体现每个外观状态的视图。

（二）变化状态产品的外观设计专利权侵权判定

《侵犯专利权纠纷案件解释（二）》第 17 条规定："对于变化状态产品的外观设计专利，被诉侵权设计与变化状态图所示各种使用状态下的外观设计均相同或者近似的，人民法院应当认定被诉侵权设计落入专利权的保护范围；被诉侵权设计缺少其一种使用状态下的外观设计或者与之不相同也不近似的，人民法院应当认定被诉侵权设计未落入专利权的保护范围。"此规定进一步明确了，变化状态产品的外观设计专利权的视图应当包括各种使用状态下的视图。只有被诉产品外观在使用时也呈变化状态，而且每个变化状态下的外

观设计与授权产品的外观设计每个使用状态下的外观设计均对应相同或者实质相同时，才构成外观设计专利侵权。只要被诉产品的外观表现缺少了授权外观设计的一种使用状态下的外观状态，或者被诉产品的外观表现与授权外观设计的一种使用状态下的外观状态不相同或者不实质相同的，就不构成侵犯变化状态产品的外观设计专利权。更明确地说，只要被诉产品的外观表现状态比授权外观设计所呈现的外观状态缺少内容（从时间维度上说），就不构成外观设计侵权。被诉产品的外观表现状态比授权外观设计所呈现的外观状态多出内容的（从时间维度上说），对是否构成侵犯变化状态外观设计专利权的判定不发生影响。至于在每个外观状态下（从时间维度上说）对于被诉产品的外观设计与授权外观设计是否相同或者实质相同的判断（对应同一时刻），判断方法和标准与不发生外观变化产品外观设计专利权侵权判定一致。

十三、组件产品外观设计专利权侵权判定

（一）组件产品外观设计专利权的含义

《专利审查指南》第四部分第五章第 5.2.5.1 节规定，组件产品是指由多个构件相结合构成的一件产品。组件产品又分组装关系唯一的组件产品，组装关系不唯一的组件产品以及各个构件无组装关系的组件产品。例如，由水壶和加热底座构成的电热开水壶是组装关系唯一的组件产品，插接组件玩具产品是组装关系不唯一的组件产品，扑克牌、象棋棋子等是无组装关系的组件产品。组件产品的外观设计专利权的客体，随组装关系的不同而不同。组装关系唯一的组件产品的外观设计专利权，其客体是组合状态下的整体外观设计。也就是，组装关系唯一的组件产品的外观设计授权文件中，呈现的外观设计的图片或者照片，每个视图都是呈现全部构件组装在一起后形成的整体视觉效果的。这种情形下的组件产品相当于一件产品。对于组装关系不唯一和无组装关系的组件产品，其外观设计专利权的构成要素其实是每个构件外观设计专利权构成要素的总和；组件产品的外观设计专利权受到每个构件的外观设计的限定，体现其外观设计专利权的照片或者图片是由每个构件

的照片或者图片组成的。每个构件的图片或者照片又包括主视图、左视图等呈现其外观设计所必需的各个视图。

（二）组件产品外观设计专利权侵权判定

《侵犯专利权纠纷案件解释（二）》第16条规定："对于组装关系唯一的组件产品的外观设计专利，被诉侵权设计与其组合状态下的外观设计相同或者近似的，人民法院应当认定被诉侵权设计落入专利权的保护范围。对于各构件之间无组装关系或者组装关系不唯一的组件产品的外观设计专利，被诉侵权设计与其全部单个构件的外观设计均相同或者近似的，人民法院应当认定被诉侵权设计落入专利权的保护范围；被诉侵权设计缺少其单个构件的外观设计或者与之不相同也不近似的，人民法院应当认定被诉侵权设计未落入专利权的保护范围。"

据此，对于组装关系唯一的组件产品，侵犯其外观设计专利权的含义等同于侵犯不属于组件产品的普通产品的外观设计专利权。此种情形下，把组件产品整体当成一个产品，将其外观设计与授予专利权的外观设计进行比较，如果两者相同或者实质相同，则构成专利权侵权，否则就不构成。对于组装关系不唯一或者无组装关系的组件产品，其外观设计专利权相当于每个构件各自专利权的集合。只有构成该集合的每个组件的外观设计与被诉产品对应的每个组件的外观均构成对应相同或者实质相同的，才有可能侵犯组装关系不唯一或者无组装关系的组件产品的外观设计专利权。假如说组装关系不唯一或者无组装关系的组件产品的外观设计相当于发明专利权或者实用新型专利权的权利要求，那么其每个构件的外观设计对应权利要求的每个技术特征。只有当被诉组装关系不唯一或者无组装关系的组件产品的每个构件的外观设计与被授权的组件产品的每个构件的外观设计均对应相同或者实质相同时，才构成专利权侵权。否则，只要被诉产品缺少了授权外观设计的其中一个构件的外观设计，或者被诉产品的一个构件的外观设计与授权外观设计的其中一个授权设计不相同或者不实质相同，就不构成侵犯外观设计专利权。需要说明的是，被诉组装关系不唯一或者无组装关系的组件产品的构件与被授予组件产品外观设计专利权的设计相比，被诉产品多出了一个或者更多构件的，对其侵权判定不发生影响。

十四、同一产品多项相似外观设计专利权侵权判定

（一）同一产品多项相似外观设计专利权的含义

《专利法》第 31 条第 2 款规定："一件外观设计专利申请应当限于一项外观设计。同一产品两项以上的相似外观设计，或者用于同一类别并且成套出售或者使用的产品的两项以上外观设计，可以作为一件申请提出。"《专利法实施细则》第 28 条第 2 款规定："对同一产品的多项相似外观设计提出一件外观设计专利申请的，应当在简要说明中指定其中一项作为基本设计"；第 35 条规定："依照专利法第三十一条第二款规定，将同一产品的多项相似外观设计作为一件申请提出的，对该产品的其他设计应当与简要说明中指定的基本设计相似。一件外观设计专利申请中的相似外观设计不得超过 10 项……"《专利审查指南》第一部分第三章第 9. 1. 1 节规定："根据专利法第三十一条第二款的规定，一件申请中的各项外观设计应当为同一产品的外观设计，例如，均为餐用盘的外观设计。如果各项外观设计分别为餐用盘、碟、杯、碗的外观设计，虽然各产品同属于国际外观设计分类表中的同一大类，但并不属于同一产品。"第 9. 1. 2 节规定："根据专利法实施细则第三十五条第一款的规定，同一产品的其他外观设计应当与简要说明中指定的基本外观设计相似……"

综合上述规定，同一产品的相似外观设计专利权是指：针对同一产品，将与其基本外观设计相似的不超过十项的多项外观设计通过一件申请提出，国家专利授权机关审查符合授权条件后，通过同一件授权文件，对同一产品同时所授予的多项外观设计专利权。同一产品的相似外观设计专利权，虽然都是针对的同一产品，并且都与其基本设计相似，但实际上是各自独立的几项外观设计专利权。

（二）同一产品多项相似外观设计专利权侵权判定

《专利法》《专利法实施细则》以及关于专利侵权的司法解释，对于侵犯同一产品的相似外观设计专利权都没有特殊的或者专门的规定。原因是属于

同一产品的相似外观设计专利权的每项外观设计专利权实质都属于独立的专利权。在判定是否构成侵犯同一产品的相似外观设计专利权时，只需将被诉产品与专利权人指定的其中一项授权设计按照整体观察、综合判断的原则进行判断，如果被诉产品与权利人所主张的那项授权外观设计相同或者实质相同，同时两者产品种类相同或者相似的，就认定落入外观设计专利权的保护范围。当然，在法庭辩论终结前，应该许可专利权人变更对被侵犯的授权外观设计专利权的主张，并针对变更后所主张被侵犯的授权外观设计专利权重新判定。

第二章

《侵犯专利权纠纷案件解释（二）》中“设计空间”的理解和适用

被诉外观设计与涉案授权外观设计近似到何种程度就算达到了构成专利权侵权的“近似”，一直是审判实践中的难点。为了减少判案的失误、提高判案的效率及当事人的认可度，相关人员，特别是承担审判责任的法官为此作出了不懈努力，他们通过在具体判例、司法解释、审判指南中引入“设计空间”的概念，以便更准确地把握某种产品的“一般消费者”的分辨能力大小，进而解决专利权侵权判定中的该难点问题。然而，《侵犯专利权纠纷案件解释（二）》对“设计空间”概念，特别是对在审判实践中如何判定“设计空间”的大小，没有作进一步的阐明。北京市高级人民法院的《专利侵权判定指南（2017）》为此做了进一步的努力。但在笔者看来，北京市高级人民法院的该指南也未达其初衷。《最高人民法院关于审理专利授权确权行政案件适用法律若干问题的规定（一）》（以下简称《审理专利授权确权行政案件规定（一）》）第 14 条虽然规定了确定“设计空间”大小时应当考虑的因素，但对到底如何确定“设计空间”的大小仍然没有规定。以下是笔者就该“设计空间”概念的理解及如何适用所作的思考，期望对读者有所帮助。

一、《侵犯专利权纠纷案件解释（二）》中“设计空间”的含义

《侵犯专利权纠纷案件解释（二）》第 14 条规定：“人民法院在认定一般

消费者对于外观设计所具有的知识水平和认知能力时，一般应当考虑被诉侵权行为发生时授权外观设计所属相同或者相近种类产品的设计空间。设计空间较大的，人民法院可以认定一般消费者通常不容易注意到不同设计之间的较小区别；设计空间较小的，人民法院可以认定一般消费者通常更容易注意到不同设计之间的较小区别。”此规定使得包括法官在内的判断主体，在判定是否构成外观设计专利近似侵权时，必须考虑授权外观设计所属相同或者相近种类产品的“设计空间”，但却仅仅规定了“设计空间较大的，人民法院可以认定一般消费者通常不容易注意到不同设计之间的较小区别；设计空间较小的，人民法院可以认定一般消费者通常更容易注意到不同设计之间的较小区别”，对于何为所述“设计空间”及如何判断所述“设计空间”的大小没有进一步的规定。

二、《侵犯专利权纠纷案件解释（二）》发布前判例中引入的“设计空间”的含义

北京知识产权法院行政判决书（〔2015〕京知行初字第6329号）中，援引了最高人民法院专利无效行政判决书（〔2010〕行提字第5号）中关于“设计空间”的论述。最高人民法院在该判决中认为：“设计空间是指设计者在创作特定产品外观设计时的自由度。对于设计空间极大的产品领域而言，由于设计者的创作自由度较高，该产品领域内的外观设计必然形式多样、风格迥异、异彩纷呈，该外观设计产品的一般消费者就更不容易注意到比较细小的设计差别。相反，在设计空间受到很大限制的领域，由于创作自由度较小，该产品领域内的外观设计必然存在较多的相同或者相似之处，该外观设计产品的一般消费者通常会注意到不同设计之间的较小区别。设计空间既可能由大变小，也可能由小变大。因此，在专利无效宣告程序中考量外观设计产品的设计空间，需要以专利申请日时的状态为准。”最高人民法院的该判决中关于“设计空间”的核心观点为：“设计空间”是指设计者在创作特定产品外观设计时的自由度，对于“设计空间”极大的产品领域而言，该外观设计产品的一般消费者更不容易注意到比较细小的设计差别；在“设计空间”小的领域，由于创作自由度较小，该外观设计产品的一般消费者通常会

注意到不同设计之间的较小区别。但对于何为“设计空间”或者如何判断某一产品所属领域的设计者的设计自由度，也没有进一步述及。该判决的“设计空间”越大“一般消费者”分辨力越小的观点与《侵犯专利权纠纷案件解释（二）》是一致的。但该判决是关于判定涉案专利是否该被无效的，因此其针对的“设计空间”大小的时间点，是以被审查外观设计专利的申请日为准，关注的是申请日之前的“设计空间”对“一般消费者”分辨能力的影响。而《侵犯专利权纠纷案件解释（二）》是关于侵权判定的，因此其针对的“设计空间”大小的时间点是被诉侵权发生日，针对的是被诉侵权行为发生之前的“设计空间”对“一般消费者”分辨能力的影响。

三、北京高院《专利侵权判定指南（2017）》中“设计空间”的含义

《专利侵权判定指南（2017）》力图对如何判断“设计空间”大小进行阐明。其第83条规定如下：

判断外观设计是否相同或者相近似时，可以要求当事人提交证据证明相关设计特征的设计空间及现有设计状况。

设计空间是指设计者在创作特定产品外观设计时的自由度。设计空间受如下条件的限制：

（1）产品或其中零部件的技术功能；

（2）采用该类产品常见特征的必要性；

（3）现有设计的拥挤程度；

（4）其他可能对设计空间产生影响的因素，如经济因素（降低成本）等。

某一设计特征对应的现有设计越多，对该特征**设计空间**挤占越显著，其设计空间越小，替代性设计方案越少，细微差异会对整体视觉效果产生较大的影响；反之，现有设计越少，对该特征**设计空间**挤占越轻微，其设计空间越大，替代性设计方案越多，细微差异不会对整体视觉效果产生明显的影响。

现有设计状况是指在外观设计专利申请日之前在国内外为公众所知的相同或相近种类产品的外观设计的整体状况以及各设计特征的具体状况。有证

据证明现有设计具有与设计特征相同或基本相同的设计的，则该设计特征对产品整体视觉效果影响较小。

该指南取得的进步是提出了“判断外观设计是否相同或者相近似时，可以要求当事人提交证据证明相关设计特征的设计空间及现有设计状况”。这样，为了把握某类产品“一般消费者”分辨能力而设定“设计空间”概念的初衷就有了进一步实现的可能。但非常遗憾的是，该指南关于“设计空间”的上述阐述中，同样是关于“设计空间”的文字表述所指的含义是不同的。上文中加黑的“设计空间”应该指的是尚未被占用的原始“设计空间”，而斜体的“设计空间”所指的含义应该是原始的“设计空间”被部分占用后所剩余的“设计空间”。这就导致了逻辑的混乱。另外，该指南判断“设计空间”大小的时间点是涉案专利的申请日，这就与为了帮助判定是否构成专利侵权的初衷不一致，也与《侵犯专利权纠纷案件解释（二）》规定对应的判定时间点不一致。还有，《侵犯专利权纠纷案件解释（二）》所述的“设计空间”是指产品的设计空间，而该指南的“设计空间”是指“设计特征”的“设计空间”。在我国的司法体制中，《侵犯专利权纠纷案件解释（二）》是专利侵权案件中各方当事人，包括审案法官必须遵守的。而该指南是北京市高级人民法院制定发布的，其没有法律效力，对各方当事人，包括审案法官的作用是帮助更准确地理解相关法律、司法解释，包括帮助理解《侵犯专利权纠纷案件解释（二）》，其是不能与相关司法解释抵触的。因此，该指南关于影响“一般消费者”分辨能力的“设计空间”所做的进一步阐明的努力未达其初衷。

《审理专利授权确权行政案件规定（一）》第14条规定：“人民法院认定外观设计专利产品的一般消费者所具有的知识水平和认知能力，应当考虑申请日时外观设计专利产品的设计空间。设计空间较大的，人民法院可以认定一般消费者通常不容易注意到不同设计之间的较小区别；设计空间较小的，人民法院可以认定一般消费者通常更容易注意到不同设计之间的较小区别。对于前款所称设计空间的认定，人民法院可以综合考虑下列因素：（一）产品的功能、用途；（二）现有设计的整体状况；（三）惯常设计；（四）法律、行政法规的强制性规定；（五）国家、行业技术标准；（六）需要考虑的其他因素。”

四、《侵犯专利权纠纷案件解释（二）》中"设计空间"的理解和适用

（一）对《侵犯专利权纠纷案件解释（二）》"设计空间"的理解

《侵犯专利权纠纷案件解释（二）》引入"设计空间"概念的初衷在于帮助判定者在判定是否构成外观设计专利侵权时，对某一产品外观设计领域的"一般消费者"的分辨能力大小能够进一步地具体把握。而影响该领域"一般消费者"，对相应产品外观设计是否相同或者近似的分辨能力的因素，是被诉侵权行为发生日之前出现的，与授权外观设计产品用途相同或者相近的产品的外观设计数量的多少及近似程度。如果该领域的现有设计数量很多，而且差异很大，则其"一般消费者"应该是不能注意到相关外观设计差异的细节，对外观设计的差异的分辨力就小；相反，如果该领域的现有外观设计很少，而且现有外观设计相似度都很高的话，其"一般消费者"应该是能注意到相关外观设计差异的细节，对外观设计的分辨力就大。因此，有助于判定"一般消费者"的分辨能力的"设计空间"，即《侵犯专利权纠纷案件解释（二）》及《审理专利授权确权行政案件规定（一）》所述的"设计空间"，应该是指尚未被占用的原始"设计空间"，而不是被占用后的剩余"设计空间"。在这点上北京市高级人民法院的《专利侵权判定指南（2017）》的表述是值得商榷的。

在具体案件中，如果其中一方主张某种产品外观设计的"设计空间"很大，而且列举出了被诉侵权行为发生日之前出现的两个以上与该类产品相差很大的外观设计，就应该支持其外观"设计空间"大的主张。如果一方主张设计空间小，而其相对方又举不出证明"设计空间"大的证据，即对该种产品举不出被诉侵权发生日之前出现的、相差很大的两个以上的外观设计，则应该支持该"设计空间"小的主张。举证证明"设计空间"大，相当于对积极事实的证明，难度相对较小，且实现证明目的的可能性较大；证明"设计空间"小，相当于证明消极事实，证明难度相对较大，其实现证明目的的可能性较小；因此，关于"设计空间"的证明责任应该归于主张"设计空间"大或者否定"设计空间"小的一方。

例如，一方主张擀面杖的外观设计“设计空间”很大，但其又不能举出差异很大的两个以上擀面杖的外观设计的话，其擀面杖的“设计空间”很大的主张就不应当被支持。如果有人主张饭碗的“设计空间”很大，而且又举出了被诉侵权行为发生之前出现的、差异很大的两个以上关于饭碗的外观设计的话，就应该支持其关于饭碗的“设计空间”大的主张。

（二）具体案件中“设计空间”的适用

在外观设计专利侵权的具体案件中，如果出现了被诉产品外观设计与涉案授权外观设计相似的情况，通常情况下，作为专利权人的原告就会主张被诉产品构成“近似”侵权，而被告一般都会主张没有达到专利法规定的“近似”，因而不构成侵权。在此种情形下，法官就得考察涉案产品的“一般消费者”的分辨能力的大小，即能否对被诉产品与涉案授权外观设计的细节区别予以关注。如果能关注到两者的细节区别，则两者不构成“近似”的可能性就大，进而不构成侵权的可能性就大。相反，如果不能对两者的细节区别予以关注，则两者构成“近似”进而构成侵权的可能性就大。此时，法官可以主动引入“设计空间”的概念，最起码应该容许当事人引入“设计空间”的概念来考察或者判定“一般消费者”的分辨能力的大小。因为只要能够判定“设计空间”的大小，就能判定“一般消费者”的分辨力的大小，而且与“一般消费者”的分辨力的大小相比，“设计空间”的大小是个更易用证据证明的命题。

因为只要举出被诉侵权行为发生日之前的该种产品的相差很大的两个以上外观设计，就能充分证明该产品的“设计空间”大。而要证明该种产品的“设计空间”小，则相应很难。因此，应该把“设计空间”大的举证责任分配给主张“设计空间”大或者否定“设计空间”小的一方。如果其举证不能，就推定该产品的“设计空间”小。

因此，法官应该把“设计空间”大的举证责任分配给主张构成侵犯专利权的原告，并将举证途径及判定规则向原告进行充分释明。即如果原告能够在举证期限内，举出两个以上在被诉侵权行为发生之前出现的，相差很大的该种产品的外观设计，就可认定该产品的“设计空间”大，该产品的“一般消费者”的分辨力小，他们就不易注意到被诉侵权产品与涉案授权外观设计的细节区别。相反，如果原告在举证期限内举不出，则推定该产品的“设计空间”小，该产品的“一般消费者”就能注意到被诉产品与涉案授权外观设计的细节区别。

这样，“设计空间”概念的适用就有了可实际操作的方法和判断标准。对于外观设计相似侵权判定这一难题的解决，有了一个切实可行的角度和进路。

第三章

包括图形用户界面产品外观设计专利权侵权判定

对“包括图形用户界面产品的外观设计”专利权的保护客体及是否构成侵犯其专利权的判定，不仅对初学者具有一定难度，从北京知识产权法院作出的判决（〔2016〕京73民初276号）受到广泛关注和热议，以及北京市高级人民法院《专利侵权判定指南（2017）》的相关规定来看，就是在资深专业人士甚至相关专家眼中，此问题也存在不少争议。鉴于此，本章试图对包括图形用户界面产品的外观设计专利权的含义以及对包括图形用户界面产品的外观设计专利权的侵权判定进行解释说明。

2020年修正的《专利法》第2条增加了产品局部的外观设计专利权。图形用户界面外观设计应该属于该条增加的产品局部的外观设计。既然《专利法》规定了产品局部的外观设计专利权，那么作为产品局部外观设计的图形用户界面将会享有独立的外观设计专利权，而不受产品其他组成部分的影响。对于产品局部的外观设计到底该如何授权、确权及侵权判定，还有待《专利法实施细则》《专利审查指南》及司法解释等的进一步明确。但对于包括图形用户界面的产品外观设计专利权的理解及侵权判定，还是应该按照本节笔者的理解及解释进行。因为，虽然2020年修正的《专利法》第2条规定了：“外观设计，是指对产品的整体或者局部的形状、图案或者其结合以及色彩与形状、图案的结合所作出的富有美感并适于工业应用的新设计。”但并没有改变，更没有否定产品的整体外观设计专利权。据此，今后就会出现两种类型的外观设计专利权，即产品整体的外观设计专利权和产品局部的外观设计专利权。以图形用户界面的外观设计为例，设计人既可以申请产品的整体外观设计专利权，即包括图形用户界面产品的外观设计专利权；也可以申请产品的局部外观设计专利权，即就图形用户界面外观设计单独申请外观设计专利权。而就外观设计专利权侵权判定而论，包括图形用户界面产品的外观设计专利权侵权判定，仍然适用既有的外观设计专利权侵权判定规则。而对产品局部的外观设计专利权的授权、确权及侵权判定，需要进一步的相关规定予以明确。问题主要出在"用途"是否仍然是产品局部的外观设计专利权的授权、确权及侵权判定的必须考虑因素。

一、包括图形用户界面产品外观设计专利权的含义

（一）包括图形用户界面产品的含义

1.《专利审查指南》对包括图形用户界面产品外观设计的规定

2014年3月12日发布、2014年5月1日起施行的《国家知识产权局关于修改〈专利审查指南〉的决定》（国家知识产权局第68号令）第1项规定："就包括图形用户界面的产品外观设计而言，应当提交整体产品外观设计视图。图形用户界面为动态图案的，申请人应当至少提交一个状态的上述整体产品外观设计视图，对其余状态可仅提交关键帧的视图，所提交的视图应当能唯一确定动态图案中动画的变化趋势。"此是包括《专利法》《专利法实施细则》及《专利审查指南》在内的法律文件，第一次就"包括图形用户界面的产品外观设计"所作的规定。但很显然，按照上下文及该规定的文字本身判断，"包括图形用户界面的产品外观设计"仍然是产品外观设计的一种，其并没有创设一种新类型的专利权，"包括图形用户界面的产品外观设计"专利权仍然是原有专利权的一种，属于外观设计专利权，并且依附于产品，不能离开产品而存在。其与其他产品的外观设计的区别在于"包括图形用户界面"，即在其外观设计中有"图形用户界面"。而相关法律法规对于何为"图形用户界面"没有作任何的界定，甚至连解释说明都没有。按照法律解释的一般原则，对于没有作新的界定，甚至没有作解释说明的用语，其含

义则是指现有约定俗成的含义或者广泛认可的含义。而且没有作任何解释说明，意味着该用语属于“公知”的，对于读者理解起来没有困难。而事实是笔者感到“图形用户界面”的含义是不清楚的；和朋友讨论时，朋友们对其含义也感觉不甚明了。至此，也就只好“不知百度知了”，只要“百度知”，也就应该算“公知”了。

2. 百度百科对“图形用户界面”含义的解释

百度百科显示：“图形用户界面（Graphical User Interface，简称 GUI，又称图形用户接口）是指采用图形方式显示的计算机操作用户界面。”① 百度百科进一步解释称：“图形用户界面是一种人与计算机通信的界面显示格式，允许用户使用鼠标等输入设备操纵屏幕上的图标或菜单选项，以选择命令、调用文件、启动程序或执行一些其他日常任务。与通过键盘输入文本或字符命令来完成例行任务的字符界面相比，图形用户界面有许多优点。图形用户界面由窗口、下拉菜单、对话框及其相应的控制机制构成，在各种新式应用程序中都是标准化的，即相同的操作总是以同样的方式来完成，在图形用户界面，用户看到和操作的都是图形对象，应用的是计算机图形学的技术。”

3. 广东省高级人民法院生效判决中对“图形用户界面”概念的使用

广东省高级人民法院于2017 年6 月12 日作出的民事判决（〔2016〕粤民终 1134 号）“本院认为”部分论述道：

在对被诉侵权产品与涉案专利外观设计进行比对过程中，本院把图形用户界面差异作为近似性比对的考量因素之一，主要是基于以下理由：第一，随着科学技术的迅猛发展，具有图形用户界面的电子产品日益普遍。锁类产品逐渐发展为智能化电子锁，可以借助图形用户界面完成锁具的开关功能，进入社会公众的日常生活。人民法院在审理外观设计侵权案件时，应当正视科技发展的实际状况，不应当完全排除图形用户界面对整体视觉效果产生的影响。第二，我国专利法实施以来，对于图形用户界面长期以来未给予保护，强调给予保护的产品图案应当是固定的、可见的，而不应是时有时无的或者

---

① 百度百科：“图形用户界面”，https：//baike. baidu. com/item/GUI？fromtitle = % E5% 9B% BE% E5% BD% A2% E7% 94% A8% E6% 88% B7% E7% 95% 8C% E9% 9D% A2&fromid = 3352324，访问日期：2021 年 3 月 23 日。

需要在特定的条件下才能看见的。但是2014年3月12日，国家知识产权局修改了《专利审查指南》，第一部分第三章第7.4节第一段第（11）项被修改，不纳入保护范围的客体限定为游戏界面以及与人机交互无关或者与实现产品功能无关的产品显示装置所显示的图案。从而把图形用户界面纳入到外观设计专利的保护客体之中。因此，人民法院在审理外观设计侵权案件时，应当顺应专利保护政策变化对侵权判定方式的影响。第三，《侵犯专利权纠纷案件解释》第11条第2款规定，产品正常使用时容易被直接观察到的部位相对于其他部位，通常对外观设计的整体视觉效果更具有影响。该规定表明，产品使用时所具有的状态，包括通电状态下的图形用户界面作为电子产品的使用状态之一，对于确定被诉侵权产品是否落入外观设计专利权保护范围同样具有重要影响，可以纳入近似性判断考量因素之中。第四，作为智能化电子锁具的一般消费者而言，无论是智能化电子锁具的终端用户，还是安装智能化电子锁具的工程技术人员，在选择智能化电子锁时，都不可能对使用状态下的图形用户界面视而不见。相反，使用状态下的图形用户界面的差异很可能增强或减弱一般消费者的购买欲望，影响一般消费者的购买决策。最后，在对被诉侵权设计与涉案专利外观设计进行是否构成近似的判断时，要坚持整体观察、综合判断的方法，智能化电子锁的图形用户界面仅是近似性判断的考量因素之一。如果经过比对，被诉侵权设计的智能化电子锁的图形用户界面在整体设计中所占比重较小，对整体视觉效果影响不大，并不能仅因被诉侵权的智能化电子锁存在图形用户界面而推翻被诉侵权产品设计与涉案专利外观设计构成近似的结论。而当被诉侵权设计与涉案专利外观设计比对后，包括智能化电子锁的图形用户界面在内的被诉侵权产品设计与涉案专利外观设计在整体视觉效果上具有实质性差异时，则可以得出两者不相近似的结论。

4. 笔者对包括图形用户界面的产品含义的概括

综上可见，符合《专利审查指南》要求，可授予外观设计专利权的“包括图形用户界面的产品”，并不局限于电脑、智能手机等，也包括了诸如智能电子锁等任何包括图形用户界面的产品。但凡能够“接受”并“领会”用户显示在其表面的图形标志上通过用鼠标“点击”，直接用手指通过点击、按压、触摸等发出的指令，或者能“接受”并“领会”用户使用其他工具或者设备通过光、电、磁、声等介质发出的指令，并能够通过所述图形标志显示对用户指令响应的产品，都属于国家知识产权局第68号令所述的“包括图形用户界面的产品”。其中，能够引导或者提示用户向该产品发出指示，并显示对用户指示的响应的，位于产品表面的所述图形标志就属于该68号令所述的“图形用户界面”。

（二）北京高院《专利侵权判定指南（2017）》中相关规定

北京市高级人民法院《专利侵权判定指南（2017）》可以说对“图形用户界面外观设计”作了非常详细的规定。具体规定如下：

73. 图形用户界面外观设计的保护范围应结合设计要点由产品外观设计视图确定。

动态图形用户界面外观设计的保护范围需结合简要说明对动态变化过程的描述，由能确定动态变化过程的产品外观设计视图共同确定。

……

77. 进行外观设计侵权判定，应当首先审查被诉侵权产品与外观设计产品是否属于相同或者相近种类产品。

图形用户界面外观设计产品种类的确定应以使用该图形用户界面的产品为准。

……

86. 对于静态图形用户界面外观设计，应当主要考虑产品的图形用户界面部分，兼顾其与产品其余部分的关系，如位置、比例、分布关系，与被诉侵权设计中对应的内容进行综合判断。被诉侵权产品的图形用户界面外观设计与专利设计相同或相近似，且与产品其余部分的关系对整体视觉效果不产生显著影响的，应认定被诉侵权设计落入专利权的保护范围。

被诉侵权设计完整包含了静态图形用户界面外观设计，应认定被诉侵权设计落入专利权的保护范围。

87. 对于动态的图形用户界面外观设计，被诉侵权设计与动态的图形用户界面外观设计各视图均相同或者相近似的，应当认定被诉侵权设计落入专利权的保护范围。具体判断时也要考虑到图形用户界面部分与产品其余部分位置、大小、分布的关系。

被诉侵权设计缺少部分状态的视图，导致无法体现出与专利设计一致的变化过程的，应当认定被诉侵权设计未落入专利权的保护范围，但仍能唯一确定与专利设计一致的变化过程的除外。

被诉侵权设计使用了部分动态的图形用户界面外观设计或其关键帧，如果该部分或该关键帧属于图形用户界面外观设计的设计要点，则被诉侵权设计落入专利权的保护范围。但被诉侵权设计整体视觉效果与动态的图形用户界面外观设计不相同且不相近似的除外。

88. 对于立体产品的外观设计，通常形状对整体视觉效果更具有影响，在进行相同相近似判断时，应以形状为重点；但如果其形状属于惯常设计，则图案、色彩对整体视觉效果更具有影响。

当非图形用户界面的设计特征为惯常设计时，则图形用户界面对整体视觉效果更具有显著影响。

惯常设计，是指现有设计中一般消费者所熟知的、只要提到产品名称就能想到的相应设计。在外观设计产品领域，各个相互独立的产品制造商均采用的设计特征一般属于惯常设计。惯常设计对外观设计专利的整体视觉效果一般不具有显著影响，但惯常设计的组合能够带来独特视觉效果的除外。

（三）北京高院《专利侵权判定指南（2017）》中的相关规定与《专利审查指南》及〔2016〕京73民初276号判决、〔2016〕粤民终1134号判决不一致之处

虽然北京市高级人民法院《专利侵权判定指南（2017）》中的上述规定逻辑上不是很一致，但其特别突出强调“图形用户界面”的重要性，甚至脱离产品对“图形用户界面”予以保护的倾向非常明显。首先，其将《专利审查指南》中“包括图形用户界面的产品外观设计”改成了“图形用户界面外观设计”。这一改动使《专利审查指南》中“图形用户界面”在产品外观设计中位于“局部”或者“部分”的地位上升成了位于“全部”，最起码也是主导的地位。其次，《专利侵权判定指南（2017）》的规定“被诉侵权设计完整包含了静态图形用户界面外观设计，应认定被诉侵权设计落入专利权的保

护范围”，使得在包括图形用户界面的产品外观设计中非“图形用户界面”的设计要素失去意义。这显然没有遵循《专利审查指南》的相关规定。

而在一度引起广泛关注热议的北京知识产权法院作出的判决（〔2016〕京73民初276号）并没有遵循北京市高级人民法院《专利侵权判定指南（2017）》的相关规定。上述所引的广东省高级人民法院判决（〔2016〕粤民终1134号）关于“包含图形用户界面的产品外观设计”的论述也显然与北京市高级人民法院的《专利侵权判定指南（2017）》的相应规定不同。

（四）包括图形用户界面的产品外观设计专利权的含义应以《专利审查指南》为准

需要特别提醒的是，北京市高级人民法院《专利侵权审判指南（2017）》是没有任何法律效力的指导性文件，其在对法律及相关司法解释的理解和适用过程中仅具有帮助指导作用。但这种帮助指导并不能与法律、司法解释的规定相悖，也不能突破法律、司法解释规定的适用边界。换个角度说，如果《专利侵权判定指南（2017）》的相关规定与法律、司法解释的相关规定相悖或者超越了法律、司法解释规定的适用边界的话，就不得遵循其指导。而《专利审查指南》则是国家知识产权局在专利授权和专利确权中必须遵守的规范性文件。其规定，在与现有的法律、司法解释不冲突的情况下，也是各级法院在相关判决中应该援用的，实际也是被各级法院予以援用的。

二、包括图形用户界面产品外观设计专利权侵权判定

正如北京知识产权法院作出的判决（〔2016〕京73民初276号）所指出的，在针对包括图形用户界面产品的外观设计并无专门侵权认定规则的情况下，对这类案件的审理仍适用现有的外观设计侵权判定规则。即仍应按照《专利法》第11条、第64条第2款，《侵犯专利权纠纷案件解释》第8条，《审理侵犯专利权纠纷案件解释（二）》第21条的规定进行审理。

在北京知识产权法院审判案例（〔2016〕京73民初276号）中，原告主张被告向用户免费提供电脑软件的行为侵犯了其名称为“带图形用户界面的电脑”的外观设计专利权。对此，该判决认为涉案专利的产品为电脑，而被

诉侵权软件并不属于外观设计产品的范畴，即使被诉侵权软件的用户界面与涉案专利的用户界面相同或者近似，被诉侵权软件亦未落入涉案专利权的保护范围。

同时原告主张被告给用户免费提供被诉侵权软件的行为，即使不构成直接侵犯涉案专利权的行为，也构成了《侵犯专利权纠纷案件解释（二）》第21条第1款规定的帮助他人实施侵权的行为。对此，该判决认为，被诉侵权行为构成帮助侵权行为的前提之一，是用户具有直接实施涉案专利的行为。而在该案中，用户实施的仅为下载被诉软件至其电脑的行为，并不存在制造、销售、许诺销售电脑等行为。原告虽然主张用户存在销售、许诺销售预装有被诉侵权软件的电脑的可能性，但原告并未提交证据证明这一事实。据此，该判决也没有支持原告的被告构成帮助他人实施侵权行为的主张。北京知识产权法院在该案中，主要依据上述理由，判决驳回了原告的诉讼请求。

第四章

外观设计专利权评价报告在专利侵权诉讼中的价值

一、外观设计专利权评价报告的含义

《专利审查指南》第五部分第十章专利权评价报告“1. 引言”部分规定：

专利法第六十一条第二款规定，专利侵权纠纷涉及实用新型专利或者外观设计专利的，人民法院或者管理专利工作的部门可以要求专利权人或者利害关系人出具由国家知识产权局作出的专利权评价报告。

国家知识产权局根据专利权人或者利害关系人的请求，对相关实用新型专利或者外观设计专利进行检索，并就该专利是否符合专利法及其实施细则规定的授权条件进行分析和评价，作出专利权评价报告。

专利权评价报告是人民法院或者管理专利工作的部门审理、处理专利侵权纠纷的证据，主要用于人民法院或者管理专利工作的部门确定是否需要中止相关程序。专利权评价报告不是行政决定，因此专利权人或者利害关系人不能就此提起行政复议和行政诉讼。

2020 年修正的《专利法》将上述《专利审查指南》所引的《专利法》第 61 条第 2 款改成了第 66 条第 2 款，并且规定除专利权人、利害关系人外，被控侵权人也可以主动出具专利权评价报告。按此规定，专利侵权诉讼的被告也会具有通过申请获取专利权评价报告的资格，通过申请获取专利权评价报告；但专利权评价报告的法律性质、用途、获取途径，认为专利权评价报告错误时只能申请更正，其在侵权诉讼中的作用不会发生变化。

根据上述规定，外观设计专利权评价报告是专利权人或者利害关系人、被控侵权人，为了满足法院或者管理专利工作行政部门的要求，或者为证明据以起诉的外观设计专利权的状况，向国家知识产权局提出书面申请，国家知识产权局应所述申请对所述外观设计专利进行检索、分析、评价后对所述外观设计专利是否符合法律规定所作出的书面报告。所述的利害关系人是指，除专利权人之外，对他人侵犯所述外观设计专利权享有诉权的人，不包括对所述外观设计不享有权益的人（依据见《专利审查指南》第五部分第十章专利权评价报告第 2. 2 部分“请求人资格”）。特别要注意的是，外观设计专利权评价报告仅是一种证据，而不是行政决定，任何人对其都不可提起行政复议或者行政诉讼。如果所述请求人对其不满意，认为其错误的，可请求国家知识产权局进行更正。而被告认为其错误的，可以在诉讼中，通过举证证明的方式，证明所述专利权评价报告的结论不成立，请求法院不予采信。

二、外观设计专利权评价报告的内容

根据《专利审查指南》第五编第十章第 3. 2. 2 节规定，笔者认为，外观设计专利权评价报告应该包括如下内容：

（1）所评价的外观设计是否属于《专利法》第 5 条或者第 25 条规定的不授予专利权的情形。笔者认为其含义是所评价授权外观设计是否属于《专利法》第 5 条规定的违反法律、社会公德或者妨害公共利益的不授予专利权的情形。或者是否属于《专利法》第 25 条第 6 项规定的，属于对平面印刷品的图案、色彩或者二者的结合作出的主要起标识作用的设计，因而不应该授予专利权的情形。

（2）所评价的授权外观设计是否属于《专利法》第 2 条第 4 款规定的客体。笔者认为其含义是所评价的授权外观设计，是否属于对产品的形状、图案或者其结合以及色彩与形状、图案的结合所作出的富有美感并适于工业应用的新设计。

（3）所评价外观设计是否符合《专利法》第 23 条第 1 款的规定。笔者认为其含义是所评价的授权外观设计，是否属于现有设计；是否有任何单位或者个人就同样的外观设计在申请日以前向国务院专利行政部门提出过申请，并记载在申请日以后公告的专利文件中。

（4）所评价外观设计是否符合《专利法》第 23 条第 2 款的规定。笔者认为其含义是所评价授权的外观设计与现有设计或者现有设计特征的组合相比，是否具有明显区别。

（5）所评价授权外观设计的图片或者照片是否符合《专利法》第 27 条第 2 款的规定。笔者认为其含义是所评价授权外观设计授权文本所载申请人提交的有关图片或者照片是否清楚地显示要求专利保护的产品的外观设计。

（6）所评价外观设计专利文件的修改是否符合《专利法》第 33 条的规定。即所评价授权外观设计在授权审查过程中对外观设计专利申请文件的修改是否超出了原图片或者照片表示的范围。

（7）所评价授权外观设计属于分案申请的，分案的外观设计是否符合《专利法实施细则》第 43 条第 1 款的规定。即所评价授权外观设计如果属于分案申请的话，是否超出了原申请记载的范围。

（8）所评价授权外观设计是否符合《专利法》第 7 条的规定。即所评价授权外观设计是否属于同一项外观设计被授予了两项以上的专利权。

三、外观设计专利权评价报告的获取及更正

（一）外观设计专利权评价报告的获取

1. 获取人的资格

对侵犯外观设计专利权的行为享有向法院起诉或请求专利管理行政部门进行查处权利的人，享有向国家知识产权局申请获得外观设计专利权评价报告的资格，包括专利权人、独占实施许可合同的被许可人、被专利权人授予诉权的普通实施许可合同的被许可人、专利权人不起诉或者投诉的排他许可人、专利财产权利的合法继承人。

对于已经作出的外观设计专利权评价报告，任何单位或者个人都可通过复制的方式获得。

按照2020年修正的《专利法》，专利权人、利害关系人或者被控侵权人都可以申请获得专利权评价报告。

2. 获取的期间

能够获取的期间是在拟评价的外观设计授权公告之后，未被宣告全部无效和/或未作出专利权评价报告之前。在授权外观设计专利权被宣告全部无效之后，就不能通过申请的方式再获取外观设计专利权评价报告。对已经作出了专利权评价报告的授权外观设计，就不能再以申请的方式获取外观设计专利权评价报告，可以通过复制的途径获取。若需复制外观设计专利权评价报告，在所需复制的外观设计专利权评价报告作出之后的任何时间都可以。

3. 能够获取外观设计专利权评价报告的对象

对已经授予专利权的外观设计，包括已经终止或者放弃的外观设计专利，都可以通过申请获取外观设计专利权评价报告。对于已经被宣告无效而又未曾作出过外观设计专利权评价报告的授权外观设计，就不能获取外观设计专利权评价报告。

4. 获取途径

提交《外观设计专利权评价报告请求书》的请求需向国家知识产权局作出，已经作出了的外观设计专利权评价报告可向国家知识产权局申请查阅和复制。

5. 获取所需时间

国家知识产权局收到合格的《外观设计专利权评价报告请求书》和请求费之日起的两个月内向申请人发送外观设计专利权评价报告。对已有的外观设计专利权评价报告进行查阅和复制的，国家知识产权局收到合格的申请书并收取费用后，根据做相关准备的时间确定复制时间。

（二）外观设计专利权评价报告的更正

1. 可以更正的错误

当外观设计专利权评价报告中存在下列错误时，国家知识产权局作出外观设计专利评价报告的部门可自行更正，请求作出外观设计专利权评价报告的请求人可以请求更正：①著录项目信息或文字错误；②作出专利权评价报告的程序错误；③法律适用明显错误；④结论所依据的事实认定明显错误；⑤其他应当更正的错误。

2. 请求更正的期间

请求人认为作出的外观设计专利权评价报告存在可以更正的错误的，可以在收到外观设计专利权评价报告后两个月内提出更正请求。

3. 请求更正的方式

应当以意见陈述书的方式提出更正请求。意见陈述书要写明需要更正的内容和更正的理由。

4. 更正的次数及不予更正的救济途径

针对外观设计专利权评价报告，一般只允许提出一次更正请求；对于补充检索后重新作出的专利权评价报告，请求人可以再次提出更正请求。

对于国家知识产权局不认可请求人的理由，不予更正的情形，相关法律及《专利审查指南》都没有规定救济途径。

四、外观设计专利权评价报告对原告的价值

《专利法》第 66 条第 2 款规定："专利侵权纠纷涉及实用新型专利或者外观设计专利的，人民法院或者管理专利工作的部门可以要求专利权人或者利害关系人出具由国务院专利行政部门对相关实用新型或者外观设计进行检索、分析和评价后作出的专利权评价报告，作为审理、处理专利侵权纠纷的证据；专利权人、利害关系人或者被控侵权人也可以主动出具专利权评价报告。"《最高人民法院关于审理专利纠纷案件适用法律问题的若干规定》（以下简称《审理专利纠纷案件规定》）第 8 条第 1 款规定："对申请日在 2009 年 10 月 1 日前（不含该日）的实用新型专利提起侵犯专利权诉讼，原告可以出具由国务院专利行政部门作出的检索报告；对申请日在 2009 年 10 月 1 日以后的实用新型或者外观设计专利提起侵犯专利权诉讼，原告可以出具由国务院专利行政部门作出的专利权评价报告。根据案件审理需要，人民法院可以要求原告提交检索报告或者专利权评价报告。原告无正当理由不提交的，人民法院可以裁定中止诉讼或者判令原告承担可能的不利后果。"

根据以上规定，人民法院在审理专利侵权纠纷案件中，有权要求专利权人提交专利权评价报告。如果专利权人无正当理由不提交的，人民法院可以裁定中止诉讼或者判令原告承担可能的不利后果。

另外，根据《审理专利纠纷案件规定》第9条第1款第（一）项的规定，如果原告出具的检索报告或者专利权评价报告未发现导致实用新型或者外观设计专利权无效的事由，虽然被告在答辩期间内请求宣告该项专利权无效，人民法院可以不中止审理。

根据以上法律及司法解释规定，外观设计专利权评价报告对专利权人是非常重要的。原告只有及时获得并提交外观设计专利权评价报告，才能使法院对据以起诉的专利权的合法性及稳定性产生一定的确信，才能顺利实现其起诉权及胜诉权。换个角度说，如果原告没有应法院要求提交所需的外观设计专利权评价报告，法院很可能就会裁定中止诉讼，暂时搁置原告的诉权。就算不中止诉讼，原告得到的很可能是对其不利的判决结果。另外，在可能构成侵犯专利权的情形下，诉讼中被告一般都会采取各种方法拖长诉讼过程，使得侵权判决迟迟不能作出。而被告经常使用的一个拖延办法就是对据以起诉的专利权提起无效宣告。按照法律规定，只要被告在答辩期限内提交了国务院专利行政部门作出无效申请受理通知书并申请中止审理的话，法院就应该裁定中止审理。但在这种情形下，只要原告提交了证明据以起诉的外观设计专利权符合法律要求并且权利稳定的外观设计专利权评价报告的话，法院就可以裁定不予中止审理。

因此原告应该应法院要求及时提交外观设计专利权评价报告，最好在起诉时就主动提交，以争取主动，并使法官产生或者强化对据以起诉的外观设计专利权的信心。为此，原告应该及早获得外观设计专利权评价报告，因为获取专利权评价报告需要一个时间过程。特别是当出现所获取的专利权评价报告具有可以更正的错误时，进行更正又需要时间过程。因此笔者强烈建议，外观设计专利权人未雨绸缪，在外观设计一经公告授权就申请获取外观设计专利权评价报告，有备无患。当然，对于那些用来装点门面或者纯粹充数的外观设计专利就不必了。

五、外观设计专利权评价报告对被告的价值

（一）被告对原告提交的外观设计专利权评价报告的应对

原告提交的外观设计专利权评价报告表面来看都是对原告有利的，否则原告就不会提交了。如果被告对其没有采取有效应对措施，在整个诉讼中就会处于被动的不利局面。因此，被告一定不能掉以轻心，要认真应对，通常可以采取如下应对措施。

（1）认真研究原告提交的外观设计专利权评价报告的真实性。通常采用与原件仔细比对的方法。如果对外观设计专利权评价报告的真实性发生怀疑，被告可以向国家知识产权局查阅并复制原件，以核实原告提交的外观设计专利权评价报告的真实性。

（2）仔细研究原告所提交外观设计专利权评价报告的内容，看是否与本案，特别是被诉侵权产品具有关联性，其评价结论是否能达到原告的证明目的。

（3）仔细研究原告所提交的外观设计专利权评价报告的相关要件，看其获取的程序是否符合《专利法》《专利法实施细则》《专利审查指南》的相关规定；看其内容是否具备了《专利法》《专利法实施细则》《专利审查指南》所规定的要件，特别是其评价结论是否具有充分的证据支持。

（4）被告自己对作为外观设计专利权评价报告支持依据的现有设计及现有设计要素进行检索，以检索到的现有设计或者现有设计要素推翻原告所提交的外观设计专利权评价报告的结论。

原告所提交的外观设计专利权评价报告是建立在有限检索基础上的，由于种种原因，其检索一般是不充分的，特别是其检索到的都是专利文献，而对非专利文献或者资料则检索到的很少。被告可以通过对涉诉专利或被诉产品的图片库如百度图片库等进行检索，也可以利用专门的图片数据库或者委托专门的检索机构进行检索。这样很可能会检索到能够推翻，最起码会动摇法官对外观设计专利权评价报告确信的现有设计或者现有设计要素。笔者曾在自己承办的一个外观设计侵权案件中很轻松地检索到了能够动摇法官对外

观设计专利权评价报告确信的现有设计图片，通过委托的检索机构则检索到了与原告授权的外观设计完全一样的现有设计。当原告看到笔者提交给法院的证据后，马上希望与笔者的委托人和解，当即提出只要被告撤回无效请求，原告就撤回侵权诉讼，后来还无条件撤诉了。

（二）被告对原告提交的外观设计专利权评价报告的使用

由于在外观设计专利侵权比对时，如果被诉产品缺少了全部授权外观设计区别于现有设计的创新设计要素的其中一个，一般不构成侵权。因此，确定授权外观设计区别于现有设计的创新设计要素就非常重要。通常，被诉侵权产品与授权外观设计的共同点中包括的区别于现有设计的创新设计要素越多，则对原告越有利；越少，则对被告越有利。由于原告提交的外观设计专利权评价报告中包含了大量的现有设计，被告完全可以利用原告提交的专利权评价报告所引用的现有设计，来剔除原告主张的被诉产品外观与原告被授予专利权的外观设计的共同点中，区别于现有设计的创新设计要素。即被告据此指出，原告所主张的，被诉产品外观与原告被授予专利权的外观设计的共同点中，区别于现有设计的创新设计要素，已经在外观设计专利权评价报告所引用的现有设计存在。以此来证明，被诉产品与授权外观设计的某些共同点不属于区别于现有设计的设计特征。例如，笔者代理的一桩外观设计侵权案中，被诉产品与授权外观设计的共同点为：产品形状都为球体，都有很类似于《长江七号》电影中外星人小七头上的辫子状天线或者把手。正当笔者在考虑，对能够证明这两个设计要素不属于授权外观设计区别于现有设计的创新设计要素的网上图片，如何确定上传到网上的时间并进行公证时，收到了法院转来的原告提交的外观设计专利权评价报告，而其中作为现有设计的材料中，完全包括了笔者想要的证据。这样就不需要笔者确定相关照片上传到网上的时间，更不需要公证了。

被告可以主动通过向国家知识产权局申请获取原告据以起诉的专利权评价报告并加以利用。由于专利权的相对性及一定的模糊性，针对同一专利权的不同评价报告，内容会是有差异的，甚至还会出现结论相反的评价报告。

就算对于同一项专利权只能作出一份专利权评价报告，由于法律规定，人民法院或者管理专利工作的部门可以要求专利权人或者利害关系人出具专利权评价报告，因此也就存在人民法院或者管理专利工作的部门不要求，进而专利权人不申请并不提交专利权评价报告的可能。在原告不申请提交时，被告就应该主动申请获取并视情况提交。

第五章

外观设计专利权侵权判定

《专利法》第 11 条第 2 款规定："外观设计专利权被授予后，任何单位或者个人未经专利权人许可，都不得实施其专利，即不得为生产经营目的制造、许诺销售、销售、进口其外观设计专利产品。"第 64 条规定："外观设计专利权的保护范围以表示在图片或者照片中的该产品的外观设计为准，简要说明可以用于解释图片或者照片所表示的该产品的外观设计。"《侵犯专利权纠纷案件解释》第 8 条规定："在与外观设计专利产品相同或者相近种类产品上，采用与授权外观设计相同或者近似的外观设计的，人民法院应当认定被诉侵权设计落入专利法第五十九条第二款[①]规定的外观设计专利权的保护范围。"据此，任何单位或者个人未经专利权人许可，为生产经营目的制造、许诺销售、销售、进口其外观设计专利产品，就构成侵犯外观设计专利权。更具体地说，任何单位或者个人未经专利权人许可，为生产经营目的所制造、许诺销售、销售、进口的产品与授权外观设计专利产品种类相同或者相近，而且所述产品的外观设计与所述授予专利权的产品外观设计相同或者近似的，就构成侵犯外观设计专利权。而构成侵犯外观设计专利权又分为：在与授权外观设计专利产品相同或者相近种类产品上，采用与授权产品外观设计相同的外观设计；在与授权外观设计专利产品相同或者相近种类产品上，采用与授权产品外观设计近似的外观设计两种情况。第一种情况被称为外观

---

① 《专利法》(2020 年修正) 第 64 条。

设计专利相同侵权，第二种情况被称为外观设计专利近似侵权。

一、外观设计专利权侵权的构成要件

如前文第一章所述，外观设计专利权侵权会构成相同侵权和近似侵权两种情况，这两种方式的构成要件是具有一定差别的，分别叙述如下。

（一）构成外观设计专利权相同侵权的要件

只有同时具备了下述五个要件，才能构成外观设计专利相同侵权，缺少其中任何一个要件都不可能构成外观设计专利相同侵权。当然，任何单位或者个人，其行为同时具备了下述五个要件，就构成以相同方式侵犯他人外观设计专利权。

1. 行为要件

行为要件即为生产经营目实施了制造、许诺销售、销售、进口产品行为中的一种，或者几种。

特别需要注意的是，使用产品，不论是否是为了生产经营的目的，都不构成侵犯外观设计专利权。这与为了生产经营目的使用产品可能会构成侵犯发明或者实用新型专利权不同。

2. 被诉侵权产品与授权外观设计的产品种类相同或者相近

只有两者种类相同或者相近，才可能构成外观设计专利侵权，否则就不可能构成侵犯所述外观设计专利权。根据《侵犯专利权纠纷案件解释》第9条规定，人民法院应当根据外观设计产品的用途，认定产品种类是否相同或者相近。也就是说，此处所述的种类相同或者相近实际指的就是用途相同或者相近，只要用途相同或者相近，就可认定为种类相同或者相近。同时，根据该解释第9条的规定，可以参考外观设计的简要说明、国际外观设计分类表、产品的功能以及产品销售、实际使用的情况等因素，确定产品的用途。需要特别强调的是，外观设计的简要说明、国际外观设计分类表、产品的功能以及产品销售、实际使用的情况等因素仅是判断产品种类是否相同或者相近的部分要素，要结合所有的要素综合判断。判断所述产品种类是否相同或者相近，对于构成外观设计专利侵权的判断非常关键，要特别予以重视。一些专利权人就是在产品是否相同或者相近的判断上不够重视，出现了失误，而导致发起错误诉讼，给自己和他人都造成了巨大损失。

在北京知识产权法院作出的引起社会广泛关注，成为热点的判决中（〔2016〕京 73 民初 276 号），原告奇虎 360 公司主张被告江民公司向用户免费提供电脑软件的行为侵犯了其名称为“带图形用户界面的电脑”的外观设计专利权。对此，该判决认为涉案专利的产品为电脑，而被诉侵权软件并不属于外观设计产品的范畴，即使被诉侵权软件的用户界面与涉案专利的用户界面相同或者近似，被诉侵权软件亦未落入涉案专利权的保护范围。该判决正是基于被诉产品与涉诉外观设计专利权的产品种类不构成相同也不构成相近，而驳回了原告的诉讼请求的。尽管该案原告发动了大量权威人士说服审案法官“顺应民意”进行“创新”判决，但该判决还是恪守了判定是否构成外观设计侵权的基本前提，认定不构成侵犯涉诉外观设计专利权。

3. 采用了与授权外观设计相同的外观设计

构成外观设计专利相同侵权的另一个必不可少的要件是被诉侵权产品采用了与原告授予了专利权的外观设计相同的外观设计。而何为采用与授权外观设计相同的外观设计，根据《侵犯专利权纠纷案件解释》第 10 条的规定，人民法院应当以外观设计专利产品的一般消费者的知识水平和认知能力，判断外观设计是否相同或者近似；第 11 条第 3 款规定，被诉侵权设计与授权外观设计在整体视觉效果上无差异的，人民法院应当认定两者相同。因此，按照外观设计专利产品的“一般消费者”的知识水平和认知能力，被诉侵权设计与授权产品外观设计在整体视觉效果上无差异，就构成了采用与授权外观设计相同的外观设计。何为“整体视觉效果上无差异”，将在下述判定步骤部分作进一步说明。

4. 被诉侵权设计不属于《专利法》第 67 条规定的现有设计也不属于《专利法》第 75 条规定的不视为侵犯专利权的情形

《专利法》第 67 条规定：“在专利侵权纠纷中，被控侵权人有证据证明其实施的技术或者设计属于现有技术或者现有设计的，不构成侵犯专利权。”由此，如果被诉产品设计属于现有设计，则不构成侵犯外观设计专利权。《侵犯专利权纠纷案件解释》第 14 条第 2 款规定：“被诉侵权设计与一个现有设计相同或者无实质性差异的，人民法院应当认定被诉侵权人实施的设计属于专利法第六十二条①规定的现有设计。”至于何为被诉侵权设计与一个现有设计相同或者无实质性差异，应该与侵犯外观设计专利权的判定标准相同。被诉侵权设计与一个现有设计相同的判定，见本章下一部分。《专利法》第75条规定：“有下列情形之一的，不视为侵犯专利权：（一）专利产品或者依照专利方法直接获得的产品，由专利权人或者经其许可的单位、个人售出后，使用、许诺销售、销售、进口该产品的；（二）在专利申请日前已经制造相同产品、使用相同方法或者已经作好制造、使用的必要准备，并且仅在原有范围内继续制造、使用的；（三）临时通过中国领陆、领水、领空的外国运输工具，依照其所属国同中国签订的协议或者共同参加的国际条约，或者依照互惠原则，为运输工具自身需要而在其装置和设备中使用有关专利的；（四）专为科学研究和实验而使用有关专利的；（五）为提供行政审批所需要的信息，制造、使用、进口专利药品或者专利医疗器械的，以及专门为其制造、进口专利药品或者专利医疗器械的。”据此规定，只要被诉产品属于该条规定的其中一种情况的，也不会构成侵犯外观设计专利权。

5. 法律要件

法律要件即原告据以起诉的外观设计专利权合法有效，被告实施被诉行为未征得专利权人的同意。

（二）构成外观设计专利权近似侵权的要件

近似侵权的构成要件也为五个，其中除了“采用了与授权外观设计近似的外观设计”这一要件外，其余四个与构成相同侵权的构成要件完全相同。因此笔者仅就“采用了与授权外观设计近似的外观设计”解释如下。

何为采用与授权外观设计近似的外观设计，根据《侵犯专利权纠纷案件解释》第10条规定，人民法院应当以外观设计专利产品的一般消费者的知识水平和认知能力，判断外观设计是否相同或者近似；第11条第3款规定，被诉侵权设计与授予专利权的外观设计在整体视觉效果上无实质性差异的，应当认定两者近似。因此，按照外观设计专利产品的“一般消费者”的知

① 《专利法》（2020年修正）第67条。

识水平和认知能力，被诉侵权设计与授权产品的外观设计在整体视觉效果上无实质性差异，就构成了采用与授权外观设计近似的外观设计。何为“整体视觉效果上无实质差异”，法律、司法解释都没有更进一步或者更具体的说明，因此是外观设计专利侵权判定的难点所在，笔者将在下述判定步骤部分，将司法实践中的做法及笔者的理解，根据相关判例努力进行详细解释说明。

二、判定是否构成外观设计专利权侵权的步骤

构成外观设计专利侵权判定分为四个步骤：第一，判断涉诉外观设计专利权是否合法有效；第二，判断未经专利权人许可，为生产经营目的制造、许诺销售、销售、进口的产品（以下简称被诉产品）与涉案授权外观设计专利的产品种类是否相同或者相近；第三，判断被诉产品是否采用了与涉诉授权外观设计相同或者近似的外观设计。前面三步的证明责任在原告。第四，判断被诉产品外观设计是否属于现有设计，或者属于《专利法》第 75 条规定的不视为侵犯专利权的情形之一。在原告证明了前面三个要件的前提下，如果被告不能证明被诉产品外观设计属于现有设计也不能证明属于《专利法》第 75 条规定的不视为侵犯专利权的情形之一的，则构成侵犯外观设计专利权。如果被告证明了被诉产品外观设计属于现有设计，或者证明了属于《专利法》第 75 条规定的不视为侵犯专利权的情形之一，则不构成侵犯外观设计专利权。由于判定构成相同侵权和近似侵权差异较大，特别是在判定难度上有很大差异，以下分别叙述。

（一）构成外观设计专利权相同侵权的判定步骤

1. 判断涉诉外观设计专利权是否合法有效

对于发明、实用新型、外观设计专利而言判断涉诉专利权的形式合法有效的方法是相同的。通常用专利证书加最近的专利年费缴费凭证就可证明外观设计专利权、实用新型专利权及发明专利权的形式合法性，但用当时的专利登记簿副本证明专利的形式合法性更好。因为，即使专利已经失效，只要专利权人继续缴费，也会得到专利年费缴费凭证；而只要专利失效或者被宣

告无效，也会被及时记载在专利登记簿。另外，由于我国目前外观设计专利权和实用新型专利权是未经实质审查授予的，因此存在被授予的专利权实质上不符合专利法要求的问题。因此，法院通常要求原告提供据以起诉的外观设计专利权或者实用新型专利权的评价报告，以证明据以起诉的专利权实质上也符合法律规定。对于发明专利权，由于是经过实质审查后授予的，不要求用专利权评价报告来证明其实质上符合专利法的规定。

2. 判断被诉产品与涉案授权外观设计专利产品种类是否相同或者相近

产品种类相同或者相近，在通常情况下都会达成共识，不会产生争议，但在个别时候，也会引起争议，特别是在产品具有多种用途的时候。笔者根据所研究过的大量判例，特别是最高人民法院的判决总结认为，只要被诉产品与涉诉外观设计专利产品的用途有交集，就应当构成用途相同，进而就可认定产品种类相同或者相近。对于用途是否相同的判定主体，法律和司法解释都没有作出规定，笔者认为也应该适用“一般消费者”的概念来指引用途是否相同或者相近的判断，也就是说，判断者在判定用途是否相同或者相近时，得把自己设想成“一般消费者”。《侵犯专利权纠纷案件解释》第9条规定，对于涉诉外观设计专利产品的用途，可以参考外观设计的简要说明、国际外观设计分类表、产品的功能以及产品销售、实际使用的情况等因素确定。据此，对于被诉侵权产品的用途，实务中则应当按照该产品销售、许诺销售的广告内容，产品说明书，产品销售时摆放的位置（传统商场中或者网络商场中的），普通购买者即“一般消费者”认为的用途等要素进行综合判断。而“一般消费者”认为的用途应当作为考虑被诉侵权产品用途的关键要素。因此，用途判定的主体应该是被诉产品的“一般消费者”。

3. 判断被诉产品是否采用了与涉诉授权外观设计相同的外观设计

《侵犯专利权纠纷案件解释》第11条第3款规定，被诉侵权设计与授权外观设计在整体视觉效果上无差异的，人民法院应当认定两者相同。据此，只要被诉侵权设计与授权外观设计在整体视觉效果上无差异，就可得出被诉产品采用了与涉诉授权外观设计相同的外观设计的结论。但到底何为被诉侵权设计与授权外观设计在整体视觉效果上无差异，则要根据判断主体、判断客体、判断方法、判断客体的关键要素等环节来判断。

（1）判断主体——“一般消费者”。《侵犯专利权纠纷案件解释》第10条规定：“人民法院应当以外观设计专利产品的一般消费者的知识水平和认知能力，判断外观设计是否相同或者近似。”据此，判断被诉产品的主体采用了授权外观设计的主体是“一般消费者”。由于“一般消费者”（含义见本编第一章）不是任何具体的人，而是为了克服判断者的主观任意性而设立的一个法律概念。在进行实际判断时，又必然是某一个具体的人，不论是专利权人、被告、代理律师还是审案法官。设立此概念的目的实际是教导判断者在判定被诉产品是否采用了授权外观设计时，把自己当成“一般消费者”，或者用“一般消费者”所具有的法律特征约束导引自己，以便得出尽可能客观公正的判断结果；以便不同的判断者，特别是利益互相对立的判断者，也能够得出一致的判断结果，或者能够达成共识，从而尽可能地克服“屁股决定脑袋”的现象。

设立“一般消费者”的概念，还为了给判断者分辨力的大小设定一个标准。站在“一般消费者”的角度，除了判断标准的统一外，还有一个判断者分辨力大小的问题。例如，色盲者就分辨不出色彩的区别；而高度弱视者分辨不出形状和/或图案的细微变化。因此，同样的两个比较对象，让分辨力弱的人判断，它们的整体视觉效果可能无差异；让分辨力强的人判断，可能得出的结论是整体视觉效果差异明显甚至巨大。因此，“一般消费者”的分辨力也就是作为被诉商品消费者通常具有的分辨力，而不是专业人士或者对被诉产品有特别兴趣的爱好者所具有的分辨力。

另外，《侵犯专利权纠纷案件解释（二）》第14条规定：“人民法院在认定一般消费者对于外观设计所具有的知识水平和认知能力时，一般应当考虑被诉侵权行为发生时授权外观设计所属相同或者相近种类产品的设计空间。设计空间较大的，人民法院可以认定一般消费者通常不容易注意到不同设计之间的较小区别；设计空间较小的，人民法院可以认定一般消费者通常更容易注意到不同设计之间的较小区别。”据此，在判断被诉产品与涉诉授权外观设计是否整体视觉效果相同时，判断主体除了将自己当成“一般消费者”，进行“客观”判断外，还要按照判断对象所属领域“设计空间”的大小来调整自己的分辨力。关于“设计空间”概念的理解及应用详见本编第二章。

（2）判断客体。判断客体也就是判断对象。在判断被诉产品是否采用了授权外观设计时，实际是将被诉侵权产品与授权外观设计授权文件中表示授权外观设计的图片或者照片进行对比（使用状态参考图不是比较的对象）。有时为了方便，在原告、被告双方同意的情况下，也可以将被诉侵权产品的照片分别与授权外观设计授权文件中的图片或者照片对应比对。但无论如何，不能将被诉产品或者被诉产品的照片与专利产品比对，也不能与专利产品的照片比对。

（3）判断方法。《侵犯专利权纠纷案件解释》第 11 条第 1 款规定：“人民法院认定外观设计是否相同或者近似时，应当根据授权外观设计、被诉侵权设计的设计特征，以外观设计的整体视觉效果进行综合判断；对于主要由技术功能决定的设计特征以及对整体视觉效果不产生影响的产品的材料、内部结构等特征，应当不予考虑。”据此，在判断被诉产品与授权外观设计在整体视觉效果上有无差异时，应当将授权外观设计授权文件中的每张照片或者图片，与被诉产品对应的视图进行比对，如将主视图对主视图，将它们各自视图中能够给判断者留下视觉印象或者能够引起判断者注意力的各点，作出分别对应相同、相似或者是既不相同也不相似的判断，并逐一记录。在此基础上，综合考虑经过各自分别比较并记录的所有因素，得出被诉产品与授权外观设计视觉效果是否相同的结论。

另外，该条款还规定了“对于主要由技术功能决定的设计特征以及对整体视觉效果不产生影响的产品的材料、内部结构等特征，应当不予考虑”。何为主要由技术功能决定的设计特征及其对是否构成外观设计专利侵权的影响，见第一章中“功能性设计特征”。要特别注意的是，材料、内部结构等，对视觉效果不产生影响时，才不予考虑。但如果对视觉效果产生影响，如被诉侵权产品的材料是不锈钢，如果授权外观设计要求保护色彩，而且声明其要求保护的色彩是木材特有的色彩时，由于此时不同材料的视觉效果可能不同，因此就应该予以考虑。还有，对于能够直接观察到的内部结构，如外壳是透明材料，或者在使用状态时，外壳是开启的，这种情形下，内部结构因为能够被直接观察到，就对视觉效果有影响，就要予以考虑。

（4）判断客体一定要重点考虑的关键要素。《侵犯专利权纠纷案件解释》第 11 条第 2 款规定，“下列情形，通常对外观设计的整体视觉效果更具有影响：（一）产品正常使用时容易被直接观察到的部位相对于其他部位；（二）授权外观设计区别于现有设计的设计特征相对于授权外观设计的其他设计特征”。据此，判定对象中设计特征在产品上所处的位置不同，或者与相关现有设计中的异同点不同，对判断者整体视觉效果影响的大小是不同的，需要区别对待。但对于构成相同侵权，要求被诉产品与授权外观设计整体视觉效果无差异，只要能够发生视觉影响就应当予以考虑。因此，区分不同设计要素对视觉效果影响力的大小是否相同，没有意义，但对于是否构成近似侵权就非常关键。在进行近似侵权判定时要特别注意。

按照上述外观设计专利相同侵权的构成要件和侵权判断步骤，应该能够对被诉产品是否以相同方式侵犯了涉诉外观设计专利权得出较为客观准确的判断。

4. 判定是否属于现有设计或者属于《专利法》第 75 条规定的不视为侵犯专利权的情形

判定被诉侵权产品外观设计是否属于现有设计的内容，见第一编第八章。

（二）构成外观设计专利权近似侵权的判定步骤

在判定是否构成近似侵权的步骤中，除判断被诉产品是否采用了与涉诉授权外观设计近似的外观设计外，其他的步骤和内容与判定相同侵权相同，笔者仅就判断被诉产品是否采用了与涉诉授权外观设计近似的外观设计叙述如下。

《侵犯专利权纠纷案件解释》第 11 条第 3 款规定，被诉侵权设计与授权外观设计在整体视觉效果上无实质性差异的，人民法院应当认定两者近似。据此，只要被诉侵权设计与授权外观设计在整体视觉效果上无实质性差异，就可得出被诉产品采用了与涉诉授权外观设计近似的外观设计的结论。但到底何为被诉侵权设计与授权外观设计在整体视觉效果上无实质性差异，在判断主体、判断客体、判断方法上与判定被诉侵权设计与授权外观设计在整体视觉效果上无差异，即构成相同侵权的判定方法基本是相同的；但在判断客体上一定要重点考虑关键要素方面与判定构成相同侵权时有何不同。

《侵犯专利权纠纷案件解释》第11条第2款规定："下列情形，通常对外观设计的整体视觉效果更具有影响：（一）产品正常使用时容易被直接观察到的部位相对于其他部位；（二）授权外观设计区别于现有设计的设计特征相对于授权外观设计的其他设计特征。"据此，判定对象中设计特征在产品上所处的位置不同，或者与相关现有设计中的异同点不同，对判断者整体视觉效果影响的大小是不同的，需要区别对待。对于构成近似侵权而论，要求被诉产品与授权外观设计要整体视觉效果无实质性差异，区分不同设计要素对视觉效果影响力的大小，对于是否构成近似侵权就非常关键，在进行近似侵权判定时要特别注意。

三、外观设计专利权近似侵权判定难点——整体视觉效果无实质性差异

（一）外观设计专利权近似侵权判定难点的解决方案

如上文所述，构成外观设计专利权近似侵权的必备要件之一，就是被诉产品外观设计与授权外观设计整体视觉效果无实质性差异。但何为"整体视觉效果无实质性差异"，法律和司法解释都没有进一步的规定或解释，因此在司法实践中造成了相当大的困难和一定的混乱。

笔者认为最高人民法院针对高仪股份有限公司与浙江健龙卫浴有限公司侵害外观设计专利权纠纷案的判决中（〔2015〕民提字第23号），通过对判理的阐述，对于解决该难题给出了非常珍贵的判定方法和标准。该判决被最高人民法院确定为指导性案例，因此在没有法律、司法解释的规定与该案确定的判定方法和判定标准相冲突之前，全国法院在审判同类问题，即认定被诉产品外观设计与授权外观设计整体视觉效果是否构成无实质性差异时，都应该遵循该判例所采用的判定方法标准。该判决对笔者解决专利近似侵权判定中的难点，即判定何为"整体视觉效果无实质性差异"帮助非常大，因此全文引述如下，期望对读者能有更大的帮助。

本院认为，外观设计专利制度的立法目的在于保护具有美感的创新性工业设计方案，一项外观设计应当具有区别于现有设计的可识别性创新设计才能获得专利授权，该创新设计即是授权外观设计的设计特征。通常情况下，

外观设计的设计人都是以现有设计为基础进行创新。对于已有产品，获得专利权的外观设计一般会具有现有设计的部分内容，同时具有与现有设计不相同也不近似的设计内容，正是这部分设计内容使得该授权外观设计具有创新性，从而满足《专利法》第 23 条所规定的实质性授权条件：不属于现有设计也不存在抵触申请，并且与现有设计或者现有设计特征的组合相比具有明显区别。对于该部分设计内容的描述即构成授权外观设计的设计特征，其体现了授权外观设计不同于现有设计的创新内容，也体现了设计人对现有设计的创造性贡献。由于设计特征的存在，一般消费者容易将授权外观设计区别于现有设计，因此，其对外观设计产品的整体视觉效果具有显著影响，如果被诉侵权设计未包含授权外观设计区别于现有设计的全部设计特征，一般可以推定被诉侵权设计与授权外观设计不近似。

另外，对于非设计特征之外的被诉侵权产品外观设计与涉案授权外观设计相比的区别设计特征，只要其足以使两者在整体视觉效果上产生明显差异，也应予以考虑。

需要特别说明的是，上文中的“另外，对于非设计特征之外的被诉侵权产品外观设计与涉案授权外观设计相比的区别设计特征，只要其足以使两者在整体视觉效果上产生明显差异，也应予以考虑”的表述，是笔者从北大法宝公布的该案判决书原文摘录的。但笔者认为，根据上下文及逻辑关系，其中的“非设计特征之外的……”应为笔误，实际应该是“设计特征之外的。

据上所述，只要被诉侵权设计未包含授权外观设计区别于现有设计的全部设计特征的，一般就应当认定被诉侵权设计与授权外观设计整体视觉效果有实质性差异，不构成外观设计专利近似侵权。另外，即使被诉侵权设计包含了全部授权设计区别于现有设计的设计特征，但只要被诉侵权设计包含了使其与授权外观设计整体视觉效果上有显著差异的设计特征的，一般也应认定为两者在整体视觉效果上具有实质性差异，不构成外观设计专利近似侵权。

根据该判例，在判定被诉设计与授权外观设计在整体视觉效果上有无实质性差异时，应当确定使授权外观设计区别于现有设计的设计特征。同时确定被诉侵权设计中使其与授权外观设计整体视觉效果上具有显著差异的设计特征，在此基础进行综合判断。如果被诉侵权设计未包含授权外观设计区别于现有设计的全部设计特征，一般可以推定被诉侵权设计与授权外观设计不近似。或者只要被诉侵权设计包含了使其与授权外观设计整体视觉效果上有明显差异的设计特征，一般也应认定两者在整体视觉效果上具有实质性差异，不构成外观设计专利近似侵权。由于被诉侵权产品在使用状态时容易被直接观察到部位的设计特征对整体视觉效果有显著影响，因此对于被诉产品与授权外观设计对应的在使用时容易被直接观察到的设计特征中的区别点要给予充分重视。

另外，该判决认为，对于“授权外观设计区别于现有设计的全部设计特征”，应按照谁主张谁证明的原则，由外观设计专利权人证明。对此，笔者认为，谁主张谁举证的原则是对的，但由外观设计专利权人承担此举证责任却是不适当的。因为，在外观设计侵权诉讼中，列举“授权外观设计区别于现有设计的全部设计特征”，对于外观设计专利权人不利，对于被告有利；因此，如果原告懂得这一点的话，会设法隐藏并否认“授权外观设计区别于现有设计的全部设计特征”。而被告懂得这一点的话，会设法尽力主张并指出“授权外观设计区别于现有设计的全部设计特征”。当然，在专利无效中刚好相反：“授权外观设计区别于现有设计的全部设计特征”对于专利权人有利，对于请求人不利；因此，如果专利权人懂得这一点的话，其会尽力主张并设法指出“授权外观设计区别于现有设计的全部设计特征”；而请求人懂得这一点的话，会设法尽力否定“授权外观设计区别于现有设计的全部设计特征”。

（二）外观设计专利权近似侵权判定难点的解决方案在专利侵权诉讼中的应用

为了确定授权外观设计区别于现有设计的全部设计特征，就应该对现有设计进行检索。在其他要素一样的情况下，授权外观设计区别于现有设计的设计特征越多，构成外观设计近似侵权的可能性越小，对被告越有利。相反，则对原告越有利。因此，对于被告来说，就要挖掘出涉案授权外观设计区别于现有设计的尽可能多的设计特征。为此，对涉案外观设计专利提起无效宣告请求，是被告应对构成外观设计专利近似侵权非常好的策略。在无效宣告审理过程中，就算涉案专利最终不能被无效掉，专利权人为了保住其专利，也会主张并证明其涉案专利具有尽可能多的区别于现有设计的设计特征。这会在判定被诉产品是否构成近似侵权的侵权诉讼中，给被告提供很大帮助。

对于原告而言，在其他条件不变的情况下，特别是权利稳定性不受影响的前提下，涉案授权外观设计区别于现有设计的特征越少越好，因此，在主张涉案授权外观设计区别于现有设计的设计特征时就要尽量慎重。

对于法官来说，先要求原告、被告双方各自对涉案外观设计区别于现有设计的设计特征进行举证，并组织质证、认证；在确定了涉案外观设计区别于现有设计的设计特征之后，再进行整体比对、综合判断。此对准确判定是否构成外观设计专利近似侵权至关重要。

第六章

将侵犯外观设计专利权的产品作为零部件制造另一产品并销售构成侵犯专利权的判定

一、法律依据

《侵犯专利权纠纷案件解释》第 12 条第 2 款规定："将侵犯外观设计专利权的产品作为零部件，制造另一产品并销售的，人民法院应当认定属于专利法第十一条规定的销售行为，但侵犯外观设计专利权的产品在该另一产品中仅具有技术功能的除外。"

第 3 款规定："对于前两款规定的情形，被诉侵权人之间存在分工合作的，人民法院应当认定为共同侵权。"

二、构成要件

《侵犯专利权纠纷案件解释》第 12 条第 2 款规定了一种特殊的侵犯外观设计专利权的行为。其构成要件有四：其一，用来制造另一产品的零部件是已经侵犯外观设计专利权的产品；其二，所述零部件在所制造并销售的另一产品中具有装饰作用；其三，所述的"销售"必须是法律意义上的销售；其四，利用已经侵犯外观设计专利权的产品作为零部件制造另一产品并销售的人与以制造、销售该零部件的方式侵犯该外观设计专利权的人没有意思上的联络，如果有意思上的联络，有分工合作的，按照该条司法解释第 3 款的规定，属于共同侵权。

三、适用《侵犯专利权纠纷案件解释》第 12 条第 2 款需注意的问题

理解并适用该款司法解释，主要在以下两个方面容易出现错误。

（一）易与《侵犯专利权纠纷案件解释（二）》第 21 条第 1 款规定的侵权行为混淆

《侵犯专利权纠纷案件解释（二）》第 21 条第 1 款规定："明知有关产品系专门用于实施专利的材料、设备、零部件、中间物等，未经专利权人许可，为生产经营目的将该产品提供给他人实施了侵犯专利权的行为，权利人主张该提供者的行为属于民法典第一千一百六十九条规定的帮助他人实施侵权行为的，人民法院应予支持。"

《侵犯专利权纠纷案件解释》规定的侵犯外观设计专利权与《侵犯专利权纠纷案件解释（二）》第 21 条第 1 款规定的侵犯外观设计专利权的区别主要在于以下三个方面。第一，《侵犯专利权纠纷案件解释》规定的是，将已经侵犯外观设计专利权的产品作为制造另一产品的零部件，但据此造出的另一产品是否为侵犯专利权的产品在所不问。而《侵犯专利权纠纷案件解释（二）》第 21 条第 1 款规定的是，以专用产品作为材料、设备、零部件、中间物实施侵犯专利权的行为，所述的专用产品是否属于侵犯专利权的产品在所不问。第二，只有制造并销售的行为才构成《侵犯专利权纠纷案件解释》规定的侵犯专利权的行为。而《侵犯专利权纠纷案件解释（二）》规定，构成侵犯专利权的行为包括了制造、使用（包括使用方法或者使用产品）、销售、许诺销售、进口包含该专用品的终端产品或者使用到该专用品的各种可能构成侵犯专利权的行为。第三，《侵犯专利权纠纷案件解释》规定的以制造并销售形式构成侵犯专利权的，不要求实施人对其制造并销售产品所用的该零部件是否构成侵犯他人专利权是明知的；而《侵犯专利权纠纷案件解释（二）》第 21 条第 1 款的规定要求被告对其所提供的有关产品系专门用于实施专利的材料、设备、零部件、中间物等是明知的。广东省高级人民法院判

决（〔2014〕粤高法民三终字第773号）及承办法官欧丽华对该案的解析（见第一编第七章），对此问题有较为深入全面的论述，仔细阅读会有很大帮助。请读者自行阅读，不再赘述。

（二）在判定被告的行为是否属于法律意义上的“销售”时容易出现错误

《侵犯专利权纠纷案件解释》所述的销售一定是法律意义上的销售。何为法律意义上的销售，可参照《中华人民共和国增值税暂行条例》《中华人民共和国增值税暂行条例实施细则》的规定来确定。

《中华人民共和国增值税暂行条例》第1条规定：“在中华人民共和国境内销售货物或者提供加工、修理修配劳务（以下简称劳务），销售服务、无形资产、不动产以及进口货物的单位和个人，为增值税的纳税人，应当依照本条例缴纳增值税。”

《中华人民共和国增值税暂行条例实施细则》第2条规定：“条例第一条所称货物，是指有形动产，包括电力、热力、气体在内。条例第一条所称加工，是指受托加工货物，即委托方提供原料及主要材料，受托方按照委托方的要求，制造货物并收取加工费的业务。条例第一条所称修理修配，是指受托对损伤和丧失功能的货物进行修复，使其恢复原状和功能的业务。”第3条规定：“条例第一条所称销售货物，是指有偿转让货物的所有权。条例第一条所称提供加工、修理修配劳务（以下称应税劳务），是指有偿提供加工、修理修配劳务。单位或者个体工商户聘用的员工为本单位或者雇主提供加工、修理修配劳务，不包括在内。本细则所称有偿，是指从购买方取得货币、货物或者其他经济利益。”第4条规定：“单位或者个体工商户的下列行为，视同销售货物：（一）将货物交付其他单位或者个人代销；（二）销售代销货物；（三）设有两个以上机构并实行统一核算的纳税人，将货物从一个机构移送其他机构用于销售，但相关机构设在同一县（市）的除外；（四）将自产或者委托加工的货物用于非增值税应税项目；（五）将自产、委托加工的货物用于集体福利或者个人消费；（六）将自产、委托加工或者购进的货物作为投资，提供给其他单位或者个体工商户；（七）将自产、委托加工或者购进的货物分配给股东或者投资者；（八）将自产、委托加工或者购进的货物无偿赠送其他单位或者个人。”

上述规定是笔者查询到的对“销售”一词仅有的在具有法律效力的规范性文件中所作的规定。笔者对法律意义上的“销售”的理解与其一致，而且该条例及其实施细则颁布在《侵犯专利权纠纷案件解释》颁布之前。据此推论，《侵犯专利权纠纷案件解释》所述的“销售”是与上述增值税暂行条例及其实施细则所规定的“销售”意义相同的。

据此，受托按照委托人的要求在侵犯外观设计专利权的产品上实施一定的加工，之后将加工后的物品交还给委托人，收取一定加工费的行为，应该不属于法律意义上的销售行为，不构成《侵犯专利权纠纷案件解释》规定的侵权行为。由此，广州市中级人民法院关于苏某冲与潮州市知识产权局专利侵权行政处理纠纷案的行政判决（〔2010〕穗中法行初字第4号）中所述的，将被请求人苏某冲受第三方蔡某雄的委托，在其生产场所为蔡某雄提供的被控侵权产品进行罐体的表面图案加工，并将加工后的产品交还给委托人收取一定加工费的行为，依据《侵犯专利权纠纷案件解释》认定为侵犯外观设计专利权的行为，应该是错误的。读者可自行阅读该判决书，并分析其认定苏某冲受委托在侵犯了外观设计专利权的储钱罐上实施的加工行为构成侵犯外观设计专利权是否正确。

第七章

产品外壳在侵犯外观设计专利权判定时的作用

在外观设计专利侵权纠纷中，被授予外观设计专利的产品与该产品的完整外壳之间的关系，特别是它们之间是否构成种类或者功能、用途上的相同或者相近，以及对外观设计专利权的本质到底该如何把握，对于新手而言，在笔者看来是一个很困难的问题。另外，虽然《侵犯专利权纠纷案件解释(二)》第21条中“明知有关产品系专门用于实施专利的材料、设备、零部件、中间物等，未经专利权人许可，为生产经营目的将该产品提供给他人实施了侵犯专利权的行为，权利人主张该提供者的行为属于民法典第一千一百六十九条规定的帮助他人实施侵权行为的，人民法院应予支持。明知有关产品、方法被授予专利权，未经专利权人许可，为生产经营目的积极诱导他人实施了侵犯专利权的行为，权利人主张该诱导者的行为属于民法典第一千一百六十九条规定的教唆他人实施侵权行为的，人民法院应予支持”规定了以帮助、教唆方式侵犯专利权。但此问题的准确理解和正确适用仍具有一定的难度，由此也导致了认识上的分歧。在一次隆安律师事务所知识产权专委会的研讨会上，韩羽枫律师明确提出，构成以帮助、教唆等方式间接侵犯专利权，必须以构成直接侵权为前提。韩律师的观点虽然得到了包括笔者在内的其他隆安资深律师的一致认同，但当时限于时间，并没有就该主题展开深入详细的讨论。

对于这两个问题，广东省高级人民法院的下述判决特别是承办法官欧丽华的评析进行了深入系统的论述。为了方便读者，笔者在征得欧丽华法官本人同意的前提下，原文推荐如下。笔者认为欧丽华法官的评述全面、深入、系统，令笔者叹服。对此，笔者不再续貂。

需要说明的一点是，欧丽华法官在本案评析中引用的《侵犯专利权纠纷案件解释（二）》的公开征求意见稿第21条（明知有关产品系专门用于实施专利的材料、设备、零部件、中间物等，未经专利权人许可，为生产经营目的将该产品提供给他人实施侵犯专利权的行为，权利人主张该提供者的行为属于侵权责任法第9条规定的帮助侵权行为的，人民法院应予支持。明知有关产品、方法可以用于实施专利，未经专利权人许可，为生产经营目的通过提供图纸、传授技术方案等方式积极诱导他人实施侵犯专利权的行为，权利人主张该引诱者的行为属于侵权责任法第9条规定的教唆侵权行为的，人民法院应予支持），与上文引述的正式颁布的《侵犯专利权纠纷案件解释（二）》第21条的内容有所差异，但该差异并没有影响欧法官相关论述的正确性及与该司法解释的一致性。因为欧法官的相关论述是以该司法解释公开征求意见稿和该正式司法解释一致的内容为基础，而没有将两者的差异之处作为论证依据。当然，在该司法解释颁行后，在判定是否构成以教唆方式间接侵犯专利权时，就应该以该司法解释颁行后的内容为准。以下为欧法官的案例评析的原文。

一、廖某云与深圳市展昊德塑胶电子有限公司侵害外观设计专利权纠纷上诉案

【裁判要旨】一般来说，承载外观设计的不同产品的种类相同或者相近，是比较两个外观设计是否相同或相近似的前提条件，若两者产品种类不相同也不相近，则不存在外观设计比较的基础。但一个完整的产品主要设计特征均呈载于外壳，且外壳属于与产品系紧密相关的产品，无须再从产品功能和用途判断两者产品类别的类似性，可以直接进行外观设计比对，判断是否构成直接侵权。间接侵权须存在直接侵权人及其侵权产品，并以行为人主观明知为构成要件，不可仅凭产品用途进行推定。

【案号】一审：〔2014〕深中法知民初字第17号；二审：〔2014〕粤高法民三终字第773号

【案情】

原告：廖某云。

被告：深圳市展昊德塑胶电子有限公司（以下简称展昊德公司）。

廖某云于2013年6月4日向国家知识产权局申请专利名称为移动电源（S-802小蛮腰）的外观设计专利，2013年10月23日获得国家知识产权局的授权，专利号：ZL201330228353.3。目前该专利处于有效状态。

涉案外观设计专利由主视图、后视图、左视图、右视图、俯视图、仰视图、立体图共7幅图组成。主视图为移动电源外形一侧，外围轮廓呈长方形，上端左右两角位置为倒角状，左上方有一横条状的孔。后视图与主视图对称，除了没有横条状的孔外，与主视图基本一致。左视图为移动电源窄边的一端，整体呈长方形，四个角部位置均为倒角状，中间有一圆形小孔，小孔的上下各有一端口，小孔的右侧还有一较小端口。右视图与左视图对称，整体呈长方形，四个角部位置均为倒角状。俯视图为移动电源长边的一端，中间偏左有一长方形小孔，两端角部位置呈倒角状，从上往下看，可以看出顶部渐进式窄于底部，呈上窄下宽状。仰视图为移动电源长边的另一端，呈一光滑的弧面。为支持其诉讼主张，廖某云提交了阿里巴巴网站广告的打印件。该广告显示：产品名称为“最新款3节移动电源罗马仕款9000毫安通用苹果三星小米充电宝”，供应商信息为“深圳市展昊德塑胶电子有限公司刘某”，经营模式为“生产厂家”，所在地区为“广东深圳市宝安区”。廖某云还提交了深圳市深圳公证处〔2013〕深证字第176521号公证书，记载内容如下：廖某云代理人彭某意在公证员及公证处工作人员的见证下，于2013年12月1日15时43分来到市宝安区沙井街道中心路8-28号创业大厦512室的展昊德公司经营场所，现场购得移动电源外壳1批，并取得号码为“0001100”的展昊德塑胶电子科技有限公司送货单及名片原件各1张，现场交于公证员保管。公证员回公证处后将送货单和名片原件复印后交还廖某云代理人，将所购产品装箱并加贴封条。送货单显示购买的涉案产品为罗马仕3节，数量为5，收据上盖有展昊德公司的公章。名片正面有展昊德公司的名称、地址及法定代表人姓名，名片背面记载“专业生产销售移动电源厂商”。

展昊德公司认为阿里巴巴网站广告的打印件未进行公证，无法确认其真实性。

廖某云当庭提交了公证封存的被诉侵权产品，产品为移动电源外壳，产品本身无任何标志、信息。廖某云认为被诉侵权产品移动电源外壳的外观与其专利图片相同。展昊德公司认为由于涉案专利形状属于惯常设计，图案和色彩对于整体视觉效果更具影响力，两者颜色的差异应纳入比对的考量。

将被诉侵权产品移动电源外壳与廖某云专利图片进行比对：从主视图看，两者外围轮廓均呈长方形，上端左右两角位置均为倒角状，左上方有一横条状的孔；从后视图看，两者均呈上端左右两角为倒角状的长方形；从左视图看，两者整体均呈长方形，四个角部位置均为倒角状，中间均有一圆形小孔，小孔的上下各有一端口，小孔的右侧还有一较小端口；从右视图看，两者整体均呈长方形，四个角部位置均为倒角状；从俯视图看，两者中间偏左均有一长方形的小孔，两端角部位置均呈倒角状，从上往下看，可以看出顶部渐进式窄于底部，呈上窄下宽状；从仰视图看，两者均呈一光滑的弧面。涉案外观设计专利并不保护颜色。经对比，被诉侵权产品的外观设计与廖某云涉案专利设计相同。

展昊德公司提供了深圳市硕美优品科技有限公司工商资料，编号为0000118号、0024683号的送货单两份，证明其产品有合法来源。深圳市硕美优品科技有限公司工商资料显示深圳市硕美优品科技有限公司为2013年10月29日成立的有限责任公司，法定代表人为陆某燕。编号为0000118号送货单显示的日期为2014年1月3日，货物类型包括S－802壳＋中框＋配件，收货单位为拓翔者，送货人为“陆’S”，送货单位处盖有深圳市硕美优品科技有限公司的公章。编号为0024683号送货单显示的日期为2013年10月12日，货物为S－802白色壳＋板，送货人为“陆’S”，收货单位空白，未加盖公章。

廖某云、展昊德公司双方当庭认可廖某云公证购买的移动电源外壳不是完整的移动电源产品。购买者购买到移动电源外壳后，想要获得完整的移动电源产品，还需要购买其他零部件并进行组装。同时，展昊德公司确认其销售的对象主要为组装移动电源产品的厂商。

廖某云于2014年向法院起诉，认为展昊德公司未经许可，擅自生产、销售、许诺销售被诉侵权产品，侵害了其外观设计专利权。请求判令展昊德公司：①立即停止侵权产品的生产、销售、许诺销售，销毁库存侵权产品及生产侵权产品的专用模具；②赔偿廖某云损失及维权合理支出共计10万元；③承担本案的诉讼费。

【审判】

广东省深圳市中级人民法院经一审审理认为，展昊德公司工商登记的经营范围包含了移动电源的技术开发和销售，且展昊德公司在名片上也宣传自己是专业生产、销售移动电源的厂商。廖某云在展昊德公司处公证购买到被诉侵权的移动电源外壳，展昊德公司未提供被诉侵权的移动电源外壳的合法来源，可以认定展昊德公司制造、销售了被诉侵权的移动电源外壳。廖某云主张展昊德公司许诺销售被诉侵权的移动电源外壳，但其提交的网页打印件未经公证，无法确认其真实性，不能认定展昊德公司实施了许诺销售行为。廖某云申请外观设计专利的产品为移动电源，而廖某云公证取证的被诉侵权产品为移动电源外壳，双方均确认该移动电源外壳不是移动电源产品，购买者要获得移动电源产品还需购买零部件并加以组装，因此本案的焦点问题是展昊德公司制造、销售移动电源外壳的行为是否侵害了廖某云的外观设计专利权。经比对，被诉侵权产品移动电源外壳的外观设计与廖某云专利设计相同，且被诉侵权产品移动电源外壳在配合其他零部件完成组装后所形成的产品为移动电源，与廖某云的专利产品种类相同，被诉侵权产品移动电源外壳在配合其他零部件完成组装后，该移动电源产品落入廖某云专利权的保护范围。展昊德公司将移动电源外壳销售给生产移动电源产品的厂商，客观上引诱了生产移动电源产品的厂商将移动电源外壳以及采购的其他零配件加以组装，生产移动电源产品，从而导致生产移动电源产品的厂商对廖某云外观设计专利权的直接侵权；展昊德公司主观上明确知道其制造、销售的移动电源外壳是移动电源产品的专用零部件，购买者购买该零部件后将用于组装移动电源产品，却疏于对是否侵害他人外观设计专利权履行注意义务，主观上存在过错，构成引诱侵权。展昊德公司提出的合法来源抗辩证据均与本案无关联性。展昊德公司的合法来源抗辩证据不足，应对其引诱侵权的行为承担民事责任。一审法院遂判决展昊德公司立即停止侵权，并根据案情酌定其赔偿2.5万元。

展昊德公司不服一审判决，提起上诉。

广东省高级人民法院经二审审理认为，根据《专利法》第77条规定，被诉侵权产品的销售者豁免赔偿责任的法定条件是：①仅仅是销售者，不是被诉侵权产品的生产者，没有参与被诉侵权产品的制造过程；②不知道其销售的是未经专利权人许可而制造并售出的专利产品；③能证明其销售的产品的合法来源。以上三个条件必须同时具备，缺一不可。展昊德公司提出其销售的被诉侵权产品有合法来源，依据不足。合法来源抗辩不适用于产品制造者，展昊德公司是被诉侵权移动电源外壳的制造者。一审法院对展昊德公司所作的侵权结论正确，但认定展昊德公司构成引诱侵权欠妥。我国法律没有将引诱侵权规定为一类特殊的侵权行为，理论上将其归为间接侵权范畴，并在立法上进行了相应规制。根据《侵权责任法》第8条、第9条的规定，二人以上共同实施侵权行为，造成他人损害的，应当承担连带责任；教唆、帮助他人实施侵权行为的，应当与行为人承担连带责任。司法实践中，对于明知有关产品系专门用于实施发明创造的材料、设备、零部件、中间物等，未经专利权人许可，为生产经营目的将该产品提供给他人实施侵犯专利权的行为，权利人主张该提供者的行为属于《侵权责任法》第9条规定的帮助侵权行为的；明知有关产品可以用于实施发明创造，未经权利人许可，为生产经营目的，通过提供图纸、传授技术方案等方式积极引诱他人实施侵犯专利权的行为，权利人主张该诱导者的行为属于《侵权责任法》第9条规定的教唆侵权行为的，人民法院均予以支持。教唆、帮助等间接侵权行为以行为人主观明知为构成要件，且须以存在直接侵权人为条件。廖某云没有提交证据证明展昊德公司将移动电源外壳作为专用部件提供给了哪一具体的经营主体，并且后者使用该外壳制造了移动电源产品，因此，本案不存在展昊德公司之外的直接侵权人。一审法院认定展昊德公司构成引诱侵权欠妥。根据《专利法》的规定，分别承载两项外观设计的产品种类相同或者相近是比较该两项外观设计是否相同或相近似的前提条件，若两者产品种类不相同也不相近，则不存在外观设计比较的基础；相反，若两者产品种类相同或者相近，则可以直接进行外观设计相同相近似的比较。其中，一个完整的产品与构成该产品的零部件之间属于相近种类的产品，可以直接就两者的外观设计进行比较，是否相同或相近似以比较的结果而定。展昊德公司制造、销售了被诉侵权产品移动电源外壳，该移动电源外壳是构成本案专利产品移动电源的零部件，因此两者的产品种类相近，存在外观设计相同相近似比较的基础。从本案专利移动电源外观设计专利图片可知，本案外观设计专利的视觉效果完全由其外壳体现。而本案被诉产品移动电源外壳是完整的，即使装上内部元器件以后其外形也不会发生改变。足可将其与本案专利进行比对，以确定被诉设计是否侵害本案专利权。经比对，被诉侵权移动电源外壳与本案专利的外观设计并无差异，构成相同的外观设计，落入本案专利的保护范围，已经构成直接侵权。一审法院虽适用法律不当，但认定事实清楚，处理结果适当。二审法院据此判决驳回上诉，维持原判。

二、法官评析

此案是一起产品部件是否构成对产品外观设计专利权的侵害以及确立间接侵权与直接侵权判定规则的典型纠纷。在本案的处理中，二审法院从外观设计专利保护的客体是应用于产品的外观设计，而非产品本身这一实质出发，同时结合间接侵权的司法实践，以及《侵犯专利权纠纷案件解释（二）》（公开征求意见稿）对间接侵权所作的规定，认为外观设计专利侵权的判断标准应坚持整体观察、综合判断原则。以此为出发点，结合本案的法律事实，从被诉侵权人的行为性质、被诉侵权电源外壳与专利产品的关系、被诉侵权电源外壳外观与涉案专利外观比对、权利人的诉请、间接侵权的构成要件等方面，对产品外壳对产品外观设计专利权是构成间接侵权还是直接侵权作出了综合判断。

（一）产品外壳与完整产品可直接进行外观设计比对

本案虽一审判决和二审判决结果相同，但是对于展昊德公司行为构成侵权的性质认定存在分歧。分歧之一在于，一审法官认为涉案专利保护的是移动电源产品的外观设计，而被诉侵权产品仅是移动电源的外壳，两者用途不同，不属于相同或者相近种类的产品，不能进行外观设计的比对，首先排除了移动电源外壳对移动电源外观设计专利构成侵权的可能。

《专利法》第 2 条第 4 款①规定："外观设计，是指对产品的形状、图案或者其结合以及色彩与形状、图案的结合所作出的富有美感并适于工业应用的新设计。"根据该规定，外观设计专利应当以广义的工业产品为载体，但是法条并未对产品的完整程度作限制。因此，实务中，权利人可以选择就完整产品的外观设计申请专利，也可以选择就零部件的外观设计申请专利。在侵权诉讼中作外观设计比对时，若专利保护的是零部件外观设计而被诉侵权产品为完整产品，参照《专利审查指南》第四部分第五章第 5.2.3 节的规定，仅将该产品中与涉案专利相对应的零部件作为判断对象，其余部分不予考虑。但是，当专利保护的是完整产品的外观设计，而被诉侵权的是该产品的外壳时，被诉侵权产品是否落入专利权保护范围、两者外观设计应当如何比对，在现有的法律法规和规范性文件中并没有明确。

根据《专利法》第 2 条第 4 款的规定，外观设计保护的客体是产品的形状、图案或者其结合以及色彩与形状、图案的结合。在不影响外部视觉效果的情况下，产品的内部结构、材料、技术性能、尺寸等因素对产品外观设计专利的保护不产生任何影响。换言之，除产品表面透明导致其内部结构可以在外部呈现的情形以外，产品外观设计专利保护的实质就是保护产品的外壳。在这种情况下，禁止他人实施外观设计专利的核心就在于禁止他人制造、销售、许诺销售该产品外壳。对于产品的零部件，《专利审查指南》第一部分第三章第 12.2 节规定，有专属类别的，应当将该零部件分入其专属的类别；没有专属类别且通常不应用于其他产品的，应当将该零部件分入其上位产品所属的类别。《专利审查指南》第一部分第四章第 8.7 节规定，对只适用于或专门适用于某种产品或设备的零件或部件，将其分类在该产品或设备的零

---

① 该款被 2020 年修订的《专利法》修订为："外观设计，是指对产品的整体或者局部的形状、图案或者其结合以及色彩与形状、图案的结合所作出的富有美感并且适于工业应用的新设计。"

件或部件的分类位置上；如果分类表中不存在该零件或部件的分类位置，则将其分类在该产品或设备的分类位置上。产品外壳无论是否有专属类别，都是与使用该外壳的产品密切相关的产品。一个产品的外壳虽然不具有与该产品相同的用途，依照《专利审查指南》关于相同、相近种类产品的判断标准，两者似乎不具备外观设计比对的基础，但是，当产品的外观设计完全由其外壳承载，实施该产品外观设计专利的实质就是制造所述外壳，此时若仍纠缠于判断产品与产品外壳是否为相同或相近种类的产品，则是一种脱离外观设计专利本质，为规则而规则舍本逐末的行为。因此，当被诉侵权产品为专用于生产某一产品的外壳时，应当直接以该外壳与该产品外观设计专利进行外观设计相同相近似比对，并以比对结果作为制造、销售该外壳的行为是否侵害外观设计专利权的依据，而无需再考虑该产品外壳与外观设计专利产品的功能、用途是否相近。

（二）认定间接侵权须满足主客观构成要件，不可仅凭产品主要用途推定

本案一审和二审法官对于展昊德公司行为构成侵权的性质分歧之二在于，一审法官认为，展昊德公司从制造移动电源外壳到构成侵害涉案外观设计专利权的产品之间还差内部元器件的安装，不构成直接侵权，展昊德公司将移动电源外壳提供给移动电源制造商制造侵权产品的行为属于引诱侵权，构成间接侵权。

对于引诱侵权的认定问题，根据2015年3月《侵犯专利权纠纷案件解释（二）》征求意见稿第21条的规定，“明知有关产品系专门用于实施专利的材料、设备、零部件、中间物等，未经专利权人许可，为生产经营目的将该产品提供给他人实施侵犯专利权的行为，权利人主张该提供者的行为属于侵权责任法第九条规定的帮助侵权行为的，人民法院应予支持。明知有关产品、方法可以用于实施专利，未经专利权人许可，为生产经营目的通过提供图纸、传授技术方案等方式积极诱导他人实施侵犯专利权的行为，权利人主张该引诱者的行为属于侵权责任法第九条规定的教唆侵权行为的，人民法院应予支持。”虽然该司法解释尚未正式颁布，但是其关于“帮助侵权”和“教唆

（引诱）侵权”的定义是当前专利审判中主流观点。美国联邦最高法院在2014年6月就Limelight Networks，Inc. v. Akamai Technologies“云计算专利第一案”中，在纠正联邦上诉法院判决的基础上，明确诱导侵权成立的基础是有证据证明单个实体实施了侵权行为。构成帮助侵权和教唆（引诱）侵权有两个基本条件。其一，两者作为间接侵权的具体方式，均必须以存在直接侵权为前提。本案中，如果展昊德公司的行为构成教唆（引诱）侵权，那么权利人廖某云即使选择不以直接侵权人作为被告，但是其仍应当证明直接侵权行为的存在，即应当证明有单位或者个人未经其许可，为生产经营目的制造侵害其外观设计专利权的移动电源产品。对这一点的证明，仅有展昊德公司确认其移动电源外壳销售的对象主要为组装移动电源产品的厂商，而没有有关具体厂商用该外壳制造移动电源产品的相关证据，是不够的。其二，帮助和教唆针对的对象和行为内容有别。帮助应限于提供用于实施专利的专用物件，该物件除实施专利外别无工业用途。而教唆可是提供非专用的物件，只要通过具体的教唆（引诱）行为，如以“提供图纸、传授技术方案等方式”将行为明确指向专利，积极诱导他人实施侵犯专利权行为即可，引诱者自身并不直接参与侵犯专利权行为的实施。本案中，如果以制造使用涉案专利外观设计的移动电源作为侵犯专利权的行为，那么展昊德公司制造移动电源外壳的行为构成了整个侵权行为的一部分，是侵权行为的直接参与者，展昊德公司的行为并不符合教唆（引诱）侵权中引诱者行为的特征。“皮之不存，毛将焉附?”间接侵权制度本身是对专利权人垄断利益与社会公共利益之间进行衡平的结果，是对全面覆盖原则的突破，不宜放之过宽，过宽将有沦为未全面覆盖的口袋责任之嫌，应坚持以直接侵权的存在为前提。权利人应当证明直接侵权人和侵权产品的存在，并应以行为人主观明知为构成要件，不可仅凭产品主要用途径作帮助侵权或引诱侵权之推定。

（三）在直接侵权、间接侵权可能存在竞合的情况下如何定性

在产品专用部件和产品的制造者并非为同一人的情况下，直接侵权与间接侵权特殊情况下可能发生竞合。如果本案证据可以证明：其一，展昊德公司生产的移动电源外壳系专用于生产与本案专利外观设计相同或相近似的移

动电源产品；其二，实际存在具体的直接侵权人和侵权移动电源产品；其三，展昊德公司主观上明知其生产的移动电源外壳系专用于第二点所述的移动电源产品而予以提供，则展昊德公司既可能构成直接侵权，也可能构成帮助侵权。根据不告不理原则，追究展昊德公司的何种侵权责任，应以廖某云的选择而定。如本案所示，廖某云以移动电源外壳为侵权物，主张产品外壳已经完整呈现专利设计特征，侵害其专利权，实际作了直接侵权的选择，如原告仅诉外壳制造者，则外壳制造者构成直接侵权；如一并起诉电源产品制造者，根据《侵犯专利权纠纷案件解释》第 12 条“将侵犯外观设计专利权的产品作为零部件，制造另一产品并销售的，人民法院应当认定属于专利法第十一条规定的销售行为”的规定，在专利是外观设计专利的情况下，电源产品制造者的侵权性质应认定为销售侵权。需要指出的是，在第二种情况下，电源产品制造者可以提供证据主张合法来源抗辩，从而得以豁免赔偿责任。如原告以移动电源产品为侵权物，移动电源外壳为侵权专用部件，获取直接侵权产品，指出直接侵权人且一并起诉，追究展昊德公司帮助侵权和移动电源厂商直接侵权的民事责任，则其对专用外壳制造者作了间接侵权的选择。在原告以移动电源产品为侵权物仅对外壳制造者提起诉讼的情况下，作为侵权产品专用部件外壳的制造者，其可能承担的是间接侵权责任，而非直接侵权责任；在原告以移动电源产品为侵权物仅对电源产品制造者提起诉讼的情况下，则电源产品制造者构成的侵权只可能是直接侵权无疑。在司法实践中，如果权利人分别以产品部件和产品为侵权物提起诉讼，在后的案件应考虑前案的处理情况，对竞合侵权行为的赔偿不应重复。

随着科技的发展，市场主体之间分工合作，规避直接侵权行为要素，发生共同损害专利权人利益后果的行为会不断出现，对这类行为若不加以规范，会使得专利权的保护落空。正因为技术特征的叠加和拆分对侵权认定具有实质影响，对于现实中利用各种方式规避法律责任的行为，司法均应予以惩戒。专利间接侵权认定一直处于实践探索之中，法律和司法解释一直未明确其构成要件。笔者认为，对该类案件的审理，应坚持不告不理原则，紧扣权利人的诉讼请求和理由进行审理。虽然权利人的诉讼请求中一般不会明确其主张的是直接侵权还是间接侵权，但其主张的事实理由及其在诉讼中相应的举证均可清晰判断其主张的是直接侵权还是间接侵权，且被告亦会对此进行相应答辩和举证。法院不宜在权利人未作间接侵权主张的情况下，在认定被诉侵权物未落入专利保护范围之后，径行转为主要对权利人并未主张的侵权行为性质作出是否构成间接侵权的判断。否则，当事人会有被间接侵权突袭之感，被告有被剥夺相应答辩权和辩论权之嫌，局外人也会产生法院是在审理案件法律事实还是在审理假设事实之问。

第八章

现有设计抗辩是否成立的判定

一、现有设计抗辩的含义

现有设计抗辩与外观设计先用权抗辩都属于专利侵权诉讼中的外观设计不侵权抗辩。简要而论，其含义是指，就算被诉产品外观设计落入了涉案外观设计专利权的保护范围，只要被诉产品外观设计属于现有设计或者使用在先的外观设计，就不构成侵犯外观设计专利权，当然也就不承担侵权责任。分别而论，不论被诉产品外观设计是否落入了涉案外观设计专利权的保护范围，只要被告证明了被诉产品外观设计属于现有设计，就不构成侵犯外观设计专利权，当然就不承担侵权责任，这被称为现有设计抗辩。如果被诉产品外观设计确定没有落入原告的专利权的保护范围，这种情况下被告没有必要进行现有设计抗辩；法院在这种情况下，可以不对被告的现有设计抗辩进行审理。被告证明被诉产品的外观设计是先于原告的专利权申请日合法使用，从而不构成侵犯原告的外观设计专利权，被称为外观设计在先使用抗辩。关于外观设计的先用权抗辩及属于《专利法》第 75 条规定的其他不视为侵犯专利权的抗辩，请读者参考本书第二编第七章。更具体而言，在专利侵权诉讼中，这种被告不与原告争论被诉产品是否落入了原告专利权的保护范围，而是采取证明自己采用的是现有设计，从而证明自己的行为不构成专利侵权，以此来对抗原告起诉的做法，被称为现有设计抗辩。

二、法律、司法解释中关于现有设计抗辩的规定

《专利法》第 67 条规定："在专利侵权纠纷中，被控侵权人有证据证明其实施的技术或者设计属于现有技术或者现有设计的，不构成侵犯专利权。"《专利法》第 23 条第 4 款规定："本法所称现有设计，是指申请日以前在国内外为公众所知的设计。"

《专利法实施细则》第 11 条第 1 款规定："除专利法第二十八条和第四十二条规定的情形外，专利法所称申请日，有优先权的，指优先权日。"

《侵犯专利权纠纷案件解释》第 14 条第 2 款规定："被诉侵权设计与一个现有设计相同或者无实质性差异的，人民法院应当认定被诉侵权人实施的设计属于专利法第六十二条①规定的现有设计。"第 19 条第 1 款规定："被诉侵犯专利权行为发生在 2009 年 10 月 1 日以前的，人民法院适用修改前的专利法；发生在 2009 年 10 月 1 日以后的，人民法院适用修改后的专利法。"

《侵犯专利权纠纷案件解释（二）》第 14 条规定："人民法院在认定一般消费者对于外观设计所具有的知识水平和认知能力时，一般应当考虑被诉侵权行为发生时授权外观设计所属相同或者相近种类产品的设计空间。设计空间较大的，人民法院可以认定一般消费者通常不容易注意到不同设计之间的较小区别；设计空间较小的，人民法院可以认定一般消费者通常更容易注意到不同设计之间的较小区别。"第 22 条规定："对于被诉侵权人主张的现有技术抗辩或者现有设计抗辩，人民法院应当依照专利申请日时施行的专利法界定现有技术或者现有设计。"

三、现有设计抗辩成立的构成要件

（一）用于现有设计抗辩的现有设计必须符合的时间条件

《侵犯专利权纠纷案件解释（二）》第 22 条规定，对于被诉侵权人主张的现有技术抗辩或者现有设计抗辩，人民法院应当依照专利申请日时施行的

① 《专利法》（2020 年修正）第 67 条。

专利法界定现有技术或者现有设计。据此，要判定被告提出的证据是否属于“现有设计”，必须首先确定界定“现有设计”所适用的专利法及其司法解释。而确定所适用的专利法要以涉案外观设计专利的申请日为准。为了方便说明，我们假定涉案外观设计专利的申请日在2010年2月1日之后。这样，判断针对外观设计专利权的申请日在2010年2月1日之后的外观设计抗辩是否成立，就应该适用上文所引的即现行有效的法律、司法解释（本节所涉及的法律、司法解释都是指现行有效的）。按照上文所引的法律及司法解释，所述的现有设计指的是在申请日以前为公众所知的设计；如果涉案外观设计专利权有优先权日的，则现有设计指的是优先权日以前为公众所知的设计。申请日或者优先权日当天为公众所知的外观设计是否属于所述现有设计，没有相应的法律规定。按照百度百科对“以前”的解释，应该不包括申请日当天的。《专利审查指南》规定，申请日（有优先权的指优先权日）当天公开的技术内容不包括在现有技术范围内。据此类推，按照现行《专利审查指南》，申请日当天公开的外观设计也不应该属于所述现有设计。最高人民法院关于株式会社普利司通与浙江杭廷顿公牛橡胶有限公司、北京邦立信轮胎有限公司侵害外观设计专利权纠纷申请再审案于2011年3月1日作出的判决（〔2010〕民提字第189号）中，也没有将申请日或者优先权日为公众所知的外观设计作为所述现有设计。

综合上述内容，笔者认为按照现行法律，申请日（有优先权日的指优先权日）当天为公众所知的外观设计不属于用于现有设计抗辩的现有设计，申请日（有优先权日的指优先权日）之前为公众所知的才属于所述现有设计，才能用于现有设计抗辩。

（二）用于现有设计抗辩的现有设计一定是属于“为公众所知”的

根据《专利法》第23条第4款规定，专利法所称的现有设计是指申请日以前在国内外为公众所知的设计。对于何为“公众所知”，比照《专利审查指南》关于现有技术的规定，现有设计应该是指处于国内外公众能够获知的状态，而不是实际获知或者已经获知。具体而论，只要在申请日（有优先权日的指优先权日）之前在国内外出版物上公开发表过、公开使用过或者以其他方式为公众所知的外观设计，就属于在国内外能够为公众所知，就属于所述现有设计。（详见《专利审查指南》第四部分第五章“2. 现有设计”部分及第二部分第三章第2.1节现有技术部分。）

（三）只有被诉侵权外观设计与现有设计相同或者无实质性差异的，现有设计抗辩才能成立

对于被诉侵权设计与现有设计相同，理解和应用起来应该没有什么困难，但对于与被诉侵权设计无实质性差异，理解和应用都是非常难的。本编第五章构成外观设计侵权判定的相关内容具有一定的参考价值，但“无实质性差异”，在专利侵权判定和现有设计抗辩中还是有所差别。

现有设计抗辩成立必须是一件现有设计与被诉侵权设计相同或者无实质性差异。这一点非常重要，用来作为现有设计抗辩的现有设计只能是一件现有设计。即一张独立存在的照片、图片，一件独立的产品或者是属于针对同一件产品的几个视图或者照片。不能将不属于同一件产品的照片或者视图结合起来与被诉侵权产品比对，用以判断是否属于相同或者无实质性差异。

现有设计抗辩成立的现有设计一定是与被诉侵权产品种类相同或者相近的产品的外观设计。对于用于现有设计抗辩的现有设计是否必须是与被诉侵权产品种类相同或者相近产品的外观设计，法律及司法解释都没有明确的规定。但构成外观设计专利侵权成立的必备要件之一，是被诉侵权产品必须与授予外观设计专利权的产品种类相同或者相近。由此笔者认为，用于现有设计抗辩的现有设计也必须是与被诉侵权产品种类相同或者相近产品的外观设计。只有这样，才符合法律关于对应权利的公平原则和对等原则。

（四）被诉侵权设计是否属于现有设计由被告承担举证责任

在外观设计侵权诉讼中，只有当被告提出现有设计抗辩并进行了举证时，法院才有责任对其抗辩是否成立进行审查。如果被告没有提出现有设计抗辩或者虽然提出了现有设计抗辩，但没有提出相应证据，法院不应主动对被诉侵权设计是否属于现有设计进行审查。

四、现有设计抗辩是否成立的判断步骤

（一）判断用于现有设计抗辩的证据是否符合时间要求

（1）先根据涉案专利权的申请日（有优先权的按优先权日）确定界定现有设计所适用的法律及司法解释。

特别需要提醒的是，这里说的是确定界定现有设计所适用的法律及其司法解释和《专利审查指南》，而不是确定判定是否构成侵犯专利权所适用的法律等。确定判定是否构成专利侵权所适用的法律，按照《侵犯专利权纠纷案件解释》第19条第1款的规定，是按照被诉侵权行为发生日确定的，被诉侵犯专利权行为发生在2009年10月1日以前的，人民法院适用2008年修正前的专利法；发生在2009年10月1日以后的，人民法院适用2008年修正后的专利法。在界定现有设计所适用的法律方面，新法和旧法的区别仅仅在使用公开，旧法的使用公开的范围仅在国内，而2008年修正后的专利法使用公开的范围包括国内外。其实，由于2020年修正之前《专利法》规定外观设计专利权的期限为10年，因此现有的外观设计专利权的期限为10年，其申请日一定在2010年之后，今后发生的外观设计侵权诉讼进行现有设计抗辩，确定现有设计的范围时，只可能用到2008年修正后的《专利法》的规定。即使用公开的范围是国内外。

（2）按照所适用的法律、司法解释审查被告用于现有设计抗辩的产品的外观设计是否在涉案专利申请日之前为公众所知。有优先权日的，必须是属于优先权日之前为公众所知。如果所提交的证据公开在涉案专利申请日（有优先权日的则为优先权日）当日或者其后的，现有设计抗辩不能成立。

（二）用于现有设计抗辩的现有设计是否与被诉侵权产品的种类相同或者相近

只有用于现有设计抗辩的现有设计所属的产品的种类与被诉侵权产品的种类相同或者相近的，现有设计抗辩才能成立。否则，现有设计抗辩不成立。

（三）用于现有设计抗辩的每一件现有设计是否单独与被诉侵权产品的外观设计相同或者无实质性差异

在判断用于现有设计抗辩的每一件现有设计是否单独与被诉侵权产品的外观设计相同或者无实质性差异时，必须考虑被诉产品所属种类的“设计空间”大小，以此来决定作为判断主体的“一般消费者”的分辨力大小，进而确定是否将现有设计与被诉产品外观设计的细微差别予以忽略，或者确定必须予以忽略的二者之间差别的细微程度。关于“设计空间”的概念及应用，请参阅第一编第二章“设计空间”概念及应用。

（1）判断用于现有设计抗辩的每一件现有设计是否单独与被诉侵权产品的外观设计相同。每一件现有设计是否单独与被诉侵权产品的外观设计相同是指，如果被告所举的证据是一张单独的图片、照片或者是一件产品本身时，则将它们分别与被诉产品进行比对，看是否相同。如果所举证据是属于一件产品的几个视图或者不同部位的几张照片，则将它们与被诉侵权产品的对应部分进行逐一比对，然后按照整体观察、综合判断的原则得出现有设计是否与被诉侵权产品相同。如相同，则现有设计抗辩可能成立。判断两者是否相同时，可参阅本编第五章、第六章。

（2）判断用于现有设计抗辩的每一件现有设计是否单独与被诉侵权产品的外观设计无实质性差异。如果被诉侵权外观设计与现有设计不相同，再看其是否与现有设计构成无实质性差异，如构成无实质性差异，则现有设计抗辩成立；如果被诉侵权外观设计与现有设计既构不成相同，又构不成无实质性差异的，则现有设计抗辩不成立。

如同外观设计专利近似侵权判定，法律及其司法解释对被诉侵权设计与涉案授权外观设计像到何种程度就达到了构成侵权的“近似”没有明确规定，只规定了被诉侵权设计与授权外观设计在整体视觉效果上无实质性差异的，人民法院应当认定两者近似；上文引用的关于现有设计抗辩的司法解释也只规定了“被诉侵权设计与一个现有设计相同或者无实质性差异的，人民法院应当认定被诉侵权人实施的设计属于专利法第六十二条①规定的现有设

① 《专利法》（2020 年修正）第 67 条。

计”。但何为“无实质性差异”，则没有进一步的规定。因此，在现有设计抗辩中判断是否为“无实质性差异”，同样成为司法实务中难中又难的问题。

最高人民法院关于株式会社普利司通与浙江杭廷顿公牛橡胶有限公司、北京邦立信轮胎有限公司侵害外观设计专利权纠纷申请再审案于2011年3月1日作出的判决（〔2010〕民提字第189号）中，对现有设计抗辩判理的论述，是笔者迄今为止看到的集权威性、系统性、合法性、合理性于一体的最好论述。原文引用如下，希望对读者产生与笔者一样的帮助。

外观设计专利侵权判定中现有设计抗辩的审查判断方法：

现有设计抗辩是专利侵权纠纷中被控侵权人有证据证明其实施的设计属于现有设计，因而不落入涉案外观设计专利权保护范围的一种抗辩事由。现有设计抗辩制度的正当性在于，根据《专利法》第23条的规定，授予专利权的外观设计，应当同现有设计不相同和不相近似，因而专利权人只能就其相对于现有设计的创新性贡献申请专利并获得保护，不能把已经进入公有领域或者属于他人的创新性贡献的部分纳入其保护范围。因此，如果被控侵权人能够证明其实施的设计属于涉案专利申请日前的现有设计，就意味着其实施行为未落入涉案外观设计专利权的保护范围。在我国现行法律实行专利有效性判定程序和专利侵权判定程序分别独立进行的模式下，如果不允许被控侵权人在专利侵权民事诉讼中主张现有设计抗辩，在被控侵权产品属于现有设计的情况下依然认定构成侵犯涉案专利权，则会导致外观设计专利权的保护范围与专利权人的创新性贡献不相适应。因此，允许被控侵权人在外观设计专利侵权民事诉讼中提出现有设计抗辩，是我国专利法所规定的外观设计专利权授权条件及保护范围确定的应有之义。

根据《专利法》第23条的规定，现有设计是指外观设计专利申请日以前在国内外出版物上公开发表过或者国内外公开使用过的外观设计。判断被控侵权人的现有设计抗辩是否成立，当然首先应将被控侵权产品的设计与一项现有设计相对比，确定两者是否相同或者无实质性差异。如果被控侵权产品的设计与一个现有设计相同，则可以直接确定被控侵权人所实施的设计属于现有设计，不落入涉案外观设计专利保护范围。如果被控侵权产品的设计与现有设计并非相同，则应进一步判断两者是否无实质性差异，或者说两者是否相近似。实质性差异的有无或者说近似性的判断是相对的，如果仅仅简单地进行被控侵权产品设计与现有设计两者的对比，可能会忽视两者之间的差异以及这些差异对两者整体视觉效果的影响，从而导致错误判断，出现被控侵权产品设计与现有设计和外观设计专利三者都相近似的情况。因此，在被控侵权产品设计与现有设计并非相同的情况下，为了保证对外观设计专利侵权判定作出准确的结论，应以现有设计为坐标，将被控侵权产品设计、现有设计和外观设计专利三者分别进行对比，然后作出综合判断。在这个过程中，既要注意被控侵权产品设计与现有设计的异同以及对整体视觉效果的影响，又要注意外观设计专利与现有设计的区别及其对整体视觉效果的影响力，考虑被控侵权产品的设计是否利用了外观设计专利与现有设计的区别点，在此基础上对被控侵权产品设计与现有设计是否无实质性差异作出判断。原审判决在被控侵权产品的设计与现有设计并不相同的情况下仅对两者进行对比即作出现有设计抗辩成立的结论，该侵权对比判断方法有所失当，应予纠正。申请再审人关于原审判决对现有设计抗辩的法律适用错误的申请再审理由成立，予以支持。

结合相关法律、司法解释、最高人民法院针对高仪股份有限公司与浙江健龙卫浴有限公司侵害外观设计专利权纠纷案判决（〔2015〕民提字第23号）及上述最高人民法院的判决，笔者建议，判定现有设计抗辩是否成立，如下进行应该更好。

首先，判断主体仍然为“一般消费者”。通过判决的“其他部分”可知，该判决认为，判断现有设计与被诉侵权产品是否构成无实质性差异，同样要站在“一般消费者”的角度，而且还要根据被控侵权产品所述种类的“设计空间”确定“一般消费者”的分辨力大小。

其次，判断现有设计抗辩是否成立。被控侵权产品外观设计、被告用于现有设计抗辩的现有设计和涉案授权外观设计，这三者都近似的情况下，现有设计抗辩是否成立，按照下述方法判断：在判断被告用于现有设计抗辩的现有设计与被诉侵权产品外观是否构成无实质性差异时，应以被告用于现有设计抗辩的现有设计为坐标，将被控侵权产品外观设计、被告用于现有设计抗辩的现有设计和涉案授权外观设计三者两两分别进行比对，然后作出综合判断。在这三者都近似的情况下，看被控侵权外观设计是否具有涉案授权外观设计与被告用于现有设计抗辩的现有设计的全部区别特征。如果是，则被控侵权外观设计与被告用于现有设计抗辩的现有设计有实质性差别，现有设计抗辩不成立；如果全部不具有，则被控侵权外观设计与被告用于现有设计抗辩的现有设计无实质性差别，现有设计抗辩成立。

被控侵权外观设计、被告用于现有设计抗辩的现有设计和涉案授权外观设计这三者都近似，而被控侵权外观设计具有涉案授权外观设计与被告用于现有设计抗辩的现有设计的部分区别特征的情况下，现有设计抗辩是否成立，要按照上述的原则和方法根据个案具体判定。

02

第二编

发明、实用新型专利权侵权判定

第一章

发明、实用新型专利权侵权诉讼原告胜诉的必要条件

由于发明、实用新型专利权侵权诉讼的复杂性，常常发生原告付出了很大代价（如付出不少的人力物力，与被告之间出现对抗，原告的专利权被提起无效等），但其侵犯专利权之诉却不被法院受理，或者受理了也被驳回起诉或者驳回诉讼请求概率很高的情况，因此如何尽可能避免不可能胜诉的起诉，不论对原告自身，还是对整个社会都是非常重要的。而要避免不可能胜诉的起诉，从胜诉的充分条件开始研究把控，即具备了什么条件就必然会胜诉开始研究，是很难做到的。因此，笔者建议从胜诉的必要条件开始，即不具备什么条件必然不能胜诉着手研究。如果研究的结果是某一准备发起的专利侵权之诉不具备胜诉的必要条件，则优先考虑的是——能否补齐胜诉的必要条件。如果不能补齐，则就要放弃该诉讼。如果能补齐，则在补齐的基础上再考虑胜诉的充分条件。按照这样的路径及逻辑顺序，就会以最小的代价避免很多不必要的诉讼。因此，本书将对发明、实用新型专利侵权之诉原告胜诉的必要条件，作为本书第二编即发明、实用新型专利权诉讼维权实务部分第一章的内容。

发明、实用新型专利权侵权之诉原告胜诉的必要条件是指，在起诉侵犯专利权的诉讼中，起诉具备这些条件，原告未必胜诉，但缺少其中一个条件，原告一定不能胜诉。仅仅是出于易于论述和读者理解的考虑，笔者将发明专利、实用新型专利侵权诉讼中，原告胜诉的必要条件归纳概括为：①原告有

起诉资格；②据以起诉的专利权符合法律规定；③在诉讼期间据以起诉的专利权利要求没有被宣告无效；④被诉侵权行为发生在据以起诉的专利权有效期内；⑤被诉行为属于未经专利权人许可实施了据以起诉的专利的行为；⑥被诉行为不属于《专利法》规定的不视为侵犯专利权的行为；⑦被告的现有技术抗辩不成立；⑧被告的诉讼时效抗辩不能成立；⑨被告适格；⑩向有管辖权的法院起诉。由于本章的内容在本书中属于提纲性内容，因此笔者在本章的努力目标是对这些条件进行简明扼要的解释说明。而实际上，其中的每个条件，特别是其中的被诉行为属于未经许可实施了据以起诉的专利的行为，被告的不侵权抗辩不成立理解把握起来是有很大难度的。而判定被诉行为是否属于未经许可实施了据以起诉的专利的行为，则是整个专利侵权诉讼中最重要、最核心，同时也是难度最大的问题。对此笔者将在后续的章节中努力深入具体并借助实际案例予以解释说明。希望本章内容仅仅在提纲性的角度对读者有所帮助。下面就以上所述 10 个必要条件作如下介绍。

一、原告有起诉资格

原告的起诉资格可以根据法律规定取得，也可以根据合同受让取得。依据法律规定取得的起诉资格，本书称为法定起诉资格；依据合同约定取得的起诉资格，本书称为受让起诉资格，下面分别说明。

（一）法定起诉资格

《专利法》第 72 条规定：“专利权人或者利害关系人有证据证明他人正在实施或者即将实施侵犯专利权、妨碍其实现权利的行为，如不及时制止将会使其合法权益受到难以弥补的损害的，可以在起诉前依法向人民法院申请采取财产保全、责令作出一定行为或者禁止作出一定行为的措施。”据此，可以在起诉前依法向人民法院申请采取财产保全、责令作出一定行为或者禁止作出一定行为的措施的人，有权向人民法院提起专利侵权之诉，因而具有对侵犯专利权的行为向法院起诉的资格。该条规定的申请人包括专利权人（包括通过专利申请直接获得授权的专利权人和通过合法受让或者继承获得专利权的专利权人）和利害关系人。至于何为该法条所述的利害关系人，

《最高人民法院关于审查知识产权纠纷行为保全案件适用法律若干问题的规定》第2条规定："知识产权纠纷的当事人在判决、裁定或者仲裁裁决生效前，依据民事诉讼法第一百条、第一百零一条规定申请行为保全的，人民法院应当受理。知识产权许可合同的被许可人申请诉前责令停止侵害知识产权行为的，独占许可合同的被许可人可以单独向人民法院提出申请；排他许可合同的被许可人在权利人不申请的情况下，可以单独提出申请；普通许可合同的被许可人经权利人明确授权以自己的名义起诉的，可以单独提出申请。"

根据《最高人民法院关于审理技术合同纠纷案件适用法律若干问题的解释》第25条规定："……（一）独占实施许可，是指许可人在约定许可实施专利的范围内，将该专利仅许可一个被诉可人实施，许可人依约定不得实施该专利；（二）排他实施许可，是指许可人在约定许可实施专利的范围内，将该专利仅许可一个被许可人实施，但许可人依约定可以自行实施该专利；（三）普通实施许可，是指许可人在约定许可实施专利的范围内许可他人实施该专利，并且可以自行实施该专利。当事人对专利实施许可方式没有约定或者约定不明确的，认定为普通实施许可。专利实施许可合同约定被许可人可以再许可他人实施专利的，认定该再许可为普通实施许可，但当事人另有约定的除外……"其中，"约定许可实施专利的范围内"中的"范围"包括时间范围和地域范围。所述时间范围是指在所许可专利权有效期内的被许可人享有实施所许可权利的一段时间，该时间段必须有起止日期；所述地域范围是指在我国专利权有效范围（除港、澳、台之外的我国全部领土）内的被许可人享有所许可的实施专利，即实施专利方法、制造专利产品、销售专利产品、许诺销售专利产品、进口专利产品、使用专利产品（外观设计专利权除外）的地域，通常借助行政区划来界定，如用全国范围，某一个省或者某几个省的范围来界定。

依据上述法律及司法解释的规定，有资格向法院提起诉前禁令申请的利害关系人属于专利实施许可合同的被许可人。其中，独占实施许可合同的被许可人可以单独向人民法院提出申请；排他实施许可合同的被许可人在专利权人不申请的情况下，可以提出申请；普通许可合同的被许可人经权利人明确授权以自己的名义起诉的，可以单独提出申请。

综上所述，依据法律规定有资格对侵犯专利权的行为向法院起诉的人

（包括单位和个人）包括：

（1）专利权人，包括专利权的受让人或者合法继承人。专利权人在全中国范围内（港、澳、台除外）都有资格提起专利侵权诉讼。

（2）专利权独占实施许可合同的被许可人。如果与专利权人没有专门约定，独占实施被许可人只有在被许可的范围内，即被许可的时间段和被许可的地域范围内，发生了他人未经许可实施被许可的专利权的行为，才可以单独以自己的名义对侵犯所许可的专利权的行为提起诉讼；对超出许可范围实施被许可专利的行为无权起诉。

（3）在专利权人不起诉情况下的排他实施许可合同的被许可人。如果与专利权人没有专门约定，排他实施被许可人只有在被许可的范围内，即被许可的时间段和被许可的地域范围内，对侵犯所许可的专利权的行为以自己的名义提起诉讼；对超出许可范围实施被许可专利的行为无权起诉。

（4）普通许可合同的被许可人经权利人明确授权以自己的名义起诉的，可以单独提出起诉，在这种情况下的诉权取决于授权的内容。

（二）受让起诉资格[①]

依据法律规定享有专利侵权起诉资格的权利人，自己不行使该诉权，而依据其意愿将该诉权转让给他人，由受让人根据受让人自己的意愿行使，在不违反法律禁止性规定的情况下（正常情况下法律不会禁止），是对社会无害而有利于保护专利权进而有利于促进创新的行为，理应得到全社会的认可和尊重，当然也应当受到法院的认可和尊重。同时，我国合同法是承认这种转让合同的有效性的。因此，在我国具有专利侵权起诉资格的人，还应当包括从权利人受让取得起诉资格的人。而受让取得专利侵权起诉资格的来源，不仅应当包括专利权人，还应当包括上述依据法律规定享有起诉资格的所有人。当然，受让取得的专利侵权起诉的权利，受专利侵权起诉权转让合同（为此专门订立的合同）或者转让条款（在其他合同，如专利实施许可合同中的专门条款）的限制，同时受让所得的起诉权（如能够起诉的时间范围和地域范围）不能超过让与人所享有的权利。

① 这部分内容是笔者依据法律规定推定的。

笔者认为，不论是上述依据法律规定自己就享有起诉资格的人，还是受让取得起诉资格的人，都应该符合《中华人民共和国民事诉讼法》第 119 条的规定，属于该条要求的与本案有直接利害关系的公民、法人和其他组织。但上述依据法律规定所享有的起诉资格，由于依据明确，且属于惯常行为，因此起诉时通常不会受到法院的质疑。而受让取得起诉资格的情形，由于不是直接依据法律规定，而且法律实务中出现较少，甚至以前尚未出现过，可能会受到法院的质疑甚至不接受，特别是在倾向保守的法院。因此，就需要在准备好充分依据和理由的同时，和法院耐心沟通。

需要说明的是，这里所述的起诉权是指以自己名义起诉的权利，而不是代理权利人起诉的代理权。按照现在的相关法律规定，实际只有公民的亲属、单位自己的员工、律师和具有诉讼专利代理资质的专利代理人（已经改名为专利代理师）可以代理人的身份代理权利人提起专利侵权诉讼。

如果准备提起专利侵权之诉的单位或者个人不属于上述具有起诉资格情形的其起诉，将会被法院不予受理，受理后也会被裁定驳回起诉。

二、据以起诉的专利权符合法律规定

按理，专利权作为一种国家权力授予的权利，只要存在就必然合法。因此据以起诉的专利权，不存在合法性问题。但我国目前的实用新型专利权和外观设计专利权是未经实质审查程序所授予的，因此被授予的实用新型专利权和外观设计专利权就存在不符合专利法律规定的可能。而且 2020 年修正的专利法中仍然规定，对实用新型和外观设计专利申请在授予专利权之前只作形式审查。因此在可预见的将来，我国对实用新型专利和外观设计专利未经实质审查而授权，导致可能不符合专利法要求的情况还会继续。

对于不合法的专利权就不应当进行保护，更不应当依据这样的专利权判定被告承担侵犯专利权的法律责任。由于存在虽然被授予了专利权，但所授予的专利权却存在不合法的可能，因此《专利法》第 66 条第 2 款规定："专利侵权纠纷涉及实用新型专利或者外观设计专利的，人民法院或者管理专利工作的部门可以要求专利权人或者利害关系人出具由国务院专利行政部门对相关实用新型或者外观设计进行检索、分析和评价后作出的专利权评价报告，作为审理、处理专利侵权纠纷的证据；专利权人、利害关系人或者被控侵权人也可以主动出具专利权评价报告。"《专利法实施细则》第56条规定："授予实用新型或者外观设计专利权的决定公告后，专利法第六十条[①]规定的专利权人或者利害关系人可以请求国务院专利行政部门作出专利权评价报告。请求作出专利权评价报告的，应当提交专利权评价报告请求书，写明专利号。每项请求应当限于一项专利权。专利权评价报告请求书不符合规定的，国务院专利行政部门应当通知请求人在指定期限内补正；请求人期满未补正的，视为未提出请求。"《专利审查指南》第五部分第十章第3.2节规定的专利权评价的内容如下：

3.2.1 实用新型专利

实用新型专利权评价所涉及的内容包括：

（1）实用新型是否属于专利法第五条或者第二十五条规定的不授予专利权的情形，其评价标准适用本指南第二部分第一章的规定。

（2）实用新型是否属于专利法第二条第三款规定的客体，其评价标准适用本指南第一部分第二章第6节的规定。

（3）实用新型是否具备专利法第二十二条第四款规定的实用性，其评价标准适用本指南第二部分第五章第3节的规定。

（4）实用新型专利的说明书是否按照专利法第二十六条第三款的要求充分公开了专利保护的主题，其评价标准适用本指南第二部分第二章第2.1节的规定。

（5）实用新型是否具备专利法第二十二条第二款规定的新颖性，其评价标准适用本指南第四部分第六章第3节的规定。

（6）实用新型是否具备专利法第二十二条第三款规定的创造性，其评价标准适用本指南第四部分第六章第4节的规定。

（7）实用新型是否符合专利法第二十六条第四款的规定，其评价标准适用本指南第二部分第二章第3.2节的规定。

（8）实用新型是否符合专利法实施细则第二十条第二款的规定，其评价标准适用本指南第二部分第二章第3.1.2节的规定。

---

① 《专利法》（2020年修正）第65条。

(9) 实用新型专利文件的修改是否符合专利法第三十三条的规定，其评价标准适用本指南第一部分第二章第8节和第二部分第八章第5.2节的规定。

(10) 分案的实用新型专利是否符合专利法实施细则第四十三条第一款的规定，其评价标准适用本指南第二部分第六章第3.2节的规定。

(11) 实用新型是否符合专利法第九条的规定，其评价标准适用本指南第二部分第三章第6节的规定。

根据上述《专利法》《专利法实施细则》及《专利审查指南》的规定，法院要求的专利权评价报告的内容，实质是《专利法实施细则》规定的所评价专利权有效的必备要件。因此，其实质是要求原告对据以起诉的实用新型专利权或者外观设计专利权提供其符合专利法律规定的证明。因此，在法院要求提供专利权评价报告，而原告不提供，或者提供的专利权评价报告不能证明据以起诉的专利权符合《专利法实施细则》规定的专利权有效的全部要件的，法院可以不予受理，受理后可以驳回起诉。

需要强调的是，法院要求原告提供专利权评价报告的实质是要求原告提交证明实用新型专利权或者外观设计专利权符合专利法律规定的证明文件。因此，如果原告虽然没有专利权评价报告，但能够提交维持据以起诉的实用新型专利权利要求有效或者外观设计专利有效的专利无效审查决定书的，显然是符合人民法院的要求，并且不会影响原告胜诉。

通常情况下，对于发明专利，法院是不要求原告提交专利权符合法律规定的证据，如专利权评价报告的。但当被告提交了宣告原告据以起诉的专利权利要求无效的证据，如专利无效宣告决定书时，原告必须提交该无效宣告决定被法院生效判决撤销的证据。否则，法院会驳回原告的起诉。

三、在诉讼期间原告据以起诉的专利权利要求没有被宣告无效

《专利法》第47条第1款规定："宣告无效的专利权视为自始即不存在。"《侵犯专利权纠纷案件解释（二）》第2条规定："权利人在专利侵权诉讼中主张的权利要求被专利复审委员会宣告无效的，审理侵犯专利权纠纷案件的人民法院可以裁定驳回权利人基于该无效权利要求的起诉。有证据证明宣告上述权利要求无效的决定被生效的行政判决撤销的，权利人可以另行起

诉。专利权人另行起诉的，诉讼时效期间从本条第二款所称行政判决书送达之日起计算。”据此规定，已经受理的专利侵权诉讼审理过程中，出现了据以起诉的专利权利要求被宣告无效时，法院可以依据该无效决定驳回起诉，而不论该专利无效宣告决定是否生效。需要说明的是，此处所述的据以起诉的专利权利要求是指，原告主张被侵犯、要求得到保护的权利要求。如果专利无效宣告决定是部分维持专利权有效的，只要原告主张的专利权利要求中，有一项权利要求被维持有效，原告就可能胜诉。

尽管在原告起诉时，原告很难判断据以起诉的专利权利要求是否会被无效掉，但在专利侵权诉讼中，被告或者他人发起对据以起诉的专利无效宣告几乎是必然要发生的；因此，在发起专利侵权诉讼之前，对据以起诉的专利权的稳定性进行判断，是原告必须面对的问题。

四、被诉行为发生在据以起诉的专利权有效期内

（一）被诉行为发生在据以起诉的专利权授权公告之后

《专利法》第 11 条第 1 款规定：“发明和实用新型专利权被授予后，除本法另有规定的以外，任何单位或者个人未经专利权人许可，都不得实施其专利，即不得为生产经营目的制造、使用、许诺销售、销售、进口其专利产品，或者使用其专利方法以及使用、许诺销售、销售、进口依照该专利方法直接获得的产品。”第 39 条规定：“发明专利申请经实质审查没有发现驳回理由的，由国务院专利行政部门作出授予发明专利权的决定，发给发明专利证书，同时予以登记和公告。发明专利权自公告之日起生效。”第 40 条规定：“实用新型和外观设计专利申请经初步审查没有发现驳回理由的，由国务院专利行政部门作出授予实用新型专利权或者外观设计专利权的决定，发给相应的专利证书，同时予以登记和公告。实用新型专利权和外观设计专利权自公告之日起生效。”据此，只有被诉行为发生在专利授权公告日之后，才可能构成专利侵权。因此只有针对发生在据以起诉的专利权授权公告后的被诉行为的起诉，原告才可能胜诉。

关于在实用新型专利权授权之前发生的实施与该实用新型专利申请相同

技术方案的行为是否构成侵犯专利权，《最高人民法院研究室关于兰州某研究所与兰州某有限责任公司专利权侵权纠纷一案如何适用法律问题的答复》（法研〔2011〕88 号，2011 年 6 月 29 日发布，现行有效）规定如下："根据《中华人民共和国专利法》第十一条、第四十条的规定，起诉实用新型专利权侵权应以专利权被依法授予为前提，而实用新型专利权自公告之日起生效，因此在专利申请日到公告日之间，实用新型专利权并未产生，在此期间发生的实施与该实用新型专利申请相同技术方案的行为，不构成专利权侵权，由此引发的纠纷应适用相关法律规定处理。"

（二）被诉行为发生在据以起诉的专利权失效之前

专利权作为一个有期限的权利，存在有效期的问题，不在有效期的专利其权利不论是尚未生效，还是过期，都不能作为据以起诉的权利依据。因此，被诉行为只有发生在据以起诉的专利权被公告生效后，失效日之前，原告才可能胜诉。

《专利法》第 39 条规定："发明专利申请经实质审查没有发现驳回理由的，由国务院专利行政部门作出授予发明专利权的决定，发给发明专利证书，同时予以登记和公告。发明专利权自公告之日起生效。"第 40 条规定："实用新型和外观设计专利申请经初步审查没有发现驳回理由的，由国务院专利行政部门作出授予实用新型专利权或者外观设计专利权的决定，发给相应的专利证书，同时予以登记和公告。实用新型专利权和外观设计专利权自公告之日起生效。"第 42 条规定："发明专利权的期限为二十年，实用新型专利权的期限为十年，外观设计专利权的期限为十五年，均自申请日起计算。自发明专利申请日起满 4 年，且自实质审查请求之日起满 3 年后授予发明专利权的，国务院专利行政部门应专利权人的请求，就发明专利在授权过程中的不合理延迟给予专利权期限补偿，但由申请人引起的不合理延迟除外。为补偿新药上市审评审批占用的时间，对在中国获得上市许可的新药相关发明专利，国务院专利行政部门应专利权人的请求给予专利权期限补偿。补偿期限不超过五年，新药批准上市后总有效专利权期限不超过十四年。"据此，通常我国发明专利的有效期为 20 年，实用新型的为 10 年；但针对发明专利的授权不是由于申请人的原因导致不合理迟延，以致自发明专利申请日起满4年，且自实质审查请求之日起满3年后才授予发明专利权的，国务院专利行政部门应该根据专利权人的请求给予专利权期限补偿；或者针对在中国获得上市许可的新药相关发明专利，对新药上市审评审批占用的时间，国务院专利行政部门根据专利权人的请求给予专利权期限补偿。这样，我国发明专利权的有效期限就会出现从专利申请日算起超过20年的情形，但具体的专利权期限补偿条件、程序及标准还有待进一步明确。但专利权生效日为授权公告之日，而有效期的起算时间仍为申请日。因此，发明专利权法定的实际有效期为20年加上应专利权人的请求国务院专利行政部门给予专利权补偿的期限，减去申请日到授权公告日的时间；实用新型专利权法定的实际有效期为10年减去申请日到授权公告日的时间。《专利法实施细则》第11条规定："除专利法第二十八条和第四十二条规定的情形外，专利法所称申请日，有优先权的，指优先权日。本细则所称申请日，除另有规定的外，是指专利法第二十八条规定的申请日。"据此，作为专利权有效期限计算起点的"专利申请日"，就是专利授权文件记载的"专利申请日"。现实中还存在专利权被宣告无效、被放弃、因未交年费（维持费）而被终止的问题。因此，在判断专利权的有效期时，这些因素都不能忽略。当然判断专利权的有效性不是疑难问题。

另外，专利申请人按照《专利法》第13条的规定要求支付适当费用，被要求人拒绝支付时，权利人也只有在专利授权公告后才能起诉。

《专利法》第13条规定："发明专利申请公布后，申请人可以要求实施其发明的单位或者个人支付适当的费用。"《专利法》第74条规定："侵犯专利权的诉讼时效为三年，自专利权人或者利害关系人知道或者应当知道侵权行为以及侵权人之日起计算。发明专利申请公布后至专利权授予前使用该发明未支付适当使用费的，专利权人要求支付使用费的诉讼时效为三年，自专利权人知道或者应当知道他人使用其发明之日起计算，但是，专利权人于专利权授予之日前即已知道或者应当知道的，自专利权授予之日起计算。"《侵犯专利权纠纷案件解释（二）》第18条规定："权利人依据专利法第十三条诉请在发明专利申请公布日至授权公告日期间实施该发明的单位或者个人支付适当费用的，人民法院可以参照有关专利许可使用费合理确定。发明专利申请公布时申请人请求保护的范围与发明专利公告授权时的专利权保护范围不一致，被诉技术方案均落入上述两种范围的，人民法院应当认定被告在前款所称期间内实施了该发明；被诉技术方案仅落入其中一种范围的，人民法院应当认定被告在前款所称期间内未实施该发明。发明专利公告授权后，未经专利权人许可，为生产经营目的使用、许诺销售、销售在本条第一款所称期间内已由他人制造、销售、进口的产品，且该他人已支付或者书面承诺支付专利法第十三条规定的适当费用的，对于权利人关于上述使用、许诺销售、销售行为侵犯专利权的主张，人民法院不予支持。”

据此，虽然法律规定在发明专利申请被公布后，被授予专利权前，专利申请人可以要求实施其发明的单位或者个人支付适当的费用，但如果被要求的单位或者个人拒绝支付适当费用，权利人只有向法院起诉。而根据上述专利法及其司法解释的规定，只有所申请的专利被授予专利权后，权利人才能起诉，而且权利人胜诉的必备条件是，被要求支付适当费用的单位或者个人所实施的技术，是专利申请公布的要求保护的技术内容（即权利要求限定的要求保护的内容）与专利授权文件记载的权利要求限定的保护范围的共同部分时，才可能得到法院的支持。如果该专利申请最终没有被授予专利权，则法院不可能支持专利申请人依据《专利法》第 13 条的规定，要求支付适当报酬的主张。其实质是，只有他人所实施的技术落入所授予的专利权的保护范围，且实施时间是在专利申请公布后、专利授权公告前的时间段内，而且权利人只有在专利授权后才能向法院起诉。

五、被诉行为属于未经专利权人许可实施了据以起诉的专利权的行为

《专利法》第 11 条第 1 款规定：“发明和实用新型专利权被授予后，除本法另有规定的以外，任何单位或者个人未经专利权人许可，都不得实施其专利，即不得为生产经营目的的制造、使用、许诺销售、销售、进口其专利产品，或者使用其专利方法以及使用、许诺销售、销售、进口依照该专利方法直接获得的产品。”据此，只有被诉行为属于未经专利权人许可的，为生产

经营目的制造、使用、许诺销售、销售、进口据以起诉的发明或者实用新型专利权的专利产品，或者使用其专利方法以及使用、许诺销售、销售、进口依照该专利方法直接获得的产品的行为，原告才可能胜诉；另外，专利法还规定一些例外情形，被诉行为属于这些例外情形的，原告也不能胜诉，具体见下文论述。为了便于理解，换个角度表述就是，被诉行为必须属于未经专利权人许可，为生产经营目的制造、使用、许诺销售、销售、进口的产品落入了据以起诉的产品发明专利权利要求或者实用新型专利权利要求的保护范围；未经专利权人许可，为生产经营目的所使用的方法落入了据以起诉的方法专利权利要求的保护范围；未经专利权人许可，为生产经营目的使用、许诺销售、销售、进口的产品落入了依据据以起诉的方法专利权利要求限定的技术方案直接获得的产品的保护范围。原告针对这样的行为起诉才有可能胜诉。至于何为落入了专利权利要求的保护范围的问题，属于专利侵权诉讼的重中之重、难中之难，本书第二编第五章将专章阐明。其中，所述的侵犯专利权的使用行为，依据《侵犯专利权纠纷案件解释》第 12 条的规定，还包括将侵犯发明或者实用新型专利权的产品作为零部件，制造另一产品的行为；所述的侵犯专利权的销售行为，还包括销售利用侵犯发明或者实用新型专利权的产品作为零部件所制造的另一产品的行为。依据上述解释第 13 条规定，依照专利方法直接获得的产品是指使用专利方法获得的原始产品；使用依照专利方法直接获得的产品，包括了将所述原始产品进一步加工、处理而获得后续产品的行为。《侵犯专利权纠纷案件解释（二）》第 19 条规定：产品买卖合同依法成立的，人民法院应当认定属于专利法第 11 条规定的销售，即属于侵犯专利权的销售。

另外，《侵犯专利权纠纷案件解释（二）》第 20 条规定：对于将依照专利方法直接获得的产品进一步加工、处理而获得的后续产品，进行再加工、处理的，人民法院应当认定不属于《专利法》第 11 条规定的“使用依照该专利方法直接获得的产品”。

六、被诉行为不属于《专利法》规定的不视为侵犯专利权的行为

《专利法》第 75 条规定：“有下列情形之一的，不视为侵犯专利权：

（一）专利产品或者依照专利方法直接获得的产品，由专利权人或者经其许可的单位、个人售出后，使用、许诺销售、销售、进口该产品的；（二）在专利申请日前已经制造相同产品、使用相同方法或者已经作好制造、使用的必要准备，并且仅在原有范围内继续制造、使用的；（三）临时通过中国领陆、领水、领空的外国运输工具，依照其所属国同中国签订的协议或者共同参加的国际条约，或者依照互惠原则，为运输工具自身需要而在其装置和设备中使用有关专利的；（四）专为科学研究和实验而使用有关专利的；（五）为提供行政审批所需要的信息，制造、使用、进口专利药品或者专利医疗器械的，以及专门为其制造、进口专利药品或者专利医疗器械的。”

据此，被诉行为属于上述五种情形之一的，不属于侵犯专利权的行为，原告对这些行为起诉的，不能获得法院支持，即不能胜诉。其中第（一）项通常被称为权利用尽抗辩；第（二）项通常被称为先用权抗辩；第（三）项通常被称为临时过境豁免抗辩；第（四）项通常被称为科研或者实验专用抗辩；第（五）项通常被称为行政审批豁免抗辩。

特别需要注意，《侵犯专利权纠纷案件解释（二）》第23条规定：“被诉侵权技术方案或者外观设计落入在先的涉案专利权的保护范围，被诉侵权人以其技术方案或者外观设计被授予专利权为由抗辩不侵犯涉案专利权的，人民法院不予支持。”在诉讼实务中，经常有人错误地以自己实施的技术或者设计已被授予了专利权作为不侵权抗辩的依据。只要被诉行为落入了他人的专利权的保护范围，而不论其实施的技术或者设计是否被授予或者将要授予专利权，都可能会构成专利侵权。对于不侵权抗辩本书将会在第二编第七章专章说明。

七、被告的现有技术抗辩不成立

《专利法》第67条规定：“在专利侵权纠纷中，被控侵权人有证据证明其实施的技术或者设计属于现有技术或者现有设计的，不构成侵犯专利权。”《侵犯专利权纠纷案件解释》第14条第1款规定：“被诉落入专利权保护范围的全部技术特征，与一项现有技术方案中的相应技术特征相同或者无实质性差异的，人民法院应当认定被诉侵权人实施的技术属于专利法第六十二条[①]规定的现有技术。”据此，就算被诉行为落入了原告据以起诉的专利权的保护范围，但被告能够举证证明被诉行为所用的技术属于现有技术的，则被诉行为依据专利法不属于侵犯专利权的行为，不构成专利侵权。这被称为不构成侵犯专利权的现有技术抗辩。因此，在专利侵权诉讼中，在原告证明了被诉技术方案落入了原告据以起诉的专利权利要求保护范围的前提下，只有被告的现有技术抗辩不成立的，原告才能胜诉。由于现有技术抗辩在专利侵权诉讼中非常重要，经常被用到，而且具有相当大的难度，经常被错误理解，因此本书将在第二编第七章中详细解释说明。

八、被告的诉讼时效抗辩不能成立

民事诉讼时效抗辩是指，在民事诉讼中，被告提出并举证证明原告的起诉超过了诉讼时效期间，法院经审查认定被告的主张及举证成立的，法院不会支持原告的诉讼请求。需要说明的是，原告起诉是否超过诉讼时效，法院不能依职权主动使用。即在被告没有提出诉讼时效抗辩及举证的前提下，法院自己不能认为原告起诉超过了诉讼时效而不予受理、驳回起诉或者驳回诉讼请求。而且对于起诉超过了诉讼时效的证明责任在被告。

《专利法》第 74 条规定：“侵犯专利权的诉讼时效为三年，自专利权人或者利害关系人知道或者应当知道侵权行为以及侵权人之日起计算。发明专利申请公布后至专利权授予前使用该发明未支付适当使用费的，专利权人要求支付使用费的诉讼时效为三年，自专利权人知道或者应当知道他人使用其发明之日起计算，但是，专利权人于专利权授予之日前即已知道或者应当知道的，自专利权授予之日起计算。”据此规定，如果原告起诉专利侵权之日，距权利人知道或者应当知道侵权行为以及侵权人之日未超过 3 年，原告起诉的时间符合法律规定，被告的诉讼时效抗辩不能成立。原告起诉之日，距离权利人得知或者应当得知侵犯专利权的行为发生且知道侵权人之日超过了 3 年，被告提出诉讼时效抗辩的，则原告不可能胜诉。但原告起诉时间符合民

① 《专利法》（2020 年修正）第 67 条。

事诉讼时效的中止、中断规定的，被告的诉讼时效抗辩就可能不成立，原告的起诉时间就可能符合法律规定因而可能胜诉。需要特别提醒的是，在2020年修正的《专利法》生效之前，专利权人或者利害关系人起诉侵犯专利权的诉讼时效起算点是得知或者应当得知侵权行为之日，而2020年修正的《专利法》改成了专利权人或者利害关系人知道或者应当知道侵权行为以及侵权人之日。

所述诉讼时效的中止，《民法典》第194条规定："在诉讼时效期间的最后六个月内，因下列障碍，不能行使请求权的，诉讼时效中止：（一）不可抗力；（二）无民事行为能力人或者限制民事行为能力人没有法定代理人，或者法定代理人死亡、丧失民事行为能力、丧失代理权；（三）继承开始后未确定继承人或者遗产管理人；（四）权利人被义务人或者其他人控制；（五）其他导致权利人不能行使请求权的障碍。自中止时效的原因消除之日起满六个月，诉讼时效期间届满。"其意思是，在诉讼时效期间的最后6个月内，如果出现了该条所规定的上述5种权利人行使请求权（权利人向侵权人提出索赔、向专利行政管理机关请求行政处理、向法院起诉等）的障碍的，诉讼时效期间在该障碍停止之日重新开始计算。该重新计算的诉讼时效期限为6个月，专利人在该6个月期限内起诉的，不算超过诉讼时效，被告的诉讼时效抗辩不能成立。在这6个月期限内发生诉讼时效中断事由的，诉讼时效中断；发生新的诉讼时效中止事由的，诉讼时效重新中止。

所述诉讼时效的中断，《民法典》第195条规定："有下列情形之一的，诉讼时效中断，从中断、有关程序终结时起，诉讼时效期间重新计算：（一）权利人向义务人提出履行请求；（二）义务人同意履行义务；（三）权利人提起诉讼或者申请仲裁；（四）与提起诉讼或者申请仲裁具有同等效力的其他情形。"其意思是，在诉讼时效进行过程中，发生该条规定的上述四种事由之一的，诉讼时效期间重新计算。权利人在该重新计算的诉讼时效期间内起诉的，不算超过诉讼时效，被告的诉讼时效抗辩不能成立。诉讼时效的中断可以连续进行。即在第一个诉讼时效期间被中断后，第二个诉讼时效期间内，发生了可以中断诉讼时效期间事由的，第二个诉讼时效期间被中断，第三个诉讼时效期间开始，以此类推，直到距离被诉行为发生之日（被诉行为持续的，被诉行为的最后一日）超过20年。例如，自发生专利权被侵害之日（侵害行为持续的，自最后的侵害行为之日）起的3年之内的某一天，如果专利权人向侵权人提出了索赔，则在这提出索赔之日起的3年之内的任意一天，权利人向法院起诉赔偿的，不失去胜诉权；以此类推，只要原告的起诉时间符合诉讼时效中断的规定，但据被诉行为终了之日没有超过20年的，被告的诉讼时效抗辩不能成立。《民法典》第188条第2款规定："……自权利受到损害之日起超过二十年的，人民法院不予保护，有特殊情况的，人民法院可以根据权利人的申请决定延长。"即如果原告起诉之日距最后的专利侵权之日超过20年，被告提出诉讼时效抗辩的，原告起诉不可能胜诉，除非原告请求延长起诉期限的申请获得了法院的批准。

虽然根据《民法典》第196条规定，上述诉讼时效只适用于专利侵权诉讼中的请求赔偿损失，而不适用于请求停止侵权，请求停止侵权不受诉讼时效的限制。但该条规定在专利侵权诉讼中没有适用的可能性。既然是请求停止侵权，那么起诉之时侵权行为还在继续，起诉自然不会过诉讼时效。

九、被告适格

被告适格，是指被告是按照《专利法》及其司法解释规定的，应当承担专利侵权责任的单位或者个人。如果被告不适格，则原告不能胜诉。在一个专利侵权诉讼中，原告可能会将多个单位或者个人列为被告。至少一个被告适格，是原告胜诉的必要条件。在原告起诉一个被告或者多个被告直接实施了以营利为目的制造、销售、许诺销售、使用专利产品的一个或者多个行为中，只要被诉行为落入据以起诉的专利权的保护范围，则被告通常都是适格的。被告不适格的情况，往往出现在起诉被告间接实施侵犯专利权的情形，如起诉被告实施了帮助侵犯专利权或者教唆侵犯专利权的情形。按照我国目前的司法实践，间接侵犯专利权的成立是以直接侵犯专利权的成立为前提的。如果直接侵犯专利权不成立，则间接侵权就不能成立。因此，在直接侵犯专利权不成立的前提下，而仅仅对所谓的间接侵犯专利权的人进行起诉，就属于被告不适格的情形，原告不能胜诉。关于间接侵犯专利权的成立，请参阅本书第一编第七章。

十、向有管辖权的法院起诉

诉讼管辖分为地域管辖和级别管辖。地域管辖是指属于哪个地域的法院管辖的问题，级别管辖是指在有管辖权的地域内属于哪个级别的法院（我国法院分为基层人民法院、中级人民法院、高级人民法院和最高人民法院四个级别）的问题。专利侵权诉讼只有符合地域管辖和级别管辖时，法院才能进行实体审理，原告才能获得胜诉判决。如果原告向没有管辖权的法院提起诉讼，不会被受理，受理后也会被驳回起诉；另外，被告也常常会提出管辖异议。因此，向有管辖权的法院起诉，也是原告胜诉的必要条件之一。就专利侵权诉讼的地域管辖和级别管辖需要注意的问题说明如下。

（一）关于专利侵权诉讼的地域管辖

《审理专利纠纷案件规定》第 5 条规定："因侵犯专利权行为提起的诉讼，由侵权行为地或者被告住所地人民法院管辖。侵权行为地包括：被诉侵犯发明、实用新型专利权的产品的制造、使用、许诺销售、销售、进口等行为的实施地；专利方法使用行为的实施地，依照该专利方法直接获得的产品的使用、许诺销售、销售、进口等行为的实施地；外观设计专利产品的制造、许诺销售、销售、进口等行为的实施地；假冒他人专利的行为实施地。上述侵权行为的侵权结果发生地。"第 3 条规定："原告仅对侵权产品制造者提起诉讼，未起诉销售者，侵权产品制造地与销售地不一致的，制造地人民法院有管辖权；以制造者与销售者为共同被告起诉的，销售地人民法院有管辖权。销售者是制造者分支机构，原告在销售地起诉侵权产品制造者制造、销售行为的，销售地人民法院有管辖权。"

在确定专利侵权诉讼的地域管辖时，主要需要注意如下问题。

（1）由于我国在加强知识产权，特别是技术类知识产权的司法保护，相关专利侵权诉讼的制度，特别是专利侵权诉讼的管辖，一直处于改革当中。目前我国除在北京、上海、广州、海南自由贸易港四地设立知识产权法院外，还设立了一些知识产权法庭，而这些知识产权法院或者知识产权法庭对专利侵权诉讼的管辖，很多都不受其所属行政区域的限制，而是实施跨区域管辖。

目前对每个知识产权法院或者知识产权法庭的地域管辖范围，很难作出准确简要的说明，而且其中的一些法庭或者法院的地域管辖还在变动之中。原告在确定地域管辖时，应该先预选几个对原告有利的一审管辖法院或者法庭，然后查找所预选的每个法院或者法庭的管辖地域范围的相关规定，根据所查找到的规定进行谨慎核实，必要时还得向所预选的法院进行咨询。

（2）以被告住所地确定一审管辖法院，相对于以被诉侵权行为地确定管辖法院要简单，争议相对要少，因此在同等条件下，应该优先在被告住所地选择管辖法院。

（3）在一个诉讼中对多个被告提起侵犯专利权诉讼时，目前的司法解释仅对将产品制造者和销售者作为共同被告的一审地域管辖作了规定。而对将专利方法实施者、产品制造者、产品使用者、产品销售者、产品许诺销售者、产品进口者中的两个以上作为共同被告时，该如何确定一审地域管辖，笔者没有找到相关规定。在实际诉讼中，应当慎重考虑，最好是和目标法院或者法庭沟通协商再作决定。

（4）在以许诺销售地确定地域管辖的一审法院或者法庭时，在司法实践中，涉诉产品的实际展销地、销售推广会议的实际举办地可以作为确定一审地域管辖法院的依据。而通过网络推销产品的，网络终端用户所在地不能作为确定一审地域管辖的依据；而只有网络推销产品的单位或者个人的住所地或者营业地才能作为对其以许诺销售形式侵犯专利权提起诉讼，确定地域一审管辖法院的依据。

（二）关于专利侵权诉讼一审的级别管辖需要注意的问题

目前我国专利侵权诉讼的一审管辖通常都在知识产权法院或者设在中级法院的知识产权法庭。但对于索赔数额巨大或者影响巨大的，一审可能在符合地域管辖要求的高级法院。而且不同地域，因经济、技术发达程度不同，确定一审级别管辖的标准也往往不同，因此要根据具体情况谨慎求证。

（三）关于专利侵权诉讼二审管辖

目前我国对包括发明专利和实用新型专利权在内的技术类知识产权的二

审管辖都在最高人民法院知识产权法庭。该法庭在全国只有一个办公地址，在北京市丰台区。

需要额外说明的是，在我国由于经济发展的不平衡，专利权保护意识和对专利侵权案件的审理能力，在不同地域的法院存在差异。对于原告来说，应该尽量选择北京、上海、广东、江苏、浙江等地的法院作为发明、实用新型专利权诉讼的一审法院。

第二章 侵犯专利权的含义及是否构成侵犯专利权的判定

《专利法》第11条将未经专利权人的许可，擅自实施专利的行为，规定为侵犯专利权的行为。但在司法实务中，判定被诉行为是否构成侵犯发明或者实用新型专利权，却一般按照如下步骤进行：①判定被诉行为是否落入了原告主张的专利权利要求的保护范围；②判定被告的不侵权抗辩是否成立（主要是指被告主张被诉行为属于《专利法》第75条规定的不视为侵犯专利权的行为，或者是被告主张其实施的是现有技术的抗辩是否成立）。如果被诉行为落入了据以起诉的专利权利要求的保护范围，同时被告的不侵权抗辩不成立，则构成侵犯原告的专利权。为何法律规定的侵犯专利权的行为是指“擅自实施专利的行为”，而司法实务中似乎又是按照另一套规则进行判定的？这两者之间的内在逻辑关系，以及判定是否构成侵犯专利权必备环节有哪些是读者应该理解掌握的，也是笔者通过本章向读者努力说明的主要内容。

一、《专利法》中侵犯专利权的含义

《专利法》第11条第1款规定：“发明和实用新型专利权被授予后，除本法另有规定的以外，任何单位或者个人未经专利权人许可，都不得实施其专利，即不得为生产经营目的制造、使用、许诺销售、销售、进口其专利产品，或者使用其专利方法以及使用、许诺销售、销售、进口依照该专利方法直接获得的产品。”《专利法》第65条规定：“未经专利权人许可，实施其专利，即侵犯其专利权，引起纠纷的，由当事人协商解决；不愿协商或者协商不成的，专利权人或者利害关系人可以向人民法院起诉，也可以请求管理专利工作的部门处理。管理专利工作的部门处理时，认定侵权行为成立的，可以责令侵权人立即停止侵权行为，当事人不服的，可以自收到处理通知之日起十五日内依照《中华人民共和国行政诉讼法》向人民法院起诉；侵权人期满不起诉又不停止侵权行为的，管理专利工作的部门可以申请人民法院强制执行。进行处理的管理专利工作的部门应当事人的请求，可以就侵犯专利权的赔偿数额进行调解；调解不成的，当事人可以依照《中华人民共和国民事诉讼法》向人民法院起诉。"据此，在我国现行法律制度中，通常所说的"侵犯发明或者实用新型专利权"的行为，是指未经专利权人许可实施专利的行为。对于侵犯专利权的行为，专利权人可以请求管理专利工作的部门依法制止；或者向人民法院起诉，请求法院判令停止侵权行为的同时，判令侵权人承担赔偿损失等侵权责任。而对于何为"实施其专利的行为"，按照上述专利法的规定，是指"为生产经营目的制造、使用、许诺销售、销售、进口其专利产品，或者使用其专利方法以及使用、许诺销售、销售、进口依照该专利方法直接获得的产品"的行为。

但《专利法》及其司法解释并没有规定何为"专利产品"或者"专利方法"。专利权是通过专利授权文件来体现。而就一件完整的发明或者实用新型专利授权文件而言，其具有法律效力的组成部分为权利要求书、说明书及附图。其中"权利要求书"是用来限定专利权的保护范围的，并不是对"专利产品"或者"专利方法"的完整描述。虽然在说明书及附图中，通过实施例描述的"产品"或者"方法"的技术方案较为完整或者详细，但如果某一实施例所描述的技术方案没有被权利要求书所涵盖的话，即没有被纳入权利要求限定的专利权的保护范围的话，其并不属于专利权的保护范围。因此，在一个专利授权文件中，是无法找到或者确定"专利产品"或者"专利方法"的，而只能确定该专利的保护范围。换个角度说，专利授权文件与施工图、产品制造图等工程图通常是有很大区别的。通常情况下，施工图、产品制造图是要求工程技术人员直接照图施工，就可完成工程或者生产出产品的，其中的长、宽、高、温度、压强等参数（允许有一定的误差）或者所选用的材料等都是确定的。而一个专利授权文件，通常针对的是某一产品、某一制造方法、某一施工方法、某一使用方法其中的部分构造或者其中的部分步骤或者环节，往往不会给出关于该产品、制造方法、施工方法、使用方法的全部构造、全部环节或者全部步骤，而且对于长、宽、高、温度、压强等参数及所选用的材料等，往往是限定了一定可供选择的范围，具体实施时，需要专业人员（专利法所述的所属领域的技术人员）结合公知常识，甚至结合现有技术作出选择和补充，才能具体实施相关技术方案。而且在很多情况下，在专利权利要求限定的技术范围内，到底哪种具体技术方案是最优方案，即通过对长、宽、高、温度、压强等参数及所需材料的选用能达到最佳技术效果，往往是被专利权人以“商业秘密”的方式保护起来的。“商业秘密”的内容是秘密的，如果权利人不透露，他人是无从知道其内容的，同时也是受法律保护的另一种知识产权，他人要想从合法途径获取该被以“商业秘密”形式保护的技术方案，还得获得权利人的许可，通常是要支付许可使用费的。由此，《专利法》及其司法解释没有对“专利产品”和“专利方法”进行界定，而在专利授权文件中也很难确定何为“专利产品”或者“专利方法”。因此，直接按照《专利法》第 11 条和第 65 条的规定，是很难甚至无法判定何为“实施专利”，进而判定被诉行为是否构成侵犯专利权的。

二、司法实践中判断被诉行为是否构成侵犯专利权的准则和方法

在司法实践中判定是否构成侵犯专利权时，并不是判定被告为生产经营目的制造、使用、许诺销售、销售、进口的产品是否为“专利产品”，或者判定被告为生产经营目的是否使用其“专利方法”，以及为生产经营目的使用、许诺销售、销售、进口的产品是否为依照该“专利方法”“直接获得的产品”。而是判断被诉技术方案是否落入了原告主张的权利要求的保护范围。这样判定是否构成侵犯专利权的逻辑顺序似乎就成了先确定专利权的保护范围，再判断被诉技术方案是否落入了该专利权的保护范围。关于“专利权的保护范围”，《专利法》第 64 条规定：“发明或者实用新型专利权的保护范围以其权利要求的内容为准，说明书及附图可以用于解释权利要求的内容。”另外，专利法司法解释还规定了专利权利要求的保护范围由哪些因素或者要

件决定（具体见本书第二编第四章）。按照一般逻辑，一个专利权利要求的保护范围是由其专利授权文件、专利授权过程及专利确权过程中形成的相关文件，即一件专利的自身因素决定，而与被诉技术方案无关。但《侵犯专利权纠纷案件解释》第 7 条规定："人民法院判定被诉侵权技术方案是否落入专利权的保护范围，应当审查权利人主张的权利要求所记载的全部技术特征。被诉侵权技术方案包含与权利要求记载的全部技术特征相同或者等同的技术特征的，人民法院应当认定其落入专利权的保护范围；被诉侵权技术方案的技术特征与权利要求记载的全部技术特征相比，缺少权利要求记载的一个以上的技术特征，或者有一个以上技术特征不相同也不等同的，人民法院应当认定其没有落入专利权的保护范围。"按照此规定，在判定是否落入专利权的保护范围时，逻辑顺序并不是先确定专利权的保护范围，接下来再判定被诉技术方案是否落入了该专利权的保护范围，而是直接将被诉技术方案包含的技术特征与专利权利要求包含的技术特征进行比对，然后再根据比对的结果确定是否落入专利权的保护范围。

三、法律、司法解释中对侵犯专利权行为规定的合理性及其在司法实践中的合理性

（一）《专利法》对侵犯专利权行为规定的合理性

制定《专利法》及建立专利保护制度的目的是保护和促进技术创新，为此所制定的《专利法》的读者就不应该仅仅是专利法官、"双证律师"这样的既懂技术又精通法律的专业人士，还应当包括企业管理人员和技术人员这样的对法律和/或技术有一般性了解的普通读者或者社会公众。同时，作为保护并促进创新的《专利法》，其必须对怎么样的行为是侵犯他人专利权的行为，即是专利法所禁止的行为作出规定。那么，立法者能否做到对侵犯专利权的行为给出清晰、明确、具体的定义，以便普通读者根据该定义，就能较为轻松地对某一行为是否属于侵犯专利权的行为作出准确的判断？就理论而言，笔者认为这是不可能做到的。因为，是否构成侵犯专利权，必须是通过将某一具体行为与某一具体专利内容比较后才能得出。但立法者不可能将某一具体的实际行为和某一具体专利的内容规定到法律条文中去，更不可能在

法律条文中体现出对该两者的比较过程，进而得出是否构成侵犯专利权结论的内容。既然简明、清晰、具体的定义做不到，就只能退而求其次，对普通读者对何为侵犯专利权有一个抽象的法律指引的同时，让普通读者能够明白哪些行为有可能构成侵犯专利权，或者对侵犯专利权的行为规定一个较为合理的范围，使普通读者明白，在这一范围内的行为有可能构成侵犯专利权，超出这一范围就不可能构成侵犯专利权。这样，使普通读者能够明白，当其行为不在这一范围时，就不可能构成侵犯专利权，也就不必有侵犯专利权的顾虑或者担心；当其行为属于该范围时，其就有可能构成侵犯专利权，因而需要按照规定的抽象指引，自己进一步地研究或者借助专业人士进行判断是否构成侵犯专利权。为此，《专利法》第 11 条规定："发明和实用新型专利权被授予后，除本法另有规定的以外，任何单位或者个人未经专利权人许可，都不得实施其专利，即不得为生产经营目的制造、使用、许诺销售、销售、进口其专利产品，或者使用其专利方法以及使用、许诺销售、销售、进口依照该专利方法直接获得的产品。外观设计专利权被授予后，任何单位或者个人未经专利权人许可，都不得实施其专利，即不得为生产经营目的制造、许诺销售、销售、进口其外观设计专利产品。"该条法律对侵犯专利权的本质属性，抽象概括为"擅自实施他人专利的行为"。但仅据此规定，普通读者是很难理解把握到底何为"侵犯专利权"的。该法条接下来又作了补充规定："即不得为生产经营目的制造……"这样，对于普通读者，虽然很难理解何为"专利产品"或者何为"专利方法"，进而很难理解把握何为"擅自实施他人专利"，何为侵犯他人专利权；但却很容易理解只要其实施的行为不是以营利为目的，就不可能构成侵犯专利权。这样的立法规定是不得已而为之，同时又是有价值的，因而笔者认为这样的规定是合理的。

（二）司法解释对判断"侵犯专利权"的规定在司法实践中的合理性

与《专利法》让其读者尽可能明白何为"侵犯专利权"的目的不同。专利法司法解释及司法实务需要解决的问题是要具体判断某一具体行为是否构成侵犯了某一具体的专利权。为此，这一判断过程的逻辑出发点必然是某一具体的专利权。而某一具体的专利权的客观表现是其专利授权文件。同时专利权的实质或者目的是要通过其专利授权文件限定其保护范围。这样，问题似乎转化成了先判断专利权利要求的保护范围，再判断被诉技术方案是否落入了该专利权利要求的保护范围。但用以限定专利权保护范围的权利要求的内容往往是列举或者记载了一些技术特征，而不是对一个技术方案的完整描述，更没有用这些技术特征划定出类似于土地红线图显示的某一幅土地的权利范围。在某一幅土地的红线图中，出现的坐标值或者坐标点是作为边界点出现的；而在专利权利要求中，所记载的技术特征往往不是保护范围的边界值，更多的相当于定位值，表示专利权利要求保护的技术方案所属的技术领域及在该技术领域中的方位。而且通常情况下，一个专利权利要求包含的技术特征越多，其保护范围越小反之则越大。一个具体的专利权利要求一定程度上很类似于一个“概念”。权利要求包含的“技术特征”对应于“概念”的“内涵”，权利要求的“保护范围”对应于“概念”的“外延”；概念的“内涵”越多，其“外延”越小。按照笔者的认知，虽然一个“概念”的外延是由表达该概念的文字决定的；也就是说表达一个“概念”的文字不同，由其所表达的“概念”的外延就不同。但人们对一个“概念”的外延理解和把握往往不是通过对表达该概念的文字的逻辑分析做到的，而是经验地事后把握的。当然对表达概念的文字含义的逻辑分析对把握其外延有很大帮助。同样，人们对某一具体的专利权利要求的保护范围，往往也不是先根据其文字表达分析出其保护范围，确定并绘制出类似于某一幅土地的权利边界的“土地红线图”。再换个角度说，当我们判断家门口出现的一个人是不是家庭成员时，通常并不是先对“家庭成员”这一概念确定外延，再判断我们看到的这个人是否落入了该外延，进而判断这个人是否属于家庭成员。而往往是将该人与家庭成员中最相像的一个进行比较，以此来判定该人是否是我们的家庭成员。比较时我们也往往比较一些显著特征，只要该人身上具备了某一家庭成员的一些显著特征，我们就可以认定其为我们的家庭成员；如果该人身上缺少与其最相像家庭成员的一些显著特征，我们就可以判定其不是我们的家庭成员。

《侵犯专利权纠纷案件解释》第 7 条规定：“人民法院判定被诉侵权技术方案是否落入专利权的保护范围，应当审查权利人主张的权利要求所记载的全部技术特征。被诉侵权技术方案包含与权利要求记载的全部技术特征相同或者等同的技术特征的，人民法院应当认定其落入专利权的保护范围；被诉侵权技术方案的技术特征与权利要求记载的全部技术特征相比，缺少权利要求记载的一个以上的技术特征，或者有一个以上技术特征不相同也不等同的，人民法院应当认定其没有落入专利权的保护范围。”

这是我国司法实务中判定某一被诉技术方案是否落入了原告主张的被侵犯的专利权利要求保护范围的准则和方法。按照该准则和方法，是将原告主张被侵犯的权利要求中的所有技术特征与被诉技术方案中的对应技术特征进行比对，如果被诉技术方案中包含了全部与原告主张的专利权利要求中的对应技术特征相同或者等同的技术特征的，则落入了原告主张的专利权利要求的保护范围，如果被告的不侵权抗辩不成立，就构成侵犯原告的专利权。如果被诉技术方案中没有包含全部与原告主张的专利权利要求中的对应技术特征相同或者等同的技术特征的，就没有落入原告主张的权利要求的保护范围，也就不可能构成侵犯原告的专利权。

按照这一判断是否构成专利侵权的准则和方法，《专利法》第 11 条规定的“专利产品”实际是指落入专利权利要求保护范围的产品，“专利方法”是指落入方法专利保护范围的技术方案；进而“实施他人专利的行为”，则是指制造、销售、许诺销售、使用（外观设计专利除外）、进口的产品落入了他人专利权保护范围的行为，或者使用落入了他人方法专利保护范围的方法的行为。这样在《专利法》条文中，能够让普通读者对“侵犯专利权”的行为的内涵有一个抽象的认识，对“侵犯专利权”的外延有一个较为具体的大致把握。而在需要判定一个具体行为是否构成侵犯一个具体专利权时，又有一个具体可行的方案，而且该方案既体现《专利法》的精神和宗旨，同时也符合人们实际的思维规律。

更为重要的是，《专利法》第 11 条规定的，侵犯他人专利权的行为，是擅自实施他人专利的行为。擅自实施他人专利的行为，就是擅自利用了他人专利技术方案的行为。这应该包括四种情况：①原封不动地使用他人专利技术方案；②在原封不动地利用他人专利技术方案的同时添加一些额外技术特征；③在他人专利技术方案的基础上，不添加额外的技术特征，但对他人专利技术的技术特征实施一些常规性的没有创造性的改造或者替换；④对他人的专利技术方案添加一些技术特征，同时对原有的技术特征作一些常规性的没有创造性的改造或者替换。不论对专利技术如何界定，上述四种情况的共同点都是要么原原本本地利用了他人的专利技术，要么是对专利技术进行一些没有创造性的常规改造后加以利用。这四种情形因实施的技术方案包含或者实质性包含了专利技术方案，因此都应该算是实施专利的行为。按照《侵犯专利权纠纷案件解释》第 7 条的规定，只要被诉技术方案包括了全部与专利权利要求记载的技术特征要么相同要么等同的技术特征，就属于落入了专利权利要求的保护范围；否则就不算落入该专利权利要求的保护范围。这在专利侵权诉讼实务中被称为全覆盖原则。由此，该司法解释第 7 条规定判断是否落入了专利权的保护范围的全面覆盖原则，是与《专利法》第 11 条规定的实施他人专利的行为，在实质及逻辑都一致的前提下，为如何判断是否实施了他人的专利找到了一个具体的实现途径。

综上所述，《专利法》对侵犯专利权的规定与专利法司法解释对如何判定一个具体的行为是否侵犯了他人的一个具体的专利权的准则或者方法是一致的，且都是合理的。

四、司法实践中判断一个被诉行为是否构成侵犯专利权的步骤

在司法实务中判断一个被诉行为是否构成侵犯专利权通常包括如下环节并按如下步骤进行：①判断原告是否适格（参考本书第二编第一章）；②判断被告是否适格（参考本书第二编第一章）；③判断是否属于受诉法院管辖（参考本书第二编第一章）；④判断被诉行为是否是被告所为；⑤判断原告主张的专利权利要求是否符合法律规定（参考本书第二编第一章）；⑥对原告主张的权利要求进行解释，即确定原告主张的权利要求包含哪些技术特征并确定所有技术特征的含义（见本书第二编第三章）；⑦对被诉技术方案作出解释，即确定被诉技术方案包含哪些技术特征并确定所有技术特征的含义（参考对权利要求的解释，即本书第二编第三章）；⑧确定原告主张的权利要求的保护范围，其实质是确定原告主张的权利要求的保护范围由哪些因素或者要件决定，如专利授权文件的说明书、专利授权过程中形成的文件、专利

确权过程中形成的文件等，是否与原告主张的权利要求的文字记载共同决定该权利要求的保护范围（见本书第二编第四章）；⑨判断被诉技术方案是否落入了原告主张的权利要求的保护范围（见本书第二编第五章）；⑩判断被告的不侵权抗辩是否成立（见本书第二编第七章）。

还有，原告专利权利要求中是否包含“功能性技术特征”的判断，包含“功能性技术特征”的权利要求的解释、包含“功能性技术特征”的权利要求保护范围的决定因素、是否落入包含“功能性技术特征”的权利要求的保护范围的判断等都有其特殊性，而且特别容易出错，对此笔者通过本书第二编第六章专章进行力所能及的解释说明。

另外，我国专利法相关司法解释规定，在一定条件下，被指控侵犯专利权的人可以提起不侵犯专利权的确认之诉。不侵犯专利权的确认之诉在判定是否落入专利权的保护范围上，与专利侵权之诉是相同的，但在其他方面，有其特殊性，因此本书第二编第七章第三节就发明、实用新型专利不侵权确认之诉的相关问题作了解释说明。

第三章

发明、实用新型专利权利要求的解释

发明、实用新型专利权利要求解释的任务或者目的是确定权利要求中包含的限定权利要求保护范围的所有技术特征，并且确定这些技术特征的含义。权利要求之所以需要解释，是因为对于一个专利权利要求，准确确定其中到底包含哪些技术特征及每个技术特征的含义，通常存在一定的困难，而且还经常会发生分歧，特别是在权利要求存在一些“问题”的情况下。发明、实用新型专利权的保护范围由权利要求决定（包含功能性技术特征的除外，权利要求包含功能性技术特征的，本书将在第二编第六章专章讨论），因此如何正确理解或者解释权利要求在专利侵权诉讼中非常重要，很多专利侵权判定，乃至法院的专利侵权判决之所以出错，就是因为对专利权利要求的理解或者解释出错。这也表明对专利权利要求的正确或者准确解释是有一定难度的，在有些情况下甚至是非常困难的。其困难首先表现在，面对一个具体的专利的权利要求，发现或者认准其中的需要解释或者澄清的“问题”所在是非常不容易的。要想发现或者认准权利要求中的“问题”，必须首先充分理解该专利权利要求保护的技术方案，其次还得谙熟并深入理解专利侵权诉讼实务中对专利权利要求解释的全部规则。而对于现实当中形形色色的专利，解释者（不论是代理人还是裁判法官）要想充分理解其权利要求保护的技术方案，达到所属技术领域技术人员的要求，唯一的办法几乎是“火线”学习，甚至还得借助发明人、技术调查官等技术人员的帮助。可以肯定的是，对于解释者来说（不论代理人还是裁判法官），无论其技术功力如何深厚，在面对专利权利要求解释时，都会遇到需要对解释的专利技术方案，特别是对其说明书认真研读，甚至对相关背景技术知识“补课”的情况。因此，在技术知识方面作好一劳永逸的准备几乎是不可能的，只能在事先具有一定的准备，具备一定的知识并达到一定的功力的基础上，遇到什么学什么。而对于权利要求解释的规则，尽管要全面深入地理解掌握同样具有很大的难度，但却是需要事先掌握的。如果事先不掌握解释的规则，对权利要求的解释就没有标准和方向，或者说解释权利要求就没有“谱”。而要事先掌握解释专利权利要求的规则或者“谱”，仅靠阅读专利法律及其司法解释的条款是远远不够的。中国专利法律制度中的解释专利权利要求的规则在笔者看来是非常概括抽象的，甚至是模糊笼统的，仅仅记住这些规则的文字是很难发挥其功用的。这可能不仅是因为中国专利法律制度不够成熟，在一定程度上也应该是专利自身的本质属性决定的。全面深入地理解掌握专利权利要求解释规则的一个办法是直接跟“师傅”学习。在自己事先熟读并记住现有专利权利要求解释规则的基础上，一个一个实际案例地经历，通过具体案例来对解释规则深入体会，积累到一定程度后就能量变达到质变，对专利权利要求的解释规则达到深入理解并全面掌握的要求。但这种途径存在的问题是“师傅”和“案例”都不易得到，而且可能要经历很长时间。深入全面掌握专利权利要求解释规则的另一个比较可行的途径就是间接“拜师”学习，即搜集已经发生的涉及专利权利要求解释的实际权威案例，用心体会在这些案例中代理人及裁判法官是如何运用并阐释所涉及的专利权利要求解释规则的。这种途径的好处是，“师傅”和案例都相对好找，而且突击学习较短的一段时间，比如一两年，就能达到一定的水准；缺点则是在没有“师傅”督促讲解答疑的情况下，全靠自己用心揣摩体会，正如一句古话所说：“读书全靠自用心，‘师傅’不过引路人。”

笔者希望通过本章给读者提供尽可能大的帮助，但专利权利要求解释的上述属性决定了笔者也没有能够使读者轻轻松松就能具备对专利权利要求准确解释的“天门大法”或者“独门绝技”，而只能是将笔者自己这一路是如何走来的告诉读者。因此，本章分两节，第一节对如何正确理解和解释权利要求的规则给予力所能及的解释说明。坦诚地说，该节充其量起个“药引子”的作用，对读者的帮助非常有限，甚至可以说仅仅能起到给读者“提个醒”的作用。第二节，是笔者选编的 13 个典型案例。同样，就每个案例而言，笔者摘录的内容同样是起“药引子”或者“提个醒”的作用。笔者希望，读者在阅读案例时，先检索到所涉专利的授权文件，按照笔者建议的方法研读专利授权文件，力争达到确实理解该专利技术方案，并对其权利要求作出自己的解释。接下来读者应通过阅读笔者摘录的判决书的内容，必要时通过直接阅读一审判决书全文，争取弄清楚一审中原告对其主张权利的权利要求是如何解释的；对原告的主张被告是如何辩驳的；对原、被告对权利要求解释的争议，一审法院是如何认定的；其认定的理由是什么；读者自己对一审法院作出的认定及理由是否认可；不认可的理由是什么；二审中，上诉人对权利要求解释的主张是什么；被上诉人对应的答辩是什么；二审判决对于当事人关于权利要求解释的争议是如何认定的，理由是什么；特别是在二审判决不支持一审判决认定的情况下，二审判决的相关认定与一审判决的相关认定的区别到底在什么地方；二审判决的说理是否能让读者信服；对于再审案例，再审申请人再审中对权利要求解释的主张是什么；被申请人的相应辩驳及其理由是什么；再审判决相应的认定是什么；理由是什么；其是如何回应当事人的争议及二审判决的认定结论及理由的。最后，读者需要评估下自己对该案是否理解了。评估的一个办法是，自己是否认同判决书，特别是最后生效判决书的认定结论和理由如果自己都认同，可以说理解了该案例；如果不认同，自己能否给出令自己信服的理由，如果能给出，也算理解了该案例。

笔者所推荐的这些案例所涉技术对于一个专利人来说，基本属于通识技术，对于读者理解掌握专利权利要求解释的规则来说是非常宝贵的。如果确实理解了这些案例，一定能使读者的功力大长。

第一节　权利要求解释的规则及方法

《专利法》第 64 条规定：发明或者实用新型专利权的保护范围以其权利要求的内容为准，说明书及附图可以用于解释权利要求的内容。而《审理专利纠纷案件规定》第 17 条规定：《专利法》第 59 条第 1 款[①]所称的“发明或者实用新型专利权的保护范围以其权利要求的内容为准，说明书及附图可以用于解释权利要求的内容”，是指专利权的保护范围应当以权利要求记载的全部技术特征所确定的范围为准，也包括与该技术特征相等同的特征所确定的范围。据此，在专利侵权诉讼实务中对权利要求解释的目的实际是确定权利要求中所包含的全部技术特征，并且确定权利要求包含的各个技术特征的含义，以便与被诉侵权技术方案中的技术特征进行比对，看被诉侵权技术方案是否全部覆盖了涉案权利要求的全部技术特征，即被诉技术方案是否落入了涉案专利权的保护范围。确定权利要求包含的全部技术特征，通常也被称为技术特征的划分，也就是将权利要求划分成若干技术特征；但“技术特征的划分”这种说法不够严谨，因为在权利要求包含隐含技术特征的情况下，如果仅仅是通过划分的方法，就会漏掉所隐含的技术特征，导致权利要求解释错误，进而导致是否构成专利侵权判定错误。所述的技术特征是指在权利要求中用来限定权利要求保护范围的最小的技术单元或者技术要素。其具体表现为，在权利要求中表述权利要求中的技术方案（产品发明技术方案或者方法发明技术方案）的结构、组分、步骤、条件或其间的关系的词语或者术语。权利要求的解释一般可分两步进行。第一步，确定待解释的权利要求中包含了哪些技术特征；第二步，确定第一步所确定的技术特征的含义。分述如下。

① 《专利法》(2020 年修正) 第 64 条。

一、确定待解释的权利要求中包含的技术特征

理论上讲，确定权利要求中的技术特征首先从阅读权利要求开始。对于一个专利授权文件，除了著录事项和摘要外，呈现在读者眼前的首先是权利要求。由此，阅读一个专利授权文件似乎应该是从阅读权利要求开始。但在笔者看来，如果读者阅读专利文件的功力非常深厚，而且对该专利所保护的技术方案非常熟悉的话，不妨先阅读权利要求，后阅读说明书。否则，笔者建议阅读者不妨像笔者通常所做的，第一步，阅读说明书中的技术背景内容。第二步，阅读发明解决的技术问题部分，搞明白本发明创造所要解决的现有技术或者技术背景中的技术问题，并确定说明书所声明的发明所能达到的技术效果。第三步，直接跳到附图说明部分，对附图各个视图有初步的了解。第四步，对照附图和附图说明，仔细阅读各个具体实施例，做到确实理解各个实施例的技术方案，确实搞明白每个实施例是否及如何解决该专利所声明的背景技术或者现有技术中存在的技术问题，并达到所声明的技术效果的。如果阅读过程中遇到一些技术名词、背景知识不了解的话，可以先在网上搜索查阅，如果通过在网上搜索查阅还不能搞懂具体实施例的技术方案的话，就要查阅教科书、技术手册、技术词典等，或者向专业人士咨询；如果必要并可能，直接和发明人沟通。第五步，在确实搞懂具体实施例所描述的技术方案的基础上，再阅读发明内容部分。第六步，在明白了发明内容的基础上，再阅读全部的权利要求，包括所有的独立权利要求和从属权利要求。

在阅读完权利要求后，应该再按照如下步骤进行。第一步，确定权利要求中的哪些名词或者术语在说明书中有特别或者专门的解释说明，或者对其含义进行了专门界定。第二步，确定哪些术语、词语、词组乃至句子，是用来表达该专利要求保护的技术方案（产品发明技术方案或者方法发明技术方案）的结构、组分、步骤、条件或其间的关系的，或者是用来限定要求保护的技术范围的，并对其逐一进行标注，这些被标注的词语、词组乃至句子就是通常所说的技术特征。

需要特别注意的是，出现在权利要求中的每个字、每个词都不应该被视为多余的，在确定权利要求包含的技术特征时都要给予充分重视，认定其对限定权利要求的保护范围都是必不可少的。本领域普通技术人员在阅读全部专利授权文件，必要时阅读全部授权过程中形成的文件和确权过程中形成的文件、确权结果文件、相关分案申请的文件后能够毫无疑义地确定相关字词明显属于笔误，并且容易确定出无争议的修正结果的，则按照无争议的修正后的结果确定其对权利要求的限定作用。

二、确定所确定的技术特征的含义

看这些被标注的技术特征的含义是否明确。如果明确的话，则看其是通过仅仅阅读权利要求就明确的，还是通过阅读说明书和其他权利要求才能明确的。如果是通过阅读说明书才能明确的，相关技术特征的含义就不能按照字面意思的通常含义解释，而要按照说明书的特别界定或者说明进行解释。

需要读者特别注意的是，解释技术特征的目的是确定所要解释技术特征的内涵和外延，进而确定包含该所要解释技术特征的专利权利要求的保护范围。而且解释技术特征的含义即确定其内涵和外延，首先要依据说明书。说明书记载的背景技术或者存在其所要解决的技术问题的现有技术方案，一方面是现有的，另一方面是授予专利权的发明创造所针对的。因此，说明书中记载的背景技术或者存在的其所要解决技术问题的现有技术方案，一定不属于所要解释权利要求的保护范围。该所要解释权利要求中相关技术特征的外延，一定是不包括说明书中记载的背景技术或者存在其所要解决的技术问题现有技术方案的。

如果确实搞懂了说明书中的具体实施例的技术方案及发明内容，但还不能明白权利要求中一些技术特征含义的话，就应该按照《侵犯专利权纠纷案件解释（二）》第6条（人民法院可以运用与涉案专利存在分案申请关系的其他专利及其专利审查档案、生效的专利授权确权裁判文书解释涉案专利的权利要求。专利审查档案，包括专利审查、复审、无效程序中专利申请人或者专利权人提交的书面材料，国务院专利行政部门及其专利复审委员会制作的审查意见通知书、会晤记录、口头审理记录、生效的专利复审请求审查决定书和专利权无效宣告请求审查决定书等），去阅读专利审查档案和与涉案专利存在分案申请关系的其他专利及其专利审查档案和相关的生效专利授权确权裁判文书，在此基础上对所确定的技术特征的含义作出解释。

如果通过上述步骤还不能明确权利要求中的技术特征的含义的话，就应该按照《侵犯专利权纠纷案件解释》第 3 条第 2 款，结合工具书、教科书等公知文献以及本领域普通技术人员（实际只能是解释者把自己假想成本领域技术人员）的通常理解对权利要求进行解释。即确定权利要求中技术特征的含义。

不论对于确定专利权利要求中所包含的技术特征，还是确定所确定的技术特征的含义，无锡市隆盛电缆材料厂、上海锡盛电缆材料有限公司与西安秦邦电信材料有限责任公司专利侵权提审案（〔2012〕民提字第 3 号，该案为最高人民法院公布的“2012 年中国法院知识产权司法保护十大创新性案件”之二，见本书第二编第五章第三节案例十），都是非常珍贵的案例，该案最高人民法院再审判决有非常好的示范作用。特别是在判理部分中，确定专利权利要求中术语含义的下列内容，对读者解释权利要求应该有非常大的指导作用。

（一）根据专利说明书声称的该专利所要解决的技术问题确定权利要求的术语的含义

在确定权利要求的术语的含义时，可以运用说明书及附图、权利要求书中的相关权利要求、专利审查档案进行解释，但应注意不能把包含专利所要克服的技术缺陷的技术方案纳入权利要求的保护范围。

（二）根据权利要求中的每一个术语均有其独立意义、不得解释为多余的原则解释权利要求的术语的含义

解释权利要求的术语的含义时，根据文本解释的一般原则，应当认为权利要求中使用的同一术语具有相同含义，不同术语具有不同含义；权利要求中的每一个术语均有其独立意义，不得解释为多余。其理由在于，专利申请的撰写者既然有意选择不同术语或者有意使用该术语，则表示该术语应有其不同含义或者独立含义，除非说明书对此给出了明确的、相反的指示。当然，上述原则只是一种指引而非一成不变的规则。在解释权利要求用语的含义时，需要结合本领域技术人员在阅读权利要求书、说明书和附图后的通常理解进行。本案专利权利要求 1 使用了‘使塑料膜的表面形成 0.04—0.09mm 厚的凹凸不平粗糙面’的表述，这一表述强调了塑料膜表面凹凸落差的表面结构及其数值，与实施例中所使用的塑料薄膜厚度的说法存在区别，在说明书未给出进一步的解释和说明的情况下，应该认为两者具有不同含义。此外，如果把‘使塑料膜的表面形成 0.04—0.09mm 厚的凹凸不平粗糙面’的表述解释为塑料膜的厚度为 0.04—0.09mm，则该表述中的‘表面’以及‘粗糙面’等用语实际上成为多余。

（三）根据专利权人在专利授权、确权中的陈述解释权利要求中的术语的含义

在本案专利的无效宣告程序中，无锡隆盛厂主张，根据本案专利所记载的工艺流程，即以 40—85 目的粗糙面细目钢辊与挤压辊相互转动，在满足把塑料膜或塑料熔体粘压在一起，且使塑料膜保持在 0.04—0.09mm 厚度情况下，无法实现金属箔带与塑料薄膜表面凹凸不平的非纯平面粘合的技术目的，并以此主张本案专利不具备实用性。对此，西安秦邦公司在陈述意见时明确否定本案专利说明书中有“塑料膜保持在 0.04—0.09mm 的厚度”的记载，表明在无效宣告程序中其自身也不认为“使塑料膜的表面形成 0.04—0.09mm 厚的凹凸不平粗糙面”是指“塑料膜厚度为 0.04—0.09mm”。

（四）不得超越权利要求解释的界限确定权利要求中的术语的含义

根据《专利法》（2008 年修正）第 59 条[①]的规定，发明或者实用新型专利权的保护范围以其权利要求的内容为准，说明书及附图可以用于解释权利要求。因此，权利要求内容的确定，应当根据权利要求的记载，结合本领域普通技术人员阅读说明书及附图后对权利要求的理解进行。但是，当本领域普通技术人员对权利要求相关表述的含义可以清楚确定，且说明书又未对权利要求的术语含义作特别界定时，应当以本领域普通技术人员对权利要求自身内容的理解为准，而不应当以说明书记载的内容否定权利要求的记载，从

① 《专利法》（2020 年修正）第 64 条。

而达到实质修改权利要求的结果，并使得专利侵权诉讼程序对权利要求的解释成为专利权人额外获得的修改权利要求的机会。否则，权利要求对专利保护范围的公示和划界作用就会受到损害，专利权人因此不当获得了权利要求本不应该涵盖的保护范围。当然，如果本领域普通技术人员阅读说明书及附图后可以立即获知，权利要求特定用语的表述存在明显错误，并能够根据说明书和附图的相应记载明确、直接、毫无疑义地修正权利要求的该特定用语的含义的，可以根据说明书或附图修正权利要求用语的明显错误。

三、权利要求解释中特殊情况的处理

在专利权利要求解释，即确定权利要求包含的全部技术特征及其每个技术特征的含义时，往往会遇到一些特殊情况。对于这些特殊情况，我国专利法及其司法解释都作了相应的规定。遇到这些特殊情况时，一定要按照司法解释的相应规定进行权利要求的解释。如果不属于司法解释规定的特殊情况，就应该按照上述专利法及其司法解释规定的，针对权利要求解释通常情况的原则、方法、步骤进行解释。而要想识别是否属于司法解释规定的特殊情况，就必须先掌握我国专利法司法解释对于权利要求解释的特殊规定。下面笔者就专利法司法解释规定的权利要求解释的特殊情况分述如下，建议读者结合本章第二节的对应案例理解掌握这些司法解释的相应规定。

(一)《侵犯专利权纠纷案件解释（二)》第 4 条规定的特殊情况

《侵犯专利权纠纷案件解释（二)》第 4 条规定："权利要求书、说明书及附图中的语法、文字、标点、图形、符号等存有歧义，但本领域普通技术人员通过阅读权利要求书、说明书及附图可以得出唯一理解的，人民法院应当根据该唯一理解予以认定。"

在权利要求解释中，有时会遇到解释者（这时解释者只能把自己作为本领域技术人员）发现权利要求书、说明书及附图中的语法、文字、标点、图形、符号等字面含义存在歧义，但解释者通过阅读权利要求书、说明书及附图后，对表面或者字面存有歧义的内容，可以得出唯一的理解的情况；或者解释者认为，所属领域技术人员阅读权利要求书、说明书后能够确定某一权利要求的某一技术术语属于“明显错误”，并按照权利要求书、说明书能够确定该“明显错误”应该被如何修正的情形。在这两种情形下，就应该遵循《侵犯专利权纠纷案件解释（二）》第 4 条的规定，按照本领域普通技术人员通过阅读权利要求书、说明书及附图可以得出的唯一理解来确定其含义；或者按照从权利要求书、说明书确定的修正方案修正后的内容来确定该“明显错误”含义。

本章第二节的案例八对该条司法解释的理解和应用可起到很好的帮助。

（二）《侵犯专利权纠纷案件解释（二）》第 11 条规定的特殊情况

《侵犯专利权纠纷案件解释（二）》第 11 条规定：“方法权利要求未明确记载技术步骤的先后顺序，但本领域普通技术人员阅读权利要求书、说明书及附图后直接、明确地认为该技术步骤应当按照特定顺序实施的，人民法院应当认定该步骤顺序对于专利权的保护范围具有限定作用。”

所述步骤顺序对权利要求具有限定作用是指，限定该权利要求的保护范围的技术特征，除了权利要求中明确记载的技术步骤外，还包括本领域普通技术人员阅读权利要求书、说明书及附图后直接、明确地认为该技术步骤应当按照特定顺序实施的顺序技术特征。某一被诉技术方案，虽然包含了全部与该权利要求记载的全部技术步骤构成相同或者等同的技术步骤，但这些步骤的实施顺序与本领域普通技术人员阅读专利权利要求书、说明书及附图后直接、明确地认为该技术步骤应当按照特定顺序实施的顺序不同的，则该被诉技术方案不落入该权利要求的保护范围。

本章第二节案例十一对理解和掌握该条司法解释可起到很好的帮助。

（三）《侵犯专利权纠纷案件解释（二）》第 3 条规定的特殊情况

《侵犯专利权纠纷案件解释（二）》第 3 条规定：“因明显违反专利法第二十六条第三款、第四款导致说明书无法用于解释权利要求，且不属于本解释第四条规定的情形，专利权因此被请求宣告无效的，审理侵犯专利权纠纷案件的人民法院一般应当裁定中止诉讼；在合理期限内专利权未被请求宣告无效的，人民法院可以根据权利要求的记载确定专利权的保护范围。”

本章第二节案例十三对理解该条司法解释会很有帮助。

（四）“使用环境特征”的确定及其对权利要求保护范围的限定作用

使用环境特征是指权利要求中用来描述发明所适用的背景或者条件的技术特征。关于专利权利要求中的使用环境特征及其对专利保护范围的限定作用，只有《侵犯专利权纠纷案件解释（二）》第9条作了规定：“被诉侵权技术方案不能适用于权利要求中使用环境特征所限定的使用环境的，人民法院应当认定被诉侵权技术方案未落入专利权的保护范围。”而被诉侵权技术方案能适用于权利要求中使用环境特征所描述的使用环境的，是否一定就落入专利权的保护范围？具体该如何判断？即在此种条件下，“使用环境特征”对权利要求保护范围的限定作用到底为何？专利法及其司法解释尚未有任何规定。对此问题，在株式会社岛野与宁波市日骋工贸有限公司专利侵权最高人民法院提审案（〔2012〕民提字第1号）（详见本章第二节案例十二），最高人民法院的再审判决认为：“一般情况下，使用环境特征应该理解为要求被保护的主题对象可以使用于该种使用环境即可，不要求被保护的主题对象必须用于该种使用环境。但是，如果本领域普通技术人员在阅读专利权利要求书、说明书以及专利审查档案后可以明确而合理地得知被保护对象必须用于该种使用环境，那么该使用环境特征应被理解为要求被保护对象必须使用于该特定环境。”换个角度理解就是，在被诉技术方案能适用于专利权利要求的使用环境特征的是否落入保护范围，还要视使用环境特征对保护范围的限定作用大小而定。对于使用环境特征限定的保护范围限于必须适用于该使用环境的，只有被诉技术方案属于必须适用于该使用环境的，才可能落入该专利权的保护范围；如果被诉技术方案属于可以适用但不是必须适用于该使用环境的，就不落入该专利的保护范围。至于使用环境特征的限定作用到底是可以适用，还是必须适用，需要根据个案的具体情况而定。

该案中最高人民法院之所以认定为其是属于必须适用，是因为本案专利权人在专利申请过程中，针对申请不具有新颖性及创造性的审查意见，主张所申请的发明与对比文件的不同点在于：所述后换挡器具有支架件（5）、用于支撑链条导向装置（3）的支撑件（4）以及一对用于连接所述支撑件（4）和所述支架件（5）的连接件（6，7），而本发明是将上述后换挡器的上述支架件（5）连接到上述支架的支架体（8）的一端，然后再将上述支架体（8）的另一端连接至自行车车架后叉端（51）的换档器安装延伸部（14）上。并且本案专利授权是以此为条件的。在专利授权时是以此为条件，即本案专利申请要求保护的技术方案是以必须适用于所述环境为条件，在专利侵权诉讼中确定专利权的保护范围时，只能将保护范围限制在必须适用于所述环境，而不能将保护范围扩大到超出必须适用于所述环境，扩大到包括可以适用于所述环境的范围。可以适用于所述环境的保护范围是大于必须适用于所述环境的保护范围的。

该案被最高人民法院确定为2014年公报案例，对此类问题的审理具有重要的指导作用。另外，该案专利从1994年2月3日申请到2002年12月11日授权，历时近9年；该案的侵权诉讼从2004年8月27日起诉，到2012年12月11日最高人民法院作出再审判决，历经宁波中院一审、浙江高院二审、浙江高院再审、最高人民法院再审；不论是该案专利的授权审查，还是该案的侵权判定都具有非常大的复杂性和难度。读者要用心花功夫研读，才能把握其中精髓并从中受益。

（五）技术特征的含义最终不能确定时的解释规则

在穷尽了上述所有途径和步骤后，权利要求的某个技术特征的含义仍然无法确定的，则该权利要求的保护范围不能确定，进而无法进行侵权比对。因此，包含该技术特征的权利要求实际是无效的。对于专利权人来说，相当于该权利要求不存在。

本章第二节案例九①的裁判要旨为“专利权的保护范围应当清楚，如果实用新型专利权的权利要求书的表述存在明显瑕疵，结合涉案专利说明书、附图、本领域的公知常识及相关现有技术等，不能确定权利要求中技术术语的具体含义而导致专利权的保护范围明显不清，则因无法将其与被诉侵权技术方案进行有实质意义的侵权对比，从而不能认定被诉侵权技术方案构成侵权。”虽然目前尚未有法律或者司法解释确认该权利要求解释的规则，但该

---

① 柏万清诉成都难寻物品营销服务中心、上海添香实业有限公司侵害实用新型专利权纠纷再审纠纷案〔2012〕民申字第1544号。

案被最高人民法院确定为指导性案例。在目前我国的司法实务中，法律或者司法解释没有作出明确规定前，在与法律或者司法解释不相冲突的情况下，且与指导性案例所认定的事实相同的情况下，各级法院，包括最高人民法院自身，都应当按照该指导性案例确定的规则判决。

需要说明的是，该案虽然是针对实用新型专利权作出的，但笔者认为支持该案的判决理由并没有建立在实用新型专利的特殊性上，因而完全适用于发明专利。因为就法律属性而论（专利权的性质、保护范围的确定规则、是否落入专利权保护范围的判定规则等），发明专利与实用新型专利并没有任何区别，虽然发明专利的创造性要求是突出的实质性特点和显著进步，实用新型的创造性要求是实质性特点和进步，这是对其技术属性的要求，而且现实当中完全存在某个发明专利的创造性不如实用新型专利的可能。该案的裁判规则是基于涉案专利的法律属性，而与技术属性（其创造性大小）无关，因此该案确定的对权利要求的解释规则也适用于发明专利。

第二节　关于权利要求解释的典型案例

一、最高人民法院对是否为封闭性权利要求及权利要求中“活性钙”是否包括了“葡萄糖酸钙”再审作出解释的案例

【案例一】澳诺（中国）制药有限公司诉湖北午时药业股份有限公司、王某社侵犯发明专利权纠纷再审案（〔2009〕民提字第20号）

涉案专利（专利号ZL95117811.3）权利要求1为：“一种防治钙质缺损的药物，其特征在于：它是由下述重量配比的原料制成的药剂：活性钙4—8份，葡萄糖酸锌0.1—0.4份，谷氨酰胺或谷氨酸0.8—1.2份”。

对于涉案专利权利要求1是否为封闭性权利要求及权利要求中的“活性钙”是否包括了“葡萄糖酸钙”，最高人民法院再审认为：

关于权利要求1是否为封闭式结构以及对于权利要求1中记载的“活性钙”应如何解释的问题。专利权利要求1为组合物权利要求，采用了“由下

述重量配比的原料制成的药剂”的表达方式。权利要求 1 的这种表达方式，并不属于国家知识产权局制定的《专利审查指南》（2006 年版）第二部分第十章第 4. 2. 1 节所列举的“由……组成”“组成为”等封闭式表达方式的形式。此外，从权利要求 1 与权利要求 2 的限定关系看，权利要求 1 也不是封闭式表达方式。从属于权利要求 1 的权利要求 2 限定了药剂为散剂或口服液。一般而言，从属权利要求是对独立权利要求的进一步限定而非扩张。在从属权利要求 2 进一步限定了权利要求 1 中的药剂可以是散剂或口服液的情况下，显然权利要求 2 还包括除了活性钙、葡萄糖酸锌、谷氨酰胺或谷氨酸之外的其他组分，说明权利要求 1 可以包括除了活性钙、葡萄糖酸锌、谷氨酰胺或谷氨酸之外的其他组分。因此，权利要求 1 应当理解为开放式表达方式的权利要求。

关于权利要求 1 中记载的“活性钙”是否包含了“葡萄糖酸钙”的问题。涉案专利申请公开文本权利要求 2 以及说明书第 2 页明确记载，可溶性钙剂是“葡萄糖酸钙、氯化钙、乳酸钙、碳酸钙或活性钙”。可见，在专利申请公开文本中，葡萄糖酸钙与活性钙是并列的两种可溶性钙剂，葡萄糖酸钙并非活性钙的一种。此外，涉案专利申请公开文本说明书实施例 1 记载了以葡萄糖酸钙作为原料的技术方案，实施例 2 记载了以活性钙作为原料的技术方案，进一步说明了葡萄糖酸钙与活性钙是并列的特定钙原料，葡萄糖酸钙并非活性钙的一种。澳诺公司辩称，专利申请人在涉案专利的审批过程中，将“可溶性钙剂”修改为“活性钙”属于一种澄清性修改，修改后的活性钙包括了含葡萄糖酸钙在内的所有组分钙。然而，从涉案专利审批文档中可以看出，专利申请人进行上述修改是针对国家知识产权局认为涉案专利申请公开文本权利要求中“可溶性钙剂”保护范围过宽，在实质上得不到说明书支持的审查意见而进行的，同时，专利申请人在修改时的意见陈述中，并未说明活性钙包括了葡萄糖酸钙，故被申请人认为涉案专利中的活性钙包含葡萄糖酸钙的主张不能成立。

笔者需要说明的是，本案关于权利要求 1 是否属于封闭式或者开放式权利要求的认定，由于权利要求 1 的措辞和格式采用的既不是《专利审查指南》明确列举的开放式权利要求的格式和措辞，也不是采用《专利审查指南》明确列举的封闭式权利要求的格式和措辞，因此最高人民法院并不是根据权利要求1本身认定其是开放式还是封闭式权利要求的，而是根据权利要求1的从属权利要求，即权利要求2中含有权利要求1没有明确列举的成分，而认定权利要求1属于开放式权利要求的。

二、关于权利要求中的使用环境特征、所用名词术语如何解释及用于解释权利要求的公知参考文献如何选取的案例

【案例二】青岛太平货柜有限公司与中国国际海运集装箱（集团）股份有限公司等侵害发明专利权纠纷申请再审案（〔2014〕民提字第40号）

涉案专利（专利号ZL200710063587.0）权利要求1为："一种运输平台，用于堆码非标准集装箱，其特征在于，包括一对横梁；以及一对纵梁，分别连接在该一对横梁之间，其中，该每个横梁包含至少一个顶角件，设置在该横梁的上部，用于与该非标准集装箱的底角件相配合；和一对底角件，设置在该横梁的下部，其中心距与ISO标准集装箱宽度方向上的角件中心距相适应"。该专利的权利要求10（独立权利要求）为："一种运输单元，用于堆码非标准集装箱，其特征在于，该运输单元包括多个运输平台，该每个运输平台包括：一对横梁；以及一对纵梁，分别连接在该一对横梁之间，其中，该每个横梁包含至少一个顶角件，设置在该横梁的上部，用于与该非标准集装箱的底角件相配合，使得在使用状态下，该运输平台上的该至少一个顶角件与相邻运输平台上的该至少一个顶角件之间的中心距与该非标准集装箱的宽度方向上的角件中心距相适应；以及一对底角件，设置在该横梁的下部，其中心距与ISO标准集装箱宽度方向上的角件中心距相适应"。

本案的主要争议点为：对上述权利要求中的"用于堆码非标准集装箱""该每个横梁包含至少一个顶角件，设置在该横梁的上部，用于与该非标准集装箱的底角件相配合"以及"底角件"该如何解释。

对此，最高人民法院作出了如下认定和论述：

根据再审申请人的申请再审理由、被申请人答辩及本案案情，本案在再审阶段的争议焦点为：本案专利权利要求所限定的使用环境特征的解释；本案专利权利要求所限定的底角件特征的解释。

（一）本案专利权利要求所限定的使用环境特征的解释

本案中，中集集团公司、青岛中集公司依据本案专利的权利要求 4、6、8 和 12—16 主张权利。本案专利权利要求 4、6 和 8 均直接或者间接引用权利要求 1，权利要求 12—16 均直接或者间接引用权利要求 10。权利要求 1 和 10 均包含如下特征："一种运输平台，用于堆码非标准集装箱""该每个横梁包含至少一个顶角件，设置在该横梁的上部，用于与非标准集装箱的底角件相配合"。前述两个特征实际上分别描述的是作为本案发明的运输平台及特定顶角件所使用的背景或者条件，属于使用环境特征。本案中，各方当事人争议的核心之一是本案专利权利要求中上述使用环境特征的解释。对此分析如下：

第一，需要明确使用环境特征对于保护范围的限定作用及其限定程度。已经写入权利要求的使用环境特征属于权利要求的必要技术特征，对于权利要求的保护范围具有限定作用。使用环境特征对于权利要求保护范围的限定程度即限定作用的大小，需要根据个案情况具体确定。一般情况下，使用环境特征应该理解为要求被保护的主题对象可以使用于该种使用环境即可，不要求被保护的主题对象必须用于该种使用环境。但是，如果本领域普通技术人员在阅读专利权利要求书、说明书以及专利审查档案后可以明确而合理地得知被保护对象必须用于该种使用环境，那么该使用环境特征应被理解为要求被保护对象必须使用于该特定环境。

第二，本案权利要求中运输平台和特定顶角件的使用环境特征的具体含义。根据《专利法》（2008 年修正）第 59 条①的规定，发明或者实用新型专利权的保护范围以其权利要求的内容为准，说明书及附图可以用于解释权利要求。因此，权利要求内容的确定，应当根据权利要求的记载，结合本领域普通技术人员阅读说明书及附图后对权利要求的理解进行。首先，本案专利权利要求的使用环境特征的通常含义。本案中，专利权利要求对运输平台和特定顶角件的使用环境的文字描述为："一种运输平台，用于堆码非标准集装箱""至少一个顶角件……用于与非标准集装箱的底角件相配合"。根据本

① 《专利法》（2008 年修正）第 64 条。

领域普通技术人员的理解，此处的“用于”的通常含义是指“可以用于”或者“能够用于”，而不是“只能用于”或者“必须用于”。即该运输平台可以用于堆码非标准集装箱，该顶角件可以与非标准集装箱的底角件相配合。其次，本案专利说明书的记载。本案专利说明书并未对运输平台和特定顶角件的使用环境作明确的限制或者排除。相反，本案专利说明书有多处关于运输平台既可以相互堆码，又可以与标准集装箱进行堆码的记载。这至少表明，本案专利说明书已经明确所要求保护的运输平台可以用于与标准集装箱进行堆码。因此，至少对于本案运输平台的使用环境特征而言，不能解释为该运输平台必须用于堆码非标准集装箱。最后，根据文本解释的一般原则，通常应当认为权利要求中使用的同一术语具有相同含义，不同术语具有不同含义。本案专利权利要求对运输平台和特定顶角件的使用环境特征均使用了“用于”的表述，在说明书未作特殊限定的情况下，同一权利要求中使用的同一术语应认为具有相同的含义。由于本案运输平台使用环境特征中的“用于”已经不能解释为“必须用于”，对于上述特定顶角件使用环境特征亦不能作此解释。太平货柜公司关于本案专利运输平台的使用环境特征应解释为只能上连非标准集装箱的主张不能成立。

第三，除上述使用环境特征外，本案专利权利要求并不存在其他使用环境特征。本案专利权利要求仅对运输平台及特定顶角件的使用环境作了限定，除此之外，本案专利权利要求对该运输平台所使用的环境或者条件未作其他任何限定。虽然本案直接或者间接引用权利要求 2 的权利要求 4、7、8 以及直接或者间接引用权利要求 11 的权利要求 12—16 中包含“该横梁和纵梁的长度分别与 ISO 标准集装箱的宽度和长度相适应”的特征，但是上述特征仅是对横梁和纵梁长度的限定，而不是对运输平台下连的使用环境的限定。太平货柜公司关于“该横梁和纵梁的长度分别与 ISO 标准集装箱的宽度和长度相适应”的特征系对专利运输平台使用环境的限定的主张不能成立。

综上，最高人民法院认为，本案权利要求仅对运输平台和特定顶角件的使用环境作了限定，该使用环境特征只能解释为可以或者能够用于堆码非标准集装箱。太平货柜公司关于本案专利运输平台使用环境特征的主张均不能成立，法院不予支持。

（二）本案专利权利要求所限定的底角件的解释

权利要求 1 和 10 均包含关于底角件的如下特征："一对底角件，设置在横梁的下部，其中心距与 ISO 标准集装箱宽度方向上的角件中心距相适应。"本案中，各方当事人争议的另一核心是关于该底角件特征的解释。对此，法院分析如下：

第一，本案专利说明书未对底角件作特别界定。在专利说明书对相关术语的含义未作明确限定的情况下，该术语的解释应采本领域普通技术人员在阅读说明书及附图后对权利要求术语的通常理解，相关工具书、教科书等公知文献均可以作为确定该术语通常含义的重要参考。本案专利权利要求书和说明书仅界定了底角件的位置，并未对底角件本身的结构和功能作特别限定。在此情况下，对于底角件的结构特征的解释，应当采用本领域普通技术人员的通常理解。

第二，本领域普通技术人员对底角件特征的通常理解。确定本领域技术人员的通常理解，首先，应明确本发明的技术领域。发明的技术领域是指发明创造的技术方案所属或者直接应用的具体技术领域，既不是发明创造的上位或者相邻的技术领域，又不是发明创造本身。在解释权利要求时，应注重专利所属或者直接应用具体技术领域普通技术人员的理解，上位或者相邻技术领域普通技术人员的理解原则上仅具有有限的参考作用，不应以该上位或者相邻技术领域普通技术人员的理解作为确定权利要求所用术语含义的决定性依据。本案专利说明书记载，本发明涉及物流领域中用于堆码定位的器具，具体涉及一种用于非标准集装箱运输的运输平台以及运输单元，其要解决的技术问题在于提供一种运输平台，使得非标准集装箱能够利用该运输平台在标准集装箱上以及标准集装箱的运输设备上实现堆码。可见，本案发明所直接应用的领域是集装箱运输领域，特别涉及非标准集装箱的运输，故所属技术领域应为集装箱运输领域。集装箱领域仅是本案发明所属技术领域的相邻领域，集装箱领域普通技术人员的通常理解对于解释本案专利权利要求的参考作用非常有限。其次，公知文献对权利要求所用术语的解释作用需要具体分析。利用公知文献解释权利要求用语的含义时，需要综合考虑该公知文献的时间性、广泛性、权威性等因素。对于技术标准类公知文献，还要考虑其属于强制性标准还是推荐性标准。一般而言，推荐性标准的存在就意味着在该领域存在不同技术标准、规格和要求，该推荐性标准所确定的某个术语的含义难以成为本领域普通技术人员的通常理解。本案中，《中华人民共和国国家标准 系列1集装箱·分类、尺寸和额定质量》和《中华人民共和国国家标准 集装箱角件的技术条件》均为集装箱及其角件的技术标准，是本案发明相邻技术领域的标准，同时也均为本案专利申请日前我国的推荐性标准。该两个标准的上述属性决定了其对本案专利权利要求解释的参考价值比较有限。最后，集装箱运输领域普通技术人员对底角件特征的通常理解。本案中，由于缺乏对本案专利所属的集装箱运输领域的公知文献，因而只能依靠相邻的集装箱尤其是非标准集装箱技术领域普通技术人员的理解作为解释底角件特征的含义的有限参考。本案现有证据表明，即使在集装箱领域，特别是在非标准集装箱技术领域，因功能、用途的不同，角件有不同的形状、结构和技术要求，并无统一限定。一般而言，只要在边角处使用，可以起到支撑、固定或者连接等功能的部件，均属角件。因此，对于本案专利权利要求中的底角件特征的含义，应当理解为集装箱运输领域普通技术人员在阅读权利要求书、说明书及其附图后的较为宽泛的含义，即设置在横梁下部、能够与标准集装箱宽度方向的角件相配合的部件。因此，太平货柜公司关于本案专利底角件应理解为“设置在运输平台的底端、具有吊配孔等连接孔以及与其相通的内腔、用于通过插装转锁而与船甲板、车底盘上设置的角件固定座（或下层集装箱上的顶角件）进行连接固定的中空方形构件”的主张不能成立。

三、根据发明所要解决的技术问题及发明的技术原理对权利要求进行解释的案例

【案例三】自由位移公司与英才公司、健达公司侵害发明专利权纠纷再审案（〔2014〕民申字第497号）

涉案专利（专利号ZL00812017.X）权利要求1和2如下：

1. 一种锻炼装置，包括：一个阻力部件；一个将第一延伸臂和第二延伸臂连接到阻力部件上的绳索，其中该绳索包括一个第一绳股和一个第二绳股；

第一延伸臂，包括一个选择性地支撑在阻力部件的附近的第一端，以及一个自由的第二端，绳索的第一绳股经此第二端延伸以由使用者抓握；第二延伸臂，包括一个选择性地支撑在阻力部件的附近的第一端，以及一个自由的第二端，绳索的第一绳股经此第二端延伸以由使用者抓握；以及其中，第一延伸臂远离第二延伸臂延伸，移动第一延伸臂的第二端远离第二延伸臂的第二端以确定第一和第二绳股的相反的延伸空间，并且第一延伸臂的第一端在第一枢转点处枢转地支撑在阻力部件的附近以绕第一轴线转动，第一延伸臂的第一端包括一个滑轮，该滑轮有一个与第一枢转点偏置的转动轴线并且绕一个平行于第一轴线的轴线转动，从而当第一延伸臂选择性地转动时绳索张力不变；并且第二延伸臂的第一端在第二枢转点处枢转地支撑在阻力部件的附近以绕第二轴线转动，第二延伸臂的第一端包括一个滑轮，该滑轮有一个与第二枢转点偏置的转动轴线并且绕一个平行于第二轴线的轴线转动，从而当第二延伸臂选择性地转动时绳索张力不变。

2. 如权利要求 1 所述的锻炼装置，其特征在于，绳索实质上由单根绳索组成。

原告自由位移公司认为上述权利要求的“包括……一个”，应解释为“包括一个或者多个”。

被告英才公司认为权利要求 1 中的“一个”不应解释为一个或多个。

一审法院上海市第二中级人民法院和二审上海市高级人民法院支持被告对权利要求的解释。

最高人民法院再审支持上述被告及一审、二审法院对权利要求的上述解释。

最高人民法院给出的理由如下：

涉案专利权利要求 1 以“包括：……”进行限定，属于开放式权利要求，英才公司对此亦无异议。最高人民法院认为，对于开放式权利要求，如果被诉侵权产品在具有权利要求限定的技术特征的基础上，还具有其他技术特征，仍然落入专利权的保护范围，这一解释规则也与专利侵权判断中的技术特征全面覆盖原则相对应。

然而，依据前述解释规则，并不意味着应当将权利要求 1 中的“包括……一个”解释为一个或者多个。事实上，权利要求1不仅限定了“一个阻力部件”“一个……绳索”，还限定了“该绳索包括一个第一绳股和一个第二绳股”，“第一延伸臂，包括一个……第一端，以及一个自由的第二端”，以及“该滑轮有一个……转动轴线”等技术特征。如果按照自由位移公司的主张，将权利要求1中的“包括……一个”均解释为一个或者多个，会出现该绳索上包括多个第一、第二绳股，延伸臂上包括多个第一端和自由的第二端，该滑轮上有多个转动轴线的技术方案，而这些技术方案不仅没有在涉案专利说明书、附图中公开，甚至会出现技术特征之间发生矛盾的情形。因此，对于自由位移公司有关依据涉案专利国际申请原文以及美国联邦巡回上诉法院的相关判决，应将权利要求1中的“包括……一个”解释为一个或者多个的主张，法院不予支持。

自由位移公司主张，权利要求2的附加技术特征为“绳索实质上由单根绳索组成”，根据权利要求的区别解释原则，权利要求1中的“一个绳索”并非“单根”，而是应当理解为一个或者多个。

法院认为，尽管我国现行的法律、法规以及司法解释尚未对权利要求的区别解释作出明确规定。但对不同权利要求进行区别解释，将不同的权利要求解释为具有不同的保护范围，在通常情形下是必要和合理的。《专利法实施细则》第20条规定，权利要求书应当有独立权利要求，也可以有从属权利要求。考虑到权利人撰写不同权利要求的目的，尤其是在独立权利要求的基础上撰写从属权利要求，是为了限定出不同层次的保护范围，使得专利权的保护范围更为明确和立体。因此，通常情况下，应当推定不同的权利要求具有不同的保护范围。

然而，语言文字本身存在一词多义，也可能存在多词同义的情形。加之申请人在撰写技巧、主观认识等方面的偏差，对于同一技术方案，有可能使用不同的技术术语，以不同的表述方式进行限定，从而出现不同的权利要求的保护范围相同，或者实质相同的情形。在此种情形下，机械地进行区别解释，无疑是有悖于客观事实的。本案中，对于本领域技术人员而言，权利要求1中的“一个绳索”与权利要求2中的“单根绳索”并无实质性的区别，二者仅仅是表述方式不同而已。因此，对于自由位移公司有关根据权利要求的区别解释原则，应当将权利要求 1 中的“一个”解释为一个或者多个的申请再审理由，法院不予支持。

四、将权利要求中的选择关系错误认定为并列关系的案例

【案例四】台山先驱建材有限公司与广州新绿环阻燃装饰材料有限公司、付某洪侵害实用新型专利权纠纷再审案（〔2010〕民申字第 871 号）

涉案专利（专利号 ZL200420017642.4）权利要求 1 为：“一种玻镁、竹、木、植物纤维复合板，它由镁质胶凝竹、木、植物纤维复合层和玻纤网格布层或竹编网增强层组成，其特征在于：镁质胶凝竹、木、植物纤维复合层至少有两层，玻纤网格布层或竹编网增强层至少有一层，两层镁质胶凝竹、木、植物纤维层置于玻纤网格布层或竹编网增强层的下面和上面”。

一审法院广州市中级人民法院审理认为，对于该权利要求中的包含的“竹、木、植物纤维”是并列关系，即涉案专利权利要求所限定的技术方案中同时包含了竹、木、植物纤维这三种材料。

二审法院广东省高级人民法院审理认为：涉案专利权利要求对竹、木、植物纤维三种材料采用的是选择关系，三者具备其中之一即可，而非竹、木及植物纤维三者必须同时具备。广东省高级人民法院给出的理由如下：

在侵犯专利权纠纷案件的审理中，如对权利要求书中记载的内容产生不同理解，容易产生歧义，要确定专利权的保护范围，应当依据《专利法》（2008 年修正）第 59 条第 1 款①的规定，可以结合说明书对权利要求进行解释。本案中，说明书在描述涉案专利的具体实施例时称：“镁质胶凝植物纤维层是由氯化镁、氧化镁和竹纤维或木糠或植物纤维制成的混合物”，显然，在专利说明书实施例中，该复合层被进一步说明和明确，即由氯化镁、氧化镁和竹纤维或木糠或植物纤维制成的混合物，对竹、木、植物纤维三种材料的采用是选择关系，三者具备其中之一即可，而非竹、木及植物纤维三者必须同时具备。况且，在复合板材领域中，“竹纤维”“木纤维”都属于植物纤维，与“植物纤维”概念存在着从属关系。只要具备了竹、木、麻或棉等植物纤维中的一种或几种，就可构成植物纤维层，而不需要

① 《专利法》（2020 年修正）第 64 条。

具备所有类型的植物纤维。此外，从“竹、木、植物纤维”的作用和功能上看，其功能是增大复合板的强度、韧性和环保功能。作为复合板的添加剂，无论是竹纤维、木纤维还是其他棉、麻等植物纤维，都能实现该功能，所不同的就是添加成本与经济效益。

最高人民法院再审了支持二审法院上述是选择关系而非并列关系的认定，并给出如下理由：

《专利法》第 59 条第 1 款[①]规定，发明或者实用新型专利权的保护范围以其权利要求的内容为准，说明书及附图可以用于解释权利要求的内容。因此，如果对权利要求的表述内容产生不同理解，导致对权利要求保护范围产生争议，说明书及其附图可以用于解释权利要求。仅从本专利权利要求 1 对“竹、木、植物纤维”三者关系的文字表述看，很难判断三者是“和”的关系还是“或”的关系，应当结合说明书记载的相关内容进行解释。根据专利说明书实施例的记载：“镁质胶凝植物纤维层是由氯化镁、氧化镁和竹纤维或木糠或植物纤维制成的混合物。”由此可见，专利权利要求 1 对“竹、木、植物纤维”三者关系的表述，其含义应当包括选择关系，即三者具备其中之一即可，而非竹、木及植物纤维三者必须同时具备。

五、对含义模糊的技术特征解释错误的案例

最高人民法院在本案中对技术特征解释的方法及依据是我们在权利要求解释方面宝贵的学习材料。

【案例五】OBE－工厂·翁玛赫特与鲍姆盖特纳有限公司诉浙江康华眼镜有限公司侵犯发明专利权纠纷申请再案（〔2008〕民申字第 980 号）

涉案专利（专利号 ZL96191123.9）权利要求 1 为：“1. 一种制造弹簧铰链的方法。该铰链由至少一个外壳、一个铰接件和一个弹簧构成，其特征是该方法包括下述步骤：提供一用于形成铰接件的金属带；切割出大致与铰接件外形一致的区域；通过冲压形成一圆形部分以形成铰接件的凸肩；冲出铰接件的铰接孔。”

---

① 《专利法》(2020 年修正) 第 64 条。

关于权利要求 1 中的技术特征“切割出大致与铰接件外形一致的区域”，被告认为该切割出的大致与铰接件外形一致的区域与切割出该“与铰接件外形一致的区域”的金属带并不分离。

对此，一审法院北京市第一中级法院认为被诉侵权方案中的，该切割出的大致与铰接件外形一致的区域与切割出该“与铰接件外形一致的区域”的金属带相分离的技术特征与权利要求的技术特征“切割出大致与铰接件外形一致的区域”构成等同。

二审法院北京市高级人民法院认为：

将铰接件从金属带料分离下来无法实现涉案专利方法的技术效果和技术目的，涉案专利技术特征“切割出大致与铰接件外形一致的区域”只能被理解为与切割出该“与铰接件外形一致的区域”的金属带不分离，被诉技术方法中的对应技术特征，由于“分离”，与其既不构成相同，也不构成等同。

最高人民法院再审认为，“切割出大致与铰接件外形一致的区域”只能被理解为与切割出该“与铰接件外形一致的区域”的金属带不分离，并且其限定的保护范围只能限于“不分离”的情形。为此，最高人民法院给出了如下非常详细的论述：

本案中，双方当事人所争议的是否应当以“铰接件同金属带料不分离”对权利要求 1 的保护范围进行限定，其实质是双方当事人对权利要求 1 的保护范围有着不同的解释。涉案专利权利要求 1 中记载了制造弹簧铰链的四个步骤，双方当事人对供料步骤、冲压步骤和冲孔步骤的含义并无争议，但对于切割步骤，即技术特征“切割出大致与铰接件外形一致的区域”，由于其中使用了含义模糊的技术术语“大致与铰接件外形一致的区域”，双方当事人对该技术特征的解释产生争议，因此，有必要查明该技术特征的确切含义，并在此基础上准确、合理地确定涉案专利权的保护范围。

首先，《专利法》（2000 年修正）第五十六条[①]规定：“发明或者实用新型专利权的保护范围以其权利要求的内容为准，说明书及附图可以用于解释权利要求。”根据上述规定，在权利要求中出现了含义模糊的技术术语时，

① 《专利法》（2020 年修正）第 64 条。

可以从本领域普通技术人员的角度出发，根据说明书及附图对该技术术语进行解释，以清楚地确定专利权的保护范围。根据说明书的记载，涉案专利的发明目的在于提供一种弹簧铰链的经济制作方法，并改进零件的组装和搬运，产生良好的经济效益。说明书附图17、18以及说明书第13页分别记载了铰接件实施例以及装配实施例，其中在铰接件实施例中，与技术特征“切割出大致与铰接件外形一致的区域”相对应的描述是：“首先切割铰接件的基本形状，并形成凸肩9的基本形状和连接在凸肩9上并在以后具有铰接孔范围497的至少一部分。亦即铰接件11用这个范围497和凸肩9的一端固定在金属条481上。当然，切割的阴影区也可扩向金属条边沿，这样切割的铰接件只有一边与金属条481连接。”在装配实施例中，附图17、18以及说明书记载的“第Ⅰ步和第Ⅱ步用金属带加工铰接件11，其方法已结合图17详细说明。第Ⅱ步，首先用冲压模501将横截面为矩形的凸肩9加工成圆形”，亦表明在制造铰接件以及装配弹簧铰链的过程中，用于形成铰接件的区域以及制成的铰接件始终属于金属带的一部分，直至将锁紧件、弹簧件、套环等安装在制成的铰接件上之后，才将铰接件从金属条481上切掉。除上述实施例外，说明书及附图中并没有记载将用于制造铰接件的区域从金属带上完全切割下来，对独立于金属带的“区域”或者单个的铰接件毛坯进行加工的技术内容，也没有给出相关的技术启示。因此，根据说明书及附图中记载的有关技术内容，本领域普通技术人员所理解的“切割出大致与铰接件外形一致的区域”的具体含义是：通过切割金属带，在金属带上形成用于进一步加工成铰接件的区域，该区域是金属带的一部分，并且形状与铰接件的外形接近。由此，涉案专利避免了使用昂贵的切削加工方法，取消了铰接件的找正，亦有利于弹簧件、锁紧件的装配以及零件搬运，实现了弹簧铰链的经济加工。

其次，权利要求书中的其他权利要求，亦能印证对“切割出大致与铰接件外形一致的区域”所作的上述解释。涉案专利的权利要求1为独立权利要求，权利要求3、4均为间接引用权利要求1的从属权利要求，虽然权利要求3、4的附加技术特征并未记载在权利要求1中，不应对权利要求1的保护范围产生限定作用，但是，基于独立权利要求与从属权利要求之间的逻辑关系，所述从属权利要求的附加技术特征有助于澄清权利要求1中技术术语的含义，准确确定权利要求 1 的保护范围。第一，权利要求 3 的附加技术特征为“还包括在铰接件仍与金属带连接时把弹簧件装在铰接件上形成一个装配单元的步骤”，所述特征对在铰接件上安装弹簧件的时机进行了限定，并不涉及铰接件的制造，其中的时间状语“在铰接件仍与金属带连接时”限定了应当在铰接件尚未从金属带上分离时将弹簧件安装在铰接件上，由此说明，在制造铰接件的过程中，用于制造铰接件的区域以及制成的铰接件应当属于金属带的一部分，没有从金属带上分离。第二，权利要求 4 的附加技术特征为“还包括在装配单元完全装配完毕后将铰接件从金属带上切下的步骤”，该特征也不涉及铰接件的制造，但是该特征也进一步证明，铰接件在装配单元尚未完全装配完毕之前仍与金属带相连，由此亦可说明在制造铰接件的过程中，用于制造铰接件的区域以及制成的铰接件应当属于金属带的一部分。第三，如果将权利要求 1 解释为包括金属带与所述区域完全分离的技术方案，那么在确定权利要求 3、4 的保护范围时，将出现权利要求 3、4 的附加技术特征中的“仍与金属带连接时”“将铰接件从金属带上切下”与权利要求 1 的保护范围相矛盾的情形，这也从反面说明，权利要求 1 中“大致与铰接件外形一致的区域”应当是金属带的一部分。

再次，根据申请再审人在涉案专利实质审查程序中提交的意见陈述书，申请再审人曾就“权利要求 1 的方案是完整的”陈述了如下意见：“在铰接件尚与金属带连接并从而设置在一个预定的位置上时，通过对铰接件进行冲压或变形，以及通过将弹簧件安装在铰接件上，就可以改进装配弹簧铰接部件的方法。”上述意见表明，申请再审人在实质审查程序中明确主张应当在铰接件尚与金属带连接时对铰接件进行加工，以及在铰接件尚与金属带连接时安装弹簧件，并且所述技术特征已足以使得权利要求 1 构成一个完整的技术方案。因此，根据涉案专利的审查档案，亦可认定权利要求 1 中“大致与铰接件外形一致的区域”仍然是金属带的一部分，该区域未与金属带分离。申请再审人在侵权诉讼中，不应无视其在审查过程中的意见陈述，将铰接件与金属带完全分离的技术方案纳入涉案专利权的保护范围。

最后，在本案审理过程中，申请再审人先后提交了两份不同的《发明人海因茨·莫斯尼出具的声明》以及一份《关于本专利的背景技术介绍》，申请再审人在上述文件中详细描述了涉案专利的背景技术、背景技术存在的技术缺陷以及涉案专利取得的有益效果，虽然多数内容并未记载在涉案专利的说明书中，不应用于限定涉案专利权的保护范围，但通过参考上述文件，有助于理解涉案专利的背景技术以及涉案专利相对于背景技术所作的改进，正确地确定涉案专利权的保护范围。根据发明人海因茨·莫斯尼出具的两份声明以及《关于本专利的背景技术介绍》，涉案专利的背景技术系使用型材作为制作铰接件的原料，从型材上锯下铰接件毛坯后，再对每个铰接件毛坯单独进行铣削加工和加工铰接孔，在此过程中，需要专门的工件夹紧装置固定单个的铰接件毛坯。而涉案专利使用条带金属材料，在这个条带金属材料上切削、冲印、冲压等，无须将单个元件从条状部件上分离下来单独加工，制造时也不需要特别固定的工序，只要最后一步把弹簧铰链从金属带上切下来就行了，克服了背景技术存在的材料昂贵、加工工艺复杂、对元件单独加工、需要成本昂贵的特别固定工序等技术缺陷。因此，要实现弹簧铰链的经济制作的发明目的，不仅需在原料上进行改进，使用易于加工的金属带材代替型材，还需在生产工艺上进行改进，即在金属带上进行切割、冲印冲压等，以避免对单个的铰接件毛坯进行复杂的切削加工以及特别的固定工序，只有将上述两方面的改进有机结合在一起，才能构成完整的解决方案，仅仅使用金属带材代替型材，尚不能完全实现涉案专利的发明目的。因此，海因茨·莫斯尼出具的两份声明以及《关于本专利的背景技术介绍》也足以证明，权利要求 1 中的“大致与铰接件外形一致的区域”仍然是金属带的一部分，该区域未与金属带分离。

六、将实施例的信息错误认定为权利要求中技术特征的含义的案例

【案例六】深圳市蓝鹰五金塑胶制品厂与罗某中侵犯实用新型专利权纠纷再审案（〔2011〕民提字第 248 号）

涉案专利（专利号 ZL02231446.6）权利要求 1 为：“汽车方向盘锁，包括前叉、后叉、止动杆、锁头、锁体及其内部的锁止元件。其特征在于：它还包括组合锁梁，以及锁体内部的弹性定位掣，组合锁梁的叉杆左端设有前叉，右端呈直角形的设有转轴，转轴下端插入锁体左端的垂直大孔内

形成铰链连接，垂直大孔的两侧设有贯穿其中心的纵向孔，左侧的纵向孔内装有堵盖和弹性定位掣，右侧的纵向孔内装有锁止元件，转轴下端的中部设有径向凹坑，其位置与锁止元件和弹性定位掣相对应，锁体中部设有控制锁止元件的锁头，锁体右端下方设有后叉，其上方固装着止动杆的左端，组合锁梁通过铰链展开后与锁体、后叉和止动杆形成一错位的横杠，锁止元件卡在转轴的径向凹坑与锁体之间，前叉的叉口朝向左方，后叉的叉口朝向右方，两叉口非对称地撑卡在方向盘圆环上；锁头控制锁止元件退出径向凹坑开锁，组合锁梁回转180度形成与锁体及其右端的止动杆平行的折叠状，弹性定位掣弹顶在转轴的径向凹坑与锁体之间，前叉与后叉的叉口均朝向右方。”

关于其中的技术特征“垂直大孔的两侧设有贯穿其中心的纵向孔”，一审法院深圳市中级人民法院认为：该技术特征应理解为“两侧纵向孔与垂直大孔的中心处于同一水平线上”。

对此，二审法院广东省高级人民法院认为：

从权利要求的字面并不能唯一导出“两侧纵向孔与垂直大孔的中心处于同一水平线上”结论，说明书文字部分也未作出相应解释。相反，分析涉案专利技术方案可知，垂直大孔两侧纵向孔的作用在于容纳弹性定位掣和锁止元件，并使上述两部件与位于垂直大孔中的转轴相配合，故只要两端的纵向孔分别贯通于垂直大孔的中心即可满足要求，两侧纵向孔与垂直大孔的中心处于同一水平线上并非实现这一目的的必要手段。一审判决将从专利附图中看出的信息用于限定权利要求的技术特征，显然不当地缩小了专利权的保护范围。

最高人民法院再审支持了二审法院的该观点，并给出如下理由：

“贯穿”不是一个专业技术术语，在涉案专利说明书中也没有对其含义作出特别界定，因此，应根据其通常含义对其进行解释。《现代汉语词典》（第5版）载明，“贯”的意思是“穿、贯通、连贯”，“贯穿”的意思是“穿过、连通”。也就是说，“垂直大孔的两侧设有贯穿其中心的纵向孔”的字面含义为两侧的纵向孔连通并且穿过垂直大孔中心。垂直大孔是立体的，其中心指的是其轴向中心线，而不是轴向中心线的中心。要实现这一点，垂直大孔两侧的纵向孔可以在一条直线上，与垂直大孔形成“十”字形结构，也可以上下错位设置，与垂直大孔形成“Z”形结构。因为垂直大孔和纵向孔都是中空的，上述两种结构均可以实现垂直大孔两侧的纵向孔连通并且穿过垂直大孔中心。根据涉案专利权利要求书和说明书的记载，垂直大孔两侧的纵向孔分别装设弹性定位掣和锁止原件，与垂直大孔中装设的转轴相配合实现锁紧和开锁，上述两种结构也均能实现这一目的。

七、对权利要求中技术特征的解释存在分歧导致5次审理的案例

【案例七】湖南广义科技有限公司与长沙深湘通用机器有限公司等侵害发明专利权纠纷再审案（〔2013〕民提字第127号）

本案经历了长沙中院一审、湖南高院二审、湖南高院再审、湖北高院再审、最高人民检察院抗诉后最高人民法院再审，主要原因是对权利要求中技术特征的解释存在分歧所致。

涉案专利（专利号ZL94110912.7）权利要求1为：“一种辊式磨机，包括磨盘、磨辊、主轴、支架、机座和上下机壳，磨盘位于下机壳内，在磨盘上方通过支架活动装有磨辊，支架通过主轴装在机座上并位于上机壳内，由主轴、皮带轮驱动，在机座上装有料斗，下机壳的下面装有出料套管，其特征是磨盘的磨面与磨辊之间存在可调节的间隙而构成间隙式磨合面。”其中最大的争议是“在磨盘上方通过支架活动装有磨辊”的“上方”该如何理解？

对此，最高人民法院再审认为：

首先，从涉案专利说明书实施例及其附图确定“上方”一词的含义。根据专利法的相关规定，发明或者实用新型专利权的保护范围以其权利要求的内容为准，说明书及附图可以用于解释权利要求。根据专利权利要求与说明书之间的法律关系，说明书应该充分公开专利的技术方案，以使本领域技术人员能够实施该专利技术方案，应当对权利要求提供支持，对请求保护的范围作出清楚完整的说明；权利要求书是对说明书公开的技术方案的概括，应清楚、简要地限定专利权的保护范围。因此，权利要求保护的技术方案是从说明书公开的具体实施方式中得到或概括得出的技术方案。一般情况下，权

利要求的保护范围覆盖说明书中公开的与其所要求保护的技术方案相适应的具体实施方式。涉案专利权利要求 1 限定了“磨盘位于下机壳内，在磨盘上方通过支架活动装有磨辊”，在涉案专利的说明书实施例及其附图中，明确公开了磨辊位于磨盘斜侧上方的具体实施方式。因此，涉案专利权利要求 1 的保护范围包括了说明书实施例及其附图所公开的磨辊位于磨盘斜侧上方的技术方案。

其次，从涉案专利各项权利要求之间限定的技术方案理解“上方”的含义。根据专利法及其实施细则的相关规定，从属权利要求应当用要求保护的附加技术特征，对引用的权利要求作进一步的限定。即，如果一项权利要求包含了另一项同类型权利要求中的所有技术特征，且对该另一项权利要求的技术方案作了进一步的限定，则该权利要求为从属权利要求。本案中，涉案专利权利要求 1 为独立权利要求，权利要求 2 为引用权利要求 1 的从属权利要求，其请求保护的范围是：“根据权利要求 1 所述的辊式磨机，其特征是磨盘的环形磨面为锥形，与倾斜的磨辊构成斜置的间隙式磨合面。”权利要求 2 用附加的技术特征对权利要求 1 作了进一步的限定，其保护范围落在其所引用的权利要求 1 的保护范围之内。即涉案专利权利要求 1 的保护范围应当包括其从属权利要求 2 的技术方案。由于权利要求 2 明确限定了磨盘的环形磨面为锥形，与倾斜的磨辊构成斜置的间隙式磨合面，因此该技术方案保护的范围是磨辊位于磨盘的斜侧上方。作为被权利要求 2 所引用的权利要求 1 的技术方案，其保护范围当然包括权利要求 2 的技术方案，即磨辊位于磨盘的斜侧上方也是权利要求 1 的保护范围。

综上，最高人民法院认为，涉案专利权利要求 1“磨盘上方通过支架活动装有磨辊”这一特征中“上方”应理解为，既包括磨辊位于磨盘正上方的技术方案，也包括磨辊位于磨盘斜侧上方的技术方案。

关于深湘公司在无效宣告请求审查程序中相关陈述是否影响对“上方”的理解，湖北省高级人民法院再审判决对此的认定是否违反了“禁止反悔”原则。最高人民法院认为，“禁止反悔”原则规定于《侵犯专利权纠纷案件解释》第 6 条：“专利申请人、专利权人在专利授权或者无效宣告程序中，通过对权利要求、说明书的修改或者意见陈述而放弃的技术方案，权利人在侵犯专利权纠纷案件中又将其纳入专利权保护范围的，人民法院不予支持。”如前所述，《侵犯专利权纠纷案件解释》不应适用于本案，故规定于该司法解释的“禁止反悔”原则亦不应适用于本案。退一步而言，即便参照适用该司法解释，湖北省高级人民法院再审判决对此问题的认定亦未违反“禁止反悔”原则。最高人民法院认为，适用“禁止反悔”原则需要考察专利权人在无效宣告请求审查程序中相关陈述的真实意思表示。经审理，从无效宣告审查程序中的证据1（US3339853号美国专利）、证据6（US4022387号美国专利）公开的技术方案来看，其所公开的磨合面均是垂直设置，这使得磨辊与磨盘位于同一水平高度上配合工作，从而体现为磨辊处于磨盘内侧的位置关系；而涉案专利权利要求1所包含的“磨辊位于磨盘斜侧上方”的技术方案，能够实现延缓待磨物料下降速度、增加研磨工作时间等有益效果。深湘公司在无效宣告审查程序中的意见陈述，意在强调涉案专利与前述证据1、证据6所公开的现有技术“磨辊位于磨盘内侧”存在的区别，其只是在权利要求1所限定磨辊和磨盘相对位置的本来含义的范围内使用“上下位置”这一表述的。显然，在无效宣告请求审查程序中，专利权人深湘公司基于证据1、证据6这两份对比文件对涉案专利权利要求1所作的陈述，并没有对所争议的技术特征的字面含义作进一步的限制，没有排除“磨辊位于磨盘斜侧上方”的技术方案。因此，该技术方案不属于在专利无效宣告程序中，通过对权利要求、说明书的修改或者意见陈述而放弃的技术方案。湖北省高级人民法院再审判决对此问题的认定并未违反“禁止反悔”原则。

八、权利要求撰写有明显错误的应按所属领域技术人员阅读说明书后能够得出的唯一正确的内容解释该“明显错误”技术术语含义的案例

【案例八】北京西科盛世通酒店会展设备制造有限公司与广州市番禺区恒美酒店金属家具制造有限公司等侵害发明专利权纠纷上诉案［〔2012〕沪高民三（知）终字第44号］

本案涉诉专利（专利号ZL95196021.0）权利要求为：“一种具有一转动联动装置（30）的可移动的折叠台（20）包括：一台盖板（24）；一外腿（34），它安装于台盖板，并从一其时该腿以一与该台盖板成一基本直角的夹

角延伸的使用位置，转动到一其时该腿趋近台盖板低[①]延伸的折叠位置；其特征在于，一具有诸垂直的端部（102）和一隆起的中心部（104）的第一主连杆（100）；一其第一端枢轴转动安装于该隆起的中心部而其第二端枢轴转动安装于该台盖板的基本上呈矩形的第二连杆（105）；一其第一端枢轴转动安装于垂直端部而其第二端部枢轴转动安装于该台盖板的第三连杆（106）；以及一分别枢轴转动连接于主连杆的垂直的端部和外腿的第四连杆（116）。”

对于上述权利要求中的技术特征“一其第一端枢轴转动安装于该隆起的中心部而其第二端枢轴转动安装于该台盖板的基本上呈矩形的第二连杆（105）”，原告认为，涉案专利说明书中描述的“一基本上呈U形的连杆从联动装置安装板的隆起的中心部安装到框架”内容是对“基本上呈矩形的第二连杆”的说明，相关领域技术人员能够将U形理解成矩形，即权利要求中的“基本上呈矩形的第二连杆（105）”，应该按照说明书的记载，理解成“基本上呈U形的第二连杆（105）”，也就是在侵权比对时，应该在被侵权产品中寻找“一其第一端枢轴转动安装于该隆起的中心部而其第二端枢轴转动安装于该台盖板的基本上呈U形的第二连杆（105）”，而不是寻找“一其第一端枢轴转动安装于该隆起的中心部而其第二端枢轴转动安装于该台盖板的基本上呈矩形的第二连杆（105）”。被告认为就应该按照该权利要求记载的字面意思“矩形”对待，并将被诉产品的对应技术特征与“一其第一端枢轴转动安装于该隆起的中心部而其第二端枢轴转动安装于该台盖板的基本上呈矩形的第二连杆（105）”比对。

对此，一审法院认为：《侵犯专利权纠纷案件解释》第2条的规定，人民法院应当根据权利要求的记载，结合本领域普通技术人员阅读说明书及附图后对权利要求的理解，确定《专利法》第59条第1款规定的权利要求的内容。《侵犯专利权纠纷案件解释》第3条规定，人民法院对于权利要求，可以运用说明书及附图、权利要求书中的相关权利要求、专利审查档案进行解释。说明书对权利要求用语有特别界定的，从其特别界定。以上述方法仍

① 原文如此，笔者认为此处可能为笔误，应当为“底”字。

不能明确权利要求含义的，可以结合工具书、教科书等公知文献以及本领域普通技术人员的通常理解进行解释。本案中，涉案专利权利要求 3 所记载的“基本上呈矩形的第二连杆”对应的附图标记为（105），而在说明书中没有记载附图标记（105），且在附图中没有对（105）予以标识。原告对此主张对应第二连杆的附图标记应当为（108），但同时确认，在说明书及附图中没有对（108）所谓“基本上呈矩形的第二连杆”的含义作进一步的说明。有鉴于此，原审法院认为，“基本上呈矩形的第二连杆”含义应当根据权利要求的记载，结合工具书、教科书等公知文献以及本领域普通技术人员的通常理解予以说明。根据《辞海》的解释，矩形通称为长方形，是平面上每个内角都是直角的四边形。站在该领域普通技术人员的立场，难以得出“基本上呈矩形”的含义能够包容“大致呈凹形”以及 U 形几何特征的结论。据此，原告有关相关领域技术人员能够将 U 形理解成矩形的意见缺乏充分的事实依据，对其有关“活动舞台”产品的技术特征与涉案专利权利要求 3 的技术特征相同，落入了涉案专利权保护范围的主张不予支持。

对此，二审法院上海市高级人民法院认为：

首先，根据《侵犯专利权纠纷案件解释》第 2 条的规定，人民法院应当根据权利要求的记载，结合本领域普通技术人员阅读说明书及附图后对权利要求的理解，确定权利要求的内容。其次，根据《侵犯专利权纠纷案件解释》第 3 条第 1 款的规定，人民法院对于权利要求，可以运用说明书及附图、权利要求书中的相关权利要求、专利审查档案进行解释。

权利要求是以说明书为依据的，权利要求书的每一项权利要求所保护的技术方案应当是从说明书中公开的内容得到或者概括出的技术方案，故说明书及附图必然可以用于解释权利要求。事实上，权利要求中的技术术语是专利申请人或者专利权人自己选择甚至是自己“发明”，用以界定其专利权的保护范围，专利申请人或者专利权人是其权利要求中技术术语的编撰者，因此，当对权利要求中的技术术语的含义有争议时，首先应当根据专利说明书及附图、权利要求书中的相关权利要求、专利审查档案等进行解释。只有在根据专利说明书及附图、权利要求书中的相关权利要求、专利审查档案等均不能确定权利要求中某一技术术语的含义时，才能推定权利要求中该技术术语的含义是所属技术领域普通技术人员所通常理解的含义，据此才能够根据字典、工具书、教科书、专家证人的证词等证据确定相应技术术语的含义。

根据专利说明书及附图、权利要求书中的相关权利要求、专利审查档案等证据更正权利要求中的明显错误，是根据专利说明书及附图、权利要求书中的相关权利要求、专利审查档案等证据解释权利要求的应有之义。如果所属技术领域普通技术人员在阅读说明书及附图、权利要求书中的相关权利要求、专利审查档案后，能明确无误地确认权利要求的撰写存在错误，且所属技术领域普通技术人员在阅读说明书及附图、权利要求书中的相关权利要求、专利审查档案后，还能明显无疑地知道相应错误的更正答案，就应当以该更正后的权利要求来确定权利要求的保护范围。这种对权利要求中明显错误的更正并不影响权利要求保护边界的确定性，从而也不会影响权利要求的公示性与稳定性。因为权利要求的保护范围是所属领域普通技术人员所理解的保护范围，所属领域普通技术人员在阅读说明书及附图、权利要求书中的相关权利要求、专利审查档案后，如果能明确无误地确认权利要求的撰写存在错误，且存在明显无疑的更正答案，其必然会自行予以更正，更正后的权利要求所确定的保护范围才是权利要求的应有保护范围，才是所属技术领域普通技术人员所理解的保护范围，也才是权利要求向社会公示的保护范围。

本案中，所属技术领域普通技术人员能够明确无误地确认权利要求 3 中“基本上呈矩形的第二连杆（105）”是撰写错误，也能明显无疑地知道该处的“基本上呈矩形的第二连杆（105）”应为“基本上呈 U 形的第二连杆（108）”。首先，涉案专利说明书的“发明内容”部分及“具体实施方式”部分记载的技术方案以及附图中，相应地第二连杆均记载为“基本上呈 U 形”（“具体实施方式”部分中称为“大致为马蹄形”），权利要求应当以说明书为依据，所属技术领域的普通技术人员从涉案说明书及附图中不能得到或者概括出相应的第二连杆为“基本上呈矩形”，而只有得出相应的第二连杆为“基本上呈 U 形”。与涉案专利授权文本中的权利要求 3 相对应的涉案专利 PCT 英文及相应中文申请公开文件中的权利要求 15 的记载，以及在专利授权过程中审查员的第一次审查意见和申请人的回复意见更进一步印证，权利要求 3 中“基本上呈矩形的第二连杆（105）”是撰写错误，其明显无疑地应当为“基本上呈 U 形的第二连杆（108）”。其次，涉案专利说明书“背景技术”部分记载的现有技术的缺陷之一是“当该台被折叠到一基本垂直的位置时，台盖板的端部彼此接触，这样就有夹伤使用者的手或手指的危险”，这是涉案专利发明的发明目的亦即涉案专利发明所要解决的技术问题之一。如果权利要求 3 中第二连杆“基本上呈矩形”，则由此构成的技术方案不可能解决涉案专利发明所要解决的技术问题。专利说明书描述的发明目的没有被其他证据推翻的，权利要求的解释应当符合说明书对发明目的的描述。本案并不存在推翻涉案专利说明书所描述的发明目的之证据，对权利要求的解释应当使其能够解决相应的技术问题，而权利要求 3 中第二连杆“基本上呈 U 形”才能解决相应的技术问题。

九、因不能确定技术特征含义而无法确定权利要求保护范围被驳回诉讼请求的案例

【案例九】柏某清诉成都难寻物品营销服务中心、上海添香实业有限公司侵害实用新型专利权纠纷再审纠纷案（〔2012〕民申字第 1544 号）

本案为最高人民法院指导案例。

涉案专利（专利号 ZL200420091540.7）权利要求 1 为：“一种防电磁污染服，它包括上装和下装，其特征在于所述服装在面料里设有由导磁率高而无剩磁的金属细丝或者金属粉末构成的起屏蔽作用的金属网或膜”。

一审法院认为，涉案专利权利要求中的“其特征在于所述服装在面料里设有由导磁率高而无剩磁的金属细丝或者金属粉末构成的起屏蔽作用的金属网或膜”“导磁率高”的含义无法确定，进而无法进行侵权比对，驳回了原告的诉讼请求。

原告不服，向四川省高级人民法院提起上诉。四川省高级人民法院二审判决驳回上诉，维持原判。

原告还不服申请再审，最高人民法院驳回柏某清的再审申请。最高人民法院认为：准确界定专利权的保护范围，是认定被诉侵权技术方案是否构成侵权的前提条件。如果权利要求的撰写存在明显瑕疵，结合涉案专利说明书、

本领域的公知常识以及相关现有技术等，仍然不能确定权利要求中技术术语的具体含义，无法准确确定专利权的保护范围，则无法将被诉侵权技术方案与之进行有意义的侵权对比。因此，对于保护范围明显不清楚的专利权，不应认定被诉侵权技术方案构成侵权。关于涉案专利权利要求 1 中的技术特征“导磁率高”。首先，在涉案专利说明书中，既没有记载导磁率在涉案专利技术方案中是指相对磁导率还是绝对磁导率或者其他概念，也没有记载导磁率高的具体范围，亦没有记载包括磁场强度 H 等在内的计算导磁率的客观条件。本领域技术人员根据涉案专利说明书，难以确定涉案专利中所称的导磁率高的具体含义。其次，从柏某清提交的相关证据来看，虽能证明有些现有技术中确实采用了高磁导率、高导磁率等表述，但根据技术领域以及磁场强度的不同，所谓高导磁率的含义十分宽泛。柏某清提供的证据并不能证明在涉案专利所属技术领域中，本领域技术人员对于高导磁率的含义或者范围有着相对统一的认识。最后，柏某清主张根据具体使用环境的不同，本领域技术人员可以确定具体的安全下限，从而确定所需的导磁率。该主张实际上是将能够实现防辐射目的的所有情形均纳入涉案专利权的保护范围，保护范围过于宽泛，亦缺乏事实和法律依据。综上所述，根据涉案专利说明书以及柏某清提供的有关证据，本领域技术人员难以确定权利要求 1 中技术特征“导磁率高”的具体范围或者具体含义，不能准确确定权利要求 1 的保护范围，无法将被诉侵权产品与之进行有意义的侵权对比。据此裁定驳回柏某清的再审申请。

十、专利权人有悖于专利授权文件、授权档案、确权档案等相关内容对权利要求的解释不被最高人民法院支持的案例

【案例十】杭州华新高科新材料有限公司诉广东日昭新技术应用有限公司等侵害实用新型专利权纠纷案（〔2015〕民提字第 58 号）

（一）涉案专利及专利权人关于权利要求解释的主张

涉案专利（专利号为 ZL03226611.1）名称为“屏蔽绝缘电缆形导电管母线”。其权利要求 1 为：“一种屏蔽绝缘电缆形导电管母线、用于电力变压器与高压开关进线柜连接作过电流用，其技术特征是屏蔽绝缘电缆形导电管母线是将管状导体外表加以屏蔽绝缘，绝缘材料是用塑料类。屏蔽绝缘电缆形

导电管母线最外绝缘层是导电屏蔽接地层，将导电屏蔽接地层加以接地。并外加保护套，使该屏蔽绝缘电缆形导电管母线绝缘表层电位为零。”

专利权人主张：该技术特征中的“是”应当解释为“外”，即将该技术特征理解为“最外绝缘层外导电屏蔽接地层”“过电流就是电流传输”。

（二）判决书（〔2015〕民提字第58号）针对专利权人的上述主张作出的认定及认定理由

首先，关于权利要求1中的技术特征“母线最外绝缘层是导电屏蔽接地层”。被申请人主张，该技术特征中的“是”应当解释为“外”，即将该技术特征理解为“最外绝缘层外导电屏蔽接地层”，涉案专利由内而外为“母线、最外绝缘层、导电屏蔽接地层、保护套”的结构。法院认为，根据《专利法》第64条规定：“专利权的保护范围以权利要求的内容为准，说明书和附图可以用于解释权利要求的内容。”关于权利要求1的保护范围。首先，涉案专利权利要求1中明确限定“母线最外绝缘层是导电屏蔽接地层，其外加保护套”。因此，被申请人的主张与权利要求1记载的技术特征明显不符。而且，涉案专利没有在说明书或者附图中对导电管母线的结构作进一步说明，仅在说明书中记载有与权利要求1基本一致的如下内容：“母线外绝缘层是导电屏蔽接地层”“母线最外绝缘层是导电屏蔽接地层，将导电屏蔽接地层加以接地，并外加保护套”。因此，对于罗某昭、日昭公司有关权利要求1应理解为“最外绝缘层外导电屏蔽接地层”的主张，法院不予支持。

其次，关于权利要求1中的技术特征“过电流”。《侵犯专利权纠纷案件解释》第3条规定：“人民法院对于权利要求，可以运用说明书及附图、权利要求书中的相关权利要求、专利审查档案进行解释。说明书对权利要求用语有特别界定的，从其特别界定。以上述方法仍不能明确权利要求含义的，可以结合工具书、教科书等公知文献以及本领域普通技术人员的通常理解进行解释。”本案中，涉案专利说明书中没有对“过电流”的含义作进一步解释或者说明。第19714号决定（指原专利复审委员会作出的专利无效宣告申请决定——笔者注）属于涉案专利的审查档案，可以用于解释权利要求1。该决定认定：“涉案专利中导电母线……作过电流用，而附件14中，母线……用于电流传输，二者解决的技术问题不同，并且权利要求 1……可以带来很好的过电流效果。”因此，根据该决定的上述认定，权利要求 1 中的“过电流”与电流传输不同。此外，华新公司提交的二审证据 3 技术标准汇编以及词典属于本领域的公知文献，其中记载的“过电流”的含义均不同于电流传输。综上，根据第 19714 号决定的有关认定以及华新公司提交的证据 3，罗某昭、日昭公司有关“过电流就是电流传输”的主张与事实不符，法院不予支持。

再次，关于第 19714 号决定的相关认定及其对本案侵权判断的影响。目前，我国采取的是专利无效行政程序与侵权民事诉讼程序二元分立体制。在这一体制下，专利无效请求和侵权民事诉讼案件分别由原专利复审委员会审查和人民法院审理。由于无效决定和侵权判断往往都涉及技术方案、技术特征的比对，为了避免生效无效决定和侵权民事判决的相关认定出现明显矛盾，人民法院应当对无效决定中与侵权诉讼争议焦点有关的认定予以充分考虑。如果无效决定中对权利要求与现有技术的区别进行了认定，并且该区别与被诉侵权技术方案与权利要求的差异相同或实质相同的，人民法院应当结合无效决定的相关认定，对权利要求进行解释，合理确定权利要求的保护范围。

最后，本案中，华新公司在二审中提交了在先生效的第 19714 号决定，该决定认定权利要求 1 相对于现有技术附件 14 至少具有两项区别，据此认定权利要求 1 具有创造性并维持其有效。一是权利要求 1 的用途与附件 14 不同。权利要求 1 为“过电流用”，而附件 14 中为“电流传输”（以下简称区别 1）。二是权利要求 1 的绝缘结构与附件 14 不同。权利要求 1 中为“最外绝缘层是导电屏蔽接地层”，而附件 14 为“多层结构，接地层外还有其他绝缘层”（以下简称区别 2）。华新公司在上诉和申请再审时，均主张被诉侵权产品 1、2 的用途和绝缘结构与权利要求 1 亦不相同，该主张与第 19714 号决定对区别 1、区别 2 的认定密切相关。因此，在认定被诉侵权产品 1、区别 2 是否落入权利要求 1 的保护范围时，应当结合第 19714 号决定中有关区别 1、2 的认定，对权利要求 1 进行解释，合理确定权利要求 1 的保护范围，避免侵权认定与第 19714 号决定维持权利要求 1 有效的理由明显矛盾，导致权利人获得不应有的保护。

十一、隐含对专利权的保护范围具有限定作用步骤顺序的权利要求解释的案例

【案例十一】深圳市华美龙物联网技术有限公司、贵州卓霖科技有限公司侵害发明专利权纠纷再审案（〔2018〕最高法民再63号）

（一）本案据以起诉的专利

本案中原告卓霖公司主张被侵权的专利名称为“一种密码锁防伪瓶盖的对码生产方法”，专利申请号为ZL201110262041.4，具体为权利要求1被侵权，权利要求1记载的内容如下：

一种密码锁防伪瓶盖的对码生产方法，其特征在于包括以下步骤：

（1）密码锁检验：检查防伪瓶盖的密码锁体外观有没有破裂、划痕或组装不到位；检查锁体上的密码条数字和锁体上方的对应码是否一致，按下锁体上方的开关按钮，检查锁体能否打开，打开后检查里面的弹簧是否完好，将检查好的锁体放入空的锁体周转箱中。

（2）密码锁打乱分组：将已经检验好的多箱锁体摆放整齐，从摆好的箱子里每一箱捡一个锁体放在分组箱里。

（3）制作密码标牌：准备好密码贴牌和密码标，将密码标粘贴在密码贴牌的指定位置上，得到密码标牌。

（4）窜[①]吊牌：将上述密码标牌和密码锁瓶盖的中文牌、英文牌一起窜连在锁体上。

（5）对码扫描：开启生产线上的对码扫描电脑，对锁体上的密码条数字进行扫描，再对与锁体连接的密码标牌上的密码标进行扫描；扫描的数据实时保存在服务器数据库中。

（6）质检扫描：开启生产线上的质检扫描电脑，对与锁体连接的密码标牌上的密码标进行扫描；如果不能扫描出编码，则将该锁体返回上一工序，重新进行对码扫描；如果能扫描出编码，则核对扫描出的密码与锁体上的密码条数字是否一致，如不一致则返回上一工序重新进行对码扫描，如一致则将该锁体转入下一工序。

---

① 原文如此，笔者疑为“串”字，下同。

（7）对应扫描：开启生产线上的对应扫描电脑，对与锁体连接的密码标牌上的密码标进行扫描，再对用来盛放该锁体的分组箱的箱标进行扫描。

（二）本案关于权利要求 1 中各个步骤之间是否有特定实施顺序的限定发生的争议

（1）被告华美龙认为权利要求 1 中各个步骤之间有特定的实施顺序的限定。

（2）原告卓霖公司认为权利要求 1 中各个步骤之间没有特定的实施顺序的限定。

（3）一审法院贵阳市中级人民法院没有支持被告华美龙公司的主张，认定被诉技术方案落入权利要求 1 的保护范围，并构成侵权。

（4）二审法院贵州省高级人民法院认为，涉案专利并无按特定顺序实施的限定，因此，被诉侵权方法的对码扫描方法的先后顺序即使与涉案专利不同，二者所采取的技术手段、实现的功能和达到的效果上实质并无差异，故该对应技术特征相同。二审法院据此维持了一审判决。

（5）被告华美龙公司对二审法院的该认定不服，申请再审。

（三）最高人民法院再审的认定

最高人民法院再审认为："根据涉案专利权利要求 1 记载，其保护的是'一种密码锁防伪瓶盖的对码生产方法，其特征在于包括以下步骤'，其步骤是否按特定顺序实施应当根据本领域普通技术人员在阅读权利要求书、说明书及附图后的理解进行判断。从权利要求 1 的表述看，其步骤（1）为密码锁检验，步骤（2）为密码锁打乱分组，即将已经检验好的多箱锁体摆放整齐，从摆好的箱子里每一箱捡一个锁体放在分组箱里，可见，步骤（1）（2）之间有先后顺序的要求；其步骤（3）为制作密码标牌，步骤（4）为窜吊牌，即将上述密码标牌和密码锁瓶盖的中文牌、英文牌一起窜连在锁体上，可见，步骤（3）（4）之间的先后顺序也是明确的。因此，卓霖公司关于涉案专利并无按特定顺序实施的限定的主张不能成立，原判决未考虑步骤实施顺序对涉案专利权保护范围的限定作用，认定被诉侵权方法落入涉案专利权的保护范围，结论有误。"

最高人民法院据此判决撤销了原审判决，并判决驳回了原告卓霖公司的全部诉讼请求。

十二、依据专利授权程序中的意见陈述判定权利要求中的“使用环境特征”属于必须适用的“使用环境特征”的案例

【案例十二】株式会社岛野与宁波市日骋工贸有限公司专利侵权最高人民法院提审案（〔2012〕民提字第1号）

（一）就使用环境特征对专利权的保护范围的限定作用发生争议的专利

涉案专利（专利号为ZL94102612.4）名称为“后换档器支架”，授权文本的专利要求记载如下：

（1）一种用于将后换档器（100）连接到自行车车架（50）上的自行车后换档器支架，所述后换档器具有支架件（5）、用于支撑链条导向装置（3）的支撑件（4）以及一对用于连接所述支撑件（4）和所述支架件（5）的连接件（6、7），所述自行车车架具有形成在自行车车架的后叉端（51）的换档器安装延伸部（14）上的连接结构（14a），所述后换档器支架包括：一由大致L形板构成的支架体（8）；设在所述支架体（8）一端近旁，用于将所述后换档器（100）的所述支架件（5）连接到所述支架体（8）上、可绕第一轴线（91）枢转的第一连接结构（8a）；设在所述支架体（8）另一端近旁，用于将所述支架体（8）连接到所述自行车车架（50）的所述连接结构（14a）上的第二连接结构（8b）；以及用于与所述换档器安装延伸部（14）接触从而使所述后换档器（100）相对于所述后叉端（51）以一种预定的姿势定位的定位结构（8c）；其特征在于：所述第一连接结构（8a）和所述第二连接结构（8b）的布置应使当所述支架体（8）安装在所述后叉端（51）上时，所述的第一连接结构（8a）提供的连接点是在所述第二连接结构（8b）提供的连接点的下方和后方。

（2）根据权利要求1所述的自行车后换档器支架，其特征在于，所述的第二连接结构（8b）的形式是一大致圆形孔。

（3）根据权利要求2所述的自行车后换档器支架，其特征在于，具有一连接螺栓（16），穿过所述大致圆形孔并被拧紧，以将所述支架体和所述后

换档器安装延伸部（14）互相连接。

（4）根据权利要求1所述的自行车后换档器支架，其特征在于，所述的定位结构（8c）的位置邻近所述第二连接结构（8b）。

（5）根据权利要求2所述的自行车后换档器支架，其特征在于，所述的定位结构（8c）是从所述板的表面上延伸的一个凸台。

（6）根据权利要求5所述的自行车后换档器支架，其特征在于，所述的定位结构（8c）是通过压制形成的。

（二）就所争议的技术特征对权利要求保护范围的限定作用，当事人的主张及一审、二审、浙江省高级人民法院再审作出的认定

就权利要求中的技术特征“所述后换档器具有支架件（5）、用于支撑链条导向装置（3）的支撑件（4）以及一对用于连接所述支撑件（4）和所述支架件（5）的连接件（6、7），所述自行车车架具有形成在自行车车架的后叉端（51）的换档器安装延伸部（14）上的连接结构（14a）”对专利要求的保护范围的限定作用，当事人的主张及一审、二审、浙江省高级人民法院再审作出的认定如下：

（1）申请再审人（一审原告、二审上诉人、原申请再审人）株式会社岛野主张：确定专利权保护范围的依据是权利要求书中明确记载的必要技术特征，而非权利要求书中的所有文字。权利要求中出现的说明性、用途性、描述性的文字和语句，能够起到帮助理解权利要求的作用，但不影响权利要求的保护范围。本案专利的主题是后换档器支架，而不是自行车或后换档器，关于自行车后换档器支架的技术特征是本案专利的必要技术特征，而与其他产品有关的技术特征很明显并不构成本案专利的必要技术特征。技术特征“所述后换档器具有支架件（5）、用于支撑链条导向装置（3）的支撑件（4）以及一对用于连接所述支撑件（4）和所述支架件（5）的连接件（6、7）”“所述自行车车架具有形成在自行车车架后叉端（51）的换档器安装延伸部（14）上的连接结构（14a）”的作用在于对后换档器及自行车车架作出定义性的描述，从而明确二者的具体应用领域和使用范围，与本案专利的技术主题无关。上述两个技术特征并没有限定后换档器支架的部件或特征，只是限定了后换档器支架的用途。只要被诉侵权产品覆盖了所有必要技术特征，并可以被用于将后换档器连接到自行车车架上，即落入本案专利保护范围，并不需要被诉侵权产品实际安装在特定的自行车上。

（2）被申请人（一审被告、二审被上诉人、原被申请人）宁波市日骋工贸有限公司主张：专利权保护范围由记载在权利要求中的全部技术特征限定，凡是写入独立权利要求的技术特征，都是必要技术特征，均不应当被忽略。本案专利权利要求 1 记载的用途功能特征或者使用条件特征，因为明确写入独立权利要求，均属于必要技术特征，在对比时均应纳入考虑之列。本案专利的保护对象不是后换挡器支架本身，也不是装配有支架体的后换挡器，而是后换挡器通过支架体安装于车架延伸部的装配方案。

（3）一审法院认为：本案专利权利要求 1 所述的特定的自行车车架结构及特定的安装方式是本案专利的两个必要技术特征。专利的权利要求是由发明的技术特征组成的完整的技术方案，发明专利权的保护范围以其权利要求的内容为准，法院确定专利权保护范围必须严格依照权利要求，不能任意减少权利要求里的技术特征，扩大专利保护范围，也不能允许专利权人在申请专利时为了获得专利权而限制缩小保护范围，获得专利权后又作出相反的解释。

（4）二审法院浙江省高级人民法院二审判决认为：根据本案专利权利要求书的记载，本案专利的主要技术特征包括结构特征和安装特征两部分。本案专利的安装特征是：所述自行车车架具有形成在自行车车架的后叉端（51）的换档器安装延伸部（14）上的连接结构（14a）；所述第一连接结构（8a）和所述第二连接结构（8b）的布置应使当所述支架体（8）安装在所述后叉端（51）上时，所述的第一连接结构（8a）提供的连接点是在所述第二连接结构（8b）提供的连接点的下方和后方。即至少具备以下两个安装特征：①具有后叉端的自行车车架；②安装在车架后叉端的延伸部上。而日骋公司生产的被诉侵权产品仅具备专利权利要求中的结构特征，日骋公司没有进行安装行为，被诉侵权产品不具有专利权利要求中的安装特征，没有落入本案专利保护范围，不构成专利侵权。

（5）浙江省高级人民法院的再审判决作出如下相关认定。本案专利权利要求1为：①前序部分。一种用于将后换档器（100）连接到自行车车架（50）上的自行车后换档器支架，所述后换档器具有支架件（5）、用于支撑链条导向装置（3）的支撑件（4）以及一对用于连接所述支撑件（4）和所述支架件（5）的连接件（6、7），所述自行车车架具有形成在自行车车架的后叉端（51）的换档器安装延伸部（14）上的连接结构（14a），所述后换档器支架包括：一由大致L形板构成的支架体（8）；设在所述支架体（8）一端近旁，用于将所述后换档器（100）的所述支架件（5）连接到所述支架体（8）上、可绕第一轴线（91）枢转的第一连接结构（8a）；设在所述支架体（8）另一端近旁，用于将所述支架体（8）连接到所述自行车车架（50）的所述连接结构（14a）上的第二连接结构（8b）；以及用于与所述换档器安装延伸部（14）接触从而使所述后换档器（100）相对于所述后叉端（51）以一种预定的姿势定位的定位结构（8c）。②特征部分。其特征在于：所述第一连接结构（8a）和所述第二连接结构（8b）的布置应使当所述支架体（8）安装在所述后叉端（51）上时，所述的第一连接结构（8a）提供的连接点是在所述第二连接结构（8b）提供的连接点的下方和后方。根据上述权利要求的表述，其主要技术特征应包括结构特征和安装特征两部分，其中体现安装特征的表述为："所述自行车车架具有形成在自行车车架的后叉端（51）的换档器安装延伸部（14）上的连接结构（14a）；所述第一连接结构（8a）和所述第二连接结构（8b）的布置应使当所述支架体（8）安装在所述后叉端（51）上时，所述的第一连接结构（8a）提供的连接点是在所述第二连接结构（8b）提供的连接点的下方和后方。"即本案专利至少具备两个安装特征：①具有后叉端的自行车车架；②支架体安装在自行车后叉端上。本案专利的主要技术特征包括结构特征和安装特征，虽然被诉侵权产品具备了专利的结构特征，但由于日骋公司未实施安装行为，而株式会社岛野无法证明被诉侵权产品必然具备专利权利要求所述的安装特征，故日骋公司的被诉行为不构成侵权。

（三）最高人民法院提审后再审判决作出的相关认定及理由

1. 相关认定

使用环境特征是指权利要求中用来描述发明所使用的背景或者条件的技术特征。本案专利的使用环境特征对于保护范围具有限定作用，本案专利所保护的自行车后换挡器支架必须用于该使用环境。株式会社岛野关于本案专利权利要求中出现的使用环境特征不构成本案专利的必要技术特征，不影响权利要求的保护范围的申请再审理由不能成立，不予支持。

2. 最高人民法院再审判决作出上述认定所依据的事实及理由

（1）事实

关于本案专利文件的修改过程，最高人民法院另查明如下事实：株式会社岛野提交的原始公开文本的权利要求书记载："1. 一种在自行车车架的后叉端的供安装换档器的延伸部上形成的连接结构将后换档器连接到自行车车架上的后换档器支架，该后换档器支架包括：一个支架体；设在该支架体一端近旁，用于将所述后换档器连接到该支架体上的第一连接结构；设在该支架体另一端近旁，用于将该支架体连接到所述自行车车架的所述连接结构上的第二连接结构；和用于与所述供安装换档器的延伸部接触从而使后换档器相对于所述后叉端以一种预定的姿势定位的定位结构。2. 如权利要求 1 所述的后换档器支架，其中所述支架体为一块大致呈 L 形的板，所述的第一连接结构和第二连接结构为基本上圆的螺栓孔，而所述的定位结构的位置邻近所述的第二连接结构。3. 如权利要求 2 所述的后换挡器支架，其中所述的定位结构是从所述板的表面上基本上垂直地延伸的一个凸出部。4. 如权利要求 1 所述的后换挡器支架，其中所述的第一连接结构和第二连接结构的布置应使当所述支架体安装在所述后叉端上时，所述的第二连接结构提供的连接点从所述后叉端看是在第一连接结构提供的连接点的下方和后方。" 1997 年 5 月 22 日，原国家专利局向株式会社岛野发出第一次审查意见通知书。该通知书引用本案专利优先权日前的 US5082303 号美国专利（对比文件 1）和 EP0013136 欧洲专利（对比文件 2），认为本案专利权利要求 1 不符合新颖性的要求，权利要求 2 和 3 不符合创造性的要求，权利要求 4 不符合《专利法》第

26 条第 4 款的规定，因此该专利申请将被驳回。该通知书正文记载了如下内容："2. 权利要求 4 进一步限定了权利要求 1 的技术方案。但是，该权利要求因不符合专利法第二十六条第四款是不能被接受的。也就是讲，该权利要求由于得不到说明书的支持是不能被接受的。具体地讲，从其说明书实施例（例如图 1）可以清楚地了解到，其第二连接结构提供的连结点从后叉端看时显然是位于第一连接结构提供的连结点的上方和后方，而并非是其下方和后方。因此，该权利要求由于得不到说明书的支持是不能被接受的。需要特别说明的是，即使申请人根据说明书的内容将其修改为'……上方和后方'使其符合专利法第二十六条第四款之规定，则这样的技术方案也将由于不符合专利法第二十二条三款有关创造性之规定，是不能被接受的。这是因为，根据实际需要设计两连接点的相对位置对于本领域普通技术人员是容易做到的。而且，对比文件 2 公开的后拨链器安装支架的两连接点即符合上述相对位置关系——参见对比文件 1 的图 10。同时，采用这种结构也并未产生任何新的意外效果。"针对上述意见通知书，株式会社岛野对权利要求书进行了修改，并提交了意见陈述书。本次修改主要是将原权利要求 1 和 4 合并为新的权利要求 1，对前序部分作文字修改，使权利要求 1 的主体更加明确，并对原权利要求 2 和 3 作个别文字修改。本次修改后权利要求书记载了如下内容："1. 一种用于将后换档器（100）连接到自行车车架（50）上的后换档器支架，所述自行车车架具有形成在自行车车架的后叉端（51）的换档器安装延伸部（14）上的连接结构（14a），所述后换档器支架包括：一个支架体（8）；设在所述支架体（8）一端近旁，用于将所述后换档器（100）连接到所述支架体（8）上的第一连接结构（8a）；设在所述支架体（8）另一端近旁，用于将所述支架体（8）连接到所述自行车车架（50）的所述连接结构（14a）上的第二连接结构（8b）；以及用于与所述换档器安装延伸部（14）接触从而使所述后换档器（100）相对于所述后叉端（51）以一种预定的姿势定位的定位结构（8c）；其特征在于：所述第一连接结构（8a）和所述第二连接结构（8b）的布置应使当所述支架体（8）安装在所述后叉端（51）上时，所述的第一连接结构（8a）提供的连接点从所述后叉端（51）看是在第二连接结构（8b）提供的连接点的下方和后方。2. 如权利要求 1 所述的后换档器支架，其特征在于，所述支架体（8）是由一块大致呈L形的板构成的，所述的第一连接结构（8a）和第二连接结构（8b）的形式为基本上圆的螺栓孔，而所述的定位结构（8c）的位置邻近所述的第二连接结构（8b）。3. 如权利要求2所述的后换挡器支架，其特征在于，所述的定位结构（8c）是从所述板的表面上延伸的一个凸出部。”株式会社岛野还在该次意见陈述书中陈述了如下意见：“（一）申请人现参照对比文件1来描述现有技术。对比文件1中所述的悬挂构件（18）是垂直下降组件的一个可更换部分。由于下述的原因，该对比文件1并没有建议或公开如本发明申请中记载的支架体（8）：1）该对比文件1的发明名称是‘可更换的下降组件’，因此其只涉及垂直下降组件，其并不涉及本发明申请所述的支架构件（8）。2）该对比文件1的权利要求1中记载了‘一种垂直下降组件’，其包括：一垂直下降构件（16）；一悬挂构件（18）；一用于将悬挂构件连接至下降构件上的装置……这说明在该对比文件1中的悬挂构件（18）是垂直下降组件的一部分……④对比文件1的图2中所示的垂直下降组件的设计，与本申请中所述的带后拨链器安装延伸部（14）的后叉端（51）的设计相同，本申请的图5中已最清楚地显示了带后拨链器安装延伸部（14）的后叉端（51）的结构。⑤对比文件1的图1中所示的后拨链器是直接装配型，其中，拨链器（50）被直接安装到垂直下降组件中，而没有使用如本申请所述的支架体（8）。⑥在对比文件1中没有提到或者公开用于将后拨链器（50）连接到悬挂构件（18）上的如本申请中所述的支架体（8）。⑦过去，一直将垂直下降组件应用于直接装配型后拨链器，迄今尚未有将带有支架体的后拨链器连接至垂直下降组件上。本发明申请所述的支架体使得将后拨链器连接至垂直下降组件上成为可能。⑧对比文件1的图3中所示的垂直下降构件（16），并没有公开出或提到将直接装配型后拨链器连接至其上。相反，所示出的是将拨链器安装至悬挂构件（18）上。这就附加指出了，该垂直下降构件（16）并不是被配置成用来安装拨链器，并且该悬挂构件（18）需要被考虑作为有时要进行拆卸的下降构件（16）的一部分，而不是考虑作为一个支架……（二）关于对比文件2（EP0013136），该对比文件2中所述的叉端是一个水平方向开槽的下降组件。对比文件2并没有公开或者提出本发明申请的特征。特别是，支架体没有被连接至垂直下降（组件）或者L形板上。（三）关于本发明，在新修改的权利要求1的前序部分中提到：‘一种用于将后换档器（100）连接到自行车车架（50）上的后换档器支架，所述自行车车架具有形成在自行车车架的后叉端（51）的换档器安装延伸部（14）上的连接结构（14a）。’可见本发明公开的支架体（8）是连接至垂直下降（组件）上的。因此，本发明关于支架体（8）的主体及特征是清楚的，具有新颖性和创造性……本申请权利要求2中限定了‘支架体（8）是由一块大致呈L形的板构成的’特征。这是一项重要的特征，使支架体（8）能够连接至下降组件（悬挂构件18）上而同时保持后拨链器处于如说明书中所述的适当姿势。申请人相信，该附加特征也是具有新颖性和创造性的……”针对株式会社岛野的上述意见陈述书，国家知识产权局发出了第二次审查意见通知书，该通知书引用US4690663号美国专利作为对比文件3，认为本专利申请修改后权利要求1不具备新颖性，权利要求2不具备创造性。该意见陈述书正文（该处所述“意见陈述书”应该是笔误，正确的应该是审查意见通知书——笔者注）记载了如下内容：“1.独立权利要求1请求保护一种将后换档器连接到自行车车架上的后换档器支架，对比文件3公开了一种用于将后换挡器连接到自行车车架上的连接机构，其中具体披露了以下技术内容：基座件1（相当于本申请中的支架件8）的一端通过水平轴6和通孔11（相当于本申请中的第二连接结构8b）连接到自行车车架的后叉端的换挡连接器安装延伸部上的螺纹孔101b（相当于本申请中的连接结构14a）上，另一端通过销20、销21及相应的销孔（相当于本申请中的第一连接结构8a）连接后换挡器，调整螺钉40（相当于本申请中的定位结构8c）的端部紧靠换挡器安装延伸部上的制动部101a从而使后换挡器相对于后叉端定位，并且从附图4上可以看出，销20、销21及相应的销孔的位置是在通孔11的下方和后方。由此可知，对比文件3已经公开了权利要求1的全部技术特征，并且它们属于相同的技术领域。因此，权利要求1请求保护的技术方案相对于对比文件公开的现有技术不是新的，不符合专利法第二十二条第二款有关新颖性的规定。”针对第二次审查意见通知书，株式会社岛野对权利要求书进行了进一步修改，并提交了第二次意见陈述书。本次修改主要是对新权利要求1作了进一步限定，更清楚地描述本发明与对比文件3的自行车换挡器的安装方式是不同的特征，将权利要求2作文字修改并分拆出新从属权利要求4，补充了新从属权利要求3和6。株式会社岛野在第二次意见陈述书中陈述了如下意见："该对比文件3是本申请的同一申请人的一份美国在先专利，其公开了一种自行车后换挡器，其中也并没有公开如本申请中所记载的支架体（8）。该对比文件3中提到的'基座件1'实际上是换挡器四连杆机构之中的一个组成构件，其一端通过水平轴6和通孔11连接到自行车车架后叉端的换挡器安装延伸部上的螺纹孔101b。因此，该'基座件1'并不相当于本申请中的'支架体8'，可以说，该对比文件3公开的换挡器是直接安装在自行车车架后叉端的换挡器安装延伸部上。与此不同，本发明公开的是一种将后换挡器（100）连接到自行车车架（50）上的自行车后换挡器支架，具体地说，所述后换挡器具有支架件（5）、用于支撑链条导向装置（3）的支撑件（4）以及一对用于连接所述支撑件（4）和所述支架件（5）的连接件（6，7），而本发明是将上述后换挡器的上述支架件（5）连接到上述支架的支架体（8）的一端，然后再将上述支架体（8）的另一端连接至自行车车架后叉端（51）的换档器安装延伸部（14）上。"本次修改后该专利申请获得授权，其提交的二次修改后的权利要求书与授权文本中权利要求书一致。

（2）理由

使用环境特征是指权利要求中用来描述发明所使用的背景或者条件的技术特征。关于使用环境特征对权利要求保护范围的限定作用及其程度，最高人民法院分析如下。

首先，关于使用环境特征对于保护范围的限定作用。凡是写入权利要求的技术特征，均应理解为专利技术方案不可缺少的必要技术特征，对专利保护范围具有限定作用，在确定专利保护范围时必须加以考虑。已经写入权利要求的使用环境特征属于权利要求的必要技术特征，对于权利要求的保护范围具有限定作用。本案专利的保护主题是"自行车后换档器支架"，但是权利要求1在描述该后换挡器支架的结构特征的同时，也限定了该后换挡器支架所用以连接的后换挡器以及自行车车架的具体结构。这些关于后换挡器支架所连接的后换挡器及自行车车架的特征实际上限定了后换挡器支架所使用的背景和条件，属于使用环境特征，对于权利要求1所保护的后换挡器支架具有限定作用。权利要求1所保护的后换挡器支架所使用的自行车车架的特征是，“所述自行车车架具有形成在自行车车架的后叉端（51）的换档器安装延伸部（14）上的连接结构（14a）”（以下简称使用环境特征1）。权利要求1所保护的后换挡器支架所使用的后换挡器的特征是，“所述后换档器具有支架件（5）、用于支撑链条导向装置（3）的支撑件（4）以及一对用于连接所述支撑件（4）和所述支架件（5）的连接件（6、7）”（以下简称使用环境特征2）。它们与权利要求1的其他特征一起，组成一个完整的技术方案，共同限定了权利要求1的保护范围。

其次，关于使用环境特征对于保护范围的限定程度。此处的限定程度是指使用环境特征对权利要求的限定作用的大小，具体地说是指该种使用环境特征限定的被保护的主题对象必须用于该种使用环境还是可以用于该种使用环境即可。使用环境特征对于保护范围的限定程度需要根据个案情况具体确定。一般情况下，使用环境特征应该理解为要求被保护的主题对象可以使用于该种使用环境即可，不要求被保护的主题对象必须用于该种使用环境。但是，如果本领域普通技术人员在阅读专利权利要求书、说明书以及专利审查档案后可以明确而合理地得知被保护对象必须用于该种使用环境，那么该使用环境特征应被理解为要求被保护对象必须使用于该特定环境。本案专利权利要求1对所保护的后换挡器支架限定了两个使用环境特征，对此分别分析如下。

第一，关于使用环境特征1（即自行车车架的结构特征）。本案专利申请在实质审查过程中经过了多次修改。针对国家知识产权局第一次审查意见通知书所提到的对比文件1（US5082303号美国专利），为了将本专利申请所要求保护的后换挡器支架与该对比文件公开的悬挂构件（18）相区别，株式会社岛野在意见陈述书中明确指出，对比文件1中所述的悬挂构件（18）是垂直下降组件一部分，由垂直下降构件（16）、悬挂构件（18）以及用于将悬挂构件（18）连接至下降构件上的装置（16）等组合起来才相当于本案专利申请中的带后拨链器安装延伸部（14）的后叉端（51）的结构。根据株式会社岛野所述，本案专利所保护的后换挡器支架只能与带后拨链器安装延伸部的后叉端相连接，而不能成为自行车车架后叉端垂直下降组件的构成部分。针对国家知识产权局第一次审查意见通知书所提到的对比文件2（EP0013136号欧洲专利），为了将本专利申请所要求保护的后换挡器支架与该对比文件公开的下降组件相区别，株式会社岛野在意见陈述书中明确指出，该对比文件所述的叉端是一个水平方向开槽的下降组件，该对比文件并没有公开或者提出本发明申请的特征，特别是支架体没有被连接至垂直下降组件或L形板上。这一意见表明，本专利所保护的后换挡器支架必须安装在具有换档器安装延伸部的自行车车架后叉端上，而不能安装在具有水平方向开槽的下降组件的自行车车架后叉端上。因此，对于使用环境特征1，应该理解为本案专利所保护的自行车后换挡器支架必须使用在具有使用环境特征1的自行车车架后叉端上。

第二，关于使用环境特征2（即后换挡器的结构特征）。针对国家知识产权局第二次审查意见通知书所提到的对比文件3（US4690663号美国专利），为了将本专利申请所要求保护的后换挡器支架与该对比文件公开的基座件1相区别，株式会社岛野再次修改了权利要求1，增加了关于后换挡器的结构特征。株式会社岛野在意见陈述书中明确指出，该对比文件提到的基座件1实际上是换挡器四连杆机构之中的一个组成构件，其一端通过水平轴6和通孔11连接到自行车车架后叉端的换挡器安装延伸部上的螺纹孔101b，故该基座件1并不相当于本申请中的支架体8。株式会社岛野还进一步指出，该对比文件3公开的换挡器是直接安装在自行车车架后叉端的换挡器安装延伸部上，与此不同，本发明公开的是一种将后换挡器（100）连接到自行车车架（50）上的自行车后换挡器支架，后换挡器具有支架件（5）、用于支撑链条导向装置（3）的支撑件（4）以及一对用于连接所述支撑件（4）和所述支架件（5）的连接件（6，7），而本发明是将上述后换挡器的上述支架件（5）连接到上述支架的支架体（8）的一端，然后再将上述支架体（8）的另一端连接至自行车车架后叉端（51）的换档器安装延伸部（14）上。根据株式会社岛野所述，本专利所保护的后换挡器支架必须与后换挡器的支架件（5）相连接，而不能成为后换挡器自身的组成部分。可见，本专利所保护的后换挡器支架必须用于权利要求1所述的具有支架件（5）、用于支撑链条导向装置（3）的支撑件（4）以及一对用于连接所述支撑件（4）和所述支架件（5）的连接件（6，7）的后换挡器上。因此，对于使用环境特征2，应该理解为本案专利所保护的自行车后换挡器支架必须用于具有使用环境特征2的后换挡器上。

十三、含有不易识别和修正的瑕疵的权利要求解释的典型案例——《侵犯专利权纠纷案件解释（二）》第3条、第4条如何适用

【案例十三】东莞市典桢机械有限公司与创群机械有限公司侵害实用新型专利权纠纷案（〔2014〕粤高法民三终字第1212号）

（一）本案发生解释争议的权利要求

涉案专利（专利号ZL200620007520.6）名称为“剥线机的结构改良”，其权利要求1及从属权利要求2内容如下：

权利要求1：一种剥线机的结构改良，其剥线机是一机台的固定位置设有配置在同一轴线上的夹线机构以及切刀机构；其特征在于：该夹线机构与该切刀机构之间联结有推引机构联结，该推引机构并与一马达相联结，在推引机构的带动下，即可由该单一马达驱动夹线机构、切刀机构的运作。

权利要求2：如权利要求1所述剥线机的结构，其特征在于，改良该夹线机构与切刀机构透过一轴管配设在机台上，该夹线机构是在轴管的尾端固设有一第一盘座，该第一盘座的中心设有供线材通过的穿孔，该第一盘座端面的中心线设有通过该穿孔的滑槽，于该滑槽套设有用以夹制线材的夹爪，并且由一固锁在第一盘座端面的盖板防止夹爪掉落；该夹线机构另外具有一芯杆穿设于轴管中，该芯杆的尾端设有两根呈相对应斜向配置的契块，两根契块是于该盘座的滑槽处穿过盘座并且分别与夹爪相穿引，芯杆沿着轴管的轴向往复动作时，由拨杆推引夹爪做相互靠近或分开的位移。

（二）当事人对权利要求解释发生的争议及一审法院的认定

1. 被上诉人（一审原告）创群机械有限公司的主张

本专利权利要求2记载的“由拨杆推引夹爪做相互靠近或分开的位移”

中的“拨杆”属于明显笔误，应解释为“契块”。

2. 上诉人（原审被告）东莞市典桢机械有限公司的主张

本专利权利要求2记载的“由拨杆推引夹爪做相互靠近或分开的位移”中的“拨杆”不属于明显笔误，不应解释为“契块”。

3. 一审法院的认定及理由

一审法院支持被上诉人（一审原告）的上述主张。理由为：本专利权利要求2中除双方争议之处出现了“拨杆”外，并没有对“拨杆”的设置、功能、效果等做任何描述；本专利说明书中的“具体实施方式”部分中关于对权利要求2的说明部分明确载明“以在芯杆沿着轴管的轴向往复动作时即由契块推引夹爪做相互靠近或分开的位移”，再结合附图4、附图5的说明以及图号说明，可以明确该处应为契块。

（三）二审法院的认定及理由

1. 二审法院作出的认定

涉案专利权利要求2中记载的“拨杆”不能认定为司法解释所规定的歧义，不能适用《侵犯专利权纠纷案件解释（二）》第4条规定。因此，根据《侵犯专利权纠纷案件解释（二）》第3条规定，应根据权利要求的记载确定专利权的保护范围。

2. 二审法院作出上述认定的理由

由于文字表达的局限性，专利权利要求中不可避免地存在由于撰写失误导致的瑕疵。对于确属明显的撰写缺陷等原因导致的专利权利要求文件存在的问题，应当慎重对待，不能简单化处理。对此，《侵犯专利权纠纷案件解释（二）》第3条规定：因明显违反《专利法》第26条第3款、第4款导致说明书无法用于解释权利要求，且不属于本解释第4条规定的情形，专利权因此被请求宣告无效的，审理侵犯专利权纠纷案件的人民法院应当裁定中止诉讼；在合理期限内专利权未被请求宣告无效的，人民法院可以根据权利要求的记载确定专利权的保护范围。第4条规定：权利要求书、说明书及附图中的语法、文字、标点、图形、符号等存有歧义，但本领域普通技术人员通过阅读权利要求书、说明书及附图可以得出唯一理解的，人民法院应当根据该唯一理解予以认定。由此，对权利要求中存在的瑕疵应当区分不同情况而分别适用不同法律规定，从而直接关系到专利权保护范围的确定，故应准确、审慎掌握其认定标准。本院认为，在认定权利要求中存在的瑕疵应当适用上述司法解释第 3 条或第 4 条规定时，应当综合考虑以下因素：①充分考虑发明创造的技术贡献，权利人所获权利应与之相适应。考虑到专利文件撰写的客观局限，在专利申请文件公开的范围内，尽可能保证确有创造性的发明创造的有效性。同时，亦应综合考虑发明创造的技术贡献及技术价值，实现专利权人所获得的权利与其技术贡献相匹配，最大限度提升知识产权司法保护驱动创新发展的能力。②从所属领域技术人员的角度，对权利要求书、说明书及附图所记载的技术方案进行解释。由于不同技术领域的常用术语、公知常识和逻辑推理等方面存在较大差异，在认定权利要求中的瑕疵是否属于上述司法解释规定的“歧义”时，应当充分考虑专利所属技术领域的特点，不能脱离本领域技术人员的认知水平。③完整阅读专利权利要求书、说明书和附图等全部专利文献后，对专利公开的技术方案具有一般性的理解和实施能力并对专利文件中存在的错误具备识别和判断能力。《专利法》第 64 条规定：发明或者实用新型专利权的保护范围以其权利要求的内容为准，说明书及附图可以用于解释权利要求的内容。从这一角度出发，所属领域技术人员通过综合阅读专利权利要求书、说明书和附图后，可直接、明确推导出的内容亦应当用于解释权利要求的内容。④从所属领域技术人员的角度来看，权利要求中存在瑕疵的明显程度。若该瑕疵对于所属领域技术人员而言是明显的，非深层次、隐藏的信息，且本领域技术人员在完整阅读专利文献后能够得出唯一确定的修正结论的，则应当适用上述司法解释第 4 条的规定。⑤平衡专利权人与社会公众利益。专利权利要求的公示性要求其应当能够使社会公众准确、完整地理解其技术方案和保护范围。允许专利权人对专利权利要求中存在的瑕疵进行修正，不能损害权利要求对专利保护范围的公示和划界作用，使专利侵权诉讼程序对权利要求的解释成为专利权人额外获得的修改权利要求的机会。在此基础上，当权利要求中存在的瑕疵符合《侵犯专利权纠纷案件解释（二）》第 4 条规定时，应当根据修正后的含义进行解释，因为此时尽管专利权利要求存在瑕疵，但其保护范围是清楚的，应通过司法程序中的修正进一步明确专利权利保护范围。但若不符合上述情况，则应通过无效程序或者依据专利权利要求书的记载确定其保护范围。这种处理方式既平衡了专利权人与社会公众的利益，又促进了纠纷的实质性解决。

本案中，“拨杆”记载在涉案专利权利要求 2、9 中，根据涉案专利权利要求 9 的记载，“拨杆”设置于切刀机构中的转座上，并与切刀机构第二盘座的 U 型槽及刀具相穿引。结合涉案专利说明书、附图和图号说明，“拨杆 35”位于切刀机构中并与刀具相穿引，而在涉案专利权利要求 2 记载的“拨杆推引夹爪做相互靠近或分开的位移”的相应位置，说明书、附图中均未显示“拨杆”的具体位置及设置方式。创群公司据此主张涉案专利权利要求 2 中记载的“拨杆”属于笔误，且认为将“拨杆”替换为“契块”即可克服上述错误。典桢公司认为权利要求 2 中记载的“拨杆”并非笔误。对此，本院认为：①从本领域技术人员的角度来看，涉案专利权利要求 2 限定了涉案专利夹线机构的特征，结合该权利要求记载和附图，夹线机构中配置有“契块”，且契块起到推引夹爪做相互分开、靠近的位移的作用。但是，由于“拨杆”系本领域常用部件，且“拨杆”分别记载于权利要求 2 和权利要求 9 中，系涉案专利产品部件之一。本领域技术人员无法从权利要求 2 的文字表述中非常容易地认识到“拨杆”将导致歧义。并且，即使本领域技术人员发现了权利要求书与说明书附图之间存在的矛盾，亦无法确定“拨杆”是否经由某种未载入权利要求的方式与夹爪相连接，从而实现权利要求 2 中“推引夹爪做相互靠近或分开的位移”的技术目的。因此，本领域技术人员无法轻易发现并最终确认权利要求 2 中记载的“拨杆”属于歧义。②由于涉案专利由包括夹线机构、切刀机构和推引机构在内的多项技术特征所限定，而“拨杆”亦属本领域常用部件，因此，即使本领域技术人员通过阅读专利文献发现权利要求书中存在瑕疵，亦无法毫无疑义地确定该瑕疵存在于夹线机构、切刀机构亦或是推引机构，换言之，本领域技术人员无法准确确定瑕疵的位置。③本领域技术人员无法通过阅读权利要求书、说明书及附图得出修正瑕疵的唯一理解。即使本领域技术人员可以准确定位权利要求 2 中“拨杆”系瑕疵，但是该处瑕疵的修正既可通过将“拨杆”替换为“契块”来实现，亦可通过进一步明确“拨杆”与夹爪之间的关联性而实现，还可通过设置“拨杆”与“契块”之间的连接关系而实现，且上述修正方式均符合本领域技术人员的认知水平，充分证明将“拨杆”替换为“契块”并非修正该瑕疵的唯一合理解释。综上，本领域技术人员在完整阅读涉案专利文献的基础上，并不能明显地意识到瑕疵的存在，亦不能就该瑕疵的修正得出唯一的正确的解释，而准确确定涉案专利的技术方案和保护范围，因此，涉案专利权利要求2中记载的“拨杆”不能认定为司法解释所规定的歧义，不能适用《侵犯专利权纠纷案件解释（二）》第4条规定。因此，根据《侵犯专利权纠纷案件解释（二）》第3条规定，应根据权利要求的记载确定专利权的保护范围。由此，被诉侵权产品的技术方案中不存在“拨杆推引夹爪做相互分开或靠近的位移”的技术特征，不落入涉案专利保护范围。原审法院认定涉案专利权利要求2中记载的“拨杆”为笔误，并以此为基础重新确定涉案专利的保护范围，系适用法律错误，本院依法予以纠正。

第四章

发明、实用新型专利权保护范围的确定

本章分为两节，第一节为理论部分，第二节为实际案例。希望读者通过对第一节理论部分的阅读，能够对决定专利权利要求的保护范围的因素、这些因素如何决定一个专利权利要求的保护范围，以及面对一个具体的专利如何判定或者主张其保护范围，有基本的了解和初步理解。在仔细研读第二节所选的案例（最好仔细研读判决书全文及所涉专利的全部有关专利文件）后，对如何确定或者主张一个专利的保护范围的相关规则有较为全面的了解和较为深入的理解。

第一节　确定发明、实用新型专利权保护范围的解读

虽然笔者认为，人们对发明或者实用新型专利权的保护范围是通过判断具体的被诉技术方案是否落入了据以起诉的专利权的保护范围，并据“事后”个案经验加以掌握，但也不否定专利权的保护范围是由专利文件（包括授权过程中形成的文件、最后公告的授权文件以及专利确权过程中形成的文件和确权结果文件），特别是其中的权利要求所决定，而与被诉技术方案无关的事实。就像人们对“电场”及“电场强度”的大小及方向是通过置入其中的“检验电荷”受力的大小及方向来感知测量，但“电场”及其“电场强度”是由“场电荷”唯一决定，而与检验电荷无关一样。而且与人们通过对

经验即实验结果的归纳总结，掌握“场电荷”与其所产生的“电场”之间关系的大量有用的规律一样，人们在司法实践中，也对决定专利权保护范围的因素进行了归纳总结，并通过法律、司法解释的形式加以确认，以此指导人们仅仅通过专利文件本身就能对据以起诉的专利权利要求所限定的保护范围有一定的把握。同时指导人们在专利申请和专利确权过程中，通过专利申请文件对一个发明创造赋予恰当的保护范围，或者通过对专利文件的修正来对专利权的保护范围进行适当修正。

在我国专利法律制度中，专利权的保护范围通常情况下由权利要求单独决定，例外情况由权利要求书、说明书及其附图、专利授权过程中形成的文件（不是最终公告的专利授权文件）、专利无效宣告过程中形成的文件以及专利确权结果文件共同决定，分述如下。

一、专利权的保护范围通常情况下由专利授权文件中的权利要求单独决定

《专利法》第64条第1款规定：“发明或者实用新型专利权的保护范围以其权利要求的内容为准，说明书及附图可以用于解释权利要求的内容。”

这是我国现行法律层面对决定专利权的保护范围的因素所作的唯一规定。在我国，通常情况下，专利权的保护范围是由权利要求单独决定的。因此判断专利权的保护范围时，只需依据权利要求进行（这并不排除依据说明书等专利文件和公知常识对权利要求进行解释）。但在一些例外情况，需要将说明书等专利文件与权利要求共同作为判定发明或者实用新型专利权保护范围的依据。此时，说明书等专利文件，不是作为解释权利要求的文件，而是作为共同决定专利权利要求保护范围的依据。至于何时单独依据权利要求判定专利权的保护范围，何时必须将说明书等专利文件与权利要求共同作为判定专利权的保护范围的依据，一个切实可行的方法是，全面掌握不是由权利要求单独决定专利权利要求保护范围的例外情况。在需要判断专利权的保护范围时，首先看是否属于例外情况，属于则按照具体例外情况的特殊规定判定；如果不属于任何一种例外情况，则依据权利要求单独判断专利权的保护范围。显然，上述专利法的规定，无论是在发明或者实用新型专利侵权诉讼实务中

确定专利权的保护范围，还是通过判定发明或者实用新型专利权的保护范围进而判断发明或者实用新型专利的价值，乃至是对恰当撰写专利申请文件或者对专利文件的修正，都是远远不够的。为此，研读相关的司法解释及最高人民法院的相关专利侵权判决书是非常必要的，甚至是不可或缺的。其中在单独依据权利要求判断专利保护范围时，以下两方面的问题，判断者几乎每次都会遇到，尽管司法解释作了相应规定，但理解和应用仍有一定难度。

（一）在专利侵权诉讼中以原告主张的权利要求确定专利权的保护范围及从属权利要求的保护范围由其与所引用的权利要求共同决定

《侵犯专利权纠纷案件解释》第 1 条规定："人民法院应当根据权利人主张的权利要求，依据专利法第五十九条[①]的规定确定专利权的保护范围。权利人在一审法庭辩论终结前变更其主张的权利要求的，人民法院应当准许。权利人主张以从属权利要求确定专利权保护范围的，人民法院应当以该从属权利要求记载的附加技术特征及其引用的权利要求记载的技术特征，确定专利权的保护范围。"

《侵犯专利权纠纷案件解释（二）》第 1 条规定："权利要求书有两项以上权利要求的，权利人应当在起诉状中载明据以起诉被诉侵权人侵犯其专利权的权利要求。起诉状对此未记载或者记载不明的，人民法院应当要求权利人明确。经释明，权利人仍不予明确的，人民法院可以裁定驳回起诉。"

1. 关于以权利人主张的权利要求确定专利权的保护范围

上述司法解释解决了据以起诉的专利权利要求书具有两项以上权利要求时，如何确定专利权的保护范围的问题。上述司法解释将侵权诉讼中，针对两个以上权利要求所限定的两个以上保护范围如何适用的决定权，赋予了作为原告的专利权人。有了上述解释，法院只需对原告具有选择权的权利义务及选择的后果向原告予以释明。这样就避免了到底以哪个或者哪几个权利要求所限定的专利权的保护范围来判定是否构成专利侵权的问题。特别需要注

---

① 《专利法》（2020 年修正）第 64 条。

意，尽管《侵犯专利权纠纷案件解释（二）》强化了专利权人的选择责任，但其并没有取消权利人在一审法庭辩论终结前，可以变更其主张的权利要求的权利。这样在解决了据以起诉的专利有两个以上权利要求时如何确定专利权保护范围的同时，允许专利权人对选择失误进行及时纠正。在减轻原告对选择失误的担心的同时，也解决了权利要求书具有两项以上权利要求时，专利权保护范围到底如何确定的问题，同时确保了权利要求书具有两项以上权利要求的积极法律意义。

2. 关于从属权利要求的保护范围

按照上述司法解释，在权利人选择了从属权利要求作为确定被告侵犯专利权的依据时，人民法院应当以该从属权利要求记载的附加技术特征及其所引用的权利要求记载的技术特征，共同确定专利权的保护范围。需要特别提醒的是，有时会出现所选择的从属权利要求引用前面的从属权利要求，被引用的从属权利要求再引用其前面的从属权利要求，直至最前面的被引用的从属权利要求引用其所从属的独立权利要求的情况。在此种情况下，所选择的从属权利要求的保护范围由其自身的附加技术特征和直接引用的权利要求的技术特征以及间接引用的所有权利要求的所有技术特征共同决定。需要说明的是，在适用专利侵权判定全面覆盖原则的前提下，所选择的权利要求中所记载的技术特征越多，其保护范围越小。此时，与其所引用的权利要求相比，所选择的从属权利要求所记载的技术特征多出了自身的附加技术特征，因而其保护范围要比其所引用的权利要求小，且其保护范围是被所引用的权利要求的保护范围所涵盖的。因此，除非确有必要或者确保被诉技术方案也落入了所选择的从属权利要求的保护范围，就尽量不要作这样的选择，而应该选择其所从属的权利要求，最好是同时选择其所从属的独立权利要求作为决定专利保护范围的权利要求。但另一方面，由于从属权利要求的技术特征多于其所引用的权利要求，对于从属权利要求，被告专利权无效宣告成功的可能性及侵权诉讼中现有技术抗辩成立的可能性，相对于所引用的权利要求要小。因此，综合考虑上述因素，正确选择据以起诉的权利要求，以及恰当撰写从属权利要求，对于专利权人或者发明创造人是非常重要的。

（二）每个单独的权利要求限定的保护范围包括“自主保护范围”和“附随保护范围”

《侵犯专利权纠纷案件解释》第 7 条规定：“人民法院判定被诉侵权技术方案是否落入专利权的保护范围，应当审查权利人主张的权利要求所记载的全部技术特征。被诉侵权技术方案包含与权利要求记载的全部技术特征相同或者等同的技术特征的，人民法院应当认定其落入专利权的保护范围；被诉侵权技术方案的技术特征与权利要求记载的全部技术特征相比，缺少权利要求记载的一个以上的技术特征，或者有一个以上技术特征不相同也不等同的，人民法院应当认定其没有落入专利权的保护范围。”

根据该条司法解释，如果被诉侵权技术方案包含了全部与权利要求记载的技术特征相同的技术特征，就会落入该权利要求的保护范围。这被称为专利相同侵权。同时，如果被诉技术方案虽然没有包含全部与权利要求记载的技术特征相同的技术特征，但包含了全部与权利要求记载的技术特征等同的技术特征，或者包含的全部技术特征中，有一部分与权利要求记载的技术特征一一对应相同，有另一部分与权利要求记载的技术特征一一对应等同，即被诉技术方案的技术特征以全部等同或者部分相同部分等同两种方式全部覆盖了专利权利要求记载的技术特征，也落入了权利要求所限定的专利权保护范围。由此，每个单独的权利要求实际上限定了两类并列的专利保护范围：权利要求记载的技术特征自身直接限定的保护范围，与权利要求记载的技术特征等同的技术特征参与限定的保护范围。

为了表述方便，笔者称前者为“自主保护范围”，后者为“附随保护范围”。在判定专利权的保护范围时，要特别注意“附随保护范围”，这是确定专利权保护范围的难点所在。需要特别提醒的是，在判定“附随保护范围”时，不仅要遵循《审理专利纠纷案件规定》第 17 条第 2 款对等同技术特征的规定（等同特征，是指与所记载的技术特征以基本相同的手段，实现基本相同的功能，达到基本相同的效果，并且本领域普通技术人员在被诉侵权行为发生时无须经过创造性劳动就能够联想到的特征），而且要特别警惕地按照《侵犯专利权纠纷案件解释（二）》第 8 条第 1 款的规定（功能性特征，是指对于结构、组分、步骤、条件或其之间的关系等，通过其在发明创造中所起的功能或者效果进行限定的技术特征，但本领域普通技术人员仅通过阅读权利要求即可直接、明确地确定实现上述功能或者效果的具体实施方式的除外)，识别出“功能性特征”；对于“功能性特征”要按照《侵犯专利权纠纷案件解释（二)》第8条第2款据以认定，而不是按照《审理专利纠纷案件规定》第17条第2款的规定判定技术特征是否构成等同。这是专利权保护范围的判定中最困难的问题，极易出错，要特别谨慎。另外对于数值技术特征是否构成等同进行判定时，要特别注意《侵犯专利权纠纷案件解释（二)》第12条的规定。《侵犯专利权纠纷案件解释（二)》第12条规定：权利要求采用“至少”“不超过”等用语对数值特征进行界定，且本领域普通技术人员阅读权利要求书、说明书及附图后认为专利技术方案特别强调该用语对技术特征的限定作用，权利人主张与其不相同的数值特征属于等同特征的，人民法院不予支持。

二、例外情况下由专利文件中的其他内容与权利要求共同决定专利权的保护范围

（一）当出现技术方案的“捐献”时专利权的保护范围由权利要求与说明书及其附图等共同决定

《侵犯专利权纠纷案件解释》第5条规定：“对于仅在说明书或者附图中描述而在权利要求中未记载的技术方案，权利人在侵犯专利权纠纷案件中将其纳入专利权保护范围的，人民法院不予支持。”对此，江苏省高级人民法院在〔2013〕苏知民终字第0209号案件判决判理部分写道，“法律作出如此规定的原因在于：在专利侵权判断中之所以考虑等同原则，是因为事实上不可能要求专利权人在撰写权利要求时能够预见到侵权者以后可能采取的所有侵权方式，故对权利要求的文字所表达的保护范围作出适度扩展，而将对专利技术方案作出非实质性变动的情形认定为侵权，以保护专利权人的合法利益；如果专利权人在专利说明书或者附图中公开了某个技术方案而未写入权利要求，则表明专利权人在撰写专利权利要求时，已经预见到了该技术方案，但其并不要求将该技术方案纳入专利保护范围，则人民法院不能再通过等同

原则的适用将其重新纳入专利的保护范围，从而有利于维护专利的公示性，平衡专利权人与社会公众的利益关系。”

在王某贺诉上海克莉丝汀食品有限公司侵害发明专利权纠纷申诉案（〔2017〕最高法民申5147号）中，最高人民法院认为“涉案专利权利要求1技术特征2的描述为‘大豆粉、花生粉、杂豆粉中的一种或两种以上3—39%’；而说明书相应部分第5段记载：‘大豆粉、花生粉、杂豆粉……及其提取物粉’；可见，说明书已经将大豆粉与大豆‘提取物粉’作为两种并列技术方案予以公开，由于专利权人未将大豆‘提取物粉’纳入涉案专利权利要求的保护范围，应当视为其已将大豆‘提取物粉’的技术方案排除在涉案专利的保护范围外”。

上述司法解释和判例中所述的，专利权人在说明书中披露而又没有写入权利要求的技术方案，就算权利人在诉讼中提出要求，也不能再通过等同原则重新纳入专利权的保护范围。其法理为，权利人明知该技术方案，并且作了披露，而又没有通过写入权利要求予以保护，推定为权利人将本可能属于专利权“附随保护范围”，即等同保护范围的该技术方案捐献给社会了。

当专利授权文件说明书中披露了某一技术方案但没有写入权利要求时，该技术方案不再按照等同原则得到保护。在此种情况下，专利权的保护范围不仅由所主张的权利要求决定，说明书中披露的技术方案限缩了权利要求限定的专利权的保护范围。即上文所述的权利要求所限定的“附随保护范围”被权利要求和说明书的内容共同限定。需要说明的是，这里所说的是共同限定，而不是根据说明书及附图对权利要求进行解释。

（二）当出现技术方案或者技术特征的放弃时专利权的保护范围由权利要求和专利授权、专利确权等过程中形成的专利文件共同决定

《侵犯专利权纠纷案件解释》第6条规定：“专利申请人、专利权人在专利授权或者无效宣告程序中，通过对权利要求、说明书的修改或者意见陈述而放弃的技术方案，权利人在侵犯专利权纠纷案件中又将其纳入专利权保护范围的，人民法院不予支持。”此为专利侵权诉讼实务中所称的“禁止反悔原则”。

所述的“通过对权利要求、说明书的修改或者意见陈述而放弃的技术方案”是指，为了获得专利授权或者确权，将原权利要求所涵盖，属于原权利要求限定的专利权的保护范围的技术方案，通过对权利要求、说明书的修改或者意见陈述的方式明确排除在修改后的权利要求的保护范围之外；或者通过对权利要求所用术语的含义予以澄清，明确说明权利要求的术语的外延或者权利要求的保护范围中不包括所陈述的技术方案。

结合最高人民法院民事判决（〔2011〕民提字第306号）、北京市高级人民法院民事判决（〔2013〕高民终字第1222号），该条司法解释所规定的禁止反悔有两种情形。一种是禁止将放弃的技术方案重新纳入专利权保护范围，另一种是禁止将已经进行限制的技术特征以等同特征的方式重新纳入保护范围。当禁止反悔针对的是技术特征的限制而非技术方案的放弃的时候，禁止反悔构成对等同特征的限制。如果在专利授权、确权程序中对专利文件的修改或者意见陈述针对的是技术特征的限制，该限制将导致不允许对已经排除在外的技术特征重新认定为等同特征。这时的专利权利要求的“附随保护范围”将由权利要求记载的技术特征和专利授权、确权程序中所作的对技术特征的“限定”共同限定。如果只是对技术方案的放弃，并没有对技术方案中的技术特征进行限制性的修改或意见陈述，并不对技术特征等同的认定产生影响，即对专利权的“附随保护范围”不产生影响。

在出现如上述判决书所述的技术“放弃”时，可能会出现三种情形。第一种情形是对技术方案进行了放弃，同时对权利要求也作了相应的适应性修改。即将放弃的技术方案从权利要求界定的保护范围中剔除出去，权利要求限定的保护范围和放弃后的所披露的技术方案相适应。此种情况下，专利权的保护范围仍然由权利要求唯一决定。第二种情形是对技术方案作了放弃，但对专利权利要求没有作相应的修改，权利要求本身所限定的保护范围中仍包含了放弃的技术方案。此种情况下，权利要求的保护范围由权利要求书及修改文件、答复文件、陈述文件等共同决定。第三种情形是对说明书中的技术特征作了一定的限定，没有技术方案的放弃，对权利要求也没有作相应的修改。此种情形下，由于影响等同原则的适用，即权利要求限定的“附随保护范围”会受到一定的影响。此时的保护范围也由权利要求书及涉及说明书内容的修改文件、答复文件、陈述文件等共同决定。

对于上述第三种情形还要特别注意，对说明书中的技术特征所作的限定，是否构成对权利要求中的技术术语含义的特别界定。如果构成特别界定，则对权利要求中技术术语的理解或者解释就要按照该特别界定，而不再是按照本领域技术人员对该技术术语的通常理解来确定该权利要求的保护范围。

需要特别提醒的是，虽然《侵犯专利权纠纷案件解释》第 6 条规定“专利申请人、专利权人在专利授权或者无效宣告程序中，通过对权利要求、说明书的修改或者意见陈述而放弃的技术方案，权利人在侵犯专利权纠纷案件中又将其纳入专利权保护范围的，人民法院不予支持”，但《侵犯专利权纠纷案件解释（二）》第 13 条规定：“权利人证明专利申请人、专利权人在专利授权确权程序中对权利要求书、说明书及附图的限缩性修改或者陈述被明确否定的，人民法院应当认定该修改或者陈述未导致技术方案的放弃。”综合该两条司法解释的规定，只有同时满足两个条件，即专利申请人、专利权人在专利授权或者无效宣告程序中，通过对权利要求、说明书的修改或者意见陈述放弃技术方案，和专利申请人、专利权人在专利授权确权程序中对权利要求书、说明书及附图的限缩性修改或者陈述没有被明确否定，才产生技术方案放弃的后果，才导致禁止反悔原则的适用。所述的“没有被明确否定”，是指对权利要求、说明书的修改或者对相关用语的澄清被接受，并作为被授予专利权或者维持专利权的依据。如果在专利授权、确权程序中，专利申请人、专利权人仅仅是对所涉专利申请、专利权符合专利法的规定进行解释说明，并没有对专利权的保护范围进行限缩，或者虽然对专利权的保护范围进行了限缩，但该限缩并没有被接受成为授予专利权或者维持专利权的依据，都不发生“技术方案放弃”的效力，当然也就不会导致禁止反悔原则的适用。

（三）专利授权确权程序中对权利要求、说明书及附图的限缩性修改或者陈述被明确否定的不导致禁止反悔原则的适用

《侵犯专利权纠纷案件解释（二）》第 13 条规定：“权利人证明专利申请人、专利权人在专利授权确权程序中对权利要求书、说明书及附图的限缩性

修改或者陈述被明确否定的，人民法院应当认定该修改或者陈述未导致技术方案的放弃。”关于其中的“明确否定”该如何理解和把握，曹某兰等诉重庆力帆汽车销售有限公司等侵害发明专利权纠纷再审案（〔2017〕最高法民申1826号），会对读者有很大的帮助（见本章第二节案例八）。该案例提出：如果权利人对技术方案作出的限缩性修改或者陈述最终没有被裁判者认可，没有由此导致专利申请得以授权或者专利权得以维持，则属于被“明确否定”，不导致禁止反悔原则的适用；相反，如果权利人对技术方案作出的限缩性修改或者陈述最终被裁判者认可，由此导致专利申请得以授权或者专利权得以维持，则不属于被“明确否定”导致禁止反悔原则的适用；由于专利授权确权程序对于技术特征的认定存在连续性，此时权利人作出的陈述是否被“明确否定”应当对专利授权和确权阶段技术特征的审查进行客观全面的判断。

（四）含有功能性技术特征时专利权的保护范围由权利要求和说明书共同决定

《侵犯专利权纠纷案件解释（二）》第8条规定：“功能性特征，是指对于结构、组分、步骤、条件或其之间的关系等，通过其在发明创造中所起的功能或者效果进行限定的技术特征，但本领域普通技术人员仅通过阅读权利要求即可直接、明确地确定实现上述功能或者效果的具体实施方式的除外。与说明书及附图记载的实现前款所称功能或者效果不可缺少的技术特征相比，被诉侵权技术方案的相应技术特征是以基本相同的手段，实现相同的功能，达到相同的效果，且本领域普通技术人员在被诉侵权行为发生时无需经过创造性劳动就能够联想到的，人民法院应当认定该相应技术特征与功能性特征相同或者等同。”据此，对于含有功能性特征的权利要求，其专利权的保护范围由权利要求和说明书共同决定。至于其如何适用，详见本书第二编第六章。

（五）具有“隐含”技术特征的专利权的保护范围由权利要求和说明书共同决定

《侵犯专利权纠纷案件解释（二）》第11条规定：“方法权利要求未明确

记载技术步骤的先后顺序，但本领域普通技术人员阅读权利要求书、说明书及附图后直接、明确地认为该技术步骤应当按照特定顺序实施的，人民法院应当认定该步骤顺序对于专利权的保护范围具有限定作用。”

对于一个专利，本领域普通技术人员阅读权利要求书、说明书及附图后直接、明确地认为该技术步骤应当按照特定顺序实施，但权利要求又未明确限定该特定实施顺序的，该“特定顺序”就属于隐含的“技术特征”，该专利的保护范围还受该“特定顺序”的限定。此时，专利权的保护范围由权利要求及说明书等专利文件共同限定。

在深圳市华美龙物联网技术有限公司、贵州卓霖科技有限公司侵害发明专利权纠纷再审案（〔2018〕最高法民再63号）中，最高人民法院再审认为：“根据涉案专利权利要求1记载，其保护的是‘一种密码锁防伪瓶盖的对码生产方法，其特征在于包括以下步骤……’，其步骤是否按特定顺序实施应当根据本领域普通技术人员在阅读权利要求书、说明书及附图后的理解进行判断。从权利要求1的表述看，其步骤（1）为密码锁检验，步骤（2）为密码锁打乱分组，即将已经检验好的多箱锁体摆放整齐，从摆好的箱子里每一箱捡一个锁体放在分组箱里，可见，步骤（1）（2）之间有先后顺序的要求；其步骤（3）为制作密码标牌，步骤（4）为窜吊牌，即将上述密码标牌和密码锁瓶盖的中文牌、英文牌一起窜连在锁体上，可见，步骤（3）（4）之间的先后顺序也是明确的。因此，卓霖公司关于涉案专利并无按特定顺序实施的限定的主张不能成立，原判决未考虑步骤实施顺序对涉案专利权保护范围的限定作用，认定被诉侵权方法落入涉案专利权的保护范围，结论有误。”

综上所述，到底一个专利的保护范围是由专利权利要求单独决定，还是由权利要求和说明书等专利文件共同决定，只有全面研读了包括权利要求书、说明书等所有专利文件后才能正确判定，此也被〔2018〕最高法民再63号等判决所证明。为此，笔者强烈建议读者，先全面研读全部专利文件，再确定专利权的保护范围。

三、个别情况下引用在前的独立权利要求的在后独立权利要求的保护范围由该两个独立权利要求共同决定

主题名称对专利权的保护范围的限定作用及被引用的并列独立权利要求对引用该并列独立权利要求的在后并列独立权利要求的保护范围的限定作用问题，在实务当中一直具有争议，专利法及其司法解释也没有具体明确规定，司法实务中也很难把握。哈尔滨工业大学星河实业有限公司与江苏润德管业有限公司侵犯发明专利权纠纷再审案（〔2013〕民申字第790号），对该问题的处理具有一定的指导意义（详见本章第二节案例九）。但对于“限定作用”到底该如何认定，二审判决和最高人民法院的判决还是略有差异的。

该案二审判决认为：主题名称属于解决技术问题的必要技术特征，在确定专利权的保护范围时应当予以考虑；被引用的并列独立权利要求作为在后的引用该并列独立权利要求的主题名称，是该在后并列独立权利要求的必要技术特征，对在后的该并列独立权利要求的保护范围具有当然的限定作用。而该案最高人民法院的再审裁定认为，通常情况下，在确定权利要求的保护范围时，权利要求中记载的主题名称应当予以考虑，而实际的限定作用应当取决于该主题名称对权利要求所要保护的主题本身产生了何种影响。而从江苏省高级人民法院的该二审判决被最高人民法院确定为2012年的“中国法院知识产权司法保护50件典型案例”之二，说明最高人民法院最终对二审判决的观点应该是充分肯定的。

笔者针对该案二审判决和再审裁定，结合专利法的宗旨和精神认为，如果权利要求撰写成如该案的权利要求“2. 一种制造权利要求1所述的钢带增强塑料排水管道的方法，其特征在于包括如下步骤……”这样的开放式权利要求，主题名称所包含的被引用的在先独立权利要求记载的技术特征，对在后的引用该并列独立权利要求的独立权利要求的保护范围，必然具有限定作用。除非在后的并列独立权利要求的撰写方式为“2. 一种制造权利要求1所述的钢带增强塑料排水管道的方法，其特征在于由如下步骤组成……”，或者“2. 一种制造权利要求1所述的钢带增强塑料排水管道的方法，其特征在于组成步骤如下……”，或者“2. 一种制造权利要求1所述的钢带增

强塑料排水管道的方法，其特征在于组成步骤为……”这种封闭式的权利要求。对于这种封闭式的并列独立权利要求，虽然以引用的方式将在前被引用的独立权利要求作为主题名称写入了权利要求，但该在后的并列独立权利要求的保护范围是由明确列举的技术特征所封闭限定的，被引用的在前的独立权利要求的技术特征对该在后的并列独立权利要求的保护范围不起限定作用。

第二节 确定发明、实用新型专利权保护范围的典型案例

一、适用捐献原则确定方法专利权的保护范围的典型案例

【案例一】陈某弟与浙江乐雪儿家居用品有限公司、何某华及第三人温某丹侵害发明专利权纠纷案（〔2013〕民提字第225号）

（一）本案就专利权的保护范围发生争议的专利权利要求及说明书的相关内容

1. 就保护范围发生争议的专利及权利要求

涉案专利（专利号为ZL200610049700.5）名称为“布塑热水袋的加工方法”，其权利要求1为：“布塑热水袋的加工方法，布塑热水袋由袋体、袋口和袋塞所组成，所述的袋体有内层、外层和保温层，在袋体的边缘有粘合边，所述的袋塞是螺纹塞座和螺纹塞盖，螺纹塞座的外壁有复合层，螺纹塞盖有密封垫片，袋塞中的螺纹塞座是聚丙烯材料，复合层是聚氯乙烯材料，密封垫片是硅胶材料所制成，其特征在于，第一步：首先取内层、保温层以及外层材料；第二步：将内层、保温层、外层依次层叠，成为组合层；第三步：将两层组合层对应重叠，采用高频热合机按照热水袋的形状对两层组合层边缘进行高频热粘合；第四步：对高频热粘合的热水袋进行分只裁剪；第五步：取聚丙烯材料注塑螺纹塞座，再把螺纹塞座作为嵌件放入模具，另外取聚氯

乙烯材料在螺纹塞座外二次注塑复合层；第六步：将有复合层的螺纹塞座安入袋口内，与内层接触，采用高频热合机对热水袋口部与螺纹塞座复合层进行热粘合；第七步：对热水袋袋体进行修边；第八步：取塑料材料注制螺纹塞盖；第九步：取硅胶材料注制密封垫片；第十步：将密封垫片和螺纹塞盖互相装配后旋入螺纹塞座中；第十一步：充气试压检验，向热水袋充入压缩空气进行耐压试验；第十二步：包装。”

2. 与权利要求保护范围争议有关的说明书记载的内容

说明书第 3 页记载，“第十步：将密封垫片 10 和螺纹塞盖 9 互相装配后旋入螺纹塞座 8 中；但也可以试压后旋入塞盖”。

（二）当事人就确定权利要求保护范围的主张

1. 再审申请人（一审被告、二审上诉人）：浙江乐雪儿家居用品有限公司的主张

由于涉案专利请求保护的是产品的加工方法，而方法权利要求步骤本身和步骤之间的顺序均应对专利权的保护范围起到限定作用，且在涉案专利说明书中记载了将第 10、11 步互换的步骤顺序，根据捐献原则，该说明书中记载的另一步骤顺序不应当纳入涉案专利权的保护范围。

2. 被申请人（一审原告、二审被上诉人）陈某弟的主张

方法发明的步骤顺序是否对权利要求有限定作用，应当结合说明书和附图的记载来判定。如果说明书和附图明确记载不按照步骤顺序亦可达到发明所声称的技术效果，或者结合本领域技术人员的公知常识能够推导出即使不按照顺序或者某几步不按照顺序也能达到发明所声称的技术效果，则方法发明的步骤顺序不构成对权利要求的限制。涉案专利说明书记载的第 10、11 步的顺序可以调换的内容表明，该两个步骤可以不按照严格的顺序进行操作，涉案专利权利要求中步骤顺序的标号仅是为了叙述简洁和清晰的需要。捐献原则仅适用于只在说明书中描述而未记载在权利要求中的技术方案。本案中，权利要求 1 并未排除说明书中记载的技术方案，故捐献原则不适用于本案。

（三）最高人民法院针对本案当事人关于捐献原则的争议所作的认定及理由

1. 最高人民法院再审认定

涉案专利说明书在第3页中明确记载了第10、11步可以调换，而调换后的步骤并未体现在权利要求中，因此调换后的步骤不能纳入涉案专利权的保护范围，乐雪儿公司关于第10、11步调换方案应适用捐献原则的主张依法有据，最高人民法院予以支持。

2. 最高人民法院作出上述认定的理由

准确确定专利权的保护范围不仅是为专利权人提供有效法律保护的需要，也是尊重权利要求的公示和划界作用，维护社会公众信赖利益的需要。在权利要求解释中确立捐献原则，就是对专利的保护功能和公示功能进行利益衡量的产物。该规则的含义是，对于在专利说明书中记载而未反映在权利要求中的技术方案，不能包括在权利要求的保护范围之内。对于在说明书中披露而未写入权利要求的技术方案，如果不适用捐献原则，虽然对专利权人的保护是较为充分的，但这一方面会给专利申请人规避对较宽范围的权利要求的审查提供便利，另一方面会降低权利要求的划界作用，使专利权保护范围的确定成为一件过于灵活和不确定的事情，增加了公众预测专利权保护范围的难度，不利于专利公示作用的发挥以及公众利益的维护。因此，《侵犯专利权纠纷案件解释》在第5条中规定："对于仅在说明书或者附图中描述而在权利要求中未记载的技术方案，权利人在侵犯专利权纠纷案件中将其纳入专利权保护范围的，人民法院不予支持。"该司法解释从2010年1月1日起施行，本案被诉侵权行为发生在2010年9月，故该解释的上述规定能够适用于本案。按照上述条文的规定，如果本领域技术人员通过阅读说明书可以理解披露但未要求保护的技术方案是被专利权人作为权利要求中技术特征的另一种选择而被特定化，则这种技术方案就视为捐献给社会。本案中的情形正是如此。

二、在专利说明书中记载而未反映在权利要求中的技术方案不能包括在权利要求的保护范围之内的案例

【案例二】刘某胜与深圳市喜兔家居用品有限公司侵害实用新型专利权纠纷案（〔2017〕粤民终1248号）

（一）上诉人（原审原告）刘某胜主张权利的专利及其权利要求

刘某胜主张权利的专利名称为“一种多功能座躺椅”，专利号为201420137305.2，刘某胜确认案件的保护范围是涉案专利权利要求1、2、5、6、7。其内容如下：

权利要求1记载：一种多功能座躺椅，其特征在于，包括支撑架、底架、用于固定座垫的座架、背架、第一调节滑轨、第二滑轨以及弹簧；其中，所述底架固定于支撑架上，所述座架固定于所述底架上。

所述底架包括底面及与背架相连的第一侧杆及第二侧杆，所述第一侧杆与所述第二侧杆相对设置，所述底架面上的两侧上设有与座架相连的所述第一调节滑轨及所述第二滑轨。

所述背架包括连接面以及与所述连接面相连的背面；所述连接面的两侧分别所述第一侧杆及所述第二侧杆枢接，所述背面位于所述第一侧杆及所述第二侧杆的上方；所述连接面的底架设有与所述背架的底面相连的所述弹簧。

权利要求2记载：如权利要求1所述的一种多功能座躺椅，其特征在于，所述第一调节滑轨包括第一滑槽与第一滑块，所述第一滑块可滑动地固定于所述第一滑槽内，所述第一滑槽的外侧壁上设有多个间隔均匀的开口；一固定片固定于所述第一滑块的侧面上，所述固定片的一侧设有两间隔开的固定轴；一手杆穿过固定轴，其前端固定一扭力弹簧，另一端固定一手柄；所述扭力弹簧的一脚固定于手杆上，另一只脚固定于所述固定片的侧面；一卡接片设于两固定轴之间，所述卡接片包括竖片以及设于所述竖片下方的卡脚，所述卡脚与开口相对应且卡接于所述开口内，所述竖片与所述手杆固定。

权利要求5记载：如权利要求1所述的一种多功能座躺椅，其特征在于，所述第二滑轨包括第二滑槽与第二滑块，所述第二滑块可滑动地固定于所述第二滑槽内。

权利要求6记载：如权利要求1所述的一种多功能座躺椅，其特征在于，所述底架的底面下方设有与不同座椅底盘相适用的固定孔。

权利要求7记载：如权利要求1所述的一种多功能座躺椅，其特征在于，所述背架通过插销螺杆与底架枢接。

（二）本案就涉案专利权的保护范围发生的争议

1. 上诉人刘某胜主张

"被诉侵权产品的红色橡皮筋的一端连接在座垫的底面，另一端连接在背架的底端"的技术特征与专利权利要求1—7中的技术特征"所述连接面的底架设有与所述背架的底面相连的所述弹簧"构成等同，由该技术特征构成的被诉侵权产品属于本案专利权利要求保护范围。

2. 被上诉人（原审被告）深圳市喜兔家居用品有限公司主张

"被诉侵权产品的红色橡皮筋的一端连接在座垫的底面，另一端连接在背架的底端"的技术特征与专利权利要求1—7中的技术特征"所述连接面的底架设有与所述背架的底面相连的所述弹簧"不构成等同，由该技术特征构成的被诉侵权产品不属于本案专利权利要求保护范围。

（三）二审法院广东省高级人民法院作出的相关认定及理由

1. 二审法院作出的相关认定

虽然涉案专利说明书中记载有与被诉侵权产品相同的"一端连接在座垫的底面"的技术方案，但由于专利权人在撰写专利权利要求时，明确了该技术方案为这一端连接在底架上，并未将专利说明书的上述方案体现在权利要求中，这在客观上缩小了专利保护范围。按照上述捐献原则，在侵权案件中，专利权人不能再随意将已经捐献给公众的技术方案纳入专利保护范围。

2. 二审法院作出上述认定的理由

准确确定专利权的保护范围不仅是为专利权人提供有效法律保护的需要，也是尊重权利要求的公示和划界作用，维护社会公众信赖利益的需要。在权利要求解释中确立了捐献原则，以此对专利的保护功能和公示功能进行利益衡平。该规则的含义是，对于在专利说明书中记载而未反映在权利要求中的技术方案，不能包括在权利要求的保护范围之内。对于在说明书中披露而未写入权利要求的技术方案，如果不适用捐献原则，虽然对专利权人的保护是较为充分的，但这一方面会给专利申请人规避对较宽范围的权利要求的审查提供便利，另一方面会降低权利要求的划界作用，使专利权保护范围的确定过于灵活，增加了不确定性和公众预测专利权保护范围的难度，不利于专利公示作用的发挥以及公众利益的维护。因此，《侵犯专利权纠纷案件解释》在第5条中规定："对于仅在说明书或者附图中描述而在权利要求中未记载的技术方案，权利人在侵犯专利权纠纷案件中将其纳入专利权保护范围的，人民法院不予支持。"按照上述条文的规定，如果本领域技术人员通过阅读说明书可以理解披露但未要求保护的技术方案是被专利权人作为权利要求中技术特征的另一种选择而被特定化，则这种技术方案就视为捐献给社会。本案中的情形正是如此。虽然涉案专利说明书中记载有与被诉侵权产品相同的"一端连接在座垫的底面"的技术方案，但由于专利权人在撰写专利权利要求时，明确了该技术方案为这一端连接在底架上，并未将专利说明书的上述方案体现在权利要求中，这在客观上缩小了专利保护范围。按照上述捐献原则，在侵权案件中，专利权人不能再随意将已经捐献给公众的技术方案再纳入专利保护范围。因此，被诉侵权技术方案的技术特征与涉案专利权利要求1相应的技术特征相比，橡皮筋或弹簧所连接的部位不一样，被诉侵权产品不落入涉案专利权利要求1的保护范围。由于权利要求2、5、6、7均为权利要求1的从属权利要求，被诉侵权产品也不落入涉案专利权利要求2、5、6、7的保护范围。

三、权利要求被无效与禁止反悔原则关系的典型案例

【案例三】中誉电子（上海）有限公司与上海九鹰电子科技有限公司侵犯实用新型专利权纠纷案（〔2011〕民提字第306号）

（一）本案所涉争议的专利及权利要求

涉案专利（专利号ZL200720069025.2）争议所涉权利要求为1、2、3，其内容如下：

1. 一种模型舵机，其特征在于，包括支架、电机、丝杆和滑块，所述支架包括电机座和滑块座，所述电机设置于所述电机座内，在所述电机的一端

设置有一主动齿轮，所述丝杆纵向穿过所述滑块座，在所述丝杆的一端设置有一从动齿轮，所述主动齿轮和所述从动齿轮相互啮合，所述滑块穿在所述丝杆上，并且所述滑块伸出所述滑块，在所述滑块底面设置有一电刷。

2. 如权利要求 1 所述的舵机，其特征在于，在所述支架上，设置有固定到一舵机驱动电路板上的固定孔。

3. 如权利要求 2 所述的舵机，其特征在于，在所述舵机驱动电路板上，印制有一条形的碳膜和银膜，所述支架通过其上的固定孔固定到所述舵机驱动电路板上，且所述滑块底面上的电刷与该碳膜和银膜相接触。

其中权利要求 1 和 2 被原专利复审委员会宣告无效，权利要求书 3 被维持有效，该无效决定已生效。

需特别说明的是，笔者认为，在权利要求 1 中的技术特征“并且所述滑块伸出所述滑块”中的第二个词“滑块”应该被更正成“滑块座”。笔者的理由为，首先“并且所述滑块伸出所述滑块”的含义不清楚，应为明显的错误。其次，尽管在判决书中没有提及对该错误的更正，而且在该专利授权文件中，在权利要求及发明内容部分文字表述都是“并且所述滑块伸出所述滑块”，但是根据说明书附图及实施例，以及该发明的基本原理判断，应该是“并且所述滑块伸出所述滑块座”。这对本领域技术人员来说是清楚明确的。

（二）关于本案的争议焦点“原专利复审委员会决定在权利要求 3 的基础上维持涉案专利权有效是否导致禁止反悔原则的适用”二审法院及当事人的观点

1. 二审法院上海市高级人民法院的观点及理由

原专利复审委员会决定在权利要求 3 的基础上维持涉案专利权有效导致禁止反悔原则的适用。涉案专利的技术特征将舵机驱动电路板上作为直线型电位器的导流条明确限定为“银膜”，该具体的限定应视为专利权人放弃了除“银膜”外以其他导电材料作为导流条的技术方案。

2. 当事人的主张

（1）申请再审人（一审原告、二审上诉人）中誉电子（上海）有限公司主张，权利要求 1、2 被无效并不能导致对权利要求 3 保护范围的放弃。

（2）被申请人（一审被告、二审被上诉人）上海九鹰电子科技有限公司主张二审法院认定。

（三）最高人民法院再审作出的认定及理由

1. 最高人民法院再审所作的认定

权利要求 1 和 2 被宣告无效，并不必然导致禁止反悔原则的适用，其对权利要求 3 的保护范围不发生影响。不应当基于权利要求 1 和 2 被宣告无效，而认为权利要求 3 的附加技术特征“银膜”不能再适用等同原则。

2. 最高人民法院作出上述再审认定的理由

首先，禁止反悔原则的法理基础。诚实信用原则作为民法基本原则之一，要求民事主体信守承诺，不得损害善意第三人对其的合理信赖或正当期待，以平衡权利自由行使所可能带来的失衡。在专利授权实践中，专利申请人往往通过对权利要求或说明书的限缩以便快速获得授权，但在侵权诉讼中又试图通过等同侵权将已放弃的技术方案重新纳入专利权的保护范围。为确保专利权保护范围的安定性，维护社会公众的信赖利益，专利制度通过禁止反悔原则防止专利权人上述“两头得利”情形的发生。故此，专利权人在专利授权或者无效宣告程序中，通过对权利要求、说明书的修改或者意见陈述而放弃的技术方案，权利人在侵犯专利权纠纷案件中又将其纳入专利权保护范围的，人民法院不应支持。

其次，禁止反悔原则的适用条件。一般情况下，只有权利要求、说明书修改或者意见陈述两种形式，才有可能产生技术方案的放弃，进而导致禁止反悔原则的适用。本案中，独立权利要求 1 及其从属权利要求 2 均被宣告无效，在权利要求 2 的从属权利要求 3 的基础上维持涉案专利有效。问题是，权利要求 3 是否仅仅因此构成对其所从属的权利要求 1 和 2 的限制性修改。独立权利要求被宣告无效，在其从属权利要求的基础上维持专利权有效，该从属权利要求即实际取代了原独立权利要求的地位。但是，该从属权利要求的内容或者所确定的保护范围并没有因为原独立权利要求的无效而改变。因为，每一项权利要求都是单独的、完整的技术方案，每一项权利要求都应准确、完整地概括申请人在原始申请中各自要求的保护范围，而不论其是否以独立权利要求的形式出现。正基于此，每一项权利要求可以被单独地维持有效或宣告无效。每一项权利要求的效力应当被推定为独立于其他权利要求项的效力。即使从属权利要求所从属的权利要求被宣告无效，该从属权利要求并不能因此被认为无效。所以，不应当以从属权利要求所从属的权利要求被无效而简单地认为该从属权利要求所确定的保护范围即受到限制。本案二审判决认为，从属权利要求 3 被维持有效的原因在于，在权利要求 1 中增加了从属权利要求 2 以及从属权利要求 3 记载的附加技术特征，这实质上就是修改权利要求 1，该认定有所不当。

最后，放弃的认定标准。专利权保护范围是由权利要求包含的技术特征所限定的，故专利权保护范围的变化，亦体现为权利要求中技术特征的变化。在专利授权或无效宣告程序中，专利权人主动或应审查员的要求，可以通过增加技术特征对某权利要求所确定的保护范围进行限制，也可以通过意见陈述对某权利要求进行限缩性解释。禁止反悔原则适用于导致专利权保护范围缩小的修改或者陈述。亦即，由此所放弃的技术方案。该放弃，通常是专利权人通过修改或意见陈述进行的自我放弃。但是，若原专利复审委员会认定独立权利要求无效、在其从属权利要求的基础上维持专利权有效，且专利权人未曾作上述自我放弃，则在判断是否构成禁止反悔原则中的“放弃”时，应充分注意专利权人未自我放弃的情形，严格把握放弃的认定条件。如果该从属权利要求中的附加技术特征未被该独立权利要求所概括，则因该附加技术特征没有原始的参照，故不能推定该附加技术特征之外的技术方案已被全部放弃。本案中，九鹰公司称，因为权利要求 1 和 2 被宣告无效，而权利要求 3 是对其进一步限定，故权利要求 1 和 2 与权利要求 3 之间的“领地”被推定已放弃。最高人民法院认为，权利要求 3 中的“银膜”并没有被权利要求 1 和 2 所提及，而且中誉公司在专利授权和无效宣告程序中没有修改权利要求和说明书，在意见陈述中也没有放弃除“银膜”外其他导电材料作为导流条的技术方案。因此，不应当基于权利要求 1 和 2 被宣告无效，而认为权利要求 3 的附加技术特征“银膜”不能再适用等同原则。

四、确权程序中对专利合法性理由的陈述并不导致禁止反悔原则适用的案例

【案例四】东莞市珍世好电子科技有限公司与深圳市中海通机器人有限公司纠纷案（〔2017〕粤民终2486号）

（一）本案涉及禁止反悔原则争议的专利及其权利要求

涉案专利（专利号201120271448.9）名称为“新型连接线自动焊接系统”，其权利要求1记载：“新型连接线自动焊接系统，包括焊接装置，其特征在于：该焊接装置包括设有焊枪的焊枪支架，该焊枪支架通过垂直汽缸驱动与焊接架滑动连接，该焊接架通过平移汽缸与焊接座滑动连接，该焊枪支架设有与连接线垂直的送锡嘴，该送锡嘴位于连接线上方，该焊枪的端部位于送锡嘴内焊锡丝的正上方。”

（二）当事人就本案权利要求的技术特征与被诉侵权产品区别点是否适用禁止反悔原则的主张

1. 本案权利要求的技术特征与被诉侵权产品的区别点

当事人一致确认的区别特征为：①专利权利要求1记载“焊枪支架设有与连接线垂直的送锡嘴”，被诉侵权产品的送锡嘴是设置在另外的支架上。②专利权利要求1记载“该焊枪的端部位于送锡嘴内焊锡丝的正上方”，而被诉侵权产品的焊枪距离送锡嘴有一段距离，焊枪的端部并不位于送锡嘴内焊锡丝的正上方。

2. 当事人的主张及一审法院的认定

（1）上诉人（原审被告）东莞市珍世好电子科技有限公司的主张。本案中，珍世好公司认为根据原专利复审委员会作出的第31904号无效宣告请求审查决定书的记载，中海通公司在该无效宣告程序中，已将上述两项区别技术特征作为维持涉案专利权有效的理由，在本案中又认为两者构成等同特征，违反了禁止反悔原则。

（2）被上诉人（原审原告）深圳市中海通机器人有限公司的主张。中海通公司不认可珍世好公司的上述主张，主张本案适用技术特征的等同来确定专利权的保护范围没有违反禁止反悔原则。

（3）一审法院就上述争议作出的认定。一审法院认定，本案不适用禁止反悔原则，依据技术特征的等同判定被诉技术方案落入了本案专利权的保护范围。

（三）二审法院的终审判决

1. 二审判决作出的认定

二审判决认定，本案不适用禁止反悔原则，一审判决适用技术特征的等同确定本案专利权的保护范围是正确的。

2. 二审判决作出上述认定的理由

《侵犯专利权纠纷案件解释》第 6 条规定："专利申请人、专利权人在专利授权或者无效宣告程序中，通过对权利要求、说明书的修改或者意见陈述而放弃的技术方案，权利人在侵犯专利权纠纷案件中又将其纳入专利权保护范围的，人民法院不予支持。"本案中，珍世好公司认为根据原专利复审委员会作出的第 31904 号无效宣告请求审查决定书的记载，中海通公司在该无效宣告程序中，已将上述两区别技术特征作为维持涉案专利权有效的理由，在本案中又认为两者构成等同特征，违反了禁止反悔原则。最高人民法院对此认为，根据原专利复审委员会第 31904 号无效宣告请求审查决定书的记载，中海通公司认为证据 3 的焊接机构与本专利权利要求 1 的焊接装置的技术方案不同，没有公开连接线与锡丝导管垂直的技术特征，也没有给出解决"避免采用多组送锡装置和焊锡装置，提高焊接效果"技术问题的技术启示。合议组认为证据 1 没有公开焊枪端部、送锡嘴和连接线三者之间的位置关系，也没有给出采用"连接线与锡丝导管 57 垂直，送锡嘴位于连接线的上方"以解决"焊接效率低、控制精度高"的技术启示，证据 3 的加锡和焊接是流水线上的两个工位，其并不涉及本专利中送锡嘴、连接线和焊枪三者之间的位置关系，从而没有给出将"焊枪支架设有与连接线垂直的送锡嘴，该送锡嘴位于连接线上方"以实现焊枪一次下压焊接多个引脚的技术启示。由此可见，珍世好公司上诉认为原专利复审委员会认定本案专利权利要求 1 与对比文件存在"送锡嘴是设置在焊枪支架上""该焊枪的端部位于送锡嘴内焊锡丝的正上方"的两个区别技术特征是本案专利得以维持有效的理由，而中海通公司在本案侵权诉讼中又将上述两个区别技术特征纳入本案专利权的保护范围，违反了禁止反悔原则，珍世好公司的该主张不能成立，法院不予支持。

五、确权程序中的意见陈述构成技术方案放弃的案例

【案例五】慈溪市立兴火机有限公司与慈溪市利刚电子有限公司等侵害实用新型专利权纠纷案（〔2016〕浙民终253号）

（一）本案针对确权程序中的意见陈述是否构成技术方案放弃所涉的专利及其权利要求

涉案专利（专利号ZL200720303354.9）名称为“新型燃烧头”，权利要求1的内容为：“新型燃烧头，包括隔热杯（2）和设于其内的中空喷射头（3）以及与喷射头连接的气体混合管（4），喷射头上部设有火焰喷口（11），气体混合管上开有进气孔（10），其底部连接中空尾帽（8），其特征是所述的尾帽（8）插接在气体混合管（4）底部，尾帽的帽顶设有通孔，通孔外壁和气体混合管之间设有压片（5）和密封圈。”

（二）当事人对确权程序中的意见陈述是否构成技术方案放弃的主张及一审法院作出的认定

1. 上诉人（原审原告）慈溪市立兴火机有限公司的主张

一审判决将权利要求1中“尾帽插接在气体混合管底部”的特征改为“尾帽插接在气体混合管内”，否认被诉产品具备“尾帽插接在气体混合管底部”的技术特征错误。即使权利要求1的表述是“尾帽插接在气体混合管内”而被诉产品是“尾帽插接在气体混合管外”，两者亦属于典型的等同特征和等同方案。将尾帽由内置改为外置是本领域普通技术人员无须创造性劳动即可想到的惯用替换技术手段。

2. 被上诉人（原审被告）慈溪市利刚电子有限公司、慈溪市观海卫家豪五金配件厂的主张

一审判决认定涉案“尾帽插接在气体混合管底部”即“尾帽插接在气体混合管内”正确。专利权人在无效宣告程序及行政诉讼中多次明确解释尾帽

插接在气体混合管内，根据禁止反悔原则，立兴公司不应再主张尾帽插接在气体混合管外予以保护，也不具备等同的技术特征。

3. 一审法院作出的认定

专利权人贺某平在专利无效程序中提交的意见陈述书记载："涉案专利将尾帽固定连接并密闭在气体混合管中"；"权 1 改进后带来的技术效果除了说明书明确记载的内容外，还包括：将压片和密封圈先装到气体混合管中，再将尾帽插接到气体混合管底部，由于气体混合管要容纳尾帽，所以其内径远大于尾帽内径，这就使采用较大外径尺寸的压片和密封圈成为可能"。专利权人贺立平向北京市高级人民法院提起的上诉状记载："本专利将传统的螺纹连接或粘接改为插接，由于尾帽插接在气体混合管中……"北京市高级人民法院作出的行政判决认为："本专利的气体混合管与中空尾帽仅通过尾帽的弹性即可实现连接的稳固性。"最高人民法院作出的行政裁定认为："涉案专利的气体混合管与中空尾帽仅通过尾帽的弹性即可实现稳固连接，气体混合管和中空尾帽之间无需安装密封圈。"据此，根据说明书的记载，专利人在无效宣告程序中的陈述以及北京市高级人民法院和最高人民法院所作的认定都可以反映出，涉案专利"尾帽插接在气体混合管底部"是指利用尾帽的弹性将尾帽插接在气体混合管之内，这改变了过去螺纹连接或粘接于气体混合管之内的连接方式，提高了装配效率。立兴公司认为"尾帽插接在气体混合管底部"不应理解为"尾帽插接在气体混合管之内"的解释与事实不符，不予支持。

（三）二审法院浙江省高级人民法院对确权程序中的意见陈述是否构成技术方案放弃作出的认定

专利权人贺某平在专利无效程序中陈述："涉案专利将尾帽固定连接并密闭在气体混合管中"；"权 1 改进后带来的技术效果除了说明书明确记载的内容外，还包括：将压片和密封圈先装到气体混合管中，再将尾帽插接到气体混合管底部，由于气体混合管要容纳尾帽，所以其内径远大于尾帽内径。"可见专利权人在无效程序中陈述，尾帽固定连接并密闭在气体混合管中及气体混合管要容纳尾帽等，表明专利权人也明确尾帽装入气体混合管之中。即使权利要求书载明的尾帽插接在气体混合管底部，如立兴公司所述可理解为尾帽插接到气体混合管之外，但上述专利权人在无效程序中所作的意见陈述，应当具有法律效力，应当可视为尾帽插接到气体混合管之外的技术方案，已为专利权人所放弃。

六、适用捐献原则及授权程序中的答复构成技术方案的放弃的典型案例

【案例六】林某吉与安徽宝迪肉类食品有限公司等侵害发明专利权纠纷（〔2017〕京民终758号）

（一）本案构成技术方案捐献及放弃的专利及其权利要求

涉案专利（专利号ZL02103777.9）名称为“一种避免或减少冻肉解冻时血水流失的方法”其权利要求1为：“一种避免或减少冻肉解冻时血水流失的方法，利用具有一定渗透压的离子水溶液，把此溶液经由喷淋、滚揉或浸渍的方法涂抹在肉的表面，然后将处理后的肉静止一段时间，再包装、冷冻，其特征在于水溶液的离子强度范围为0.342—6.1。”

（二）当事人就技术方案的捐献及放弃的主张及一审法院的认定

1. 上诉人（原审原告）林某吉的主张

（1）涉案专利权利要求1的保护范围包括了缺少“静止一段时间”的技术特征的技术方案。

（2）通过专门的注射设备向鸡胸脯肉注射相应的离子水溶液再将注射过离子水溶液的鸡胸脯肉投入滚揉机进行滚揉的技术方案属于本案专利权利要求1的保护范围。

被上诉人（原审被告）安徽宝迪肉类食品有限公司对上诉人的上述主张不予认可。

2. 一审法院北京知识产权法院作出的认定

在案证据尚不足以证明宝迪公司生产被控侵权产品的行为涵盖了涉案专利权利要求1限定的“静止一段时间”的技术特征，亦不能证明宝迪公司生产被控侵权产品的行为涵盖了涉案专利权利要求1限定的“把此溶液经由喷

淋、滚揉或浸渍的方法涂抹在肉的表面”的技术特征。并据此驳回了原告的全部诉讼请求。

（三）二审法院北京市高级人民法院作出的相关认定及理由

1. 二审法院关于本案适用捐献原则作出的认定及理由

（1）“立刻冷冻、包装”的技术方案因在说明书中披露但未记载在权利要求中故不构成涉案专利权保护的技术方案。

（2）二审法院作出上述适用捐献原则的理由如下：

本案中，根据涉案专利权利要求1的记载，其技术方案具体包括以下方法步骤：①将离子强度范围为0.342—6.1的水溶液经由喷淋、滚揉或浸渍的方法涂抹在肉的表面；②将处理后的肉静止一段时间；③包装；④冷冻。显然，“将处理后的肉静止一段时间”构成涉案专利权利要求1的必要技术特征。涉案专利说明书中明确记载有“将处理后的肉静止一段时间，再包装、冷冻。直接包装、冷冻也可以”“当溶液涂抹在肉的表面以后可以静止一段时间，让溶液里面的化学成分使肉的表面蛋白变性，然后再包装冷冻。静止的时间跟肉的种类和重量有关。我们发现只要肉的表面不再有流动的液体，就可以包装冷冻了。经过上述发明的溶液涂抹的肉也可以立刻包装、冷冻”等内容。本领域技术人员阅读上述内容后，可以直接且毫无疑义地确定“静止一段时间后再冷冻、包装”与“立刻冷冻、包装”已经构成两种并列的、具体的技术方案，其中“立刻冷冻、包装”的技术方案因未记载在权利要求中故不构成涉案专利权保护的技术方案；“静止一段时间后再冷冻、包装”的技术方案因明确记载在权利要求中故构成涉案专利权利要求1保护的技术方案。林某吉有关原审法院错误认定“立刻冷冻、包装”的技术方案不构成涉案专利权保护的技术方案上诉主张缺乏依据，法院不予支持。而林某吉未提交有效证据证明宝迪公司在生产被控侵权产品的过程中需要将相应的产品“静止一段时间”后再“冷冻、包装”，故原审法院认定现有证据不能证明被控侵权技术方案涵盖了涉案专利权利要求1限定的“静止一段时间”的技术特征并无不当，林某吉有关被控侵权技术方案涵盖了涉案专利权利要求1限定的“静止一段时间”的技术特征的上诉理由依据不足，法院不予支持。

2. 本案中二审法院关于技术方案放弃作出的认定及理由

（1）二审法院关于技术方案放弃作出的认定。原审法院认定林某吉“通过答复的方式放弃由注射、滚揉等机械力量的涂抹方式所构成的技术方案”并无不当，林某吉有关其并未通过答复的方式放弃由注射、滚揉等机械力量的涂抹方式所构成的技术方案，被控侵权技术方案已经落入涉案专利权利要求 1 的保护范围的上诉理由依据不足，法院不予支持。

（2）二审法院关于技术方案的放弃作出上述认定的理由如下：

《侵犯专利权纠纷案件解释》第 6 条规定：“专利申请人、专利权人在专利授权或者无效宣告程序中，通过对权利要求、说明书的修改或者意见陈述而放弃的技术方案，权利人在侵犯专利权纠纷案件中又将其纳入专利权保护范围的，人民法院不予支持。”《侵犯专利权纠纷案件解释（二）》第 6 条规定：“人民法院可以运用与涉案专利存在分案申请关系的其他专利及其专利审查档案、生效的专利授权确权裁判文书解释涉案专利的权利要求。专利审查档案，包括专利审查、复审、无效程序中专利申请人或者专利权人提交的书面材料，国务院专利行政部门及其专利复审委员会制作的审查意见通知书、会晤记录、口头审理记录、生效的专利复审请求审查决定书和专利权无效宣告请求审查决定书等。”本案中，林某吉在授权过程中答复《第一次审查意见通知书》中曾明确表示涉案专利与对比文件 1 在作用机理上存在明显不同，即“对比文件所述的注射、滚揉等机械力量和蛋白质盐溶与脂肪乳化等处理都会引起细胞破裂，肌细胞与脂肪细胞内的盐溶蛋白与脂肪被释放出来进行对比文件所述的反应；而涉案专利是利用渗透压与扩散原理，将溶液涂抹于肉块的表面，造成肉块表面束层细胞在适当的渗透压下，细胞中的部分水分很快渗出，溶液也经由扩散作用扩散到肉块内层的细胞间质中，提高细胞间质的渗透压，而进一步使肉块内层的细胞也有部分水分渗出，细胞失水造成细胞质中的溶质浓度增加，因而使细胞的内含物的冰点降低，粘度增高，大大减少冰晶核的形成，也抑制了冰晶核在冷冻状况下形成大的冰晶现象，所以细胞膜不会被破坏，细胞也不会被撑破，进而在解冻缓化时，细胞中的生化酶及其他蛋白质等也会恢复原状，保证其在色泽、营养等方面接近鲜肉的品质”，这表明涉案专利与对比文件 1 所采用的注射、滚揉等方式在功能、效果等方面存在明显不同，涉案专利也因此获得了授权。也就是说，林某吉在授权过程中的上述答复，通过对作用机理的解释实质上将可能导致细胞壁破裂的注射、滚揉等机械力量的涂抹方式排除在涉案专利的保护范围之外，即其已构成通过答复的方式放弃由注射、滚揉等机械力量的涂抹方式所构成的技术方案，上述技术方案不应纳入涉案专利权利要求 1 的保护范围。而根据宝迪公司提交的其加工鸡胸脯肉的视频可知，其注射、滚揉等方式显然施加了一定的机械力量，其与涉案专利权利要求 1 限定的通过“滚揉”将特定离子强度的水溶液涂抹于肉的表面不构成相同或等同技术特征。因此，原审法院认定林某吉“通过答复的方式放弃由注射、滚揉等机械力量的涂抹方式所构成的技术方案”并无不当，林某吉有关其并未通过答复的方式放弃由注射、滚揉等机械力量的涂抹方式所构成的技术方案，被控侵权技术方案已经落入涉案专利权利要求 1 的保护范围的上诉理由依据不足，法院不予支持。

七、作为授权依据的技术内容限定构成禁止反悔原则适用的典型案例

【案例七】南京长江工业炉科技有限公司与扬州戴卡轮毂制造有限公司等侵害发明专利权纠纷案（〔2016〕苏民终 807 号）

（一）本案发生保护范围争议的专利及其权利要求

涉案专利（专利号 201010295101.8 号）专利名称为“自动淬火装置”，权利要求为：“一种自动淬火装置，包括淬火槽（1），支撑架（2），淬火架（3）和升降机构，支撑架（2）安装在淬火槽（1）上方，淬火架（3）位于支撑架（2）内部，淬火架（3）和支撑架（2）之间设有使淬火架（3）上下移动的升降机构。其特征在于：还包括传送辊（5），传送辊（5）水平设置在淬火架（3）内；所述升降机构由升降导轨（41），滚轮（42）和升降驱动油缸（43）构成；导轨（41）安装在支撑架（2）内侧，并伸入淬火槽（1）底部，相对应的滚轮（42）设置在淬火架（3）上，升降驱动油缸（43）安装在支撑架（2）顶端，与淬火架（3）活动连接。”

（二）当事人的主张及一审法院的认定

1. 上诉人（原审原告）南京长江工业炉科技有限公司主张

其在本案专利申请实质审查阶段的意见陈述不构成对本案专利权的保护范围的限定，涉案专利权的保护范围即包括技术特征与“升降驱动油缸（43）安装在支撑架（2）顶端”构成相同的技术方案，也包括技术特征与“升降驱动油缸（43）安装在支撑架（2）顶端”构成等同的技术方案。

2. 被上诉人（原审被告）扬州戴卡轮毂制造有限公司、南京年达炉业科技有限公司主张

本案专利权人在本案专利申请实质审查阶段的意见陈述构成对本案专利权的保护范围的限定，涉案专利权的保护范围只包括技术特征与“升降驱动油缸（43）安装在支撑架（2）顶端”构成相同的技术方案，不包括技术特征与“升降驱动油缸（43）安装在支撑架（2）顶端”构成等同的技术方案。

3. 一审法院作出的认定及理由

（1）一审法院作出认定：被诉侵权淬火装置中升降驱动油缸（43）安装在支撑架（2）侧面这一特征并没有落入涉案专利权利要求1中“升降驱动油缸（43）安装在支撑架（2）顶端”这一特征的保护范围，不应适用等同原则。

（2）一审法院作出上述认定的理由如下：

长江公司在涉案专利实质审查过程中，为了应对国家知识产权局专利审查员所指出的升降机构经“本领域技术人员经过合理的分析，很容易想到将其置于淬火架和支撑架之间”，且该机构的“油缸（43）安装在支撑架（2）顶端，与淬火架（3）活动连接是本领域的常规选择”这一问题，将涉案专利权利要求中所涉升降机构明确定义为“由升降导轨（41）、滚轮（42）和升降驱动油缸（43）构成的特定机构”，从而达到其具备创造性的目的。从对比文件1所公开的技术特征中可见，在先技术亦包括使淬火升降架7（相当于涉案专利的淬火架）上下移动的淬火升降装置1、淬火升降轨道6和导向轮三种部件，且淬火升降装置1还可采用油缸、气缸、升降机或减速机等多种方案，故涉案专利中的“特定升降机构”，除了部件种类特定外，部件位置也应当是特定的。长江公司在上述《意见陈述书》中强调“如果将对比

文件1的淬火装置1视作本发明的升降驱动油缸（43），两者和其他部件之间的位置关系和连接关系也完全不同”，且反复表明涉案专利的升降驱动油缸（43）是安装在支撑架（2）顶端的，可见其安装位置是明确而特定的，此亦是与现有技术相区别的技术特征。综上，长江公司在涉案发明专利获得授权前的实质审查阶段，对“升降驱动油缸（43）安装在支撑架（2）顶端”这一技术特征作出了限制性的解释。根据《侵犯专利权纠纷案件解释》第6条规定，关于专利申请人在专利授权过程中，通过对权利要求、说明书的修改或者意见陈述而放弃的技术方案，权利人在侵犯专利权纠纷案件中又将其纳入专利保护范围的，人民法院不予支持。本案中，长江公司既然在涉案专利申请过程中对其权利要求的保护范围进行了限制性解释，那么在涉案专利的侵权诉讼中就应严格按照此限制性解释进行技术特征比对，不能随意扩大涉案专利权的保护范围。因此，被诉侵权淬火装置中升降驱动油缸（43）安装在支撑架（2）侧面这一特征并没有落入涉案专利权利要求1中“升降驱动油缸（43）安装在支撑架（2）顶端”这一特征的保护范围，不应适用等同原则。

（三）二审法院江苏省高级人民法院作出的认定及理由

1. 二审法院作出的认定

一审判决认定事实清楚，适用法律正确，应予维持。

2. 二审法院维持一审判决认定的理由

涉案专利权利要求1中明确记载：“升降驱动油缸（43）安装在支撑架（2）顶端，与淬火架（3）活动连接”。这对升降驱动油缸与支撑架的位置关系的描述是明确的。更为重要的是，涉案专利在申请和授权过程中，国家知识产权局在《第一次审查意见书》中明确指出，该技术特征是本领域的常规选择。针对此审查意见，长江公司回复称，对比文件1并未给出升降驱动油缸（43）可以安装在支撑架（2）顶部的技术启示，并特别强调“如果将对比文件1的淬火装置1视作本发明的升降驱动油缸（43），两者和其他部件的位置关系和连接关系也完全不同”。因此，为了强调其所申请专利的该技术特征与现有技术存在差异、具有创造性、应当获得授权，长江公司对驱动油缸与支撑架之间的位置关系与连接关系作了明确的解释与限定。基于此，涉案专利才获得了授权。而且，在二审中，长江公司也明确："我们的设计油缸在支撑架的顶部，是不可动的，强调的是位置，而且还强调了部件连接的问题。这并不是限制性解释，而是强调了部件和位置不同。"故根据其在专利授权阶段对其权利要求所作限定以及禁止反悔原则，在本案侵权判断过程中，应当禁止其反悔并扩大解释本专利的保护范围。

八、《侵犯专利权案件纠纷解释（二）》第13条规定的"明确否定"该如何正确理解的典型案例

【案例八】曹某兰等诉重庆力帆汽车销售有限公司等侵害发明专利权纠纷再审案（〔2017〕最高法民申1826号）

（一）本案发生是否导致技术方案放弃争议的专利及其权利要求

涉案专利（专利号200710019425.7）名称为"鲨鱼鳍式天线"，其权利要求1为："一种鲨鱼鳍式天线，其特征在于具有天线外壳，天线外壳内侧上部设置有无线电接收天线，无线电接收天线一端设有天线信号输出端，天线信号输出端通过天线连接元件与天线放大器信号输入端相连接，或直接与同轴电缆匹配相连，天线外壳底部装有安装底板；所述无线电接收天线通过注塑嵌装或固定卡装在天线外壳内侧上部；在天线外壳内侧上部设置有无线电接收天线，所述无线电接收天线采用螺旋状弹簧天线或金属天线，增加了天线接收无线电信号的有效长度，实现360度全向性信号接收；所述无线电接收天线为AM/FM共用天线。"

（二）再审时当事人针对是否导致技术方案放弃的主张

1. 再审申请人（一审原告、二审被上诉人）曹某兰、胡某玲、蒋某、蒋某天的主张

（1）专利申请人、专利权人在授权确权阶段作出的意见陈述，"相对于现有技术CN1841843A存在区别特征a（天线信号输出端通过天线连接元件与天线放大器信号输入端相连，或者直接与同轴电缆匹配相连）和区别特征b（所述无线电接收天线通过注塑嵌装或固定卡装在天线外壳内侧上部）"不

属于技术方案的放弃，不应当适用禁止反悔原则。原专利复审委员会作出的第 25637 号无效宣告请求审查决定书（以下简称无效决定）已明确否定了该陈述意见。二审判决对此存在事实认定的错误。

（2）二审判决仅依据无效决定形式上没有明确否定蒋某平关于特征 a、b 的陈述，进而认定在确权程序存在“关于特征 a、b 技术方案的放弃”，适用禁止反悔原则过于机械和僵化，对《侵犯专利权纠纷案件解释（二）》第 13 条“明确否定”的认定标准存在法律适用的错误。

（3）蒋某平的意见陈述不属于法律意义的“技术方案的放弃”，在侵权诉讼程序中不应适用禁止反悔原则。

2. 被申请人（一审被告、二审上诉人）力帆销售公司、力帆乘用车公司的主张

（1）蒋某平在专利无效程序中所作的陈述已经明确构成被诉技术方案的放弃，本案应当适用禁止反悔原则，被诉技术方案已被排除在涉案专利权保护范围之外。

（2）被诉侵权产品并非采用天线连接元件，并非采用注塑嵌装、固定卡装，所使用的技术是蒋某平放弃的技术方案。

（3）蒋某平针对特征 a、b 的陈述已被原专利复审委员会明确承认，而非明确否定。

（4）专利权人在实审程序中审查档案的引用与判断本案是否适用“禁止反悔”原则无关。

3. 被申请人（一审被告、二审上诉人）江苏骅盛车用电子股份有限公司的主张

本案应当适用禁止反悔原则，二审法院事实认定以及法律适用正确，请求驳回再审申请人的再审申请。

（三）最高人民法院关于本案是否适用禁止反悔原则再审作出的认定及理由

1. 最高人民法院再审针对是否适用禁止反悔原则作出的认定

本案二审法院脱离涉案专利获得授权的具体审查事实，忽略专利权人的

意见陈述已在实质审查程序被“明确否定”的事实，割裂了审查程序中对技术特征认定的连续性，仅审查了确权程序的相关认定，认为对权利人的限缩性意见陈述并未明确评价，相当于“未予评述”，不符合司法解释规定的明确否定的要求，进而得出了适用禁止反悔原则的错误结论。二审法院适用法律和认定事实均有错误，最高人民法院予以纠正。

2. 最高人民法院再审作出上述认定所依据的事实及理由

（1）事实

①涉案专利授权程序的相关事实

在涉案专利的实质审查程序中，国家知识产权局基于检索到的现有技术（CN1841843A）于2010年9月29日向蒋某平发出《第一次审查意见通知书》指出了涉案专利公开文本权利要求1相对于现有技术不具备新颖性、创造性的缺陷。审查意见认为，对于“天线信号输出端通过天线连接元件与天线放大器输入端相连接”这种情况下的技术方案，现有技术已公开“所述AM天线连接到AM放大电路231（相当于天线放大器），连接处必然为AM天线的信号输出端及放大电路231的信号输入端……故不具备新颖性；与之并列的另一种情况是“天线信号输出端直接与同轴电缆匹配相连”，当天线接收到的无线电信号足以实现较佳接收效果时则不需要连接至放大电路进行信号放大，此时直接连接至同轴电缆，这是本领域技术人员根据实际情况的需要而设定的，属于本领域的公知常识。同时还指出，权利要求2的附加技术特征是对无线电接收天线固定到天线外壳上的方式进行了限定，“注塑嵌装”及“固定卡装”都是本领域常用的锁固方式，属于本领域的公知常识。蒋某平于2010年12月10日提交了意见陈述书称，涉案专利与现有技术相比，在无线电接收天线以及天线信号输出连接方式等方面存在不同；同时，申请人将权利要求2、4并入权利要求1，并提交了经过修改的申请文件。

国家知识产权局于2011年12月23日发出《第二次审查意见通知书》指出，涉案专利权利要求1以及权利要求2—5不具备创造性。审查意见认为，权利要求1包含两个并列的技术方案，天线信号输出端通过天线连接元件与天线放大器信号输入端相连接；天线信号输出端直接与同轴电缆匹配连接。技术方案一与对比文件（CN1841843A）相比，区别在于天线信号输出端与天线放大器信号输入端之间通过天线连接元件相连，所述天线通过注塑嵌装或固定卡装在天线外壳内侧上部。然而，通过连接元件来进行阻抗匹配是本领域的惯用技术手段，属于本领域的公知常识。在该对比文件的基础上结合上述公知常识以获得该权利要求所要求保护的技术方案，对所属技术领域的技术人员来说是显而易见的，该权利要求所要求保护的技术方案不具备突出的实质性特点和显著的进步，因而不具备创造性。对于技术方案二，当天线接收到的无线电信号足以实现较佳接收效果时，不需要连接至放大电路进行信号放大，此时直接连接至同轴电缆，这是本领域技术人员根据实际情况的需要而设定的，属于本领域的公知常识，这种情况下，该权利要求也不具备创造性。针对“无线电接收天线通过注塑嵌装或固定卡装在天线外壳内侧上部”的技术方案，审查意见认为，对比文件公开了 AM 天线配设于鱼鳍状外盖 21 内侧的顶部，相当于涉案专利天线外壳内侧上部设置有无线电接收天线，而且“注塑嵌装”及“固定卡装”也都是本领域常用的锁固方式，属于本领域的公知常识。对蒋某平主张的涉案专利的信号输出连接方式与对比文件不同，以及在天线外壳内侧上部的安装方式为非公知的陈述意见，审查意见予以否定。蒋某平在 2012 年 1 月 9 日针对《第二次审查意见通知书》的答复意见中，申请将“所述无线电接收天线为 AM/FM 共用天线”补充入权利要求 1，主张该内容在原说明书和附图中均有记载并能毫无疑义地导出。2012 年 5 月 23 日，涉案专利被授权公告。

②有关涉案专利的确权程序的事实

蒋某平在 2014 年 9 月 18 日无效程序意见陈述书中对于涉案争议的技术特征 a、b 的观点与授权阶段的答复意见一致。他认为天线信号输出端通过天线连接元件与天线放大器信号输入端相连接并非惯用的技术手段，无线电接收天线通过注塑嵌装及固定卡装在天线外壳内侧上部的方式并未被公开。原专利复审委员会于 2015 年 4 月 7 日作出的无效决定认定涉案专利具有创造性，其相关理由为，现有技术将 AM 天线和 FM 天线作分离式设计的技术手段与涉案专利特征 c 所述的无线电接收天线采用 AM/FM 共用天线的技术手段是相背离的。本领域技术人员面对现有技术存在的相反技术教导，在对比文件所公开的技术方案的基础上，无法获得将其与现有技术中使用 AM/FM

共用天线的技术手段相结合的技术启示，从而无法获得本专利权利要求 1 的技术方案。

(2) 理由

根据《侵犯专利权纠纷案件解释（二）》第 13 条的规定，“权利人证明专利申请人、专利权人在专利授权确权程序中对权利要求书、说明书及附图的限缩性修改或者陈述被明确否定的，人民法院应当认定该修改或者陈述未导致技术方案的放弃”。该条以是否存在“明确否定”作为禁止反悔原则适用的例外情形，当裁判者对权利人作出的意见陈述予以明确否定，不予认可时，则不导致技术方案的放弃，不适用禁止反悔原则。由于专利授权确权程序对于技术特征的认定存在连续性，权利人作出的陈述是否被“明确否定”，应当对专利授权和确权阶段技术特征的审查进行客观全面的判断，着重考察权利人对技术方案作出的限缩性陈述是否最终被裁判者认可，是否由此导致专利申请得以授权或者专利权得以维持。根据本案的上述相关事实，在授权程序中，国家知识产权局专利审查部门对蒋某平关于技术特征 a、b 的陈述意见不予认可，持明确否定意见，而且，涉案专利获得授权并非基于对特征 a、b 作出的限缩性陈述。在后续的无效审查程序，原专利复审委员会并未推翻实质审查阶段所持的否定意见，不能得出原专利复审委员会认为通过连接元件来进行阻抗匹配不是本领域的惯用技术手段，不属于本领域的公知常识的结论，也不能得出“注塑嵌装”及“固定卡装”不是本领域常用的锁固方式，不属于本领域的公知常识的结论。在评价涉案专利具有创造性时，尽管无效决定将技术特征 a、b 作为区别特征予以了罗列，但技术特征 a、b 的存在并未影响原专利复审委员会以现有技术存在相反的技术教导，本领域技术人员不存在结合特征 c“所述无线电接收天线为 AM/FM 共用天线”的动机，而使得涉案专利具有创造性的审查评判。由于专利权人作出的限缩性陈述在实质审查中已被明确否定，而无效审查程序并未推翻该认定得出相反的结论，在这种情况下，应当认定存在专利权人的限缩性陈述已被明确否定的事实。这与所作的限缩性陈述并未带来专利权的获得和专利权的维持的事实相符，与“禁止反悔”原则防止权利人“两头得利”的目的不相悖。因此，蒋某平关于特征 a、b 的意见陈述，不发生技术方案被放弃的法律效果。根据《侵犯专利权纠纷案件解释（二）》第13条的规定，本案侵权判定不应适用禁止反悔原则。本案二审法院脱离涉案专利获得授权的具体审查事实，忽略专利权人的意见陈述已在实质审查程序被“明确否定”的事实，割裂了审查程序中对技术特征认定的连续性，仅审查了确权程序的相关认定，认为对权利人的限缩性意见陈述并未明确评价，相当于“未予评述”，不符合司法解释规定的明确否定的要求，进而得出了适用禁止反悔原则的错误结论。二审法院适用法律和认定事实均有错误，最高人民法院予以纠正。

九、主题名称对专利权的保护范围的限定作用及被引用的并列独立权利要求对引用该并列独立权利要求的在后并列独立权利要求的保护范围的限定作用的案例

【案例九】哈尔滨工业大学星河实业有限公司与江苏润德管业有限公司侵犯发明专利权纠纷案（〔2013〕民申字第790号）

（一）发生确定专利权保护范围争议的专利及其权利要求

涉案专利（专利号ZL200510082911.4）名称为“一种钢带增强塑料管道及其制造方法和装置”，发生保护范围确定争议的权利要求为：

（1）一种钢带增强塑料复合排水管道，包括一个塑料管体和与管体成一体的加强肋，加强肋内复合有增强钢带，其特征在于钢带上有若干矩形或圆形的通孔或钢带两侧轧制有纹路，两个加强肋之间塑料形状具有中间凸起，管体的端部具有一个连接用的承插接头，承插接头的连接部具有密封胶或橡胶圈。

（2）一种制造权利要求1所述的钢带增强塑料排水管道的方法，其特征在于包括如下步骤：A. 将挤出机与复合机头成直角布置，钢带从机头一端引入复合机头，并在机头内与塑料复合，经冷却、定型、牵引后成型为钢带增强塑料复合异型带材钢带；B. 将异型带材运送到安装现场；C. 缠绕并熔焊异型带材形成钢带增强塑料排水管；D. 在排水管的端口设置塑料承插接头并将其熔焊连接形成连续的排水管道。

……

（6）一种实施权利要求2所述方法的制造钢带增强塑料排水管的装置，包括：A. 将钢带与塑料复合形成具有钢带加强肋的异型带材的复合装置；

B. 缠绕并熔焊异型带材形成钢带增强塑料排水管的缠绕装置；C. 在钢带增强塑料排水管的端口设置承插接头的装置。

（二）主题名称对专利权的保护范围的限定作用及被引用的并列独立权利要求对引用该并列独立权利要求的在后并列独立权利要求保护范围限定作用的争议

1. 一审法院的认定及理由

（1）一审法院的认定。独立权利要求的保护范围应当而且只应当以记载在独立权利要求中的全部必要技术特征确定。发明的主题或者发明创造的名称，对保护范围不起限定作用。

（2）一审法院作出上述认定的理由。专利法规定，发明专利权的保护范围以其权利要求的内容为准，说明书及附图可以用于解释权利要求的内容。发明或者实用新型的独立权利要求包括前序部分和特征部分，前序部分写明要求保护发明或者实用新型技术方案的主题名称和发明或者实用新型主题与最接近的现有技术共有的必要技术特征；特征部分写明发明或者实用新型区别于最接近的现有技术的技术特征。这些区别技术特征与前序部分写明的技术特征合在一起，限定发明或者实用新型要求保护的范围。人民法院判定被诉侵权技术方案是否落入专利权的保护范围，应当审查权利人主张的权利要求所记载的全部技术特征。被诉侵权技术方案包含与权利要求记载的全部技术特征相同或者等同的技术特征的，人民法院应当认定其落入专利权的保护范围。被诉侵权技术方案的技术特征与权利要求记载的全部技术特征相比，缺少权利要求记载的一个以上的技术特征，或者有一个以上技术特征不相同也不等同的，人民法院应当认定其没有落入专利权的保护范围。

因此，应当明确，独立权利要求保护范围应当而且只应当以记载在独立权利要求中的全部必要技术特征确定。法律没有规定可以将主题名称用来限定独立权利要求的保护范围，发明的主题或者发明创造的名称对保护范围不起限定作用。按照专利法实施细则的规定，可以作为一件专利申请提出的属于一个总的发明构思的两项以上的发明或者实用新型，应当在技术上相互关联，包含一个或者多个相同或者相应的特定技术特征，其中特定技术特征是指每一项发明或者实用新型作为整体考虑，对现有技术作出贡献的技术特征。属于一个总的发明构思的多项独立权利要求，引用其他独立权利要求的权利要求仍然是并列的独立权利要求，而不能被看作从属权利要求。当专利权利要求书包含多项独立权利要求时，应当推定各独立权利要求的保护范围各不相同。或者说同一专利权利要求书中记载的不同权利要求，有其各自不同的保护范围。因此，在本案中，应以专利各独立权利要求的技术方案中的全部技术特征来确定专利权的保护范围。

2. 被申请人（一审被告、二审上诉人）江苏润德管业有限公司上诉主张

一审法院认定在确定权利要求 2 的保护范围时不考虑其所引用的权利要求 1 的限定作用，系认定事实不清、适用法律错误；一审法院错误地认定了权利要求 6 的保护范围不受权利要求 1 和 2 的限定。

3. 再审申请人（一审原告、二审被上诉人）哈尔滨工业大学星河实业有限公司二审时的主张

权利要求 2 的保护范围不受权利要求 1 的限定；权利要求 6 的保护范围同样不受权利要求 1 和 2 的限定。

4. 二审法院江苏省高级人民法院作出的相关认定及理由

（1）二审法院作出的相关认定。主题名称属于解决技术问题的必要技术特征，在确定专利权的保护范围时应当予以考虑。一审判决在确定权利要求 2 的保护范围时认定“一种制造权利要求 1 所述的钢带增强塑料排水管的方法”这一主题名称不属于技术特征，不具有限定作用，从而认定润德公司构成专利侵权，其对专利主题名称的性质及作用的理解有误，应予纠正。

（2）二审法院作出上述认定的理由。《专利法》第 64 条规定，发明或者实用新型专利权的保护范围以其权利要求的内容为准，说明书及附图可以用于解释权利要求的内容。《专利法实施细则》第 21 条规定，发明或者实用新型的独立权利要求应当包括前序部分和特征部分，前序部分写明要求保护的发明或者实用新型技术方案的主题名称和发明或者实用新型主题与最接近的现有技术共有的必要技术特征，特征部分写明发明或者实用新型区别于最接近的现有技术的技术特征，这些特征和前序部分写明的特征合在一起，限定发明或者实用新型要求保护的范围。显然，权利要求中所记载的主题名称属

于权利要求的内容之一。同时，《专利法实施细则》第 20 条第 2 款规定，独立权利要求应当从整体上反映发明或者实用新型的技术方案，记载解决技术问题的必要技术特征。所述必要技术特征是指，发明或者实用新型为解决其技术问题所不可或缺的技术特征，其总和足以构成发明或者实用新型的技术方案。对于权利要求的主题名称来说，其是组成技术方案的基础要件，缺少主题名称的权利要求必然不足以构成完整的发明或者实用新型的技术方案。因此，主题名称属于解决技术问题的必要技术特征，在确定专利权的保护范围时应当予以考虑。

权利要求书中出现引用在先权利要求的情况是为了避免权利要求之间相同内容的不必要重复。本案中，权利要求 2 是一项方法权利要求，其在主题名称部分引用了在先的产品权利要求 1 的内容，即“一种制造权利要求 1 所述的钢带增强塑料排水管道的方法”，权利要求这样撰写的目的仅在于简化权利要求的撰写形式，权利要求 2 实际上相当于“一种制造包括一个塑料管体和与管体成一体的加强肋，加强肋内复合有增强钢带，其特征在于钢带上有若干矩形或圆形通孔或钢带两侧轧制有纹路，两个加强肋之间塑料形状具有中间凸起，管体的端部具有一个连接用的承接插头，承接插头的连接部具有密封胶或橡胶圈的一种钢带增强塑料复合排水管道的方法，其特征在于……”《侵犯专利权纠纷案件解释》第 7 条规定，人民法院判定被诉侵权技术方案是否落入专利的保护范围，应当审查权利人主张的权利要求所记载的全部技术特征。如前所述，权利要求中所记载的主题名称属于解决技术问题的必要技术特征，在确定专利权的保护范围时应当予以考虑。一审判决在确定权利要求 2 的保护范围时认定“一种制造权利要求 1 所述的钢带增强塑料排水管的方法”这一主题名称不属于技术特征，不具有限定作用，从而认定润德公司构成专利侵权，其对专利主题名称的性质及作用的理解有误，应予纠正。

5. 再审申请人（一审原告、二审被上诉人）哈尔滨工业大学星河实业有限公司再审时的主张

二审判决在涉案专利独立权利要求 2 和 6 的保护范围的认定上适用法律错误。二审判决认定“主题名称作为权利要求的必要内容，对其保护范围有限定

作用”没有法律依据。独立权利要求间的引用关系仅仅是专利申请文件撰写过程中文字表述上的形式差异，在确定保护范围时不属于必须考虑的对象。

6. 被申请人（一审被告、二审上诉人）江苏润德管业有限公司再审时的主张

主题名称是权利要求的必要组成部分，属于必要技术特征，对专利权保护范围起到开宗明义的重要作用，对专利权保护范围具有限定作用。

（三）最高人民法院再审作出的认定及理由

1. 再审作出的认定

（1）通常情况下，在确定权利要求的保护范围时，权利要求中记载的主题名称应当予以考虑，而实际的限定作用应当取决于该主题名称对权利要求所要保护的主题本身产生了何种影响。本案中，确定权利要求 2 和 6 的保护范围时，均应当考虑其主题名称对其所要求保护的主题本身实际所起的限定作用。

（2）在确定并列独立权利要求的保护范围时，被引用的独立权利要求的特征均应当予以考虑，但其对该并列独立权利要求并不必然具有限定作用，其实际的限定作用应当根据其对该并列独立权利要求的技术方案或保护主题是否有实质性影响来确定。权利要求 1 记载的技术特征对于权利要求 2 和 6 产生了实质性的影响，具有限定作用。

2. 最高人民法院作出上述认定的理由

（1）关于主题名称限定作用的理由。《专利法》第 64 条规定：“发明或者实用新型专利权的保护范围以其权利要求的内容为准，说明书及附图可以用于解释权利要求的内容。”《专利法实施细则》第 21 条规定，发明或者实用新型的独立权利要求应当包括前序部分和特征部分，前序部分写明要求保护的发明或者实用新型技术方案的主题名称和发明或者实用新型主题与最接近的现有技术共有的必要技术特征，特征部分写明发明或者实用新型区别于最接近的现有技术的技术特征，这些特征和前序部分写明的特征合在一起，限定发明或者实用新型要求保护的范围。因此，通常情况下，在确定权利要求的保护范围时，权利要求中记载的主题名称应当予以考虑，而实际的限定

作用应当取决于该主题名称对权利要求所要保护的主题本身产生了何种影响。本案中，确定权利要求 2 和 6 的保护范围时，均应当考虑其主题名称对其所要求保护的主题本身实际所起的限定作用。

（2）关于并列独立权利要求引用在前的独立权利要求时在前独立权利要求对其保护范围的限定作用予以考虑的理由。《专利法》第 31 条第 1 款规定："一件发明或者实用新型专利申请应当限于一项发明或者实用新型。属于一个总的发明构思的两项以上的发明或者实用新型，可以作为一件申请提出。"《专利法实施细则》第 20 条规定："权利要求书应当有独立权利要求，也可以有从属权利要求。独立权利要求应当从整体上反映发明或者实用新型的技术方案，记载解决技术问题的必要技术特征。从属权利要求应当用附加的技术特征，对引用的权利要求作进一步限定。"《专利法实施细则》第 34 条规定："依照专利法第三十一条第一款规定，可以作为一件专利申请提出的属于一个总的发明构思的两项以上的发明或者实用新型，应当在技术上相互关联，包含一个或者多个相同或者相应的特定技术特征，其中特定技术特征是指每一项发明或者实用新型作为整体，对现有技术作出贡献的技术特征。"《专利审查指南》第二部分第六章第 2. 2. 1（2）节中规定了属于一个总的发明构思的两项以上发明的权利要求可以允许有六种撰写方式，包括产品或方法的同类独立权利要求，产品和专用于制造该产品的方法的独立权利要求，产品和该产品的用途的独立权利要求，产品、专用于制造该产品的方法和为实施该方法而专门设计的设备的独立权利要求，方法和为实施该方法而专门设计的设备的独立权利要求。

据此，一件专利申请的权利要求书中，应当至少有一项独立权利要求。当有两项或者两项以上独立权利要求时，写在最前面的权利要求为第一独立权利要求，其他独立权利要求为并列独立权利要求。独立权利要求应当反应整体的技术方案，并按照各自的内容确定专利权的保护范围。独立权利要求可以不存在引用关系，也可以存在引用关系。当并列独立权利要求引用在前的独立权利要求时，该并列独立权利要求仍然属于独立权利要求，而不属于从属权利要求。虽然在确定并列独立权利要求的保护范围时，被引用的独立权利要求的特征均应当予以考虑，但其对该并列独立权利要求并不必然具有限定作用，其实际的限定作用应当根据其对该并列独立权利要求的技术方案或保护主题是否有实质性影响来确定。

本案中，涉案专利独立权利要求 2 记载了一种制造权利要求 1 所述的钢带增强塑料排水管道的方法，其步骤 A 记载：将挤出机与复合机头成直角布置，钢带从机头一端引入复合机头，并在机头内与塑料复合，经冷却、定型、牵引后成型为钢带增强塑料复合异型带材钢带。涉案专利独立权利要求 6 记载了一种实施权利要求 2 所述方法的制造钢带增强塑料排水管的装置，包括了将钢带与塑料复合形成具有钢带加强肋的异型带材的复合装置。从涉案专利权利要求书以及说明书记载的一步复合方式来看，普通钢带在权利要求 6 记载的复合装置中，经过权利要求 2 记载的步骤 A，形成了复合异型带材，即钢带上有矩形或圆形的通孔或纹路，塑料熔融后在两个加强肋之间生成了中间凸起。虽然权利要求书和说明书对形成通孔或纹路以及凸起的装置部件未作具体的结构描述，但根据涉案专利权利要求 1 记载的产品技术特征，可以推定权利要求 6 记载的复合装置必然具备生成上述区别技术特征的部件。可见，权利要求 1 记载的技术特征对于权利要求 2 和权利要求 6 产生了实质性的影响，具有限定作用。被诉侵权产品没有通孔或纹路和凸起，星河公司亦未举证证明被诉侵权的装置具备生成上述特征的部件，因此可以推定被诉侵权的装置不同于权利要求 6 所记载的装置，也未使用被诉侵权的方法。

第五章

是否落入发明、实用新型专利权保护范围的判定

随着对专利权保护的加强，特别是赔偿数额的大幅度提高，一时有“专利战”狼烟四起的苗头。而“专利战”往往使得一个企业轻则伤筋动骨，重则决定生死存亡。因此，准确判定被诉行为是否构成专利侵权就变得极其重要。判定被告是否构成侵犯原告的专利权通常由两步构成：第一步，先由原告证明被诉技术方案落入原告专利权的保护范围；第二步，判定被告的不侵权抗辩是否成立。如果原告证明了被诉技术方案落入了其专利权利要求的保护范围，而被告没有提出不侵权抗辩或者不侵权抗辩不能成立的，则判定被告构成侵犯原告的专利权。而判定被诉技术方案是否落入原告专利权的保护范围，是专利侵权判定的关键，也是难点所在。就如何判定被诉技术方案是否落入原告专利权的保护范围，我国专利法条文中虽然没有直接的相应规定，但已经有了相应的司法解释。另外《专利法》第 66 条第 1 款及《最高人民法院关于知识产权民事诉讼证据的若干规定》（以下简称《知识产权证据规定》）第 3 条，规定了对于原告主张被告侵犯了其产品制造方法专利的，在原告履行了《专利法》第 66 条第 1 款或者《知识产权证据规定》第 3 条规定的证明责任的前提下，如果被告不能证明其制造相同产品的方法不同于原告据以起诉的专利权利要求限定的产品制造方法的，其法律后果等同于被诉技术方案落入了原告据以起诉的专利权利要求的保护范围。

因此，在可预见的将来，在中国判定一个被诉行为是否落入一个专利权的保护范围，仍将是根据这些司法解释的规定进行。为了便于读者更好地理解掌握这些规则，本章内容分为三节。第一节是对我国现行有效的司法解释中关于判定是否落入专利权保护范围的相关条文的梳理及如何理解和适用的解释说明，第二节是关于《专利法》第66条第1款及《知识产权证据规定》第3条规定的解释说明，第三节是关于判定是否落入专利权保护范围的实际案例，这些案例都是笔者精心选择和摘编的，希望读者在阅读第一、二节内容的基础上，通过仔细研读这些实际案例，能够更好地理解和运用这些判定规则。

第一节　判定是否落入专利权保护范围的规则及解读

在我国专利法律制度中，判定是否落入专利权的保护范围的规则都是以司法解释的形式出现的。笔者认为，全面掌握并正确理解这些司法解释，是判定一个技术方案是否落入了某一专利权保护范围必不可少的。

一、关于是否落入专利权保护范围的判定的司法解释

(一)《侵犯专利权纠纷案件解释》

第7条规定："人民法院判定被诉侵权技术方案是否落入专利权的保护范围，应当审查权利人主张的权利要求所记载的全部技术特征。被诉侵权技术方案包含与权利要求记载的全部技术特征相同或者等同的技术特征的，人民法院应当认定其落入专利权的保护范围；被诉侵权技术方案的技术特征与权利要求记载的全部技术特征相比，缺少权利要求记载的一个以上的技术特征，或者有一个以上技术特征不相同也不等同的，人民法院应当认定其没有落入专利权的保护范围。"

（二）《审理专利纠纷案件规定》

第 17 条规定："专利法第五十九条第一款[①]所称的'发明或者实用新型专利权的保护范围以其权利要求的内容为准，说明书及附图可以用于解释权利要求的内容'，是指专利权的保护范围应当以权利要求记载的全部技术特征所确定的范围为准，也包括与该技术特征相等同的特征所确定的范围。等同特征，是指与所记载的技术特征以基本相同的手段，实现基本相同的功能，达到基本相同的效果，并且本领域普通技术人员在被诉侵权行为发生时无需经过创造性劳动就能够联想到的特征。"

（三）《侵犯专利权纠纷案件解释（二）》

第 7 条规定："被诉侵权技术方案在包含封闭式组合物权利要求全部技术特征的基础上增加其他技术特征的，人民法院应当认定被诉侵权技术方案未落入专利权的保护范围，但该增加的技术特征属于不可避免的常规数量杂质的除外。前款所称封闭式组合物权利要求，一般不包括中药组合物权利要求。"

第 8 条规定："功能性特征，是指对于结构、组分、步骤、条件或其之间的关系等，通过其在发明创造中所起的功能或者效果进行限定的技术特征，但本领域普通技术人员仅通过阅读权利要求即可直接、明确地确定实现上述功能或者效果的具体实施方式的除外。与说明书及附图记载的实现前款所称功能或者效果不可缺少的技术特征相比，被诉侵权技术方案的相应技术特征是以基本相同的手段，实现相同的功能，达到相同的效果，且本领域普通技术人员在被诉侵权行为发生时无需经过创造性劳动就能够联想到的，人民法院应当认定该相应技术特征与功能性特征相同或者等同。"

第 9 条规定："被诉侵权技术方案不能适用于权利要求中使用环境特征所限定的使用环境的，人民法院应当认定被诉侵权技术方案未落入专利权的保护范围。"

第 10 条规定："对于权利要求中以制备方法界定产品的技术特征，被诉

---

① 《专利法》（2020 年修正）第 64 条。

侵权产品的制备方法与其不相同也不等同的，人民法院应当认定被诉侵权技术方案未落入专利权的保护范围。”

第 12 条规定：“权利要求采用‘至少’‘不超过’等用语对数值特征进行界定，且本领域普通技术人员阅读权利要求书、说明书及附图后认为专利技术方案特别强调该用语对技术特征的限定作用，权利人主张与其不相同的数值特征属于等同特征的，人民法院不予支持。”

二、对关于是否落入专利权保护范围判定的司法解释的理解和应用

（一）对《侵犯专利权纠纷案件解释》第 7 条及《审理专利纠纷案件规定》第 17 条的理解应用

在判定是否落入专利权的保护范围时，多数情况下只需依据《侵犯专利权纠纷案件解释》第 7 条及《审理专利纠纷案件规定》第 17 条的规定进行判断。除下文所述的唯一例外情况外，所有的是否落入专利权的保护范围的判定，都必须用到《侵犯专利权纠纷案件解释》第 7 条。而在判定功能性技术特征是否构成技术特征的相同或者等同时，《审理专利纠纷案件规定》第 13 条不再适用，而是适用《侵犯专利权纠纷案件解释（二）》第 8 条。在权利要求属于封闭式组合物时，《侵犯专利权纠纷案件解释》第 7 条的规定不再完全适用。在权利要求包含使用环境技术特征时，除了适用《侵犯专利权纠纷案件解释》第 7 条及《审理专利纠纷案件规定》第 17 条外，还需适用《侵犯专利权纠纷案件解释（二）》第 9 条的规定。

1. 只需依据《侵犯专利权纠纷案件解释》第 7 条及《审理专利纠纷案件规定》第 17 条判定是否落入专利权的保护范围的情形

在专利权利要求限定的技术方案不属于封闭式组合物，不包含功能性技术特征，也不包含使用环境技术特征时只需使用该两条判定是否落入了专利权的保护范围。

对于机械类产品专利，是否适用开放式、封闭式权利要求的判定规则，目前司法解释没有规定，但在最高人民法院的判例中认为机械类专利也适用类似封闭式、开放式组合物的判定规则，下文将专门叙述。

2. 对该两条规定的理解及只需依据该两条规定判定是否落入专利权的保护范围的步骤

（1）仔细阅读主张被侵权的专利权利要求。首先判断是否属于封闭式组合物发明，如果属于封闭式组合物发明，就不能仅仅依据该两条进行判定，属于封闭式组合物权利要求情况的判则见下文。在不属于封闭式组合物发明的情况下，就要看其是否包含功能性技术特征和/或使用环境技术特征的情况，对于包含功能性技术特征和/或使用环境技术特征的权利要求，如何判定见下文。在判定权利要求既不属于封闭式组合物发明，也不属于封闭式机械类专利（封闭式机械类专利见本章第一节），也不包含功能性技术特征和/或使用环境技术特征的权利要求时，则进行如下第二步判定。

（2）将权利要求限定的技术方案划分成技术特征。技术特征划分得越细，划分出的技术特征越多，被诉侵权技术方案落入据以起诉的专利权的保护范围的可能性就越小；划分得越粗，划分出的技术特征越少，则落入专利权的保护范围的可能性就越大。因此，站在原告的角度，就要争取尽可能粗地划分，划分出尽可能少的技术特征；站在被告的角度，就要争取尽可能细地划分，划分出尽可能多的技术特征。站在法院的角度，就要站在公正、公平的角度，在原告、被告的主张之间主持公正。对于法院，总的原则是将实现一个独立技术功能的技术单元划分成一个技术特征。但在实际情况中，可能会出现一个权利要求限定的技术方案，包含几个相对独立的实现各自技术功能的技术单元，而其中的一个或者几个相对独立的技术单元又包含各自相对独立的实现其技术功能地技术单元的情形。对于这种技术单元分层构成的情形，到底是以更上一层技术单元为标准进行技术特征的划分，还是以更下一层技术单元为标准进行技术特征的划分，就得靠效率原则和价值原则的引导。由于划分出的技术特征越多，进行是否落入专利权的保护范围判断的劳动量就越大（反之则越小），因此对于越复杂的技术方案，就应该依据更上一层的技术功能进行技术特征的划分，相反则依据更下一层的技术功能进行划分。另外，对于技术进步贡献越大的权利要求，应该给予越大的保护范围，应该依据更上一层的技术功能进行划分，相反则依据更下一层的划分。

（3）确定被诉技术方案。对于被诉技术方案，除新产品制造方法专利外，应该由原告主张并举证证明。对于产品制造方法专利，在原告履行了《专利法》第 66 条第 1 款或者《知识产权证据规定》第 3 条规定的证明责任后，法院应该或者可以要求被告就其相应的产品生产方法不同于原告专利产品生产方法承担证明责任。

（4）判定被诉技术方案是否包含了与从专利权利要求划分出的技术特征相同或者等同的全部技术特征。具体方法是在被诉技术方案中去找与从权利要求划分出的技术特征相同或者等同的技术特征，如果找全了，就算全部包含了，没有找全就算没有全部包含。这一过程通常是以被称为"技术特征比对"的方式进行。具体按照如下步骤实施：

第一步，将被诉技术方案对应于权利要求技术特征的划分，划分成若干技术特征。

第二步，进行技术特征的比对。将被诉技术方案中划分出的技术特征与从权利要求划分出的相应的技术特征中的具有一定相似性的、有可能构成相同或者等同的技术特征进行一一比对。

首先，判定是否构成技术特征的相同。如果被诉技术方案中的技术特征与从权利要求中划分出的某一技术特征是以相同的技术手段，实现相同的技术功能，达到相同的技术效果，则构成对应技术特征的相同。从逻辑上讲，只要技术手段相同，则技术功能和技术效果必然相同。但在实际判断时，有时技术手段是否相同判断起来有一定难度，如果技术功能和技术效果相同，则反过来可以佐证技术手段的相同。因此，笔者认为同时从技术手段相同、技术功能相同、技术效果相同三个维度来认定构成技术特征相同，更为准确，也更能让人信服。特别需要注意的是，如果被诉侵权技术方案中的技术特征属于权利要求的对应技术特征的下位概念，如被诉侵权技术方案技术特征是"铜"，而权利要求中对应的技术特征是"金属"，则认为两者构成相同；如果被诉侵权技术方案的技术特征是用数值或者参数表征的，则被诉侵权技术方案的技术特征的数值或者参数范围落入了专利权利要求的数值或者参数技术特征的数值或者参数范围时，则构成技术特征的相同。另外，如果被诉技术方案技术特征被包含于对应的专利权利要求的技术特征，即对应的专利权利要求的技术特征除了包含与被诉技术方案的技术特征相同的技术功能，能实现被诉侵权技术方案的对应技术特征全部技术功能，能达到与被诉侵权技术方案包含的对应技术特征相同的技术效果外，对应的权利要求的技术特征还能实现另外的技术功能的，则也属于技术特征的相同。例如，被诉技术方案的技术特征是锤子，实现的技术功能是敲击；专利权利要求中对应的技术特征是羊角锤，羊角锤除了能实现敲击的技术功能外，还能实现拔钉子的技术功能；如此，被诉技术方案的锤子和权利要求中的羊角锤构成技术特征的相同。再例如，被诉技术方案的技术特征是用欧姆表测电阻，而专利权利要求中对应的技术特征是既能测电阻，又能测电压、电流等的万用表测电阻；如此，被诉技术方案的欧姆表和权利要求中的万用表构成技术特征的相同。

其次，判定是否构成技术特征的等同。对于被诉技术方案的技术特征与专利权利要求技术特征不构成相同的，则按照《审理专利纠纷案件规定》第13条判断它们是否构成等同。如果被诉侵权技术方案的技术特征与专利权利要求的对应技术特征，以基本相同的技术手段，实现基本相同的技术功能，达到基本相同的技术效果，且属于本领域普通技术人员在被诉侵权行为发生时不需要创造性劳动就能想到的，则属于被诉侵权技术方案的技术特征与对应的专利权利要求的技术特征构成等同。需要注意的是，只有上述四个要件同时具备，才能构成技术特征的等同，缺少其中一个要件，例如，达不到技术手段基本相同或者不属于本领域普通技术人员在被诉侵权行为发生时不需要创造性劳动就能想到的，就不构成技术特征的等同。还有，如果被诉侵权技术方案的技术特征与权利要求的对应技术特征属于以基本相同的技术手段，实现了相同或基本相同的技术功能，达到了基本相同或者相同的技术效果，本领域普通技术人员在被诉侵权行为发生时不需要创造性劳动就能联想到其中任何一种组合形态的，就构成对应技术特征的等同。

另外，对于权利要求采用“至少”“不超过”等用语对数值特征进行界定，且本领域普通技术人员阅读权利要求书、说明书及附图后认为专利技术方案特别强调该用语对技术特征的限定作用，权利人主张与其不相同的数值特征属于等同特征的，按照《侵犯专利权纠纷案件解释（二）》第12条的规定，人民法院不予支持，即不构成对应技术特征的等同。

最后，被诉侵权技术方案的技术特征是否与专利权利要求的对应的技术特征构成等同，有时候具有一定的模糊性和/或主观性，有时会发生作为专利权人的原告主张构成了等同，而被告则坚持不构成等同的情形。对于这种是否构成等同具有一定模糊性的情形，法院一般遵循价值性标准进行裁断。即，对于据以起诉的专利权利要求限定的技术方案对技术进步贡献大的，法院一般偏向于作为专利权人的原告一边，相反则偏向于被告（此时被告代表了社会公众）一边。本章第三节案例，温州钱峰科技有限公司与温州宁泰机械有限公司侵害发明专利权纠纷（〔2016〕浙民终506号），体现了这一原则。如果争议的技术特征属于解决发明所要解决的技术问题的发明点，法院一般以更严格的标准进行判定，一般站在被告一边；如果不属于解决技术问题的发明点，即属于现有技术的，则法院一般以更宽松的标准判断，站在作为原告的专利权人一边。本章第三节的案例，温州钱峰科技有限公司与温州宁泰机械有限公司侵害发明专利权纠纷二审案（〔2016〕浙民终506号），体现了这一原则。在针对〔2016〕浙民终506号案的〔2017〕最高法民申2073号再审裁定中，最高人民法院虽然维持了二审法院的判决结论，但认为在判定是否构成技术特征的等同时，不应该区分发明点与非发明点。笔者赞成二审法院在判定技术特征是否构成等同时，应该将发明点与非发明点有所区分的观点和理由。其实，在该案中最高人民法院实质上支持了浙江省高级人民法院的观点和裁制理由。如果不是出于对非发明点的技术特征比对时从宽把握的话，该案中，“气缸的竖直往复直线运动带动上切刀及上切刀安装板上下升降”，与由“偏心轮在伺服电机的驱动下作圆周运动再通过传动机构将圆周运动转化为上切刀安装板的上下运动”，是不属于基本相同的技术手段的。而且，二审法院浙江省高级人民法院是以二者“都是所属技术领域惯常的技术手段”，而不是以“基本相同的技术手段”认定二者构成等同的。按照该最高人民法院的观点和理由，应该是撤销而不是维持该二审判决。更为重要的是，该案中最高人民法院的理由“可见，所谓发明点与非发明点，是相对于最接近的现有技术而言的，最接近的现有技术不同，可能导致发明点的不同。发明点的相对性决定了在专利侵权比对中不宜区分发明点与非发明点”是值得商榷的。首先，对于一个专利而言，不论是其“最接近的现有技术”

还是其“发明点”都是客观确定的，不能由于人认识的相对性而否定其本身的客观确定性。其次，在法院对专利侵权纠纷案的审判中，是应该判定该专利技术对社会贡献大小的，而要判定该专利的技术贡献大小，就应该判定该专利的发明点和最接近的现有技术。虽然法院对涉案专利的“发明点”认定可能会出现失误，但判决必须是建立在对“发明点”作出认定基础上的，在一个判决中“发明点”只能是被认定为客观确定的。如果对“发明点”的认定失误导致误判的话，可以通过二审及审判监督程序予以纠正，但如果对“发明点”不作出认定的话，则很难作出正确判决。

第三步，依据《侵犯专利权纠纷案件解释》第 7 条的规定判断是否落入了专利权的保护范围。

经过以上过程的判断，如果被诉侵权技术方案包含了与专利权利要求的对应技术特征相同或者等同的全部技术特征，则被诉侵权技术方案落入专利权的保护范围；如果缺少与专利权利要求的某个或者几个技术特征相同或者等同的一个或者几个技术特征，即对于专利权利要求记载的某个或者几个技术特征，在被诉侵权技术方案中，既找不到对应相同的技术特征也找不到对应等同的技术特征时，就应该判定其没有落入该专利权的保护范围。另外，按照《侵犯专利权纠纷案件解释》第 7 条的规定，被诉侵权技术方案有一个以上技术特征与专利权利要求的对应技术特征既不相同也不等同的，则被诉侵权技术方案就没有落入专利权的保护范围。对此，虽然司法解释给出了前后两种可供选择的判断方法，以便该规则能被更好地理解和更准确地应用，但对于笔者，虽然经过长达数年的琢磨，还是觉得包含相同或者等同的全部技术特征这一种表述，即通常所说的“全覆盖原则”的表述，更好理解，也更好应用些。如果被诉侵权技术方案没有全部包含与专利权利要求的对应技术特征相同或者等同的技术特征的，则不落入权利要求的保护范围；全部包含的，则落入保护范围。按照该条司法解释规定的后一种判断方法，即“或者有一个以上技术特征不相同也不等同的，人民法院应当认定其没有落入专利权的保护范围”，如果被诉侵权技术方案多出了一个以上与据以起诉的专利权利要求记载的技术特征没有相似性的，即构成既不相同也不等同的技术特征的，似乎是肯定不会落入该专利权利要求的保护范围的。但在这种情形下，完全存在“被诉侵权技术方案包含了全部与专利权利要求记载的技术特征相同或者等同的技术特征的”，因而“人民法院应当认定其落入专利权的保护范围”的可能。这样似乎不同的判断方法会得出不同的结论。但不论是在笔者研究过的还是自己代理的判例中，大家都是按照第一种判定方法，即被称为的“全覆盖方法”判定的。虽然法官在引用该条司法解释作为判据时，往往会全文引用，但具体判定时都是按照第一种方法即全覆盖方法判定的。笔者认为，第一种判定方法更好用，也更符合专利权保护的立法精神。

另外，对于方法权利要求来说，虽然权利要求没有明文记载限定权利要求的保护范围的实施步骤必须按一定的顺序实施，但本领域技术人员阅读专利授权文件，包括权利要求书、说明书及附图后，认为权利要求记载的步骤必须按照一定的顺序实施，才能实现发明目的的，就算被诉侵权技术方案虽然包含了与专利权利要求明文记载的对应技术特征相同或者等同的全部实施步骤，但被诉技术方案实施步骤的顺序与实现专利发明目的必须遵循的顺序不同的话，被诉侵权技术方案也没有落入权利要求的保护范围。

需要特别提醒读者的是，在应用上述《侵犯专利权纠纷案件解释》第 7 条及《审理专利纠纷案件规定》第 17 条判定是否落入专利权利要求的保护范围时，一定要注意第四章所述的禁止反悔原则、捐献原则及主题名称对专利权利要求保护范围产生影响的情况。

如果出现禁止反悔原则或者捐献原则的情况，则专利权的保护范围就不仅仅由权利要求单独决定，而是由权利要求与专利授权文件、专利确权文件或者由专利权利要求与说明书共同决定。具体详见第四章。如果专利权人为了获得专利授权或者确权，对某一技术方案作了放弃或者对技术特征的含义作了限缩性解释，且被采纳，并由此获得专利授权或者确权，则在据以起诉的专利权利要求的保护范围中，实际是剔除了这部分被放弃的技术方案或者被限缩掉的技术方案对应的保护范围的。如果被诉技术方案属于所述被放弃的技术方案或者被限缩掉的技术方案或者被捐献的技术方案的，则被诉技术方案就不落入原告据以起诉的专利权利要求的保护范围。至于如何判定被诉技术方案是否属于所述被放弃的技术方案或者被限缩掉的技术方案或者被捐献的技术方案，按照笔者的了解，目前尚未有成熟的指导意见，更没有可依据的规则，只能在个案中经验地进行。笔者思考得出如下规则供读者参考。

在具体判定时，应该首先确定所述被放弃或者被限缩掉或者被捐献的技术方案。然后对所述被放弃或者被限缩掉或者被捐献的技术方案进行技术特征划分，接下来在被诉技术方案中找与所述划分出的技术特征构成相同或者等同的技术特征。如果在被诉技术方案中能够找到全部的与所述被放弃或者被限缩掉或者被捐献的技术方案的所有技术特征构成对应相同的技术特征；或者在被诉技术方案中能够找到全部的与该被放弃或者被限缩掉或者被捐献的技术方案的全部技术特征构成对应等同的技术特征；或者能够找到全部的与所述被放弃或者被限缩掉或者被捐献的技术方案的全部技术特征部分构成对应相同部分构成对应等同的技术特征的，则被诉技术方案不落入原告据以起诉的专利权利要求的保护范围。

如果出现第四章所述的主题名称对专利权利要求保护范围起限定作用的情况，则在对据以起诉的专利权利要求的技术特征进行划分及比对时，一定不能遗漏主题名称所包含的技术特征。

（二）对《侵犯专利权纠纷案件解释（二）》第7条的理解应用

该条适用于权利要求限定的技术方案为封闭式化学组合物的（中药组合物除外）情形。

适用该条判断是否落入专利权的保护范围的实施步骤如下：

（1）判断据以起诉的专利权的保护范围是否针对的是化学组合物，如果是，则进行如下第二步。

（2）判断是否属于封闭式组合物的权利要求。判断方法及标准，最高人民法院在山西振东泰盛制药有限公司与山东特利尔营销策划有限公司医药分公司及胡小泉侵犯发明专利权纠纷再审案（〔2012〕民提字第10号）判决书中，作了详细系统的论述，见本章第三节案例八。《侵犯专利权纠纷案件解释（二）》第7条应该是从该判决书的判理总结提炼而来。读者仔细阅读该判决书会对准确理解和正确运用该条司法解释有很大帮助，此处限于篇幅从略。如果判断结果是属于封闭式组合物权利要求，则进行下面第三步。

（3）对权利要求进行技术特征划分，即进行组合物的组分划分，注意，这时的技术特征通常会以表述组分及含量范围的参数形式出现。

（4）对被诉侵权技术方案组分进行分析，看被诉侵权技术方案是否含有超过杂质含量的专利权利要求技术方案中所没有包含的组分，如果有，则直接认定被诉侵权技术方案没有落入专利权的保护范围。如果没有，则按照《侵犯专利权纠纷案件解释》第 7 条及《审理专利纠纷案件规定》第 17 条进行判定。

（三）对《侵犯专利权纠纷案件解释（二）》第 8 条的理解应用

该条适用于被诉侵权技术方案是否落入了包含功能性技术特征的权利要求专利权的保护范围的判定。依据该条进行是否落入专利权的保护范围判定的实施步骤。

（1）识别并认定权利要求中是否包含功能性技术特征，具体识别和判定的标准、方法步骤参见本书第二编第六章，此处限于篇幅从略。

（2）如果包含功能性技术特征，则对功能性技术特征的相同或者等同的判定按照该条的规定进行，详见本书第二编第六章；对于同一专利权利要求中不属于功能性的技术特征是否构成相同或者等同的判定，则按照上述对于《侵犯专利权纠纷案件解释》第 7 条及《审理专利纠纷案件规定》第 17 条的解释进行判定。

（3）判定是否落入权利要求的保护范围。在比对得出对应的技术特征构成相同、等同、既不相同也不等同后，再按照《侵犯专利权纠纷案件解释》第 7 条判定是否落入专利权的保护范围。

（四）对《侵犯专利权纠纷案件解释（二）》第 9 条的理解应用

该条适用于是否落入权利要求包含了使用环境技术特征的专利权的保护范围的判定。适用该条进行是否落入专利权的保护范围判定的实施步骤如下：

（1）识别权利要求中是否包含使用环境技术特征并判定使用环境特征对专利权的保护范围的限定作用及限定程度。

对此，最高人民法院在青岛太平货柜有限公司与中国国际海运集装箱（集团）股份有限公司等侵害发明专利权纠纷再审案（〔2014〕民提字第 40

号）判决书中有详细的论述。该判决认为："已经写入权利要求的使用环境特征属于权利要求的必要技术特征，对于专利权的保护范围具有限定作用。使用环境特征对于专利权的保护范围的限定程度即限定作用的大小，需要根据个案情况具体确定。一般情况下，使用环境特征应该理解为要求被保护的主题对象可以使用于该种使用环境即可，不要求被保护的主题对象必须用于该种使用环境。但是，如果本领域普通技术人员在阅读专利权利要求书、说明书以及专利审查档案后可以明确而合理地得知被保护对象必须用于该种使用环境，那么该使用环境特征应被理解为要求被保护对象必须使用于该特定环境。"

至于到底应该如何判断使用环境特征对专利权的保护范围的限定程度，按照笔者的了解，目前尚未有成熟的指导意见，更没有可依据的规则，只能依据个案经验进行。笔者思考的如下规则供读者参考。

如果一个专利权利要求的使用环境特征作为其获得授权的必要条件，即该使用环境特征是作为该专利权利要求限定的技术方案和现有技术相比，具有新颖性和创造性，进而是获得专利授权的必要条件，则该使用环境特征的限定作用应该被理解为要求被保护对象必须适用于该特定环境。否则就应该理解为要求被保护对象可以适用于该特定环境即可。

最高人民法院在株式会社岛野与宁波市日骋工贸有限公司专利侵权提审案（〔2012〕民提字第1号）中，之所以认定该案专利权利要求保护的主题属于必须适用于其使用环境，是因为该案专利是以其使用环境特征作为其获得授权的必要条件的。该案专利权人，在专利申请过程中，针对其申请不具有新颖性及创造性的审查意见，主张所申请的发明与对比文件的不同点在于：所述后换挡器具有支架件（5）、用于支撑链条导向装置（3）的支撑件（4）以及一对用于连接所述支撑件（4）和所述支架件（5）的连接件（6，7），而本发明是将上述后换挡器的上述支架件（5）连接到上述支架的支架体（8）的一端，然后再将上述支架体（8）的另一端连接至自行车车架后叉端（51）的换挡器安装延伸部（14）上。该案专利授权是以此为条件的。如果在专利授权时是以此为条件，即本案专利申请要求保护的技术方案是以适用于所述环境为条件，那么在专利侵权诉讼中确定专利权的保护范围时，只能将保护范围限制在必须适用于所述环境，而不能将保护范围扩大到超出必须适用于所述环境，即可以适用于所述环境。可以适用于所述环境的保护范围是大于必须适用于所述环境的。不能以较小的保护范围作为条件获得授权后，在判定被诉技术方案是否落入该专利的保护范围时，又支持其更大的保护范围的主张。

（2）判定是否落入具有使用环境特征的专利权利要求的保护范围。

对于包含使用环境特征的权利要求，如果被诉侵权技术方案既包含了与专利权利要求的非使用环境技术特征对应相同或者等同的全部技术特征，又满足权利要求记载的使用环境要求的，则落入专利权利要求包含使用环境技术特征的专利权的保护范围。否则，就没有落入专利权利要求包含使用环境技术特征的专利权的保护范围。即被诉侵权技术方案没有包含全部与专利权利要求的对应非使用环境技术特征构成相同或者等同的技术特征，或者不符合使用环境要求的，就没有落入专利权的保护范围。关于是否符合专利权使用环境特征的要求，具体分为两种情况。针对权利要求的使用环境要求是可以适用的情况，被诉技术方案不能适用于该使用环境特征限定的使用环境的，则属于不能满足权利要求的使用环境；如果被诉侵权技术方案可以适用于专利权利要求的使用环境特征限定的环境，也可以适用于其他环境的，则属于满足权利要求使用环境的要求；如果被诉侵权技术方案只能适用于权利要求限定的使用环境的，属于满足使用环境的要求。针对专利权利要求限定的使用环境是必须满足的情况，被诉侵权技术方案只能适用于权利要求的使用环境的，属于满足使用环境的要求；被诉侵权技术方案可以适用于专利权利要求的使用环境，也可适用于其他环境的，就属于不满足使用环境的要求；被诉侵权技术方案不能适用于权利要求的使用环境的，属于不满足使用环境的要求。

在判定被诉技术方案是否落入包含使用环境技术特征的专利权利要求保护范围时，可以先判断其是否满足使用环境技术特征的要求。如果不满足，则直接判定没有落入该专利权的保护范围。如果满足，则依据《侵犯专利权纠纷案件解释》第 7 条和《审理专利纠纷案件规定》第 17 条（如果包含功能性技术特征还要依据《侵犯专利权纠纷案件解释（二）》第 8 条）进行判断。

（五）对《侵犯专利权纠纷案件解释（二）》第10条的理解应用

该条适用于包含以制备方法界定产品的技术特征的权利要求。

判定是否落入包含以制备方法界定产品的技术特征的权利要求的保护范围按照以下步骤进行：

（1）判定据以起诉的专利权利要求是否包含以制备方法界定产品的技术特征。

（2）确定权利要求中以制备方法界定产品的技术特征。

（3）对权利要求进行技术特征的划分，其中将制备产品的方法总体划分成一技术特征。

（4）确定被诉侵权的技术方案（由作为权利人的原告承担举证责任）。

（5）对被诉侵权的技术方案进行技术特征的划分，其中将制备产品的方法总体划分成一个技术特征。

（6）进行技术特征的比对，确定被诉技术方案中包含的技术特征与权利要求中对应的技术特征是否构成相同或者等同。其中需要特别注意的是，被诉技术方案中的产品制备方法和权利要求中的产品制备方法都被整体划分成一个技术特征，此时是将两个产品制备方法作为整体来比对，以确定是否构成相同或者等同。

（7）按照《侵犯专利权纠纷案件解释》第7条规定的全覆盖原则判定是否落入专利权的保护范围。如果被诉技术方案包含与权利要求包含的对应技术特征构成相同或者等同的全部技术特征，则被诉技术方案落入了权利要求包含以制备方法界定产品的技术特征的专利权的保护范围。虽然《侵犯专利权纠纷案件解释（二）》第10条将产品的制备方法提高到突出位置，强调“对于权利要求中以制备方法界定产品的技术特征，被诉侵权产品的制备方法与其不相同也不等同的，人民法院应当认定被诉侵权技术方案未落入专利权的保护范围”，但笔者认为，对于包含以制备方法界定产品的技术特征的权利要求，在判定是否落入其保护范围时，完全可以先从容易处着手，看哪类技术特征的相同或者等同的判定容易，就先从哪类进行判断。

需要提醒的是，依据《专利法》第66条，“专利侵权纠纷涉及新产品制造方法的发明专利的，制造同样产品的单位或者个人应当提供其产品制造方法不同于专利方法的证明……”，只有在新产品制造方法专利侵权纠纷中适用举证责任倒置，即由被告举证证明其生产涉诉产品的方法与据以起诉的专利方法不同，否则就落入了据以起诉的专利权保护范围。但被告承担该倒置的举证责任，必须以原告举证证明了以下两个条件为前提：①产品制造方法专利的技术方案给使用该专利方法制造的产品带来了区别于专利申请日前同类产品的新的结构特征，并使其区别于已有产品；②被告的涉诉产品与依照该专利方法生产的产品相同，特别是具有该新的结构特征。在原告举证证明了该两方面的前提下，如果被告拒绝提供其生产与原告的授予了发明专利的新产品制造方法制造的产品相同的产品的生产方法；或者虽然提供了生产方法，但提供的生产方法不能生产出被告的该涉诉产品；或者虽然能生产出该涉诉产品，但不能证明其生产涉诉产品的方法与原告据以起诉的授予发明专利的新产品制造方法不同；则推定被告的生产方法落入了原告据以起诉的该新产品制造方法的发明专利的保护范围。至于何为《专利法》第66条“专利侵权纠纷涉及新产品制造方法的发明专利的，制造同样产品的单位或者个人应当提供其产品制造方法不同于专利方法的证明……”所述的，被告的产品制造方法与专利方法的“不同”，或者认定该“不同”的标准是什么，我国现行的专利法及其司法解释都没有规定。笔者认为，如果被告提供的产品制造方法没有落入原告据以起诉的新产品制造方法的发明专利权利要求的保护范围，则为该《专利法》第66条规定的“不同”；如果落入原告据以起诉的新产品制造方法的发明专利权利要求的保护范围，则为“相同”。

无锡市隆盛电缆材料厂、上海锡盛电缆材料有限公司与西安秦邦电信材料有限责任公司侵犯专利权纠纷再审案（〔2012〕民提字第3号），对理解该判定规则会有很大帮助，见本章第三节案例十。

（六）《侵犯专利权纠纷案件解释（二）》第7条规定的判定原则也应该适用于包括机械领域在内的所有技术领域的专利

关于开放式与封闭式权利要求的区分及是否落入封闭式权利要求的保护

范围的判定规则，是否也适用于机械领域的专利，我国专利法及司法解释都没有涉及。2006年版的《专利审查指南》才明确规定了在机械领域专利的权利要求也应当区分封闭式和开放式，并适用权利要求封闭式和开放式的判定规则。但在北京世纪联保消防新技术有限公司与国家知识产权局原专利复审委员会专利确权纠纷再审案，不论是原专利复审委、北京市第一中级人民法院、北京市高级人民法院，还是最高人民法院，针对2002年7月5日申请的机械领域的专利，都对其权利要求进行了封闭式和开放式的区分，并按照封闭式和开放式的规则进行处理。该案被最高人民法院知识产权案件年度报告（2013年）所收录，表明该案所确认的，对专利权利要求进行封闭式和开放式区分，不应该受技术领域和专利申请时间限制的原则，此被确定为最高人民法院的一项司法原则。而最高人民法院郎贵梅法官对发表于《人民司法》的该案评析①，对该案的判理及对专利权利要求进行封闭式和开放式区分不受技术领域和专利申请时间限制的法理依据、制度价值的分析，对读者全面理解掌握和应用应该具有很大帮助。见本章第三节案例九。

第二节　对《专利法》第66条第1款及《知识产权证据规定》第3条的理解

专利侵权诉讼与其他侵权诉讼一样，按照法理应该是由原告对被告侵权成立的全部要件承担举证责任，如果原告举证不能，则就应该判定原告对被告侵犯其专利权的主张不能成立，驳回其诉讼请求。但对于产品制造方法专利权而言，原告很难取得证明被告实际制造涉诉产品方法的证据。由此，对于产品制造方法专利，如果仍然坚持原告对被告构成侵犯专利权的全部要件承担证明责任，则产品制造方法专利权实际很难得到保护。而产品制造方法

① 郎贵梅："开放式与封闭式权利要求的区分适用于机械领域专利"，载《人民司法》2014年16期，56-59页。

的创新是非常重要的，为了促进产品制造方法创新，在原告履行了一定证明责任的前提下，将被告易于履行的一部分事项的证明责任转移给被告承担，既能切实有效地保护专利权，促进创新，又不至于损害公平正义。由此，《专利法》第 66 条第 1 款规定，“专利侵权纠纷涉及新产品制造方法的发明专利的，制造同样产品的单位或者个人应当提供其产品制造方法不同于专利方法的证明”；《知识产权证据规定》第 3 条规定：“专利方法制造的产品不属于新产品的，侵害专利权纠纷的原告应当举证证明下列事实：（一）被告制造的产品与使用专利方法制造的产品属于相同产品；（二）被告制造的产品经由专利方法制造的可能性较大；（三）原告为证明被告使用了专利方法尽到合理努力。原告完成前款举证后，人民法院可以要求被告举证证明其产品制造方法不同于专利方法。”据上述规定，在产品制造方法专利侵权诉讼中，在原告履行了所规定的证明责任的前提下，是由被告对其制造相同产品的方法不同于原告据以起诉的产品制造方法专利权利要求限定的技术方案承担举证责任。上述两个规定的区别在于按照《专利法》第 66 条第 1 款的规定，在原告履行了《专利法》第 66 条第 1 款规定的证明责任后，被告依法应该承担其证明责任；而按照《知识产权证据规定》第 3 条的规定，在原告履行了《知识产权证据规定》第 3 条规定的证明责任后，是由法院根据原告的举证情况，决定是否由被告承担《知识产权证据规定》第 3 条规定的证明责任。但不管是按照《专利法》第 66 条第 1 款，还是按照《知识产权证据规定》第 3 条，只要确定了被告承担所规定的证明后，此时被告如果举证不能，则推定为被告制造相同产品的技术方案落入了原告据以起诉的专利权利要求的保护范围。在此基础上，如果被告没有提出本书第七章所述的不侵权抗辩或者不侵权抗辩不能成立，则法院应该认定被告侵犯专利权成立。就这两条规定相对比原告承担的举证责任有很大的不同，说明如下。

一、对《专利法》第 66 条第 1 款的理解

《专利法》第 66 条第 1 款适用于新产品制造方法专利侵权诉讼。该条的适用必须先由原告举证证明以下两个事项：①原告的产品制造方法专利权利要求限定的技术方案制造的产品必须是新产品。即其产品制造方法专利的

技术方案给使用该专利方法制造的产品带来了区别于专利申请日前同类产品的新的结构特征，并使其区别于已有产品；②被告的涉诉产品与依照该专利方法制造的产品相同。此处所述的相同是指专利法意义上的相同，即被告的涉诉产品具有与原告的权利要求限定的方法制造的产品具有的技术特征构成相同或者等同的全部技术特征。在原告举证证明了上述两项事项的前提下，如果被告拒绝提供其涉诉产品的制造方法；或者虽然提供了其制造方法，但提供的方法不能制造出被告的该涉诉产品；或者虽然能制造出该涉诉产品，但不能证明其制造涉诉产品的方法与原告据以起诉的授予发明专利的新产品制造方法不同的，则推定被告的生产方法落入了原告据以起诉的该新产品制造方法的发明专利的保护范围。

至于何为《专利法》第 66 条第 1 款规定的，被告的产品制造方法与专利方法的“不同”，或者认定该“不同”的标准是什么，我国现行的专利法及其司法解释都没有规定。笔者认为，如果被告提供的产品制造方法没有落入原告据以起诉的新产品制造方法的发明专利权利要求的保护范围，则为该《专利法》第 66 条规定的“不同”；如果落入原告据以起诉的新产品制造方法的发明专利权利要求的保护范围，则为“相同”。无锡市隆盛电缆材料厂、上海锡盛电缆材料有限公司与西安秦邦电信材料有限责任公司、古河电工（西安）光通信有限公司侵犯专利权纠纷再审案（〔2012〕民提字第 3 号），对理解该判定规则会有很大帮助，见本章第三节案例十。

二、对《知识产权证据规定》第 3 条的理解

《知识产权证据规定》第 3 条适用于原告据以起诉的专利权利要求为非新产品制造方法（发明专利）。具体适用时，原告应先履行如下三项证明责任：①被告制造的产品与使用专利方法制造的产品属于相同产品。即，被告的涉诉产品与依照据以起诉的专利方法制造的产品相同。此处所述的相同是指专利法意义上的相同，即被告的涉诉产品具有与原告的权利要求限定的生产方法生产的产品具有的技术特征构成相同或者等同的全部技术特征。②被告制造的产品经由专利方法制造的可能性较大。对此，笔者尚未看到有司法解释或者生效判决予以说明。笔者认为，如果原告能够证明，使用据以起诉

的产品制造方法专利权利要求限定的技术方案，结合所属领域的公知常识就能制造出被告的涉诉产品，或者所属领域技术人员在据以起诉的产品制造方法专利权利要求限定的技术方案的基础上不经过创造性劳动就能制造出被告的涉诉产品的，就算尽到了原告的该项证明责任。即证明了被告制造的产品经由专利方法制造的可能性较大。③原告为证明被告使用了专利方法尽到合理努力。原告完成前三项举证后，人民法院可以要求被告举证证明其产品制造方法不同于专利方法。在人民法院确定了被告的所述证明责任后，如果被告拒绝提供其涉诉产品的制造方法；或者虽然提供了其制造方法，但提供的方法不能制造出被告的该涉诉产品；或者虽然能制造出该涉诉产品，但不能证明其制造其涉诉产品的方法与原告据以起诉的授予发明专利的产品制造方法不同的，则推定被告的生产方法落入了原告据以起诉的该产品制造方法的发明专利的保护范围。

至于何为《知识产权证据规定》第 3 条规定的，被告的产品制造方法与专利方法的“不同”，或者认定该“不同”的标准是什么，我国现行的专利法及其司法解释都没有规定。笔者认为，如果被告提供的产品制造方法没有落入原告据以起诉的非新产品制造方法的发明专利权利要求的保护范围的，则为该《知识产权证据规定》第 3 条规定的“不同”；如果落入，则为“相同”。

第三节　是否落入发明、实用新型专利权的保护范围判定的典型案例

一、错误将被诉侵权产品与专利的实施例的技术特征进行比对的案例

【案例一】深圳市蓝鹰五金塑胶制品厂与被申请人罗某中侵犯实用新型专利权纠纷案（〔2011〕民提字第 248 号）

（一）本案据以起诉的专利及其权利要求

涉案专利（专利号 ZL02231446.6）名称为“汽车方向盘锁”，权利要求

1 为："汽车方向盘锁，包括前叉、后叉、止动杆、锁头、锁体及其内部的锁止元件。其特征在于：它还包括组合锁梁，以及锁体内部的弹性定位掣，组合锁梁的叉杆左端设有前叉，右端呈直角形地设有转轴，转轴下端插入锁体左端的垂直大孔内形成铰链连接，垂直大孔的两侧设有贯穿其中心的纵向孔，左侧的纵向孔内装有堵盖和弹性定位掣，右侧的纵向孔内装有锁止元件，转轴下端的中部设有径向凹坑，其位置与锁止元件和弹性定位掣相对应，锁体中部设有控制锁止元件的锁头，锁体右端下方设有后叉，其上方固装着止动杆的左端，组合锁梁通过铰链展开后与锁体、后叉和止动杆形成一错位的横杠，锁止元件卡在转轴的径向凹坑与锁体之间，前叉的叉口朝向左方，后叉的叉口朝向右方，两叉口非对称地撑卡在方向盘圆环上；锁头控制锁止元件退出径向凹坑开锁，组合锁梁回转 180 度形成与锁体及其右端的止动杆平行的折叠状，弹性定位掣弹顶在转轴的径向凹坑与锁体之间，前叉与后叉的叉口均朝向右方。"

（二）一审法院对权利要求 1 的技术特征的划分

一审法院深圳市中级人民法院将涉案专利分解为如下技术特征：

（1）包括前叉、后叉、止动杆、锁头、锁体及其内部的锁止元件；

（2）包括组合锁梁以及锁体内部的弹性定位掣；

（3）组合锁梁的叉杆左端设有前叉，右端呈直角形地设有转轴，转轴下端插入锁体左端的垂直大孔内形成铰链连接；

（4）垂直大孔的两侧设有贯穿其中心的纵向孔，左侧的纵向孔内装有堵盖和弹性定位掣，右侧的纵向孔内装有锁止元件；

（5）转轴下端的中部设有径向凹坑，其位置与锁止元件和弹性定位掣相对应；

（6）锁体中部设有控制锁止元件的锁头，锁体右侧下方设有后叉，其上方固装着止动杆的左端；

（7）组合锁梁通过铰链展开后与锁体、后叉和止动杆形成一错位的横杠；

（8）锁止元件卡在转轴的径向凹坑与锁体之间；

(9) 前叉的叉口朝向左方，后叉的叉口朝向右方，两叉口非对称地撑卡在方向盘上；

(10) 锁头控制锁止元件退出径向凹坑开锁，组合锁梁回转 180 度形成与锁体及其右侧的止动杆平行的折叠状，弹性定位掣弹顶在转轴的径向凹坑与锁体之间，前叉与后叉的叉口均朝向右方。

（三）一审法院对被诉技术方案是否落入权利要求 1 的保护范围所作出的认定

一审法院将被诉侵权产品与涉案专利技术进行比较，认为：

被诉侵权产品具备涉案专利的第 1、2、3、6、7、8、9、10 项技术特征。被诉侵权产品与涉案专利的不同之处在于：①锁体内部结构不同。专利锁体的垂直大孔的两侧设有贯穿其中心的纵向孔，被诉侵权产品锁体的垂直大孔的两侧的纵向孔没有贯穿垂直大孔的中心，而是上下错位。前者两侧纵向孔与垂直大孔的中心处于同一水平线上，后者相互错位，不在同一水平线上；②转轴的结构不相同。专利转轴下端的中部设有径向凹坑，其位置与锁止元件和弹性定位掣相对应。被诉侵权产品转轴下端分成上下两部分，分别开设两种不同滑槽：位于上方的横截面为半圆弧形滑槽，与方形弹性定位掣相对应，位于下方的呈齿形滑槽与锁止元件相对应。③弹性定位掣及锁止元件与转轴的配合方式不同。专利弹性定位掣、锁止元件与径向凹坑三者位于同一轴线高度。锁紧时，锁止元件卡在转轴的径向凹坑；开锁折叠时，锁止元件退出转轴的径向凹坑。被诉侵权产品弹性定位掣与转轴位于上方的横截面为半圆弧形滑槽相对应，而锁止元件与转轴位于下方的呈齿形滑槽相对应。转轴上弹性定位掣和锁止元件分别有与自己配合的滑槽，二者位置是上下错位设计。不论锁紧时还是开锁时，弹性定位掣都始终位于横截面为半圆弧形滑槽内。锁紧时，弹性定位掣位于横截面为半圆弧形滑槽的一端，锁止元件位于相应的齿形滑槽中；开锁折叠时，转轴转动，弹性定位掣在横截面为半圆弧形滑槽中从一端滑动到另一端，锁止元件位于下端反方向的齿形滑槽中滑动转动。弹性定位掣及锁止元件与转轴的结构配合设计有效限制了锁梁只能在 0—180 度范围内旋转。

基于二者以上结构、配合关系的不同，导致了二者在技术效果方面也存在明显区别。前者转轴端部环形槽内须设有挡圈以防止开锁后转轴轴向活动，且因挡圈系转轴与锁体外置式固定，容易被拆除。后者因垂直大孔两侧纵向孔与垂直大孔转轴设有两个上下错位、反向 180 度的滑槽，分别与弹性定位掣、锁止元件相对应，能够限定弹性定位掣、锁止元件的上下位置和角度范围。上滑槽与弹性定位掣相对应的结构，完成了转轴与锁体的内置锁固，使得转轴与锁体的配合固定更加安全可靠；前者组合锁梁与止动杆会在 360 度内旋转，而后者旋转角度被限制在 180 度以内，后者可以有效避免前者因 360 度旋转导致车锁锁固不牢、容易被破坏等缺陷。因此，被诉侵权产品的技术特征与涉案专利的必要技术特征存在明显区别，没有落入涉案专利权的保护范围。

（四）二审法院广东省高级人民法院作出的认定

关于被诉侵权产品是否落入涉案专利权的保护范围，主要存在如下争议：①两者的锁体内部构造是否相同；②两者的转轴结构是否相同；③两者的锁止元件、弹性定位掣与转轴操作配合方式是否相同。

对于前述争议①，涉案专利的权利要求书中记载："垂直大孔的两侧设有贯穿其中心的纵向孔。"一审判决认为，该技术特征应理解为"两侧纵向孔与垂直大孔的中心处于同一水平线上"，并进而认为其与被诉产品垂直大孔两侧上下错位设置的纵向孔不同。然而，从权利要求的字面并不能唯一导出上述结论，说明书文字部分也未作出相应解释。相反，分析涉案专利技术方案可知，垂直大孔两侧纵向孔的作用在于容纳弹性定位掣和锁止元件，并使上述两部件与位于垂直大孔中的转轴相配合，故只要两端的纵向孔分别贯通于垂直大孔的中心即可满足要求，两侧纵向孔与垂直大孔的中心处于同一水平线上并非实现这一目的的必要手段。一审判决将从专利附图中看出的信息用于限定权利要求的特征，显然不当地缩小了专利权的保护范围。综上，对于权利要求的上述特征，应理解为两端的纵向孔分别与垂直大孔的中心相贯通，在此情形下，即便垂直大孔两侧的纵向孔上下错位设置，被诉侵权产品锁体的内部构造仍与涉案专利构成相同。

对于前述争议②，涉案专利的权利要求书中记载："转轴下端的中部设有径向凹坑，其位置与锁止元件和弹性定位掣相对应。"一审判决认为，被诉侵权产品转轴下端分成上下两部分，分别开设两种不同滑槽：位于上方的横截面为半圆弧形滑槽，与方形弹性定位掣相对应，位于下方的呈齿形滑槽与锁止元件相对应。因此，两者转轴的结构不同。对此，二审法院认为，权利要求中并未限定径向凹坑的形状、数目及组合方式，而被诉侵权产品中的滑槽本质上也是沿转轴径向方向下凹的坑，相当于涉案专利的径向凹坑，其目的也是与弹性定位掣和锁止元件相配合，故这一特征也与涉案专利构成相同。

对于前述争议③，涉案专利中，锁体中部设有控制锁止元件的锁头，锁体右端下方设有后叉，其上装有止动杆。锁车时，组合锁梁通过铰链展开后与锁体、后叉和止动杆形成一错位横杆，锁止元件卡在转轴的径向凹坑与锁体之间，前叉和后叉的叉口朝向相反，卡在方向盘的圆环上，锁体右端的止动杆伸出方向盘外围，阻止方向盘转动。开锁时，锁头控制锁止元件退出径向凹坑，组合锁梁回转 180 度，形成与锁体和止动杆平行的折叠状态，弹性定位掣顶在径向凹坑与锁体之间，将组合锁梁与锁体、止动杆保持在折叠状态。由此可见，在涉案专利中，锁止元件的作用在于锁车时卡住转轴的径向凹坑防止转轴转动，从而将锁体和组合锁梁稳定地保持在一条水平线上进而实现对方向盘的锁定，弹性定位掣的作用在于开锁时顶在径向凹坑和锁体之间，将组合锁梁与锁体、止动杆保持在相对稳定的折叠状态。与涉案专利相比，被诉侵权产品的组合锁梁、锁体和止动杆的结构和连接关系均相同。锁紧时，弹性定位掣位于半圆弧形滑槽的一端，锁头控制锁止元件伸出，插入转轴的齿形滑槽中限制转轴的转动，从而实现对方向盘的锁定。开锁时，锁头控制锁止元件退出滑槽，组合锁梁回转 180 度，形成与锁体和止动杆平行的折叠状态，弹性定位掣在半圆弧形滑槽中从一端滑动到另一端。由于滑槽内与弹性定位掣相接触的位置为一平面，而弹性定位掣在后面弹簧弹力作用下会对上述平面进行挤压，也表现为顶在滑槽和锁体之间，并也能保持锁体与组合锁梁折叠状态的相对稳定。由此可见，被诉侵权产品的锁止元件和弹性定位掣也完全具有涉案专利中相应部件的作用。因此，应当认定两者的锁止元件、弹性定位掣与转轴操作配合方式也构成相同。

针对一审判决中有关两者技术效果有明显区别的认定，二审法院认为存在如下问题：首先，一审判决始终将涉案专利具体实施例与被诉侵权产品相比，将诸如挡圈等未记载在权利要求中的特征纳入比对范围，违反了《专利法》第59条[①]第1款的规定，属于比对对象错误，在此基础上得到的两者技术效果有异的结论不能成立；其次，专利侵权判定采用的是全面覆盖原则，只要被诉侵权技术方案包含权利要求记载的全部技术特征，就应当认定其落入专利权的保护范围。即便被诉侵权产品通过附加技术特征的方式对涉案专利进行改进，获得了比涉案专利更好的技术效果，对其落入涉案专利权保护范围亦不构成影响。

（五）最高人民法院提审作出的认定

本案的焦点问题在于被诉侵权产品是否落入涉案专利权保护范围。将被诉侵权产品的技术特征与涉案专利权利要求记载的全部技术特征进行对比，不存在缺少技术特征的情形，双方当事人对一审、二审法院均认定相同的技术特征也不存在异议，但是对以下技术特征是否相同或者等同存在争议：①锁体内部结构；②转轴结构和配合关系。

《专利法》（2000年修正）第56条第1款规定，发明或者实用新型专利权的保护范围以其权利要求的内容为准，说明书及附图可以用于解释权利要求的内容。本案中，涉案专利产品OK－310BA折叠式方向盘自动锁是涉案专利实施例1的具体体现，在确定涉案专利权的保护范围时，可以帮助理解权利要求的内容。但是，侵权判断时，应该防止将该具体的实施例与被诉侵权产品进行对比，以免不当地缩小专利权的保护范围。

《侵犯专利权纠纷案件解释》第2条规定，应当根据权利要求的记载，结合本领域普通技术人员阅读说明书及附图后对权利要求的理解，确定权利要求的内容。针对本案争议的具体技术特征，应该以涉案专利权利要求中的相关记载为基础，结合说明书及附图的相关内容，对该技术特征进行正确解释。

---

① 《专利法》（2020年修正）第64条。

1. 锁体内部结构

涉案专利权利要求中关于锁体内部结构的技术特征为："垂直大孔的两侧设有贯穿其中心的纵向孔。"被诉侵权产品锁体内部结构的技术特征为：垂直大孔两侧的纵向孔上下错位设置，分别与垂直大孔的中心相贯通，与垂直大孔形成"Z"形结构。

"贯穿"不是一个专业技术术语，在涉案专利说明书中也没有对其含义作出特别界定，因此，应根据其通常含义对其进行解释。《现代汉语词典》(第5版) 载明，"贯"的意思是"穿、贯通、连贯"，"贯穿"的意思是"穿过、连通"。也就是说，"垂直大孔的两侧设有贯穿其中心的纵向孔"的字面含义为两侧的纵向孔连通并且穿过垂直大孔中心。垂直大孔是立体的，其中心指的是其轴向中心线，而不是轴向中心线的中心。要实现这一点，垂直大孔两侧的纵向孔可以在一条直线上，与垂直大孔形成"十"形结构，也可以上下错位设置，与垂直大孔形成"Z"形结构。因为垂直大孔和纵向孔都是中空的，上述两种结构均可以实现垂直大孔两侧的纵向孔连通并且穿过垂直大孔中心。根据涉案专利权利要求书和说明书的记载，垂直大孔两侧的纵向孔分别装设弹性定位掣和锁止原件，与垂直大孔中装设的转轴相配合实现锁紧和开锁，上述两种结构也均能实现这一目的。因此，关于锁体结构的技术特征，被诉侵权产品落入涉案专利权利要求的字面范围，与涉案专利相同。

2. 转轴结构及配合关系

涉案专利权利要求中关于转轴结构的技术特征为："转轴下端的中部设有径向凹坑，其位置与锁止元件和弹性定位掣相对应。"被诉侵权产品转轴结构的技术特征为：转轴下端分成上下两部分，错位开设两种不同滑槽分别与锁止元件和弹性定位掣相对应。位于上方的4个齿形滑槽（两个径向设置、两个非径向设置）与锁止元件相对应，位于下方的横截面为半圆弧形的滑槽（非径向设置）与方形弹性定位掣相对应。"径向凹坑"字面含义为沿转轴直径方向凹陷的坑状结构。权利要求中没有对径向凹坑的形状、数量及组合方式的限制，也没有对与锁止元件和弹性定位掣相对应的径向凹坑是同一个还是不同的进行限制。专利说明书中实施例 1 和 2 分别设置了一个和两个径向凹坑与锁止元件、弹性定位掣同时和分别对应。根据上述对锁体内部结构的分析，在垂直大孔两侧的纵向孔上下错位设置的情形下，也必定有不同的径向凹坑分别与锁止元件和弹性定位掣相对应。因此，判断被诉侵权产品的滑槽与涉案专利的径向凹坑是否相同或等同，还应该进一步确定径向凹坑的作用，而不能仅停留在其字面含义。径向凹坑的作用与配合关系紧密相连。配合关系是指锁紧和开锁状态下锁止元件、弹性定位掣与转轴的操作配合，在涉案专利权利要求中其技术特征描述为：锁紧时“锁止元件卡在转轴的径向凹坑与锁体之间”，开锁时“锁头控制锁止元件退出径向凹坑开锁，组合锁梁回转 180 度形成与锁体及其右侧的止动杆平行的折叠状，弹性定位掣弹顶在转轴的径向凹坑与锁体之间，前叉与后叉的叉口均朝向右方”。被诉侵权产品配合关系的技术特征为：锁紧时弹性定位掣位于半圆弧形滑槽的一端，锁止元件插入转轴的齿形滑槽中限制转轴的转动，实现对方向盘的锁定。开锁时锁头控制锁止元件退出滑槽，组合锁梁回转 180 度，形成与锁体和止动杆平行的折叠状态，弹性定位掣在半圆弧形滑槽中从一端滑动到另一端，前叉与后叉的叉口朝向右方。由此可见，在锁紧状态下，涉案专利的径向凹坑与锁止元件配合，锁止元件卡在径向凹坑与锁体之间；被诉侵权产品弹性定位掣位于横截面为半圆弧形滑槽的一端，锁止元件卡在相应的齿形滑槽和锁体之间。开锁折叠，转轴转动 180 度，涉案专利的径向凹坑与弹性定位掣配合，此时弹性定位掣弹顶在径向凹坑与锁体之间；被诉侵权产品的弹性定位掣在横截面为半圆弧形滑槽中从一端滑动到另一端，锁止元件在位于上端反方向的齿形滑槽中滑动转动，在转轴转动过程中弹性定位掣始终和槽的切面垂直，沿径向弹顶在滑槽和锁体之间。因此，涉案专利中的径向凹坑与被诉侵权产品中的滑槽，其作用均是与弹性定位掣和锁止元件相配合，实现锁紧和开锁，以及保持组合锁梁和止动杆的折叠状态，尽管被诉侵权产品中的滑槽有些非径向设置，但其实质上和涉案专利中的径向凹坑是相同的。

蓝鹰厂主张，被诉侵权产品不论锁紧时还是开锁时，弹性定位掣都始终位于横截面为半圆弧形的滑槽内，限制了锁梁只能在 0—180 度范围内旋转，使得转轴与锁体的配合固定更加安全可靠。涉案专利说明书记载的实施例中，在转轴转动过程中，弹性定位掣的确不是始终顶在径向凹坑中的，在实施例中还设置了一个权利要求中未记载的挡圈防止转轴轴向窜动。但是专利侵权判断是以权利要求书来确定保护范围，说明书和附图用于解释权利要求的内容。涉案专利权利要求和说明书中，记载了径向凹坑与弹性定位掣相对应，开锁旋转 180 度后弹性定位掣弹顶在径向凹坑内，对转轴转动过程中弹性定位掣的位置没有记载，也就是说没有排除在转轴转动过程中弹性定位掣始终弹顶在径向凹坑内的技术方案。被诉侵权产品弹性定位掣在转轴转动过程中，始终弹顶在横截面为半圆弧形的滑槽内，其作用也在于开锁旋转 180 度后顶在滑槽和锁体之间，保持锁体与组合锁梁折叠状态的相对稳定。在涉案专利的权利要求范围内，会有不同的实施方式，不同的实施方式可能会带来技术效果上的差别，但是都落入同一个专利权的保护范围之内。因此，在锁止元件、弹性定位掣与转轴的配合关系上，被诉侵权产品与涉案专利相同。

综上所述，被诉侵权产品落入涉案专利权保护范围。

二、判定落入权利要求保护范围特别是落入包含使用环境特征的权利要求的保护范围的典型案例

【案例二】青岛太平货柜有限公司与中国国际海运集装箱（集团）股份有限公司等侵害发明专利权纠纷申请再审案（〔2014〕民提字第 40 号）

（一）本案据以起诉的专利及其权利要求

涉案专利（专利号 ZL200710063587.0）名称为“运输平台及运输单元”，据以起诉的权利要求为 4、6、8 和 12—16。被告太平货柜公司曾针对本案专利向原国家知识产权局专利复审委员会提出无效宣告请求。2011 年 2 月 22 日，原国家知识产权局专利复审委员会作出第 16146 号无效宣告请求审查决定。该决定第 10 页记载了如下内容：“宣告 200710063587.0 号发明专利的权利要求 1—3、权利要求 8 引用权利要求 1—3 的技术方案、权利要求 9—11 无效，在权利要求 4—7、权利要求 8 引用权利要求 4—7 的技术方案、权利要求 12—16 的基础上继续维持该专利有效。”该专利授权文件记载的全部权利要求如下。

（1）一种运输平台，用于堆码非标准集装箱，其特征在于，包括一对横梁以及一对纵梁，分别连接在该一对横梁之间，其中，该每个横梁包含至少

一个顶角件，设置在该横梁的上部，用于与该非标准集装箱的底角件相配合；和一对底角件，设置在该横梁的下部，其中心距与ISO标准集装箱宽度方向上的角件中心距相适应。

（2）根据权利要求1所述的运输平台，其特征在于，该横梁和纵梁的长度分别与ISO标准集装箱的长度相适应。

（3）根据权利要求2所述的运输平台，其特征在于，该每个横梁上部设有两个顶角件，保持预定中心距。

（4）根据权利要求2所述的运输平台，其特征在于，该每个横梁上部设置有三个顶角件，其中两个设置在该横梁的端部。

（5）根据权利要求4所述的运输平台，其特征在于，另外一个顶角件与位于横梁端部的两个顶角件中的一个保持预定中心距。

（6）根据权利要求2所述的运输平台，其特征在于，该每个横梁上部设置有四个顶角件，其中两个设置在该横梁的端部。

（7）根据权利要求6所述的运输平台，其特征在于，另外两个顶角件保持预定中心距。

（8）根据权利要求1—7任一项所述的运输平台，其特征在于，设置在该一对横梁上的相应的底角件彼此对准，并且设置在该一对横梁上的相应的顶角件彼此对准。

（9）根据权利要求1所述的运输平台，其特征在于，还包括设置在该一对横梁和/或一对纵梁之间的一个或者多个加强件。

（10）一种运输单元，用于堆码非标准集装箱，其特征在于，该运输单元包括多个运输平台，该每个运输平台包括：一对横梁以及一对纵梁，分别连接在该一对横梁之间，其中，该每个横梁包含至少一个顶角件，设置在该横梁的上部，用于与该非标准集装箱的底角件相配合，使得在使用状态下，该运输平台上的该至少一个顶角件与相邻运输平台上的该至少一个顶角件之间的中心距与该非标准集装箱的宽度方向上的角件中心距相适应；以及一对底角件，设置在该横梁的下部，其中心距与ISO标准集装箱宽度方向上的角件中心距相适应。

（11）根据权利要求10所述的运输单元，其特征在于，该横梁和纵梁的长度分别与ISO标准集装箱的宽度和长度相适应。

（12）根据权利要求11所述的运输单元，其特征在于，该运输单元包含第一运输平台，其中在该每个横梁的上部设置有三个顶角件，其中两个设置在该横梁的端部。

（13）根据权利要求12所述的运输单元，其特征在于，该运输单元包含第一运输平台，其中在该每个横梁的上部设置有三个顶角件，其中两个设置在该横梁的端部，位于中间的顶角件与设置在端部的顶角件的其中一个保持预定中心距。

（14）根据权利要求13所述的运输单元，其特征在于，在使用状态下，该第一运输平台的横梁中间的顶角件与该第二运输平台的位于横梁端部的一个顶角件的中心距与该非标准集装箱的宽度方向上的角件中心距相适应。

（15）根据权利要求13所述的运输单元，其特征在于，该运输单元包含第三运输平台，其中在该每个横梁的上部设置有四个顶角件，其中两个设置在该横梁的端部，另外两个位于该横梁的中间并保持有预定中心距。

（16）根据权利要求15所述的运输单元，其特征在于，在使用状态下，该第二运输平台的该位于中间的顶角件与该第三运输平台的该位于中间的顶角件的其中一个的中心距与该非标准集装箱宽度方向上的角件中心距相适应。

（二）被诉侵权产品的技术特征

被诉侵权产品是一种用于53英尺非标准集装箱运输的运输平台，其包括一对外横梁、一对内横梁和一对纵梁。该两对横梁的长度均与40英尺标准集装箱的宽度相适应。该对纵梁位于一对内横梁之间的部位长度与40英尺的ISO标准集装箱的长度相适应，整体长度与两个沿长度方向连续排列的20英尺舱位各自最外端的角件固定座在舱位长度方向上的间距相适应。每个运输平台的每一内横梁上均设置有3个或4个顶角件，除设在横梁两端的两个顶角件以外，其余第3个或第3、4两个顶角件（即设在横梁中部的顶角件）在横梁上的设置位置并不固定，随运输架的序号而变化，具有特定的变化规律，用于与特定集装箱的底角件相配合。每个内横梁的下部均不设有底角件，但在该部位设置有一对实心的板状垫块。每个外横梁下部设有底角件。每个顶角件或者底角件均为一种具有吊配孔等连接孔以及与其相通的内腔的中空方形构件。

（三）一审法院关于是否落入专利权保护范围的认定及理由

1. 一审法院作出的认定

被诉侵权产品具备本案专利权利要求4、6、8和权利要求12—16所述的技术特征，落入了本案专利权的保护范围。

2. 一审法院作出上述认定的理由

关于被诉侵权产品是否落入本案专利权利要求4、6、8和权利要求12—16的保护范围。①被诉侵权产品的一对内侧横梁即为本案专利所述的一对横梁。本案专利权利要求书及说明书对横梁的位置、长度与其他部件的关系，均作出了详细说明：该一对横梁上有3个顶角件（权项4）或4个顶角件（权项6），下有一对底角件，长度与ISO标准集装箱的宽度相适应。被诉侵权产品的内侧横梁上有3个顶角件或4个顶角件，下有一对底角件，长度为40英尺标准集装箱的宽度，所以其位置、长度以及与其他部件的关系均与本案专利的“一对横梁”相同。只要专利权利要求记载的技术特征能在侵权产品中全部找到，即构成侵权，不论侵权产品是否有其他附加技术特征。被诉侵权产品的外侧横梁无论起到什么作用，都与侵权认定无关。②被诉侵权产品内侧横梁下部起堆码作用的一对部件即为本案专利所述的一对底角件，理由如下：其一，该部件位于底横梁（即“内侧横梁”）下部，其中心距与标准集装箱宽度方向上的角件中心距相同。其二，本案专利所述的运输平台底角件的解释应当以专利说明书为依据。根据该本案专利说明书，对底角件的功能进行了解释，其具有堆码在标准集装箱上和运输平台之间互相堆码的作用。该部件与本案专利所述底角件的功能相同，即其具有在标准集装箱上堆码及运输平台间互相堆码的作用。一审法院证据保全和现场勘验时，被诉侵权产品正处于不使用状态而互相堆码，起到堆码作用的正是该部件。同理，在进行运输时由于部件的中心距为标准集装箱的宽度，其也只能与标准集装箱相配合，即堆码在40英尺标准集装箱上。其三，该板块状堆码件与本案专利所述的底角件构成等同，即技术手段、功能、技术效果基本相同。技术手段方面，该板块状堆码件位于内侧横梁（即本案专利所述的横梁）下部，与标准集装箱上部的角件配合；功能方面，该板块状堆码件能与集装箱顶角件连接，能将运输平台堆码在标准集装箱上；技术效果方面，使用状态时能与标准集装箱顶角件堆码，在不使用状态时，能与其他运输平台顶角件堆码以节约运输空间。③被诉侵权产品使用时先堆码在标准集装箱上，然后再连接非标准集装箱。从被诉侵权产品上的“运输架摆放布置图”可明显看出，被诉侵权产品上面连接的是非标准集装箱，而不是太平货柜公司所辩称的标准集装箱；从使用角度讲，被诉侵权产品上面能够用于连接非标准集装箱，下面能够用于连接标准集装箱，且这样连接后能够实现非标准集装箱与标准集装箱的堆码。被诉侵权产品具备本案专利权利要求 4、6、8 和权利要求 12—16 所述的技术特征，落入了本案专利权的保护范围。

（四）二审法院关于是否落入专利权的保护范围的认定

1. 二审法院作出的认定

根据本案专利说明书记载，该专利的发明目的为能够使非标准集装箱利用该运输平台在标准集装箱上以及标准集装箱的运输设备上实现堆码，所以无论被诉侵权产品在使用时是堆码在标准集装箱上还是堆码在甲板上，均落入本案专利保护范围。

2. 二审法院作出上述认定的理由

关于被诉侵权产品是否落入本案专利权的保护范围的问题。当事人对于该问题的争议主要集中于以下两点：①太平货柜公司称被诉侵权产品内侧横梁下方的一对部件与本案专利中的底角件不构成等同，其认为被诉侵权产品的相应部件没有固定作用，不能与集装箱进行堆码，被诉侵权产品起到堆码固定作用的是外侧横梁下的底角件。本案专利权利要求书主要对底角件的位置及其之间的中心距等特征进行了限定。结合本案专利说明书，底角件的功能为与标准集装箱或相应运输设备的角件相配合，从而实现运输平台堆码非标准集装箱的功能。可见，本案专利权利要求书及说明书均未限定底角件必须有固定的作用。而通过被诉侵权产品照片及其摆放布置图，能够认定被诉侵权产品的相应部件也位于横梁下部，且其中心距与标准集装箱宽度相同，能够实现与标准集装箱或相应运输设备的角件相配合，堆码非标准集装箱的功能，达到节约运输空间的效果。被诉侵权产品的相应部件技术特征在技术手段、实现的功能、达到的效果上均与本案专利的底角件技术特征基本相同，且本领域的普通技术人员无须经过创造性劳动就能够联想到。所以，被诉侵权产品的相应部件与本案专利中的底角件构成等同，无论该部件有无固定作用，均落入本案专利权的保护范围。另外，被诉侵权技术方案包含与专利权利要求记载的全部技术特征相同或等同的技术特征的，即落入专利权的保护范围，至于被诉侵权技术方案是否还有其他的技术特征不影响侵权判断。本案中，由于被诉侵权产品除外侧横梁以外的其他技术特征已覆盖了本案专利权利要求记载的全部技术特征，被诉侵权产品外侧横梁的部件是否起到堆码固定的作用均不影响被诉侵权产品落入本案专利权保护范围的判断。②太平货柜公司称被诉侵权产品在使用时并非先堆码在标准集装箱上，然后再连接非标准集装箱，而是直接堆码在甲板上，与本案专利不同。二审法院认为，本案专利权利要求并没有限定运输平台必须先堆码在标准集装箱上的内容。根据本案专利说明书记载，该专利的发明目的为能够使非标准集装箱利用该运输平台在标准集装箱上以及标准集装箱的运输设备上实现堆码，所以无论被诉侵权产品在使用时是堆码在标准集装箱上还是堆码在甲板上，均落入本案专利保护范围。并且从“运输架摆放布置图”可以看出，被诉侵权产品内横梁上顶角件的位置明显系为配合非标准集装箱的底角件而设置，一审法院根据该摆放布置图认定被诉侵权产品在使用中上连非标准集装箱并无不当。

（五）最高人民法院再审作出的认定及理由

1. 最高人民法院再审判决作出的认定

原审法院认定本案被诉侵权产品落入本案专利保护范围正确。太平货柜公司的申请再审理由均不能成立，不予支持。

2. 最高人民法院再审判决作出上述认定的理由

根据再审申请人的申请再审理由、被申请人答辩及本案案情，本案在再审阶段的争议焦点为：本案专利权利要求所限定的使用环境特征的解释；本案专利权利要求所限定的底角件特征的解释；被诉侵权产品是否具备本案专利权利要求所限定的使用环境特征；被诉侵权产品的板状垫块与本案专利所限定的底角件是否构成等同技术特征。

（1）本案专利权利要求所限定的使用环境特征的解释。本案中，中集集团公司、青岛中集公司依据本案专利的权利要求4、6、8和12—16主张权利。本案专利权利要求4、6和8均直接或者间接引用权利要求1，权利要求12—16均直接或者间接引用权利要求10。权利要求1和10均包含如下特征："一种运输平台，用于堆码非标准集装箱""该每个横梁包含至少一个顶角件，设置在该横梁的上部，用于与非标准集装箱的底角件相配合"。前述两个特征实际上分别描述的是作为本案发明的运输平台及特定顶角件所使用的背景或者条件，属于使用环境特征。本案中，各方当事人争议的核心之一是本案专利权利要求中上述使用环境特征的解释。对此分析如下：

第一，需要明确使用环境特征对于保护范围的限定作用及其限定程度。已经写入权利要求的使用环境特征属于权利要求的必要技术特征，对于权利要求的保护范围具有限定作用。使用环境特征对于权利要求保护范围的限定程度即限定作用的大小，需要根据个案情况具体确定。一般情况下，使用环境特征应该理解为要求被保护的主题对象可以使用于该种使用环境即可，不要求被保护的主题对象必须用于该种使用环境。但是，如果本领域普通技术人员在阅读专利权利要求书、说明书以及专利审查档案后可以明确而合理地得知被保护对象必须用于该种使用环境，那么该使用环境特征应被理解为要求被保护对象必须使用于该特定环境。

第二，本案权利要求中运输平台和特定顶角件的使用环境特征的具体含义。根据《专利法》第56条①的规定，发明或者实用新型专利权的保护范围以其权利要求的内容为准，说明书及附图可以用于解释权利要求。因此，权利要求内容的确定，应当根据权利要求的记载，结合本领域普通技术人员阅读说明书及附图后对权利要求的理解进行。首先，本案专利权利要求的使用环境特征的通常含义。本案中，专利权利要求对运输平台和特定顶角件的使用环境的文字描述为："一种运输平台，用于堆码非标准集装箱""至少一个

① 《专利法》（2020年修正）第64条。

顶角件……用于与非标准集装箱的底角件相配合”。根据本领域普通技术人员的理解，此处的“用于”的通常含义是指“可以用于”或者“能够用于”，而不是“只能用于”或者“必须用于”。即，该运输平台可以用于堆码非标准集装箱，该顶角件可以与非标准集装箱的底角件相配合。其次，本案专利说明书的记载。本案专利说明书并未对运输平台和特定顶角件的使用环境作明确的限制或者排除。相反，本案专利说明书有多处关于运输平台既可以相互堆码，又可以与标准集装箱进行堆码的记载。这至少表明，本案专利说明书已经明确所要求保护的运输平台可以用于与标准集装箱进行堆码。因此，至少对于本案运输平台的使用环境特征而言，不能解释为该运输平台必须用于堆码非标准集装箱。最后，根据文本解释的一般原则，通常应当认为权利要求中使用的同一术语具有相同含义，不同术语具有不同含义。本案专利权利要求对运输平台和特定顶角件的使用环境特征均使用了“用于”的表述，在说明书未作特殊限定的情况下，同一权利要求中使用的同一术语应认为具有相同的含义。由于本案运输平台使用环境特征中的“用于”已经不能解释为“必须用于”，对于上述特定顶角件使用环境特征亦不能作此解释。太平货柜公司关于本案专利运输平台的使用环境特征应解释为只能上连非标准集装箱的主张不能成立。

第三，除上述使用环境特征外，本案专利权利要求并不存在其他使用环境特征。本案专利权利要求仅对运输平台及特定顶角件的使用环境作了限定，除此之外，本案专利权利要求对该运输平台所使用的环境或者条件未作其他任何限定。虽然本案直接或者间接引用权利要求 2 的权利要求 4、7、8 以及直接或者间接引用权利要求 11 的权利要求 12—16 中包含“该横梁和纵梁的长度分别与 ISO 标准集装箱的宽度和长度相适应”的特征，但是上述特征仅是对横梁和纵梁长度的限定，而不是对运输平台下连的使用环境的限定。太平货柜公司关于“该横梁和纵梁的长度分别与 ISO 标准集装箱的宽度和长度相适应”的特征系对专利运输平台使用环境的限定的主张不能成立。

综上，最高人民法院认为，本案权利要求仅对运输平台和特定顶角件的使用环境作了限定，该使用环境特征只能解释为可以或者能够用于堆码非标准集装箱。太平货柜公司关于本案专利运输平台使用环境特征的主张均不能成立，最高人民法院不予支持。

（2）本案专利权利要求所限定的底角件的解释。权利要求 1 和 10 均包含关于底角件的如下特征："一对底角件，设置在横梁的下部，其中心距与 ISO 标准集装箱宽度方向上的角件中心距相适应。"本案中，各方当事人争议的另一核心是关于该底角件特征的解释。对此，最高人民法院分析如下：

第一，本案专利说明书未对底角件作特别界定。在专利说明书对相关术语的含义未作明确限定的情况下，该术语的解释应采本领域普通技术人员在阅读说明书及附图后对权利要求术语的通常理解，相关工具书、教科书等公知文献均可以作为确定该术语通常含义的重要参考。本案专利权利要求书和说明书仅界定了底角件的位置，并未对底角件本身的结构和功能作特别限定。在此情况下，对于底角件的结构特征的解释，应当采用本领域普通技术人员的通常理解。

第二，本领域普通技术人员对底角件特征的通常理解。确定本领域技术人员的通常理解，首先，应明确本发明的技术领域。发明的技术领域是指发明创造的技术方案所属或者直接应用的具体技术领域，既不是发明创造的上位或者相邻的技术领域，又不是发明创造本身。在解释权利要求时，应注重专利所属或者直接应用具体技术领域普通技术人员的理解，上位或者相邻技术领域普通技术人员的理解原则上仅具有有限的参考作用，不应以该上位或者相邻技术领域普通技术人员的理解作为确定权利要求所用术语含义的决定性依据。本案专利说明书记载，本发明涉及物流领域中用于堆码定位的器具，具体涉及一种用于非标准集装箱运输的运输平台以及运输单元，其要解决的技术问题在于提供一种运输平台，使得非标准集装箱能够利用该运输平台在标准集装箱上以及标准集装箱的运输设备上实现堆码。可见，本案发明所直接应用的领域是集装箱运输领域，特别涉及非标准集装箱的运输，故所属技术领域应为集装箱运输领域。集装箱领域仅是本案发明所属技术领域的相邻领域，集装箱领域普通技术人员的通常理解对于解释本案专利权利要求的参考作用非常有限。其次，公知文献对权利要求所用术语的解释作用需要具体分析。利用公知文献解释权利要求用语的含义时，需要综合考虑该公知文献的时间性、广泛性、权威性等因素。对于技术标准类公知文献，还要考虑其属于强制性标准还是推荐性标准。一般而言，推荐性标准的存在就意味着在该领域存在不同技术标准、规格和要求，该推荐性标准所确定的某个术语的含义难以成为本领域普通技术人员的通常理解。本案中，《中华人民共和国国家标准 系列1集装箱·分类、尺寸和额定质量》和《中华人民共和国国家标准 集装箱角件的技术条件》均为集装箱及其角件的技术标准，是本案发明相邻技术领域的标准，同时也均为本案专利申请日前我国的推荐性标准。该两个标准的上述属性决定了其对本案专利权利要求解释的参考价值比较有限。最后，集装箱运输领域普通技术人员对底角件特征的通常理解。本案中，由于缺乏对本案专利所属的集装箱运输领域的公知文献，因而只能依靠相邻的集装箱尤其是非标准集装箱技术领域普通技术人员的理解作为解释底角件特征的含义的有限参考。本案现有证据表明，即使在集装箱领域，特别是在非标准集装箱技术领域，因功能、用途的不同，角件有不同的形状、结构和技术要求并无统一限定。一般而言，只要在边角处使用，可以起到支撑、固定或者连接等功能的部件，均属角件。因此，对于本案专利权利要求中的底角件特征的含义，应当理解为集装箱运输领域普通技术人员在阅读权利要求书、说明书及其附图后的较为宽泛的含义，即设置在横梁下部，能够与标准集装箱宽度方向的角件相配合的部件。因此，太平货柜公司关于本案专利底角件应理解为“设置在运输平台的底端、具有吊配孔等连接孔以及与其相通的内腔、用于通过插装转锁而与船甲板、车底盘上设置的角件固定座（或下层集装箱上的顶角件）进行连接固定的中空方形构件”的主张不能成立。

综上，太平货柜公司关于本案专利底角件特征解释的主张不能成立，最高人民法院不予支持。

（3）被诉侵权产品是否具备本案专利权利要求所限定的使用环境特征。对此，最高人民法院分析如下：

第一，本案专利权利要求所限定的使用环境特征。前已述及，本案专利权利要求的使用环境特征应理解为所保护的运输平台可以或者能够用于堆码非标准集装箱，即可以或者能够上连非标准集装箱，除此之外不存在对使用环境的其他限定。

第二，被诉侵权产品的使用环境特征及实际使用状态。首先，本案被诉侵权产品可以上连非标准集装箱。根据本院查明的事实，被诉侵权产品内横梁上均设置有3个或4个顶角件，其中部顶角件在横梁上的设置位置并不固定，用于与特定集装箱的底角件相配合。原审法院查封被诉侵权产品时取得的“运输架摆放布置图”在两个相邻运输架内横梁中部的顶角件之间标有“53′”的标识。这一标识本身就可以说明，两个相邻运输架上用于与上连的集装箱的底角件对准定位的两个中部顶角件之间的中心距与53英尺非标准集装箱的宽度相适应，可以上连53英尺非标准集装箱。其次，本案被诉侵权产品可以下连标准集装箱。被诉侵权产品两对横梁的长度均与标准集装箱的宽度相适应，该对纵梁的整体长度与两个沿长度方向连续排列的20英尺舱位各自最外端的角件固定座在舱位长度方向上的间距相适应，位于一对内横梁之间的部位长度与40英尺的标准集装箱的长度相适应，且每个外横梁下部设有具有吊配孔等连接孔以及与其相通的内腔的中空方形底角件。因此，被诉侵权产品可以下连两个沿长度方向连续排列的20英尺标准集装箱，且能够通过底角件堆码和固定；也可以下连40英尺标准集装箱，能够堆码但不能直接通过板状垫块固定。太平货柜公司关于被诉侵权产品只能下连在两个20英尺的标准集装箱舱位的甲板上的主张实际上也说明了这一点。如果被诉侵权产品能够安装在两个20英尺的标准集装箱舱位上，也肯定可以安装在两个20英尺标准集装箱上。因此，原审法院关于被诉侵权产品的上面能够用于连接非标准集装箱，下面能够用于连接标准集装箱的事实认定正确。太平货柜公司关于原审法院对被诉侵权产品技术特征认定错误的申请再审理由不能成立。

第三，被诉侵权产品的实际使用状态及其对本案侵权判定的影响。首先，本案并无充分证据证明被诉侵权产品的实际使用状态。太平货柜公司提供的中远集装箱运输有限公司和青岛前湾集装箱码头有限责任公司的单位证言因证人未出庭，难以采纳。除此之外，太平货柜公司对被诉侵权产品的实际使用状态未提交其他证据。其次，被诉侵权产品的实际使用状态对本案侵权判定结果并无影响。如前所述，本案专利权利要求的使用环境特征应理解为所保护的运输平台可以或者能够上连非标准集装箱，除此之外，本案专利权利要求对该运输平台所使用的使用环境未作其他任何限定。同时，本案现有证据表明，被诉侵权产品可以用于上连非标准集装箱。因此，被诉侵权产品已经具备本案专利权利要求的使用环境特征，其实际使用状态如何对其是否具备上述使用环境特征并无影响。

综上，被诉侵权产品可以上连非标准集装箱，具备本案专利的使用环境特征。原审法院对被诉侵权产品的技术特征及其实际使用状态的认定并无明显不当。太平货柜公司关于原审法院对被诉侵权产品特征及实际使用状态的事实认定错误的申请再审理由以及被诉侵权产品不具备本案专利权利要求的使用环境特征的申请再审理由均不能成立，不予支持。

（4）被诉侵权产品的板状垫块与本案专利所限定的底角件是否构成等同技术特征。前已述及，本案专利所限定的底角件应理解为设置在横梁下部、能够与标准集装箱宽度方向的角件相配合的部件，在结构方面并无明确限定。被诉侵权产品在内横梁下部所设置的板状垫块亦位于内横梁端部，其中心距与标准集装箱宽度相同，能够与标准集装箱或相应运输设备的角件相配合，实现堆码的功能，达到节约运输空间的效果。被诉侵权产品的该板状垫块与本案专利所限定的底角件构成相同技术特征。原审法院认定二者等同虽有不当，但认定被诉侵权产品落入本案专利权的保护范围正确。太平货柜公司关于被诉侵权产品的该板状垫块与本案专利所限定的底角件既不相同也不等同，被诉侵权产品未落入本案专利权的保护范围的申请再审理由不能成立，不予支持。

三、是否落入主题名称参与限定的专利权利要求的保护范围判定的典型案例

【案例三】胡某与摩拜（北京）信息技术有限公司侵害发明专利权纠纷上诉案（〔2017〕沪民终 369 号）

（一）本案涉诉专利权利要求及被诉技术方案

上诉人（一审原告）胡某主张被上诉人（一审被告）摩拜公司的被诉技术方案落入了其专利权利要求 1 和 3 的保护范围。

1. 本案专利及其权利要求

涉案专利（专利号 201310268509. X）名称为“一种电动车控制系统及其操作方法”，其权利要求如下：

（1）一种电动车控制系统，其特征在于：由微型摄像头、图形解码器、

存储器及二维码比对器构成二维码识别器，微型摄像头与图形解码器电连接，图形解码器和存储器同时与二维码比对器电连接，二维码比对器对存储器储存的二维码数据与图形解码器解码的微型摄像头拍摄的图像数据比对并发给控制器，比对信号一致时控制器控制电动车的启动或/和多媒体播放，比对信号不一致时控制器控制防盗报警器报警。

（2）根据权利要求1所述的一种电动车控制系统，其特征在于：所述的控制器上设有二维码识别器的开关及提供手机充电的USB接口。

（3）根据权利要求1所述的一种电动车控制系统的操作方法，其特征在于该操作方法包括如下步骤：①预先在存储器内存储对比用的二维码数据。②打开二维码识别器的开关，使微型摄像头、图形解码器、存储器、二维码比对器和控制器均处于工作状态。③微型摄像头抓取二维码图像并通过图形解码器对图像解码，解码后通过二维码比对器与预设的二维码数据对比。④对比结果的处理：比对信号一致，控制器控制电动车启动或/和多媒体播放信号，电动车启闭控制器对电动车解锁；比对信号不一致，控制器控制防盗报警器报警。

2. 当事人共同确认的被诉技术方案

（1）结构上，摩拜单车二维码中含有车辆身份信息，摩拜单车手机应用程序经用户注册之后内含注册用户信息，摩拜单车车身上未安装摄像头，摩拜单车手机应用程序、云端服务器、锁控制器之间进行无线信号连接。摩拜单车有自己研发的电子锁系统，内置GPS定位系统。

（2）方法上，安装了摩拜单车手机应用程序的注册用户，打开摩拜单车应用程序，用手机摄像头对准摩拜单车车身上的二维码进行扫描，识别车辆身份信息，之后手机发送开锁请求到云端服务器。用户手机发送到云端服务器的开锁请求中包含车辆身份信息、用户信息。云端服务器收到用户的开锁请求后，会校验用户信息，包括判断用户是否已经支付押金、是否欠费、是否有余额以及摩拜单车是否被其他用户预约等信息。如果云端服务器判断符合开锁条件，则发送开锁指令到摩拜单车上的锁控制器。锁控制器收到云端服务器的开锁指令后，判断自身状态是否符合开锁条件，如车锁电量是否充足、车锁电机是否故障等，如果锁控制器判断符合开锁条件则成功开锁。如果云端服务器在收到手机发送的开锁申请后，判断不符合开锁条件，则不发送开锁指令到锁控制器。如果摩拜单车手机应用程序扫描了错误的二维码，那么摩拜单车手机应用程序会校验出该二维码并非摩拜单车的二维码，将会显示二维码格式错误，不发出开锁请求到云端服务器。车辆在未解锁被移动时会自动触发报警系统。

（二）一审法院关于被诉技术方案是否落入涉案专利权利要求的保护范围作出的认定及理由

1. 一审法院作出的认定

一审法院认定被控侵权的摩拜单车锁控制系统及其操作方法没有落入涉案专利权利要求的保护范围，不构成对涉案专利权的侵害

2. 一审法院作出上述认定的理由

（1）关于涉案专利权利要求 1 的前序部分即主题名称“一种电动车控制系统”。一审法院认定：就涉案专利应用方式而言，将涉案专利应用于自行车技术领域，是本领域普通技术人员无须创造性的劳动就能够联想到的，摩拜公司关于被控侵权产品摩拜单车与涉案专利保护的电动车属于不同技术领域而不构成侵权的抗辩意见不成立。一审法院的理由如下：

在确定权利要求的保护范围时，权利要求中记载的主题名称应当予以考虑，其实际限定作用应取决于该主题名称对权利要求所要保护的对象产生了何种影响。就本案而言，“电动车”为涉案专利主题名称的组成部分，描述了涉案专利的使用方式，对涉案专利权的保护范围具有限定作用，但实际的限定作用应结合“电动车”对于涉案专利产生的影响进行判断。首先，涉案“一种电动车控制系统”是一种锁装置的产品专利，“电动车”并非该锁装置的组成部分。其次，“电动车”不是涉案专利技术方案的前提和基础，涉案专利技术方案可以完全脱离电动车实施。再次，涉案专利在申请时并未将限定在电动车技术领域作为获得新颖性或者创造性的理由。最后，涉案专利文本将一项自行车技术领域的发明专利申请列为对比文件。

（2）关于权利要求 1 技术特征“由微型摄像头、图形解码器、存储器及二维码比对器构成二维码识别器，微型摄像头与图形解码器电连接，图形解

码器和存储器同时与二维码比对器电连接”。一审法院认定：被控侵权产品摩拜单车锁控制系统缺少涉案专利权利要求 1 记载的“二维码识别器”“图形解码器……与二维码比对器电连接”的技术特征，也不构成等同。一审法院的理由如下：

“二维码识别器”的 4 个组成部分“微型摄像头、图形解码器、存储器及二维码比对器”需集成在一起，且“微型摄像头与图形解码器电连接，图形解码器和存储器同时与二维码比对器电连接”中的电连接为物理接触的电路连接。①产品专利中的产品构造是指产品的各个组成部分的安排、组织和确定的连接关系。涉案专利权利要求 1 为产品发明，“二维码识别器”为产品的一个零部件，权利要求 1 描述了构成该零部件的组成部分，即“由微型摄像头、图形解码器、存储器及二维码比对器构成”，又记载了其内部连接关系，即“微型摄像头与图形解码器电连接，图形解码器和存储器同时与二维码比对器电连接”。因此，涉案“二维码识别器”（1 个零部件）的 4 个组成部分“微型摄像头、图形解码器、存储器及二维码比对器”（4 个元器件）应集成在一起。②发明目的可用于解释权利要求的技术特征。涉案专利说明书记载了本发明的目的是提供一种电动车控制系统和操作方法，使用者将存储在手机中的二维码图像对准摄像头，便可实现电动车的完全解锁。据此，涉案专利权利要求中的“摄像头”必然位于车身上，可印证“摄像头”需集成在“二维码识别器”中。③权利要求书中的其他权利要求可以用来解释涉案权利要求用语的含义。涉案专利权利要求 3 记载“打开二维码识别器的开关，使微型摄像头、图形解码器、存储器、二维码比对器和控制器均处于工作状态”。既然一个开关可同时启动 5 个元器件，可印证“微型摄像头、图形解码器、存储器、二维码比对器和控制器”均集成在一起，并且进行了权利要求所记载的电连接。④权利要求书应当以说明书为依据，权利要求应当得到说明书的支持。权利要求书所要求保护的技术方案应当是所属技术领域的技术人员能够从说明书充分公开的内容中得到或者概括得出的技术方案，并且不得超出说明书公开的范围。就本案而言，说明书中虽未明确“电连接”的具体技术特征，但本发明属于电动车技术领域，根据本领域普通技术人员阅读说明书对“电连接”的理解，电连接是指物理接触的电路连接，而不是无线通信信号连接。

比较涉案专利技术特征与被控侵权产品摩拜单车锁控制系统的相应结构，摩拜单车车身上张贴有二维码，并安装有带控制器的锁具，微型摄像头和图形解码器位于用户手机中，二维码比对器和存储器位于云端服务器中。通过安装有摩拜单车应用程序的用户手机读取摩拜单车二维码信息，根据预设条件手机向云端服务器发送开锁请求，云端服务器在接受手机请求后根据预设条件进行比对，然后向锁控制器发送开锁指令或者不发送任何指令。被控侵权产品没有将微型摄像头、图形解码器、存储器及二维码比对器四个元器件集成为二维码识别器。微型摄像头与图形解码器之间存在物理接触的电路连接，存储器与二维码比对器之间存在物理接触的电路连接，但是图形解码器与二维码比对器之间为无线信号连接，没有物理接触。因此，被控侵权产品摩拜单车锁控制系统缺少涉案专利权利要求 1 记载的“二维码识别器”“图形解码器……与二维码比对器电连接”的技术特征，也不构成等同。

（3）关于权利要求 1 技术特征“二维码比对器对存储器储存的二维码数据与图形解码器解码的微型摄像头拍摄的图像数据比对并发给控制器，比对信号一致时控制器控制电动车的启动或/和多媒体播放，比对信号不一致时控制器控制防盗报警器报警”的比对。一审法院认定：被控侵权摩拜单车锁控制系统不具备“比对信号不一致时控制器控制防盗报警器报警”的技术特征，与涉案专利权利要求 1 记载的技术特征“比对信号不一致时控制器控制防盗报警器报警”既不相同，也不构成等同。一审法院理由如下：

关于被控侵权产品的报警机制，当事人双方均认同摩拜单车有自己研发的电子锁系统，内置 GPS 定位系统，车辆在未解锁被移动时会自动触发报警系统。涉案专利“比对信号不一致时控制器控制防盗报警器报警”的技术特征是建立在二维码比对器对接受的数据进行比对的基础之上，而摩拜公司运营的云端服务器未收到比对数据的情形下无法开锁的相关情形，并非涉案专利的对应技术特征，只有“如果云端服务器在收到手机发送的开锁申请后，判断不符合开锁条件，则不发送开锁指令到锁控制器”为涉案专利“控制器控制防盗报警器报警”的对应技术特征。涉案专利发送报警信号，或者按照胡某的理解，将“控制器控制防盗报警器报警”的技术特征解释为“发送不报警的信号”，均与被控侵权产品在比对结果不符合条件的情况下不向报警器发送任何信号的技术特征不相同。此外，摩拜公司将“未解锁情形下移动摩拜单车”作为“信号不一致”的对应技术特征，显属理解错误。虽然摩拜单车和涉案专利均具备“报警”功能，但实现该功能的技术路径不同。

综上所述，原审法院认为被控侵权产品摩拜单车锁控制系统没有落入涉案专利权利要求 1 的保护范围。

根据《侵犯专利权纠纷案件解释（二）》第 5 条规定：“在人民法院确定专利权的保护范围时，独立权利要求的前序部分、特征部分以及从属权利要求的引用部分、限定部分记载的技术特征均有限定作用”，对于权利要求 3 的主题名称为“根据权利要求 1 所述的一种电动车控制系统的操作方法”，该主题名称限定了由权利要求 3 所述方法实施的装置应当是权利要求 1 所限定的“电动车控制系统”，故权利要求 3 虽作为一项独立的专利权利要求，但其保护范围应由权利要求 1 记载的全部装置技术特征和权利要求 3 所记载的全部方法技术特征共同限定。据此，鉴于被控侵权产品摩拜单车锁控制系统未落入涉案专利权利要求 1 的保护范围，当然不落入涉案专利权利要求 3 的保护范围。

（三）关于是否落入涉案专利权的保护范围二审法院作出的认定及理由

1. 二审法院的认定

被控侵权技术方案并未落入涉案专利权的保护范围，上诉人胡涛的上诉理由均不能成立，其上诉请求应予驳回；原审判决认定事实清楚，适用法律基本正确，部分认定不当二审法院予以纠正，但不影响判决结果，应予维持。

2. 二审法院作出上述认定的理由

根据《侵犯专利权纠纷案件解释》第 7 条之规定，被诉侵权技术方案的技术特征与权利要求记载的全部技术特征相比，缺少权利要求记载的一个以上的技术特征，或者有一个以上技术特征不相同也不等同的，人民法院应当认定其没有落入专利权的保护范围。本案中，原审法院根据双方当事人的诉辩主张，结合在案事实，将上诉人主张保护的权利要求和被控侵权技术方案做了全面比对，并就专利权利要求 1 中记载的“一种电动车控制系统”“二维码识别器”、二维码识别器组件之间的“电连接”、“比对信号不一致时控制器控制防盗报警器报警”四个方面详述了比对意见后，判定两者之间除主题名称“一种电动车控制系统”之外的其他三个技术特征既不相同也不等同，被控侵权技术方案并不落入原告专利保护范围。二审法院认为，原审法院就“二维码识别器”、二维码识别器组件之间的“电连接”、“比对信号不一致时控制器控制防盗报警器报警”等三个技术特征所作的比对意见，认定事实清楚，说理充分，二审法院予以确认。鉴于本案专利权利要求 3 引用了权利要求 1 作为限定，因此在被控侵权技术方案不落入权利要求 1 的保护范围时，自然不能落入权利要求 3 的保护范围，二审法院亦赞同原审法院对此的认定。

上诉人主张，涉案专利权利要求 1“由微型摄像头、图形解码器、存储器及二维码比对器构成二维码识别器”中“由”字属多余，该二维码识别器由二维码比对器、存储器两个部件构成。二审法院认为，首先，本领域普通技术人员阅读涉案“由微型摄像头、图形解码器、存储器及二维码比对器构成二维码识别器”，可以得出二维码识别器由微型摄像头、图形解码器、存储器及二维码比对器四部件构成的结论，而不存在得出其他理解的可能，因此对该技术特征的理解是清晰、无歧义的。其次，涉案专利说明书记载“打开二维码识别器的开关，使微型摄像头、图形解码器、存储器、二维码比对器和控制器均处于工作状态”，表明二维码识别器的开关可以控制微型摄像头、图形解码器、存储器、二维码比对器，也支持二维码识别器由微型摄像头、图形解码器、存储器、二维码比对器四者构成的结论。再者，上诉人胡某的二维码识别器由二维码比对器、存储器两个部件构成的意见，不符合本领域普通技术人员阅读权利要求之后的理解，且该意见也不能得到说明书的支持。综上，本领域普通技术人员可以通过权利要求 1 的记载，结合说明书的具体实施方式，清楚地得出二维码识别器由微型摄像头、图形解码器、存储器及二维码比对器四部件构成的结论。根据法律规定，发明专利的保护范围以权利要求为准，因此专利权人并不能以与权利要求记载不一致的理解作为请求保护的依据。据此，对该上诉理由二审法院不予支持。

上诉人胡某认为，涉案专利权利要求2中包含手机，因此电连接必然包含无线连接。本院认为，涉案专利权利要求2是权利要求1的从属权利要求，虽然权利要求可用于解释同一专利中的其他权利要求，但并不能将从属权利要求中作进一步限定的技术特征解释到其所引用的独立权利要求中去。退一步而言，就权利要求2的内容来看，虽然其中有关于手机的记载，但其用语为“提供手机充电的USB接口”，并不涉及连接方式为电连接还是无线连接的问题。因此，胡某的该上诉意见并无事实和法律依据。

上诉人还主张，涉案专利权利要求2与权利要求1两技术方案所含部件一致，应认定“控制器及防盗报警器”不属于专利权利要求1的技术特征、不对其保护范围起到限定作用。本院认为，发明专利权的保护范围以其权利要求为准，是指以权利要求所记载的所有内容为准，既不能增加权利要求所没有记载的内容，也不能忽略权利要求所记载的内容。涉案专利权利要求1明确记载了“比对信号一致时控制器控制电动车的启动或/和多媒体播放，比对信号不一致时控制器控制防盗报警器报警”的表述，则此段文字应作为技术特征，在确定保护范围时必须予以考虑。胡某所称的以权利要求2来解释权利要求1，并要求将控制器及防盗报警器排除于权利要求1的技术特征之外，并无事实和法律依据。据此，胡某的该上诉理由也不能成立。

关于权利要求1记载的主题名称“一种电动车控制系统”的限定作用，二审法院补充说明如下。《侵犯专利权纠纷案件解释（二）》第5条规定，在人民法院确定专利权的保护范围时，独立权利要求的前序部分、特征部分以及从属权利要求的引用部分、限定部分记载的技术特征均有限定作用。根据该规定，本案权利要求1记载的主题名称“一种电动车控制系统”作为前序的一部分，在确定保护范围时具有限定作用。但是，主题名称本身并不是具体的技术特征，而是对权利要求包含的全部技术特征所构成的技术方案的抽象概括，是对专利技术方案的命名，因此其实际的限定作用应当取决于该主题名称对权利要求所要保护的技术方案本身产生了何种影响。本案中涉案专利权利要求1的主题名称为“一种电动车控制系统”，即指定了发明应用的领域是电动车，也说明了发明涉及的是电动车“控制系统”的改进。而通过专利权利要求1记载的技术方案，尤其是特征部分“比对信号一致时控制器控制电动车的启动或/和多媒体播放”的记载，结合说明书中“本发明的目的是提供一种电动车控制系统及其操作方法，使用者可将存储在手机中的二维码图像对准摄像头，便可实现电动车的完全解锁，提升了防盗的性能，免去了使用者需携带钥匙启动的麻烦”“比对信号一致：控制器控制电动车启动或/和多媒体播放信号，电动车启闭控制器对电动车解锁”的内容，本领域普通技术人员能够清楚明确地得知主题名称是对发明涉及的电动车启动和解锁的技术方案的抽象和概括，而不仅仅是说明发明可能的用途。另一方面，由于主题名称与技术方案之间这种抽象和概括的关系，反过来又构成了对发明技术方案的限定，即“一种电动车控制系统”就是电力驱动的车辆的启动和解锁系统。在这种情况下，如被控侵权技术方案不属于专利主题名称所指定的应用领域和技术主题，自然也不会落入专利权利要求特征部分所记载的具体技术方案的保护范围。虽然“电动车控制系统”也具有锁定电动车的功能，仅在这个意义上来看，可以称之为“锁装置”，但“电动车控制系统”还更进一步指电力驱动系统的启动，在这个意义上而言，原审法院将其视为“锁装置”又不够完整准确。基于此，不能认为涉案专利权利要求 1 的技术方案完全能够脱离“电动车”而实施。因此，二审法院认为涉案专利权利要求 1 中所记载的主题名称“一种电动车控制系统”对于确定专利权保护范围具有限定作用，在侵权比对时应当予以考虑。

四、对技术特征划分及比对易于理解具有示范性的案例

【案例四】黄某与江门市贝尔斯顿电器有限公司侵害实用新型专利权纠纷上诉案（〔2017〕粤民终 2411 号）

（一）本案据以起诉的专利及被诉侵权技术方案

1. 本案所涉专利

涉案专利（专利号 ZL201220639998.6）名称为“搅拌装置及榨油机搅拌系统”，其权利要求如下：

（1）一种搅拌装置，其特征是：包括可转动的主体，所述主体上设有用于经过出料口时可以伸进出料口的清理件。

（2）根据权利要求 1 所述的搅拌装置，其特征是：所述清理件由具有弹

性、可变形的塑料制成。

（3）根据权利要求 1 所述的搅拌装置，其特征是：所述清理件由硅胶制成。

（4）根据权利要求 1 所述的搅拌装置，其特征是：所述主体包括横向件、转轴，以及自下向上倾斜的倾斜件，所述倾斜件、横向件与转轴连接。

（5）根据权利要求 4 所述的搅拌装置，其特征是：所述倾斜件、横向件连为一体。

（6）根据权利要求 4 所述的搅拌装置，其特征是：所述清理件设于横向件上。

（7）根据权利要求 6 所述的搅拌装置，其特征是：所述清理件套于横向件上。

（8）根据权利要求 1 所述的搅拌装置，其特征是：所述清理件包括基体，基体设有疏通部，所述疏通部比出料口小。

（9）一种榨油机搅拌系统，其特征是：包括用于装物料的容器，以及权利要求 1 至 7 任一项所述的搅拌装置，所述搅拌装置位于容器内，容器底部设有出料口。

2. 经二审法院重新查实并经当事人确认的两款被诉产品的技术方案

（1）被诉侵权产品型号为 ZYJ905 的榨油机，包括上下两部分，两者上部均包含有盖子、操作面板及装物料容器等；装物料容器中有一个搅拌装置和一个圆形洞状的出料口；搅拌装置包括由电机驱动的可转动的主体，主体上设有两块由具有弹性、可变形的塑料制成的清理件，一块为梯形，另一块为房型（上部为三角形，下部为四方形，四方形中包含一圆柱体），梯形清理件底部平行于装物料容器的水平底面且直径大于出料口，房型清理件的圆柱体底部的直径小于出料口，其与装物料容器的水平底面之间有空隙且不直接接触。

（2）被诉侵权产品型号为 ZYJ901 的榨油机，包括上下两部分，两者上部均包含有盖子、操作面板及装物料容器等；装物料容器中有一个搅拌装置和一个圆形洞状的出料口；搅拌装置包括由电机驱动的可转动的主体，主体上设有两块由具有弹性、可变形的塑料制成的清理件，一块为梯形，另一块为房型（上部为三角形，下部为四方形，四方形中包含一圆柱体），梯形清理件底部平行于装物料容器的水平底面且直径大于出料口，房型清理件的圆柱体底部的直径小于出料口，其与装物料容器的水平底面之间相接触。

（二）二审法院对据以起诉的专利权利要求技术特征的划分及对被诉技术方案技术特征的划分

1. 对据以起诉的权利要求1和权利要求9的技术特征的划分

（1）对权利要求1的技术特征的划分。

A. 一种搅拌装置；B. 包括可转动的主体；C. 所述主体上设有用于经过出料口时可以伸进出料口的清理件。

（2）权利要求9的技术特征的划分。

A. 一种搅拌装置；B. 包括可转动的主体；C. 所述主体上设有用于经过出料口时可以伸进出料口的清理件；D. 一种榨油机搅拌系统；E. 包括用于装物料的容器；F. 所述搅拌装置位于容器内；G. 容器底部设有出料口。

2. 对被诉侵权技术方案的划分

（1）被诉侵权产品型号为ZYJ905的榨油机划分成如下技术特征：

（d）一种榨油机搅拌系统，包括上下两部分，上部包含有盖子、操作面板及（e）用于装物料的容器等；（f）一个搅拌装置位于装物料容器中和（g）容器底部设一个圆形洞状的出料口；（a）一种搅拌装置，（b）包括由电机驱动的可转动的主体，（c）主体上设有两块由具有弹性、可变形的塑料制成的清理件，一块为梯形，另一块为房型（上部为三角形，下部为四方形，四方形中包含一圆柱体）。其中，梯形清理件底部平行于装物料容器的水平底面且直径大于出料口，房型清理件的圆柱体底部的直径小于出料口，但其与装物料容器的水平底面之间有空隙且不直接接触。

（2）被诉侵权产品型号为ZYJ901的榨油机划分为如下技术特征：

（d）一种榨油机搅拌系统，包括上下两部分，上部包含有盖子、操作面板及（e）用于装物料的容器等；（f）一个搅拌装置位于装物料容器中和（g）容器底部设一个圆形洞状的出料口；（a）一种搅拌装置，（b）包括由电机驱动的可转动的主体，（c）主体上设有两块由具有弹性、可变形的塑料制成的清理件，一块为梯形，另一块为房型（上部为三角形，下部为四方形，四方形中包含一圆柱体）。其中，梯形清理件底部平行于装物料容器的水平底面且直径大于出料口，房型清理件的圆柱体底部的直径小于出料口，其与装物料容器的水平底面之间相接触。

（三）关于是否落入专利权的保护范围二审法院作出的认定及理由

1. 二审法院作出的认定

（1）被诉侵权产品型号为 ZYJ905 的榨油机技术方案缺少一个与涉案专利权利要求 1 和权利要求 9 记载的技术特征，因此不落入涉案专利权的保护范围。

（2）被诉侵权产品型号为 ZYJ901 的榨油机技术方案则包含与涉案专利权利要求 1 和权利要求 9 记载的全部技术特征相同的技术特征，应认定其落入涉案专利权的保护范围。

2. 二审法院作出上述认定的理由

（1）可以确认被诉侵权产品型号为 ZYJ905 的榨油机技术方案的技术特征 c 与涉案专利技术特征 C 不相同。因为，被诉侵权产品的房型清理件的圆柱体底部虽然直径小于出料口，但其与装物料容器的水平底面之间有空隙且不直接接触。因此不具备涉案专利“所述主体上设有用于经过出料口时可以伸进出料口的清理件”的技术特征。

（2）被诉侵权产品型号为 ZYJ901 的榨油机技术方案的技术特征与涉案专利权利要求 1 和权利要求 9 的相应技术特征相同的技术特征为：A 和 a、B 和 b、D 和 d、E 和 e、F 和 f、G 和 g。c 与涉案专利技术特征 C 相同。因为，被诉侵权产品的房型清理件与装物料容器的水平底面之间相接触。由于该房型清理件由具有弹性、可变形的塑料制成，当其在装物料容器的水平底面上运行时，因受到挤压而有变形，当其运行到出料口时，由于房型清理件的圆柱体底部的直径小于出料口，房型清理件因与装物料容器的水平底面脱离接触而应力释放，房型清理件会伸进出料口一定距离，进而把卡于出料口中的物料捅下去。因此，被诉侵权产品具备涉案专利“所述主体上设有用于经过出料口时可以伸进出料口的清理件”的技术特征。

五、根据被诉产品结构特征推定其技术功能进而认定被诉产品落入专利权保护范围的典型案例

【案例五】莒县明技塑料机械厂与王某来侵害实用新型专利权纠纷上诉案（〔2017〕鲁民终1258号）

（一）本案据以起诉的专利及被诉技术方案

1. 本案所涉专利

涉案专利（专利号ZL201120551379.7）名称为塑料袋冲口机，权利要求1为："塑料袋冲口机，包括机架；冲切装置，由气液增压缸、导杆、冲刀座、冲刀组成，安装在所述机架的上方，用于对放置在砧板上的塑料膜实施冲切；砧板旋转装置，由砧板、转盘、转轴及旋转驱动机构组成，安装在滑动板上，用于在冲切装置冲切后使砧板转动一定角度；砧板移位装置，安装在所述机架的下部，与所述冲切装置上下对应，由滑动板、传动机构、移位驱动机构组成，用于横向或纵向移动砧板，挪动所述砧板与所述冲刀的相对位置。"

2. 一审证据保全时拍摄的照片显示的被诉侵权产品的技术特征

照片清楚显示的被诉侵权产品亦包括：①机架；冲切装置，由气液增压缸、导杆、冲刀座、冲刀组成，安装在所述机架的上方；②砧板旋转装置，由砧板、转盘、转轴及旋转驱动机构组成，安装在滑动板上；③砧板移位装置，安装在所述机架的下部，与所述冲切装置上下对应，由滑动板、传动机构、移位驱动机构组成。

以下3个技术特征没有在照片中反映（专利权利要求1中的）：①用于对放置在砧板上的塑料膜实施冲切；②用于在冲切装置冲切后使砧板转动一定角度；③用于横向或纵向移动砧板，挪动所述砧板与所述冲刀的相对位置。

（二）一审法院的认定及被告上诉理由

1. 一审法院就被诉技术方案是否落入专利权的保护范围作出的认定及理由

被诉侵权技术方案落入王某来专利权的保护范围。理由如下：

被诉侵权技术方案包括：①机架；冲切装置，由气液增压缸、导杆、冲

刀座、冲刀组成，安装在所述机架的上方；②砧板旋转装置，由砧板、转盘、转轴及旋转驱动机构组成，安装在滑动板上；③砧板移位装置，安装在所述机架的下部，与所述冲切装置上下对应，由滑动板、传动机构、移位驱动机构组成，包括了王某来的专利权利要求1所记载的全部组件的技术特征。王某来专利权利要求1中有三个特征（用于对放置在砧板上的塑料膜实施冲切；用于在冲切装置冲切后使砧板转动一定角度；用于横向或纵向移动砧板，挪动所述砧板与所述冲刀的相对位置）没有在照片中反映，但是，该三个技术特征均为被诉产品工作状态下应当实现设计目的，相关从业人员是可想到的。

2. 被告认为被诉技术方案未落入本案专利权的保护范围及上诉理由

被告认为被诉技术方案未落入本案专利权的保护范围，提出上诉，理由如下：

被诉侵权技术方案与涉案专利要求1相比，缺少权利要求记载的5个技术特征，未落入专利权的保护范围。根据保全被诉侵权产品照片不能显示的技术特征包括：①砧板旋转装置中“转轴及旋转驱动机构”；②砧板移位装置中“传动机构、移位驱动机构”；③用于对放置在砧板上的塑料膜实施冲切；④用于在冲切装置冲切后使砧板转动一定角度；⑤用于横向或纵向移动砧板，挪动所述砧板与所述冲刀的相对位置。

（三）二审法院生效判决作出的认定及理由

1. 生效判决作出的认定

被诉侵权产品落入涉案专利权保护范围，一审法院对此认定并无不当。

2. 生效判决作出上述认定的理由

根据《专利法》第64条，实用新型专利权的保护范围以其权利要求的内容为准，说明书及附图可以用于解释权利要求。王某来在本案中要求保护的权利依据为专利权利要求1，其技术特征为：①包括机架；冲切装置，由气液增压缸、导杆、冲刀座、冲刀组成，安装在所述机架的上方，用于对放置在砧板上的塑料膜实施冲切；②砧板旋转装置，由砧板、转盘、转轴及旋转驱动机构组成，安装在滑动板上，用于在冲切装置冲切后使砧板转动一定角度；③砧板移位装置，安装在所述机架的下部，与所述冲切装置上下对应，由滑动板、传动机构、移位驱动机构组成，用于横向或纵向移动砧板，挪动所述砧板与所述冲刀的相对位置。而根据一审法院证据保全照片及相关庭审记录可以看出，被侵权产品存在砧板旋转装置中“转轴及旋转驱动机构”；砧板移位装置中“传动机构、移位驱动机构”。明技厂虽然认为上述保全照片拍摄不完整，不能判断相关装置的具体位置和相互关系，但未提出相反证据予以证明且亦未明确被诉侵权产品相应装置应为何种技术装置及可以实现何种技术功能。而且经查明，被诉侵权产品保全在明技厂处，明技厂有能力举证，一审法院也已经向明技厂释明可以在指定期间内申请现场勘验并告知了法律后果，明技厂无正当理由拒不申请现场勘验，应当承担不利后果。故本院认定被诉侵权产品存在砧板旋转装置中“转轴及旋转驱动机构”以及砧板移位装置中“传动机构、移位驱动机构”。至于明技厂所述被诉侵权产品缺少的其他技术特征（用于对放置在砧板上的塑料膜实施冲切；用于在冲切装置冲切后使砧板转动一定角度；用于横向或纵向移动砧板，挪动所述砧板与所述冲刀的相对位置），应系涉案专利权利要求 1 中相关装置运行时的功能性描述。明技厂在二审庭审中已经认可被诉侵权产品具有对放置在砧板上的塑料膜实施冲切的功能。在本院认定侵权产品具备砧板旋转装置中“转轴及旋转驱动机构”以及砧板移位装置中“传动机构、移位驱动机构”的情形下，结合双方无争议的其他砧板旋转装置、砧板移位装置技术特征，本领域的技术人员完全可以预见到上述技术装置运转时所实现的技术功能必然为在冲切装置冲切后使砧板转动一定角度以及横向或纵向移动砧板，挪动所述砧板与所述冲刀的相对位置。因此，被诉侵权产品落入涉案专利权保护范围，明技厂未经权利人许可生产销售被诉侵权产品构成侵权，一审法院对此认定并无不当。

六、将被诉侵权产品的技术特征与权利要求技术特征的“错位”比对的典型案例

【案例六】艾默生电气公司（Emerson Electric Co）与潍坊百适精密机械制造有限公司侵害发明专利权纠纷上诉案（〔2017〕鲁民终 691 号）

（一）本案原告据以起诉的专利及被诉产品技术特征

1. 上诉人（原审原告）艾默生电气公司据以起诉的专利

涉案专利（专利号 200580045749.7）名称为“食物垃圾处理器抗振系

统”，其权利要求内容如下：

（1）一种食物垃圾处理器，包括：限定进口的壳体，由马达驱动的磨碎机械装置，用于磨碎穿过所述进口接收入所述壳体的食物垃圾；具有第一端和第二端的环形保持圈，所述第二端用于连接沉槽开口；以及环形弹性体联[①]接器，其绕所述环形保持圈的所述第一端设置，并连接到所述壳体，用于将所述环形保持圈与所述壳体振动式隔离，其中，所述环形保持圈的第一端和所述环形弹性体联接器之间的连接位于所述壳体内部，在所述环形弹性体联接器上的载荷是剪切状态。

（2）根据权利要求1所述的食物垃圾处理器，其特征在于：所述环形弹性体联接器定位于所述壳体内部。

（3）根据权利要求1所述的食物垃圾处理器，进一步包括环形连接构件，其连接在所述壳体和所述环形弹性体联接器之间。

（4）根据权利要求1所述的食物垃圾处理器，其特征在于：所述壳体限定接收所述环形弹性体联接器的凹槽。

（5）根据权利要求1所述的食物垃圾处理器，其特征在于：所述环形保持圈的所述第一端限定接收所述环形弹性体联接器的凹槽。

（6）根据权利要求1所述的食物垃圾处理器，其特征在于：所述环形体联接器限定大致圆形截面。

（7）根据权利要求1所述的食物垃圾处理器，其特征在于：所述环形体联接器限定多边形截面。

（8）根据权利要求1所述的食物垃圾处理器，其特征在于：所述环形弹性体联接器包括选自卤化丁基橡胶、腈橡胶及它们的结合弹性体。

（9）根据权利要求1所述的食物垃圾处理器，其特征在于：所述环形保持圈由填充玻璃的尼龙制成。

（10）根据权利要求1所述的食物垃圾处理器，其特征在于：所述环形保持圈由塑料制成。

（11）根据权利要求1所述的食物垃圾处理器，其特征在于：所述环形

① 原文如此，笔者疑为“连”字，下同。

保持圈由不锈钢制成。

（12）一种用于食物垃圾处理器的抗振系统，所述食物垃圾处理器包括限定进口的壳体，所述抗振系统包括：具有第一端和第二端的环形保持圈，所述第一圈可容纳入所述进口中，所述第二端用于连接到沉槽开口：以及环形弹性体联接器，其绕所述环形保持圈的所述第一端设置，并可连接到所述壳体，用于将所述环形保持圈与所述壳体振动式隔离，其中，所述环形保持圈的第一端和所述环形弹性体联接器之间的连接位于所述壳体内部，在所述环形弹性体联接器上的载荷是剪切状态。

（13）根据权利要求 12 所述的抗振系统，进一步包括环绕所述环形弹性体联接器的环形连接构件，使得所述环形弹性体联接器处于所述环形保持圈和所述环形连接构件之间。

（14）根据权利要求 12 所述的抗振系统，其特征在于：所述环形弹性体联接器限定大致圆形截面。

（15）根据权利要求 12 所述的抗振系统，其特征在于：所述环形弹性体联接器限定大致多边形截面。

（16）根据权利要求 12 所述的抗振系统，其特征在于：所述环形弹性体联接器包括选自卤化丁基橡胶、腈橡胶及它们的结合的弹性体。

（17）根据权利要求 12 所述的抗振系统，其特征在于：所述环形保持圈由填充玻璃的尼龙制成。

（18）根据权利要求 12 所述的抗振系统，其特征在于：所述环形保持圈由塑料制成。

（19）根据权利要求 12 所述的抗振系统，其特征在于：所述环形保持圈由不锈钢制成。

（20）根据权利要求 12 所述的抗振系统，其特征在于：所述环形保持圈的所述第一端限定接收所述环形弹性体联接器的凹槽。

艾默生公司在本案中明确，就涉案发明专利要求保护的权利范围有七个，分别为：独立权利要求 1、独立权利要求 1 + 从属权利要求 2、独立权利要求 1 + 从属权利要求 7、独立权利要求 1 + 从属权利要求 10、独立权利要求 12、独立权利要求 12 + 从属权利要求 15、独立权利要求 12 + 从属权利要求 18。

艾默生公司对独立权利要求 1 一种食物垃圾处理器所体现的技术特征分解如下：A. 具有限定进口的壳体；B. 由马达驱动的磨碎机械装置，用于磨碎穿过所述进口接收入所述壳体的食物垃圾；C. 具有第一端和第二端的环形保持圈，所述第二端用于连接到沉槽开口；D. 环形弹性体联接器，其绕所述环形保持圈的所述第一端设置，并连接到所述壳体，用于将所述环形保持圈与所述壳体振动式隔离；E. 所述环形保持圈的第一端和所述环形弹性体联接器之间的连接位于所述壳体内部；F. 所述环形弹性体联接器上的载荷是在剪切状态。

2. 本案被诉侵权产品包括如下技术特征

被控侵权产品食物垃圾处理器体现出如下技术特征：A1. 有限定进口的壳体；B1. 由马达驱动的磨碎机械装置，用于磨碎穿过所述进口接收入所述壳体的食物垃圾；C1. 具有下端（第一端）和上端（第二端）的环形保持圈，其中上端（第二端）用于连接到沉槽开口；D1. 有环形弹性体联接器，其绕所述环形保持圈的下端（即第一端）设置，并连接到所述壳体，用于隔离环形保持圈与壳体之间的振动传递。即涉案产品的环形弹性体联接器也用于将环形保持圈与壳体振动式隔离；E1. 环形保持圈的下端（第一端）和所述环形弹性体联接器之间连接，该弹性联接体一直延伸到壳体顶盖上部，并全部覆盖整个壳体顶盖上部；F1. 环形弹性体联接器上的载荷是在剪切状态。

（二）一审法院对被诉产品是否落入专利权的保护范围所作的技术特征的比对及认定结果

首先，一审法院通过对涉案专利独立权利要求 1 保护的权利范围进行研读分解，对比被控侵权产品体现的相应技术特征，结合涉案专利说明书及附图，认为被控侵权产品与艾默生公司的涉案发明专利，都涉及一种食物垃圾处理器，二者相应技术特征 A 与 A1、B 与 B1、C 与 C1、D 与 D1、F 与 F1 应为相同的技术特征，被控侵权产品的技术特征 E1 与涉案专利要求保护的技术特征 E 相比，却存在不同，涉案专利要求保护的技术特征 E 为：所述环形保持圈的第一端和所述环形弹性体联接器之间的连接位于所述壳体内部。而被控侵权产品对应技术特征 E1 为：环形保持圈的下端（第一端）和所述环形弹性体联接器之间连接，该弹性联接体一直延伸到壳体顶盖上部，并全部覆盖整个壳体顶盖上部。而这一不相同的技术特征是否构成等同技术方案，成为本案认定是否侵权的关键。根据《侵犯专利权纠纷案件解释》第 6 条之规定，专利申请人、专利权人在专利授权或者无效宣告程序中，通过对权利要求、说明书的修改或者意见陈述而放弃的技术方案，权利人在侵犯专利纠纷案件中又将其纳入专利权保护范围的，人民法院不予支持。上述规定申明了专利侵权判定的一个重要原则——禁止反悔原则，根据该原则，在专利审批或无效程序中，申请人或专利权人为确定其专利具备专利性，通过书面声明或者修改专利文件的方式，对专利权利要求的保护范围作了限制或部分放弃，并因此获得了专利权或使其专利权得以维持，在侵犯专利权诉讼中，法院适用等同原则确定专利权的保护范围时，应当禁止专利权人将已被限制、排除或者已经放弃的内容重新纳入专利权保护范围。具体到本案中，艾默生公司为获得涉案发明专利权的授权，在其针对国家知识产权局第二次审查意见的意见陈述中已明确说明“针对审查员关于本发明的创造性意见，申请人对独立权利要求 1 和 13（修改后序号为 12）进行了修改，即加入了特征‘所述环形保持圈的第一端和所述环形弹性体联接器之间的连接位于所述壳体内部’，其修改的基础可参考说明书第 5 页第 23—24 行的描述‘弹性体联接器 114 和圈 110 之间的连接实际上位于容器体 18 内部，其实质上不会延伸超过顶盖 112’”，并因此而获得了专利局的授权。而被控侵权产品所体现出的技术特征，恰恰是环形保持圈的下端（第一端）和所述环形弹性体联接器之间连接，该弹性联接体一直延伸到壳体顶盖上部，并全部覆盖壳体顶盖上部。因此，根据禁止反悔原则，艾默生公司不得适用等同原则将已被其放弃的技术特征重新纳入专利权保护范围。

其次，根据《侵犯专利权纠纷案件解释》第 5 条之规定，对于仅在说明书或者附图中描述而在权利要求中未记载的技术方案，权利人在侵犯专利权纠纷案件中将其纳入专利权保护范围的，人民法院不予支持。该规定又申明了专利侵权判定另一个重要原则——捐献原则，该原则是指，对于仅在说明书或者附图中描述，而在权利要求中未记载的技术方案，视为捐献给社会，权利人在侵犯专利权诉讼中将其纳入专利权的保护范围的，人民法院不予支持。本案中，涉案发明专利说明书附图 3 公开了环形保持圈的下端和所述环形弹性体联接器之间连接，该弹性联接体一直延伸到壳体顶盖上部这一技术方案，而根据艾默生公司的意见陈述，该项技术特征又已被其放弃，因此，百适公司根据艾默生公司放弃的技术方案所制作的被控侵权产品，根据专利侵权判定的捐献原则，自然不落入艾默生公司专利权的保护范围。

综上，被控侵权产品所体现的技术特征与艾默生公司要求保护的独立权利 1 的技术特征既不相同亦不等同，根据专利侵权判定的全面覆盖原则，被控侵权产品所体现的技术特征未全面覆盖涉案独立权利要求 1 所保护全部必要技术特征，不构成侵权。因为艾默生公司要求保护的第二、三、四个权利范围均包含独立权利要求 1，因此，被控侵权产品所体现的技术特征亦未全面覆盖第二、三、四个权利范围所记载的全部技术特征，不构成侵权。而独立权利要求 12 "一种用于食物垃圾处理器的抗振系统" 所体现的技术特征是独立权利要求 1 "一种用于食物垃圾处理器" 技术方案中一个部件的技术特征，其中关于环形弹性联接器的技术特征与被控侵权产品相对应部分所体现的技术特征的比对，与前述独立权利 1 中技术特征 E 与被控侵权产品技术特征 E1 的比对相同，故，被诉侵权技术方案的技术特征亦未落入要求保护的专利权技术方案五、六、七的保护范围，亦不构成侵权。

（三）二审法院关于是否落入专利权的保护范围的认定

本案中，艾默生公司主张保护的权利范围有 7 个，分别为独立权利要求 1、独立权利要求 1 + 从属权利要求 2、独立权利要求 1 + 从属权利要求 7、独立权利要求 1 + 从属权利要求 10、独立权利要求 12，独立权利要求 12 + 从属权利要求 15、独立权利要求 12 + 从属权利要求 18，二审法院逐一进行比对，确定被控侵权产品的技术特征是否涉案专利权的保护范围。

1. 对于权利要求 1

一审法院将该权利要求分解为 6 个技术特征，百适公司二审中认可被控侵权产品 C1 技术特征 "具有下端（第一端）和上端（第二端）的环形保持圈，其中上端（第二端）用于连接到沉槽开口" 与涉案专利 C 技术特征 "具有第一端和第二端的环形保持圈，所述第二端用于连接到沉槽开口”构成等同，故二审法院对该技术特征不再另行比对，以下对其他 5 个技术特征分别比对：

（1）对于被控侵权产品的 A1 技术特征和涉案专利权利要求 A 技术特征即“限定进口的壳体”的比对。百适公司认为，结合说明书 0021 段和附图 1，涉案专利 A 技术特征的壳体分为三段、壳体有顶盖、壳体下部与磨碎段相连、壳体和顶盖由不锈钢制成，而被控侵权产品仅有两段、壳体上部没有顶盖、壳体下部与马达连接、壳体由塑料材料制成，因此，其结构、连接方式和所用材料完全不同。对此，二审法院认为，涉案专利权利要求 A 技术特征并未限定壳体的结构、与其他部件的连接方式及所用材料，虽然涉案专利说明书第 0021 段有“在示例性实施例中，壳体和顶盖由不锈钢制成”，但说明书和附图可以用来解释权利要求，不能限定权利要求的保护范围，且涉案专利说明书 0018 段亦明确记载“本文中具体实施例的说明不是限制本发明为所公开的具体形式”，故本院对百适公司关于壳体因材料不同故不落入涉案专利权的保护范围的主张不予支持。经比对，被控侵权产品壳体上有顶盖，壳体下部与磨碎段相连，且该壳体亦用于限定从中穿过的进口，上述技术特征与涉案专利权利要求 A“限定进口的壳体”技术特征相同。

（2）对于被控侵权产品的 B1 技术特征和涉案专利权利要求 B 技术特征即“由马达驱动的磨碎机械装置，用于磨碎穿过所述进口接收入所述壳体的食物垃圾”的比对。百适公司认为，结合说明书 0021 段、0022 段和附图 1，涉案专利该技术特征属于功能性技术特征，而被控侵权产品在结构、功能和效果上与专利均不同，因此不构成侵权。二审法院认为，第一，涉案专利该技术特征涉及两个结构，一是“磨碎机械装置”，二是“马达”，两者之间的关系并非通过在发明创造中所起的功能或者效果进行限定，而是通过两者之间的结构关系进行限定，即“磨碎机械装置”由“马达驱动”，并且该结构之间的关系是明确的，本领域普通技术人员能够通过阅读权利要求直接明了实施方式。第二，涉案专利系食物垃圾处理器中的抗震系统，而该专利技术中的“磨碎机械装置”的唯一功能和效果就是“用于磨碎穿过所述进口接收入所述壳体的食物垃圾”，因此，不能仅以专利权利要求中描述了“磨碎机械装置”的功能或效果就认定该技术特征为功能性技术特征。故对于百适公司关于该技术特征是功能性技术特征的主张不予支持。将被控侵权产品与涉案专利该技术特征相比，被控侵权磨碎机械装置也由马达驱动，用于磨碎经过穿过进口进入壳体的食物垃圾，属于相同的技术特征。

此外，涉案专利说明书第 0021 和 0022 段实施例对磨碎机械装置的构成及运行模式进行了详细的描述，本领域技术人员阅读这些文字后即可直接、明确其构造及实施方式。二审庭审中，百适公司认可其磨碎机械装置亦包括与涉案专利说明书中记载的一致的“凸缘、旋转板及固定的切碎机环”。故本院认为，即使涉案专利该技术特征是功能性技术特征，被控侵权产品以与涉案专利该技术特征相比，以基本相同的手段，实现相同的功能，达到相同的效果，且本领域普通技术人员在被诉侵权行为发生时无须经过创造性劳动就能够联想到，根据《侵犯专利权纠纷案件解释（二)》第 8 条第 2 款的规定，被控侵权技术方案与涉案专利技术特征亦构成等同技术特征。

（3）对于被控侵权产品的 D1 技术特征和涉案专利权利要求 D 技术特征即“环形弹性体联接器，其绕所述环形保持圈的所述第一端设置，并连接到所述壳体，用于将所述环形保持圈与所述壳体振动式隔离”的比对。百适公司认为，被控侵权产品该技术特征与涉案专利结构、连接方式不同，且所用材料不同。二审法院认为，弹性联接器使用的材料并非涉案专利权限定的范围，且被控侵权产品的环形弹性体联接器与涉案专利一样，均是绕所述环形保持圈的所述第一端设置，并连接到壳体，用于将所述环形保持圈与所述壳体振动式隔离，因此，被控侵权产品该技术特征与涉案专利技术特征构成相同。

（4）对于被控侵权产品的 E1 技术特征和涉案专利权利要求 E 技术特征即“所述环形保持圈的第一端和所述环形弹性体联接器之间的连接位于所述壳体内部”的比对。因当事人对该技术特征限定的是“环形弹性体联接器”还是“连接部位”位于壳体内部分歧较大，应首先确定涉案专利权的保护范围。二审法院认为，结合相关证据，涉案专利该技术特征限定在壳体内部的是“连接部位”而非“环形弹性体联接器”结构，理由如下：第一，涉案权利要求对该技术特征的描述是明确无误的，指出了是“环形保持圈的第一端和所述环形弹性体联接器之间”的“连接”位于壳体内部，并未说明系“弹性体联接器”位于壳体内部，一审法院解读为“弹性体联接器”位于壳体内部错误。第二，根据涉案专利权利要求的记载，涉案专利该技术特征限定的是对“环形保持圈的第一端和所述环形弹性体联接器之间”起“连接”作用的部位的位置，而非被连接装置的位置，一审法院在比对该技术特征时，将被控侵权产品被连接装置的结构与涉案专利起连接作用部位的位置进行比对，比对对象错误。第三，从涉案专利审查过程来看，艾默生公司所作陈述并未涉及环形弹性体联接器的安装位置。在意见陈述书附页中，艾默生公司陈述：“针对审查员关于本发明的创造性意见，申请人对独立权利要求 1 和 13（修改后序号为 12）进行了修改，即加入了特征‘所述环形保持圈的第一端和所述环形弹性体联接器之间的连接位于所述壳体内部’，其修改的基础可参考说明书第 5 页第 23—24 行的描述‘弹性体联接器 114 和圈 110 之间的连接实际上位于容器体 18 内部，其实质上不会延伸超过顶盖 112’。”该陈述明确指出了系“连接部位”位于壳体内部，与环形弹性体联接器的整体位置无关，一审判决对该技术特征理解错误。第四，在有多项权利要求时，在确定权利要求书中记载权利要求的保护范围时，可以认定独立权利要求与其从属权利要求所限定的保护范围互不相同且不重复。结合涉案专利权从属权利要求 2，该权利要求记载的技术特征为“所述环形弹性体联接器定位于所述壳体内部”，如果将权利要求 1 中的 E 技术特征解读为“弹性体联接器位于壳体内部”，该技术特征与从属权利要求 2 技术特征均对“弹性体联接器”的位置作出限定，属于重复限定，则从属权利要求就无存在的必要。综上，涉案专利该技术特征限定的系“环形保持圈的第一端和所述环形弹性体联接器之间”的“连接”部位位于壳体内部。将被控侵权产品该技术特征与涉案专利进行比对，两者相同，落入涉案专利权的保护范围。此外，一审法院在对涉案专利该技术特征保护范围认定错误的情况下，不适当地考虑了“捐献原则”和“禁止反悔原则”，事实认定和法律适用均错误，二审法院依法予以纠正。

（5）对于被控侵权产品的 F1 技术特征和涉案专利权利要求 F 技术特征。百适公司认为，被控侵权产品材料不同，功能和效果不同，因此不侵权。二审法院认为，产品材料并非涉案专利权限定的范围，被控侵权产品环形弹性体联接器上的载荷是在剪切状态，与涉案专利相同，因此被控侵权产品该技术特征与涉案专利技术特征构成相同。

综上，被控侵权产品的上述技术特征与涉案专利权利要求 1 中的技术特征构成相同或等同，落入涉案专利权利要求 1 的保护范围。

2. 对于从属权利要求 2 的比对

百适公司主张，涉案专利从属权利要求 2 保护的范围系“环形弹性体联接器位于所述壳体内部”，而被控侵权产品的环形弹性体联接器延伸至壳体外部，因此未落入涉案专利权的保护范围。本院认为，涉案专利从属权利要求 2 记载的技术特征为“所述环形弹性体联接器定位于所述壳体内部”，并非百适公司主张的“环形弹性体联接器位于所述壳体内部”，“定位于”与“位于”并非同一词语。根据《侵犯专利权纠纷案件解释》第 3 条“人民法院对于权利要求，可以运用说明书及附图、权利要求书中的相关权利要求、专利审查档案进行解释。说明书对权利要求用语有特别界定的，从其特别界定”的规定，对于涉案专利使用的“定位于”一词，可以结合涉案专利说明书及附图进行解释。根据涉案专利说明书第 0009 段记载，“在某些示例性的实施例中，该环形弹性体联接器定位在壳体内部。换句话说，该联接器在该壳体的顶盖下方，且未延伸到该壳体外部……”从涉案专利附图 3 能够看出，环形弹性体联接器一直延伸到壳体顶盖上部，并覆盖了壳体顶盖上部。由该说明书实施例和附图可以看出，“定位于”壳体内部包含环形弹性体联接器全部位于壳体内部或者主体部位位于壳体内部但部分延伸至壳体外部两种情况。而将被控侵权产品与涉案专利该技术特征比对，被控侵权产品弹性体联接器是主体位于壳体内部而部分延伸到壳体顶盖上部，落入涉案专利权的保护范围，故对百适公司的主张不予支持。

3. 对于独立权利要求 12 的比对

因该权利要求的技术特征包含在权利要求 1 中，故在被控侵权产品的技术特征落入涉案专利权利要求 1 范围的情况下，亦落入涉案专利权利要求 12 的保护范围。

4. 对于其他从属权利要求的比对

百适公司二审中对被控侵权产品的其他技术特征与涉案专利其他从属权

利要求的技术特征相同均没有异议。故上述技术特征落入涉案专利权的保护范围。

综上比对，被控侵权产品的技术特征分别落入了独立权利要求 1、独立权利要求 1 + 从属权利要求 2、独立权利要求 1 + 从属权利要求 7、独立权利要求 1 + 从属权利要求 10、独立权利要求 12、独立权利要求 12 + 从属权利要求 15、独立权利要求 12 + 从属权利要求 18 的保护范围。

（四）笔者对该案的特别说明

本案中，有两个原因导致一审法院错误适用禁止反悔原则和捐献原则。一是一审法院将被控侵权产品的技术特征和专利权利要求的技术特征“错位”比对，二是原告对技术特征 E 和 E1 构成等同的错误主张（实际是构成相同）。另外，该案中不论是双方当事人还是一审、二审法院，都没有将主题名称纳入限定专利权的保护范围的必要技术特征，但将专利的主题名称和侵权产品的主题名称直接进行了比对，这虽然没有影响结果，但不是很规范的做法（这种情形在实务中相当普遍）。

还有，二审法院关于权利要求 2 中的“定位于”的解释是欠妥的。正如二审法院所引用的，《侵犯专利权纠纷案件解释》第 3 条“人民法院对于权利要求，可以运用说明书及附图、权利要求书中的相关权利要求、专利审查档案进行解释。说明书对权利要求用语有特别界定的，从其特别界定”，对于涉案专利使用的“定位于”一词，可以结合涉案专利说明书及附图进行解释。根据涉案专利说明书第 0009 段记载，“在某些示例性的实施例中，该环形弹性体联接器定位在壳体内部。换句话说，该联接器在该壳体的顶盖下方，且未延伸到该壳体外部……”显然权利要求 2 中的“定位于”和说明书该处的“定位在”含义是相同的。而说明书该处对“定位在”的含义是用“换句话说”的方式予以明确的，其含义为“该联接器在该壳体的顶盖下方，且未延伸到该壳体外部”。

据此，被诉产品没有落入权利要求 2 的保护范围。二审判决除这一点瑕疵而外，其他所有的认定结论及论述理由都堪称完美，对读者学习相关问题，特别是技术特征的比对、禁止反悔原则和捐献原则的适用条件，都是非常宝贵的案例。

七、规避设计失败的典型案例

【案例七】胡某一与长沙市芙蓉区万德五金机电工贸行等专利侵权纠纷上诉案（〔2017〕湘民终732号）

（一）本案据以起诉的专利及被诉侵权产品的技术特征

1. 本案专利

涉案专利（专利号ZL91104618.6）名称为“一种电焊钳导电体”，其专利要求如下：

（1）一种电焊钳导电体，包括导电体（1），其特征在于，在导电体（1）后端直至前端开设有长槽。

（2）按权利要求1所述的电焊钳导电体，其特征在于，长槽的开口位于焊条接触面（9）的相对侧。

（3）按权利要求1或2所述的电焊钳导电体，其特征在于，槽内的横截面积大于50mm^2。

（4）按权利要求1或2所述的电焊钳导电体，其特征在于，在导电体（1）上安装有接线装置（6）。

（5）按权利要求3所述的电焊钳导电体，其特征在于，在导电体（1）上安装有接线装置（6）。

（6）按权利要求4所述的电焊钳导电体，其特征在于，接线装置（6）用铆钉或螺钉紧固在导电体（1）上，导电体（1）与接线装置（6）之间的接线孔（7）的横截面积大于50mm^2。

（7）按权利要求5所述的电焊钳导电体，其特征在于，接线装置（6）用铆钉或螺钉紧固在导电体（1）上，导电体（1）与接线装置（6）之间的接线孔（7）的横截面积大于50mm^2。

2. 被诉产品的技术特征

被诉侵权产品为电焊钳导电体，导电体焊条接触面的相对侧有一个后端至前端贯通的空间，该空间前部2/3为典型的U形槽，后1/3部分U形两边向上延展弯曲折合，形成圆孔形状。槽开口处位于焊条接触面的相对侧；导电体焊条接触面的相对侧连接有一接线装置，导电体的圆环截面面积超过

50mm^2。另，被诉侵权产品没有装置接线，而是通过导电体自身来完成的。

（二）一审法院关于被诉产品是否落入专利权的保护范围所作的认定

该专利权利要求 1 的发明内容为一种电焊钳导电体，包括导电体，其特征在于在导电体后端直至前段开设有长槽。说明书中提及通过在导电体上开设长槽的技术手段，实现节约铜材、增大散热面积的效果。可见涉案专利中开设长槽以及槽开口的位置系该专利技术的创新之处。本案中，被诉侵权产品导电体的后端有一段为中空的类似于孔的圆环，故导电体的长槽开口的位置并未到达导电体的后端，与专利权利要求 1 记载的技术特征不相同。由于权利要求 1 系涉案专利独立权利要求，权利要求 2 至 7 均系权利要求 1 的从属权利要求，故在被诉侵权产品未落入专利权利要求 1 保护范围的情形下，其必然未落入权利要求 2 至 7 的保护范围。

（三）二审法院关于是否落入专利权的保护范围作出的认定

二审法院湖南省高级人民法院终审判决认定被诉产品落入了本案专利权利要求 1—7 的保护范围。理由如下：

对于权利要求 1，其内容为：A. 一种电焊钳导电体，包括导电体；B. 在导电体后端直至前段开设有长槽。双方对于技术特征 B 中关于“导电体后端开设有长槽”有异议。塞恩电器厂认为被诉侵权产品导电体的后端有一段为中空的类似于孔的圆环，导电体的长槽开口的位置并未到达导电体的后端。胡某一认为导电体后端截面只要有开口就是槽，四周封闭了才是孔。二审法院认为，根据涉案专利说明书的记载可知，涉案专利是在现有技术导电体为实心长条的基础上所作的改进，其创新之处在于在导电体上开设长槽，使导电体实体变薄，实现散热和节省铜材的效果。被诉侵权产品相对应的技术特征是导电体焊条接触面的相对侧有一个后端至前端贯通的空间，该空间前部 2/3 为典型的 U 形槽，后 1/3 部分“U 形”两边向上延展弯曲折合，形成圆孔形状。本院认为，槽一般是指一种两边高起，中间凹下物体的凹下部分。本案中圆孔部分似与槽不同，但该圆孔在整个导电体中所占长度相对较短，与前方 U 形槽一以贯通，形成一个整体，共同实现散热和节省铜材的技术效果；且被上诉人未出庭说明该后端圆孔在电焊钳领域中功能、效果与长槽有何不同。同时，考虑到被上诉人此前曾生产过具有完整 U 形槽的侵权产品，可以认定本案中被诉侵权产品系被上诉人在被认定侵权后，对“长槽”技术特征的规避，在该规避手段与涉案专利相应技术特征的手段基本相同，且被上诉人无法说明该规避手段中功能和效果上与涉案专利有实质性差异的情况下，可以认定该技术特征与涉案专利的技术特征构成等同。因此，被诉侵权产品落入涉案专利权利要求 1 的保护范围。

对于权利要求 2，其内容为：按权利要求 1 所述的电焊钳导电体，其特征在于，长槽的开口位于焊条接触面（9）的相对侧。金元公司、塞恩电器厂认可被诉侵权产品的槽开口处位于焊条接触面的相对侧，该技术特征与涉案专利相对应的技术特征相同，被诉侵权产品落入权利要求 2 的保护范围。

对于权利要求 3，其内容为：按权利要求 1 或 2 所述的电焊钳导电体，其特征在于，槽内的横截面积大于 $50mm^2$。金元公司、塞恩电器厂认可被诉侵权产品导电体的圆环横截面积大于 $50mm^2$，而被诉侵权产品槽内横截面积明显大于该圆环横截面积，该技术特征与涉案专利相对应的技术特征相同，被诉侵权产品落入权利要求 3 的保护范围。

对于权利要求 4，其内容为：按权利要求 1 或 2 所述的电焊钳导电体，其特征在于，在导电体（1）上安装有接线装置（6）。对于权利要求 5，其内容为：按权利要求 3 所述的电焊钳导电体，其特征在于，在导电体（1）上安装有接线装置（6）。被诉侵权产品导电体虽然具有连接电缆线的接线功能，但还需与其他固定导电体的装置一道完成与电缆线的紧固连接功能，这表明被诉侵权产品上具有“焊条接触面的相对侧连接有一接线装置”这一技术特征。被诉侵权产品落入权利要求 4、5 的保护范围。

对于权利要求 6，其内容为：按权利要求 4 所述的电焊钳导电体，其特征在于，接线装置（6）用铆钉或螺钉紧固在导电体（1）上，导电体（1）与接线装置（6）之间的接线孔（7）的横截面积大于 $50mm^2$。对于权利要求 7，其内容为：按权利要求 5 所述的电焊钳导电体，其特征在于，接线装置（6）用铆钉或螺钉紧固在导电体（1）上，导电体（1）与接线装置（6）之间的接线孔（7）的横截面积大于 $50mm^2$。被诉侵权产品的接线装置用铆钉与导电体固定；金元公司、塞恩电器厂认可被诉侵权产品的导电体与接线装置之间的接线孔的横截面积大于 $50mm^2$。被诉侵权产品落入权利要求 6、7 的保护范围。

（四）笔者对该案的特别说明

本案之所以能被认定为是规避设计失败的案例，关键在于其先前生产过与本案专利技术特征完全相同的产品，因而落入专利权的保护范围并被处罚过的事实。本案中，其将之前生产的产品的后端开槽改成了中空圆环。不论该中空圆环是否在圆周向闭合，由于其中空部分与前端的槽样开口空间一体贯通，因此技术功能都为节省材料、增加散热、易于加工，而在技术手段方面则是基本相同的。如果圆环的开口较大的话，则是与专利技术特征槽样开口属于相同的技术手段，而且是本领域技术人员不需要创造性劳动就能想到的。因此，属于相同的技术手段。规避设计的构成要件为：其一，生产者明知相关专利存在且掌握该专利权利要求保护的技术方案；其二，生产者想使用该专利保护的技术方案；其三，使用该专利保护的技术而不想受到该专利的限制。规避设计成功与否的关键就要看所设计出的技术方案是否落入被规避专利的保护范围。其中最为关键的是对被规避专利的附随保护范围（笔者提出的概念）或者等同保护范围的准确把握。

值得一提的是，在笔者看来规避设计行为并不是一种该被谴责的行为，一定程度上是值得倡导的。因为规避设计并不属于侵权行为，如果成功的话还能促进技术进步。法律人才和技术人才的深度结合使得规避设计成功的可能性会更大。

八、封闭式组合物权利要求解释及药物带有辅料未落入封闭式组合物权利要求保护范围的典型案例

【案例八】山西振东泰盛制药有限公司、山东特利尔营销策划有限公司医药分公司与胡某泉侵犯发明专利权纠纷案（〔2012〕民提字第10号）

（一）本案据以起诉的专利权利要求及被诉技术方案

1. 本案专利

涉案专利（ZL200410024515.1）名称为“注射用三磷酸腺苷二钠氯化镁

冻干粉针剂及其生产方法”的发明专利，申请日为2004年7月21日，权利要求为：

（1）关于注射用三磷酸腺苷二钠氯化镁冻干粉针剂生产方法，其特征在于它包括下列步骤：取三磷酸腺苷二钠100重量份与氯化镁32重量份加400重量份水搅拌制成混合溶液；用0.1%氢氧化钠溶液调该混合溶液pH到4.5—7.0；再向该混合溶液中加600重量份水混匀，将上述混合溶液用微孔滤膜过滤，经滤膜起泡点检验和内毒素检验后，灌装于每个药瓶中；然后药瓶半加塞，将药瓶放入冷冻干燥箱中，待瓶中制品降到－35℃后保持3小时；降低冷凝器温度至－60℃，抽真空至10Pa以下后，通过隔板给瓶中制品加温使冻结产品的温度升至－20℃，保持5小时；继续加热升温至25℃，保温5小时；最后药瓶压塞，轧铝盖制成注射用三磷酸腺苷二钠氯化镁冻干粉针剂。

（2）一种注射用三磷酸腺苷二钠氯化镁冻干粉针剂，其特征是：由三磷酸腺苷二钠与氯化镁组成，二者的重量比为100毫克比32毫克。

原告主张本案专利权的保护范围以上述权利要求2为准。

2. 被诉技术方案

被诉侵权产品“注射用三磷酸腺苷二钠氯化镁”药品的主要成分在相关批准文件以及所含附件产品说明书、药品检验报告中记载为三磷酸腺苷二钠和氯化镁，规格为三磷酸腺苷二钠100mg、氯化镁32mg，性状为白色或类白色冻干块状物或粉末。

在涉案药品的单盒外包装上，均显示了药品的规格和性状，与国家相关部门核发的说明书中所表明的信息一致，在盒内的药品说明书记载的成分中出现了“全部辅料名称为：碳酸氢钠和精氨酸”的记载，该信息在国家相关部门核发的说明书中未体现。

基于上述证据，当事人对被诉侵权产品的成分及配比一致认为：性状为白色或类白色冻干块状物或粉末，成分为三磷酸腺苷二钠和氯化镁，规格为三磷酸腺苷二钠100mg、氯化镁32mg，以及一定量的辅料碳酸氢钠和精氨酸。

（二）对是否落入专利权的保护范围原审法院的认定

1. 一审法院济南市中级人民法院认定

涉案专利产品的必要技术特征包括：①注射用针剂的样态为冻干粉；

②该针剂是一种三磷酸腺苷二钠氯化镁冻干粉；③该针剂组分中的三磷酸腺苷二钠与氯化镁的重量比为100毫克比32毫克。

被诉侵权产品“注射用三磷酸腺苷二钠氯化镁”，同样为注射用针剂，性状为白色或类白色冻干块状物或粉末，冻干粉的主要成分为三磷酸腺苷二钠和氯化镁，规格为三磷酸腺苷二钠100毫克、氯化镁32毫克，这些特征说明，被诉侵权产品与涉案专利产品的特征相同，落入涉案专利权保护范围。

对于特利尔分公司销售的产品说明书中出现的辅料碳酸氢钠和精氨酸的成分记载，法院注意到，该描述未明确出现在“注射用三磷酸腺苷二钠氯化镁”药品的审批文件以及呈报的说明书中，因此，上市销售的产品的成分中是否含有该辅料，特利尔分公司未能提供证据予以进一步证实。即使被诉侵权产品含有上述成分，但正如其说明书所表述的仅仅为辅料，而非主要成分，不影响该针剂中“三磷酸腺苷二钠氯化镁”的组分构成和重量比，与胡某泉的涉案专利产品仍为同一产品。故被告以其产品中辅料的存在，抗辩不侵权不能成立，不予支持。

2. 二审法院山东省高级人民法院认定

二审审理期间，原专利复审委员会作出第13268号无效宣告请求审查决定书（以下简称第13268号无效决定），宣告涉案专利权全部无效。山东省高级人民法院二审认为，根据《专利法》第47条的规定，宣告无效的专利权视为自始即不存在。本案胡某泉要求保护的涉案专利权已被宣告无效，即该权利应视为自始不存在，胡某泉已丧失指控他人侵犯其专利权的权利基础。泰盛公司、特利尔分公司的上诉请求应予支持。依照《专利法》第47条第1款、《中华人民共和国民事诉讼法》（2007年修订）第153条第1款第（三）项之规定，判决撤销济南市中级人民法院民事判决（〔2008〕济民三初字第4号），驳回胡某泉的诉讼请求。

3. 山东省高级人民法院再审认定及理由

（1）关于胡某泉是否就涉案发明享有专利权问题。虽然原专利复审委员会就涉案专利作出第13268号无效决定，但法院生效的行政判决最终撤销了该决定，因此，现涉案专利仍然有效，胡某泉就涉案发明仍享有专利权。

（2）关于被诉侵权产品是否落入涉案专利保护范围问题。根据《专利审查指南》有关规定，封闭式组合物权利要求，其要求保护的组合物由所指出的组分组成，没有别的组分，即没有别的组分也是权利要求的技术特征之一。涉案专利权利要求2为“由三磷酸腺苷二钠与氯化镁组成，二者的重量比为100毫克比32毫克”，其保护的是三磷酸腺苷二钠与氯化镁组成和二者的重量比为100毫克比32毫克的组合物。而被诉侵权产品的组分也是三磷酸腺苷二钠和氯化镁，规格为三磷酸腺苷二钠100毫克、氯化镁32毫克。与涉案专利权利要求2的组分构成和重量比相同。至于泰盛公司、特利尔分公司的产品中增加了辅料碳酸氢钠和精氨酸，正如其说明书所表述的仅仅为辅料，而非主要成分。加入辅料是药物制备过程中的必备环节。碳酸氢钠为碱性化合物，是调节溶液pH的常用辅料，精氨酸作为稳定剂也是制药行业一般技术人员可以联想到的。被诉侵权产品中发挥治疗作用的活性成分为三磷酸腺苷二钠和氯化镁，碳酸氢钠和精氨酸是药物制备工艺中的常用辅料，不是发挥药效的活性成分。涉案专利权利要求1关于冻干粉产品的制作方法中，也已经表明了需经过液态溶液混合以及加入氢氧化钠调节pH。因此，对涉案专利不能孤立地去看权利要求2。从涉案专利所有权利要求及说明书看，并不能排除有其他的辅料成分。因此，对涉案专利封闭式权利要求进行解释时，“不包括其他组分”不应理解为不包括辅料成分。综上，尽管被诉侵权产品中增加两种辅料，但该辅料不是被诉侵权产品的组分，也不是被诉侵权产品增加的技术特征，不影响该针剂中“三磷酸腺苷二钠氯化镁”的组分构成和重量比。且泰盛公司、特利尔分公司也没有证据证明被诉侵权产品加入辅料碳酸氢钠和精氨酸对涉案专利权利要求2的功能和效果有实质性改变。因此，泰盛公司、特利尔分公司主张加入两种辅料不落入涉案专利保护范围的抗辩理由不能成立。

（三）最高人民法院再审作出的认定及理由

1. 如何确定封闭式权利要求的保护范围

泰盛公司和特利尔分公司主张，涉案专利权利要求2采用了“由……组成”的撰写方式，原再审判决将涉案专利权利要求2认定为封闭式权利要求正确，但对封闭式权利要求保护范围的确定与现行法律规定及实践相悖。胡某泉则主张，对封闭式权利要求的解释，不能纯粹依据《专利审查指南》关于组合物的开放式权利要求和封闭式权利要求的规定进行。

对于封闭式权利要求及其解释规则，我国专利法及专利法实施细则没有明确规定，相关规定主要体现于国家知识产权局制定的部门规章《专利审查指南》之中。涉案专利的申请日为2004年7月21日，对涉案专利申请的审查适用2001年版《专利审查指南》的相关规定。

2001年版《专利审查指南》第二部分第十章“关于化学领域发明专利申请审查的若干规定”中第3.2.1节“开放式、封闭式及它们的使用要求”规定：

组合物权利要求应当用组合物的组分或者组分和含量等组成特征来表征。组合物权利要求有开放式、封闭式及半开放式三种表达方式。开放式表示组合物中并不排除权利要求中未指出的组分；封闭式则表示组合物中仅包括所指出的组分而排除所有其他的组分；半开放式介于两者之间。这三种表达方式的保护范围不同。常用措辞如下。

(1) 开放式，例如“含有”“包括”“包含”“基本含有”“本质上含有”等，这些都表示该组合物中还可以含有权利要求中所未指出的某些组分，即使其在含量上占较大的比例。

(2) 封闭式，例如“由……组成”“组成为”“余量为”等，这些都表示要求保护的组合物由所指出的组分组成，没有别的组分，但可以带有杂质，该杂质只允许以通常的含量存在。

(3) 半开放式，即“基本”一词与封闭式的词连用，例如“基本上由……组成”“基本组成为”，采用这种方式表达的权利要求的保护范围介于开放式与封闭式之间。它使封闭式的权利要求只是向着这样一些未指出的组分开放，这些组分可以是任何含量，但必须是那些对所指出的组分的基本特性或者新的特性没有实质上影响的组分。

(4) “主要”一词与封闭式的词连用时，即“主要由……组成”“主要组成为”，其含义为开放式。

关于上述内容，1993年版《专利审查指南》亦作基本相同之规定。2006年修订《专利审查指南》时，删除了第二部分第十章“关于化学领域发明专利申请审查的若干规定”中与半开放式权利要求相关的规定，并将原来半开放式权利要求的几种表达方式归入到开放式权利要求中，但对于封闭式权利要求的规定未作修改；同时在权利要求的一般性规定，即《专利审查指南》第二部分第二章第3.3节“权利要求的撰写规定”中，增加了开放式权利要求和封闭式权利要求的规定，即：“通常，开放式的权利要求宜采用‘包含’‘包括’‘主要由……组成’的表达方式，其解释为还可以含有该权利要求中没有述及的结构组成部分或方法步骤。封闭式的权利要求宜采用‘由……组成’的表达方式，其一般解释为不含有该权利要求所述以外的结构组成部分或方法步骤。”

从上述内容可以看出，对于开放式权利要求、封闭式权利要求的典型限定方式及其解释规则，《专利审查指南》的规定是一以贯之的。《专利审查指南》的相关规定既不存在与专利法、专利法实施细则相抵触的情形，亦符合国际通行做法。此外，通过长期的专利法实践，开放式权利要求与封闭式权利要求的撰写方式和解释规则业已为业界认识和接受。

《专利审查指南》之所以将权利要求划分为开放式和封闭式两种表达方式，并总结了这两种权利要求所使用的不同措辞，是为了满足专利申请人申请专利时通过使用不同含义的措辞界定专利权保护范围的现实需求。一般来说，在机械领域发明或者实用新型技术方案中增加一个结构技术特征，并不会破坏原技术方案的发明目的，因此，机械领域发明或者实用新型专利申请文件中权利要求的撰写较多采用开放式表达方式，除非在要素省略发明等少数情况下可能采取封闭式表达方式，从而将被省略的要素排除在专利权保护范围之外。相反，由于化学组分的相互影响，在化学领域发明技术方案中增加一个组分，往往会影响原技术方案的发明目的的实现。因此，化学领域发明专利申请文件中权利要求的撰写有采用封闭式表达方式的较大需求。

根据《专利审查指南》中有关开放式、封闭式权利要求的具体规定可知，这两种权利要求由于使用措词的含义不同，其保护范围也不同，由此也决定了在实质审查中获得授权难度的不同。开放式权利要求的保护范围较大，但在实质审查中更容易受到有关“新颖性”“创造性”或者“权利要求得不到说明书的支持”等方面的质疑，增加了获得授权的难度；与此相反，封闭式权利要求更容易通过实质审查获得授权，但其授权后的保护范围较相应的开放式权利要求小。

《专利审查指南》是国家知识产权局制定并公布、施行的部门规章，是国务院专利行政部门在专利授权、确权程序中对专利申请或者专利进行审查的依据，同时也是专利申请人或者专利权人撰写和修改专利申请文件或者专利文件的指引，更是社会公众理解授权专利权利要求的重要依据。专利申请人或者专利权人在撰写和修改专利申请文件之初，应当了解《专利审查指南》的相关规定，并根据《专利审查指南》的相关规定和其发明创造的实际情况选择适当的撰写方式。审查员在审查过程中也应当根据《专利审查指南》的相关规定对不同的权利要求予以区分和进行审查。

当专利权利要求被授权以后，在《专利审查指南》相关规定的指引下，社会公众将根据该规定和专利权利要求的用语来判断专利权的保护范围，进而决定采取何种经营策略。为维护社会公众的信赖，在专利侵权诉讼程序中确定专利权的保护范围时，一般应当尊重专利授权程序中适用的《专利审查指南》相关规定和专利权利要求的用语，即与专利授权程序采取一致的解释立场，除非上述相关规定违背了专利法和其他法律、行政法规的规定和精神。

如果专利权人在专利授权程序中出于各种原因未能恰当地选择权利要求的撰写方式，选择了保护范围相对较小的封闭式权利要求，从而导致其获得授权的权利要求没有其预想的保护范围大，那么，专利权人只能接受这种后果。也就是说，在授权以后的专利侵权诉讼程序中，如果专利权人主张其封闭式权利要求并未排除其他未限定的组成部分，该主张违背社会公众根据《专利审查指南》和权利要求的用语对封闭式权利要求作出的解释，应当不予支持。更深层次的理由在于，在有充分的机会主张更宽保护范围的权利要求而没有这么做的专利权人与更为普遍的社会公众之间，应当由专利权人承担未能为其发明或者实用新型确定更有利的权利要求表达方式的代价。

综上，为了维护社会公众对专利权利要求保护范围的信赖，在专利侵权诉讼程序中确定专利权的保护范围时，对于封闭式权利要求，一般应当解释为不含有该权利要求所述以外的结构组成部分或者方法步骤。上述解释与自1993年以来的《专利审查指南》的明确规定和长期的专利法实践保持了一致，也是对社会公众基于相关规定业已形成的稳定预期的尊重，有利于维护权利要求解释规则的确定性和可预见性。此外，上述解释规则看似严格，但并不会对专利权人的利益造成损害，专利权人在申请专利时可以根据具体情况在开放式、封闭式、活性成分封闭、部分封闭等多种方式中选择恰当的撰写方式，从而获得恰当的保护范围。因此，上述解释规则能够合理平衡专利权人与社会公众的利益。

2. 如何确定涉案专利权利要求 2 的保护范围

根据《专利法》第 59 条①第 1 款的规定，发明专利权的保护范围以权利要求的内容为准，说明书和附图可以用于解释权利要求。本案中，涉案专利属于化学领域的组合物专利，权利要求 2 采用了“由……组成”这一措词对组合物的组分进行限定。参照 2001 年版《专利审查指南》第二部分第十章“关于化学领域发明专利申请审查的若干规定”中第 3.2.1 节的规定，涉案专利权利要求 2 属于组合物封闭式权利要求。在专利侵权诉讼程序中确定组合物封闭式权利要求的保护范围时，应当参照《专利审查指南》的相关规定，即，组合物封闭式权利要求表示要求保护的组合物仅由权利要求所限定的组分组成，没有别的组分，但可以带有杂质，该杂质只允许以通常的含量存在。因此，涉案专利权利要求 2 要求保护的注射用三磷酸腺苷二钠氧化镁冻干粉针剂中，仅由三磷酸腺苷二钠与氧化镁组成，除可能具有通常含量的杂质外，别无其他组分。

胡某泉辩称，涉案专利权利要求 2 要求保护的产品在制备过程中加入了辅料氢氧化钠和水，同样也有辅料存在。首先，涉案专利权利要求 2 作为独立权利要求，属于产品权利要求，其采取的封闭式限定，系针对产品的组成及其配比而言，与产品的制备过程中是否添加其他组分无关。其次，在生产药品过程中加入氢氧化钠，并不必然说明最终产物中也含有这一辅料。根据《药剂辅料大全》和《药用辅料应用技术》中的记载，药剂辅料是生产药物制剂的必备材料。根据《中华人民共和国药品管理法》（2001 年修订）第 102 条规定的药品辅料的定义，辅料是指生产药品和调配处方时所用的赋形

① 《专利法》（2020 年修正）第 64 条。

剂和附加剂。涉案专利说明书和权利要求 1 中均记载了在药品制备的过程中“加入氢氧化钠”的步骤，因此，氢氧化钠应当属于在药品制备过程中加入的辅料，是辅料中的 pH 调节剂。根据化学领域的基本常识，向酸性溶液中加入氢氧化钠调节 pH 至弱酸性或中性后，氢氧化钠必然将被中和，固体粉针剂中不会含有氢氧化钠。综上，本领域技术人员在阅读了涉案专利说明书及权利要求书后，也不会认为涉案专利权利要求 2 要求保护的产品中含有氢氧化钠。因此，胡某泉的相应辩称理由不能成立。

胡某泉在其针对再审申请书提交的答辩意见中还辩称，国家知识产权局对于封闭式或开放式权利要求的判定标准是按照活性成分的选择来界定的，并不考虑辅料的存在与否。因此，涉案专利权利要求 2 仅对活性成分封闭。然而经本院查明，根据国家知识产权局针对涉案专利发出的第二次审查意见通知书，涉案专利申请人在实质审查过程中曾试图将说明书和权利要求修改为“主要成分由三磷酸腺苷二钠与氯化镁组成”，但被认为不符合《专利法》第 33 条关于修改的规定，未能得到允许。涉案专利申请人亦未坚持，而是修改为目前授权后的权利要求。从修改过程以及授权的权利要求 2 的表述来看，涉案专利申请人最终并没有采取活性成分封闭的限定方式。在授权后的专利侵权诉讼中，涉案专利申请人主张应当将涉案专利权利要求 2 理解为活性成分封闭，与上述客观事实相悖，亦与禁止反悔原则相悖。此外，泰盛公司和特利尔分公司向本院提交的相关专利文件表明，国家知识产权局授权的开放式和封闭式药物组合物权利要求中均可以含有辅料，且封闭式药物组合物权利要求也不是仅仅对活性成分封闭。因此，胡某泉关于实质审查程序中国家知识产权局认为涉案专利权利要求 2 仅对活性成分封闭的辩称理由不能成立。

胡某泉另辩称，根据《专利法实施细则》和《专利审查指南》关于必要技术特征的规定以及涉案专利要解决的技术问题，辅料可以由公知常识通过简单实验确定，不属于必要技术特征，因此不必写入权利要求中。首先，2001 年修订的《专利法实施细则》第 21 条第 2 款规定：“独立权利要求应当从整体上反映发明或者实用新型的技术方案，记载解决技术问题的必要技术特征。”2001 年版《专利审查指南》第二部分第二章第 3. 1. 2 节规定：“必要技术特征是指，发明或者实用新型为解决其技术问题所不可缺少的技术特征，其总和足以构成发明或者实用新型的技术方案，使之区别于背景技术中所述的其他技术方案。”根据上述规定可知，必要技术特征的要求是为了保证独立权利要求能够完整地反映发明或者实用新型的技术方案而提出的，是对权利要求需要具备的技术特征提出的最低限度的要求。其次，辅料是否属于必要技术特征，还需要根据辅料的具体类型、含有该辅料的技术方案或者由该辅料和其他组分组成的技术方案及其背景技术作出具体分析和判断。最后，根据《侵犯专利权纠纷案件解释》第 7 条的规定，人民法院判定被诉侵权技术方案是否落入专利权的保护范围，应当审查权利人主张的权利要求所记载的全部技术特征。可见，我国专利侵权判定采用全面覆盖原则，无须区分必要技术特征与非必要技术特征。最为关键的是，专利申请人在遵循《专利法实施细则》第 21 条第 2 款的要求下，即撰写的权利要求不缺少必要技术特征的情况下，还应当遵循《专利审查指南》关于权利要求撰写的明确规定。因此，胡某泉关于辅料属于非必要技术特征、不必写入权利要求的辩称理由不能成立。

综上，涉案专利权利要求 2 明确采用了《专利审查指南》规定的“由……组成”的封闭式表达方式，属于封闭式权利要求，其保护范围应当按照对封闭式权利要求的一般解释予以确定，即，涉案专利权利要求 2 要求保护的注射用三磷酸腺苷二钠氯化镁冻干粉针剂仅由三磷酸腺苷二钠与氯化镁组成，除可能具有通常含量的杂质外，别无其他组分。辅料并不属于杂质，辅料也在涉案专利权利要求 2 的排除范围之内。原再审判决认为涉案专利权利要求 2 不应理解为不包括辅料成分错误，最高人民法院予以纠正。

3. 被诉侵权产品是否落入涉案专利权利要求 2 的保护范围

本案中被诉侵权产品的有效成分为三磷酸腺苷二钠和氯化镁，该成分及其配比均与涉案专利权利要求 2 相同，但被诉侵权产品在制备过程中加入了两种辅料，即精氨酸和碳酸氢钠。其中，与涉案专利产品制备过程中加入的氢氧化钠类似，作为 pH 调节剂的碳酸氢钠在最终产物中被中和，但作为稳定剂的精氨酸仍然存在于最终产物中。对此，双方当事人亦认可被诉侵权产品中存在精氨酸。根据《药剂辅料大全》《药用辅料应用技术》的记载，医药领域中的辅料多种多样，精氨酸为其中的一种，一般用作药物制剂中的稳定剂。泰盛公司在制备被诉侵权产品的过程中按照一定的比例将精氨酸添加入药物制剂，精氨酸并非通常意义上的杂质。

根据《侵犯专利权纠纷案件解释》第 7 条的规定，人民法院判定被诉侵权技术方案是否落入专利权的保护范围，应当审查权利人主张的权利要求所记载的全部技术特征。涉案专利权利要求 2 明确记载其要求保护的组合物发明由三磷酸腺苷二钠和氯化镁两种组分组成，因此，除了三磷酸腺苷二钠和氯化镁两种组分之外，其没有其他组分，但可以带有杂质，该杂质只允许以通常的含量存在。被诉侵权产品中添加了辅料精氨酸，无论这种辅料是否是现有技术中已知的常规辅料，其并非与三磷酸腺苷二钠和氯化镁相伴随的常规杂质。被诉侵权产品除了含有涉案专利权利要求 2 中的三磷酸腺苷二钠和氯化镁之外，还含有精氨酸。因此，被诉侵权产品未落入涉案专利权利要求 2 的保护范围。泰盛公司、特利尔分公司的行为未侵犯涉案专利权。原再审判决认定被诉侵权产品落入涉案专利权利要求 2 的保护范围错误，最高人民法院予以纠正。

胡某泉辩称，被诉侵权产品添加了无关紧要的辅料，与涉案专利构成等同。根据《侵犯专利权纠纷案件解释》第 7 条和《审理专利纠纷案件规定》第 17 条的规定，被诉侵权技术方案包含与权利要求记载的全部技术特征相同或者等同的技术特征的，人民法院应当认定其落入专利权的保护范围；等同特征是指与所记载的技术特征以基本相同的手段，实现基本相同的功能，达到基本相同的效果，并且本领域的普通技术人员无需经过创造性劳动就能够联想到的特征。根据上述规定，所谓等同，是指被诉侵权技术方案中的技术特征与专利权利要求中记载的对应技术特征之间的等同，而不是指被诉侵权技术方案与专利权利要求所要求保护的技术方案之间的整体等同；同时，等同原则的适用不允许忽略专利权利要求中记载的任何技术特征。之所以在专利侵权判定中发展出等同原则，是考虑到事实上不可能要求专利权人在撰写权利要求时能够预见到侵权者以后可能采取的所有侵权方式，因此对权利要求的文字所表达的保护范围作出适度扩展，将仅仅针对专利技术方案作出非实质性变动的情况认定为构成侵权，以保护专利权人的合法权益，维护整个专利制度的作用。然而，在权利要求中采用“由……组成”的封闭式表达方式意味着专利权人通过撰写限定了专利权的保护范围，明确将其他未被限定的结构组成部分或者方法步骤排除在专利权保护范围之外。本案中，涉案专利权利要求2属于封闭式权利要求，其本身使用的措辞已经将三磷酸腺苷二钠和氯化镁之外的组分排除在专利权保护范围之外。如果通过等同原则，将专利权人明确排除的结构组成部分或者方法步骤重新纳入封闭式权利要求的保护范围，认定被诉侵权产品与权利要求2构成整体等同，既不符合适用等同原则的基本目的，亦不符合司法解释中有关技术特征等同的规定。因此，对于胡某泉关于等同的相关主张，最高人民法院不予支持。

综上，山东省高级人民法院作出的原再审判决和山东省济南市中级人民法院作出的一审判决认定泰盛公司和特利尔分公司侵犯了涉案专利权，认定事实与适用法律均有错误，依法应予撤销。

（四）笔者对该案的特别说明

该案中，最高人民法院作出的认定和所给出的理由对于读者理解封闭式权利要求、确定封闭式权利要求的保护范围都是非常难得的珍贵案例。但在论证是否落入封闭式权利要求的保护范围时，因受《侵犯专利权纠纷案件解释》第7条的限制，说理不是让人十分信服并且似乎是自我否定的。但在有了《侵犯专利权纠纷案件解释（二）》第7条，“被诉侵权技术方案在包含封闭式组合物权利要求全部技术特征的基础上增加其他技术特征的，人民法院应当认定被诉侵权技术方案未落入专利权的保护范围，但该增加的技术特征属于不可避免的常规数量杂质的除外。前款所称封闭式组合物权利要求，一般不包括中药组合物权利要求”的规定后，在认定本案中原告主张的权利要求为封闭式权利要求，并且确定了该封闭式权利要求所包含的全部技术特征后，直接引用该条规定，论证本案被诉技术方案是否落入原告主张的封闭式权利要求，则会简单明了。该案是笔者在本章第一节中所述的，被诉技术方案含有超出封闭式权利要求所记载的技术特征时，判定是否落入该封闭式权利要求的保护范围时，《侵犯专利权纠纷案件解释》第7条规定不再适用的唯一例外情况。

九、开放式与封闭式权利要求的区分适用于2006年之前的机械领域专利的探讨性案例

【案例九】北京世纪联保消防新技术有限公司与原专利复审委员会专利确权纠纷再审案〔2012〕行提字第20号

虽然2006年版的《专利审查指南》才明确规定了在机械领域专利的权利要求中也应当区分封闭式和开放式，并适用权利要求封闭式和开放式的规则，但在北京世纪联保消防新技术有限公司与原国家知识产权局专利复审委员会专利确权纠纷再审案，不论是原专利复审委、北京市第一中级人民法院、北京市高级人民法院，还是最高人民法院，针对2002年7月5日申请的机械领域的专利，都对其权利要求进行了封闭式和开放式的区分，并按照封闭式和开放式的规则进行处理。本案被《最高人民法院知识产权案件年度报告》(2013年）所收录，表明本案所确认的对专利权利要求进行封闭式和开放式区分不应该受技术领域和专利申请时间限制的原则，被确定为最高人民法院的一项司法原则。而最高人民法院郎贵梅法官对发表于《人民司法》的本案评析①，对本案的判理及对专利权利要求进行封闭式和开放式区分不受技术领域和专利申请时间限制的法理依据、制度价值的分析，对读者全面理解掌握和应用具有很大帮助。

（一）本案所涉专利及其权利要求

涉案专利（专利号ZL02123866.9）名称为“脉冲超细干粉自动灭火装置”的发明专利，申请日为2002年7月5日，于2008年1月9日授权公告，专利权人是世纪联保公司，该专利授权公告的权利要求书如下：

1. 脉冲超细干粉自动灭火装置，含有启动器和内装超细干粉灭火剂（冷气溶胶灭火剂）的壳体，其特征在于，它含有：壳体，它包括：外壳、装在外壳内的粒度在30μm以下的超细干粉灭火剂及壳体喷口密封用的铝膜；传导速度大于0.5米/秒的启动器，它包括：由燃点大于或等于135℃、并对火

① 郎贵梅：“开放式与封闭式权利要求的区分适用于机械领域专利”，载《人民司法》2014年第16期，56－59页。

焰或温度敏感的热敏线和套在热敏线外的套管组成的启动组件，由靠螺母和贯穿着热敏线的穿孔螺栓紧压在壳体内侧的铝板、与热敏线接触的产气剂和扣压在铝板上用以包住产气剂的非金属薄膜共同组成的产气组件。

2. 根据权利要求 1 所述的脉冲超细干粉自动灭火装置，其特征在于：所述的壳体是碗形、圆筒形、半球形、双球形、锥形或葫芦形中的任何一种。

3. 根据权利要求 1 所述的脉冲超细干粉自动灭火装置，其特征在于：所述的超细干粉灭火剂的粒度在 20μm 以下。

4. 根据权利要求 1 所述的脉冲超细干粉自动灭火装置，其特征在于：所述的产气剂粒度小于或等于 83μm。

5. 根据权利要求 1 所述的脉冲超细干粉自动灭火装置，其特征在于：所述的启动组件传导速度大于 0.5 米/秒，且制备过程安全。

（二）关于该专利权利要求是否应该作开放式、封闭式区分及是否应该适用开放式、封闭式权利要求的规则，最高人民法院作出的认定及理由

2001 年版《专利审查指南》仅在第二部分第十章“关于化学领域发明专利申请审查的若干规定”中第 3.2.1 节规定了开放式、封闭式及半开放式三种表达方式。开放式表示组合物中并不排除权利要求中未指出的组分，封闭式则表示组合物中仅包括所指出的组分而排除所有其他的组分，半开放式介于两者之间。这三种表达方式的保护范围不同。其中，“含有”“包括”为开放式表达方式的常用措辞。鉴于开放式和封闭式权利要求在其他领域也有普遍适用性，且半开放式权利要求保护范围的判断方法与开放式权利要求的判断方法在实际操作中相同，2006 年版《专利审查指南》第二部分第十章“关于化学领域发明专利申请审查的若干规定”删除了半开放式权利要求的相关规定，并将原来的半开放式权利要求的几种表达方式归入开放式权利要求中，同时在权利要求的通用章节即第二部分第二章第 3.3 节“权利要求的撰写规定”中，增加了开放式权利要求和封闭式权利要求的规定，即开放式的权利要求宜采用“包含”“包括”“主要由……组成”的表达方式，其解释为还可以含有该权利要求中没有述及的结构组成部分或方法步骤；封闭式的权利要求宜采用“由……组成”的表达方式，其一般解释为不含有该权利要求所述以外的结构组成部分或方法步骤。

本专利申请日为2002年7月5日，授权公告日为2008年1月9日。因此，本专利的审查应当适用2001年版《专利审查指南》。根据2001年版《专利审查指南》，开放式与封闭式、半开放式权利要求的表达方式仅适用于化学领域发明专利。但是，开放式、封闭式权利要求的常用措辞本身是对专利申请审查实践中不同类型权利要求常用措辞的总结，应当考虑到了措辞本身的含义。根据《现代汉语词典》（第5版），包括是指，包含（或列举各部分，或着重指出某一部分）。本专利权利要求1使用的“含有”“包括”措辞的本身含义就应当理解为没有排除未指出的结构组成部分。在此情况下，二审判决关于“本专利权利要求1是一开放式的权利要求，其并没有排除还可能包含除了其中明确限定的部件以外的部件”的认定并无不妥。

（三）本案承办法官郎贵梅对本案的评析

郎贵梅法官的评析原文如下：

本案在审理过程中，对于开放式权利要求与封闭式权利要求的区分是否适用于机械领域专利有不同意见。持不应当将其适用于机械领域专利观点者还提出，如果一方面认为本专利权利要求1是开放式权利要求，即权利要求1还可以含有该权利要求中没有提及的多孔件，另一方面又认定权利要求1不包括多孔件并不能使其具备创造性，似乎存在前后矛盾。

1. 开放式与封闭式权利要求的区分是否适用于机械领域专利

笔者认为，应当肯定开放式与封闭式权利要求的区分适用于机械领域专利。理由如下：

首先，虽然目前笔者尚无法提供机械领域专利使用封闭式措词来限定权利要求的例子，但不能因此认定机械领域专利目前不存在、将来不会存在这种限定方式的权利要求。而且，封闭式权利要求本身也可以成为表达或者描述要素省略发明的方法之一。

其次，即使机械领域专利很少使用或者目前还没有使用封闭式权利要求的例子，也就是说，在机械领域专利仅使用开放式权利要求的情况下，开放式措词的解释对专利申请的审查和专利侵权的认定也是起到规范作用的。以机械领域专利申请为例说明如下：如果该专利申请中的权利要求是包括 A + B + C，现有技术方案是 A + B + C + D。由于该专利权利要求使用了“包括”这一开放式措词，其含义是该权利要求还可以含有没有述及的结构组成部分，因此 D 就不是该权利要求与现有技术的区别特征，现有技术就破坏了该专利申请的新颖性。如果该专利申请中的权利要求是由 A + B + C 组成，现有技术方案不变，由于该权利要求使用了封闭式措辞，其含义是不含有该权利要求所述以外的结构组成部分，则 D 就是二者的区别技术特征。这也是为何审查机械领域的专利申请时，如果专利申请使用了如本专利使用的“含有”“包括”等开放式措词时，就不会将现有技术相对于专利申请多出来的技术特征作为区别技术特征的原因，除非专利申请使用其他具有限定内容的表达方式将该技术特征排除在外。就此来说，机械领域的专利审查是这样操作的，化学领域的专利审查同样也是这样操作的。从本质上说，这是要求，开放式权利要求的专利申请不能侵占与其相比增加了技术特征的现有技术，即前者因后者破坏了其新颖性而不应当获得专利授权。从专利侵权判断的角度来看，开放式权利要求表示还可以含有没有述及的结构组成部分，如果被诉侵权产品相对于请求保护的开放式权利要求来说，在全面覆盖了权利要求记载的技术特征的情况下还多出技术特征，也应当认定被诉侵权产品落入了该开放式权利要求的保护范围而构成侵权，这就将在开放式权利要求基础上作出的技术方案也纳入到其保护范围。如果请求保护的权利要求是封闭式权利要求，则相对于该封闭式权利要求增加了技术特征的被诉侵权产品就未落入该封闭式权利要求的保护范围。

最后，这与专利审查指南的规定是一致的。如在最高人民法院认为部分所介绍的，2001 年版《专利审查指南》中开放式、封闭式与半开放式三种表达方式的区分仅在第二部分第十章“关于化学领域发明专利申请审查的若干规定”中作了规定，2006 年版《专利审查指南》将开放式、封闭式权利要求的区分规定在了权利要求的通用章节，2010 年《专利审查指南》未作变动。因此，关于开放式、封闭式权利要求的区分应当适用于机械领域专利。

2. 开放式与封闭式权利要求的区分对本案裁判的影响

本案中，世纪联保公司申请再审的主要理由就是，二审判决认定多孔件不构成本专利权利要求1与附件1的区别技术特征是错误的。为了判断该申请再审理由是否成立，首先必须对本专利权利要求1究竟是开放式权利要求还是封闭式权利要求作出判断。如果权利要求1是开放式，则多孔件不构成区别技术特征；如果权利要求1是封闭式，则多孔件构成区别技术特征。可见，如果在机械领域专利中不作开放式与封闭式权利要求的区分，本案就无法回答多孔件是否属于本专利权利要求1与附件1的区别技术特征这一必须解答的问题，从而也无法判断本专利的新颖性和创造性。其实本案只要明确本专利权利要求1是开放式权利要求，现有技术即附件1多出来的技术特征不属于区别技术特征就可以了。如果本专利是在实质审查程序中，且现有技术只是比本专利权利要求1多一个多孔件，那么本专利权利要求1就不具备新颖性了。只是因为本专利的技术特征与现有技术的相对应技术特征还有些区别，才考虑是否具有创造性的问题。不以封闭式与开放式权利要求的区分也适用于机械领域专利为前提是得不出多孔件不属于区别技术特征的结论的，也否定了专利审查的常规做法。因此，必须首先明确封闭式与开放式权利要求的区分也适用于机械领域专利这一问题。

认定权利要求1为开放式权利要求，则权利要求1应当解释为还可以含有没有述及的结构组成部分，如多孔件。在此情况下，第14523号决定和二审判决均认为，如此缺失多孔件，并不能使权利要求1的技术方案具备创造性。上述表述确实有点前后矛盾的感觉。最高人民法院在本案再审判决书中采取了一种假设再审申请人关于本专利不具备多孔件和产气室的主张成立的表述，这样也就不会存在前后矛盾的问题。

3. 封闭式权利要求与要素省略发明的关系

对于专利权人在无效程序中动辄提出本专利不具备现有技术的某个特征、本专利相对于现有技术属于要素省略发明的主张，笔者认为，应当慎重对待。要素省略发明应当在申请时就在专利申请文件中写明相对于现有技术省略了哪些技术特征或者明确指出不包括哪些技术特征，具体是否采用封闭式限定词还可以再讨论，但不能授权后在被请求宣告无效时才主张是要素省略发明。本案中，专利权人在无效宣告程序中针对具体的对比文件即附件1主张本专利为要素省略发明，与其权利要求采用的开放式写法显然是相悖的。

在此情况下，应当尊重本专利权利要求1使用了开放式措词所产生的公示作用。

4. 对开放式与封闭式的区分适用于机械领域的进一步思考

将本专利权利要求1认定为开放式权利要求，可能给人的感觉是，本专利并没有写明具有多孔件，但因其是开放式而认定本专利还可以含有没有写明的部件，似乎有点奇怪。但是，在机械领域专利的开放式权利要求中，权利要求中写明的部件与没有写明的部件的地位应当是不同的，对专利申请的审查授权和保护范围的确定也有不同的影响。对于机械领域专利的开放式权利要求，写明的部件越多，相对越容易通过实质审查而获得专利授权，但授权后的保护范围相对较小；写明的部件越少，相对越不容易通过实质审查而获得专利授权，但一旦获得专利，保护范围相对较大。因此，专利申请人在选择开放式权利要求限定机械领域的专利申请时，应当慎重决定要写明哪些部件。

郎贵梅法官在撰写上述案例点评时说，其还尚未掌握按照封闭式撰写的机械领域专利权利要求。而笔者自己代理的案子中遇到的如下专利，笔者认为就是按照封闭式撰写的机械领域专利权利要求，特此摘录如下，以此为郎贵梅法官的评析及本案判据提供例证。

1. 该专利的著录项目

申请号CN200310101954.3，申请日2003.10.20，授权公告号CN1232705C，授权公告日2005.12.21，专利权人建研地基基础工程有限责任公司，发明人吴某林、滕某京、刘某安，发明名称长螺旋钻孔泵送砼成桩后插钢筋笼施工工艺及钢筋笼导入装置。

2. 该专利的权利要求1

1. 一种长螺旋钻孔泵送砼成孔后插钢筋笼施工工艺，其特征是施工步骤如下：

a. 钻孔。

b. 向桩孔内灌满素砼。

c. 将制作好的钢筋笼与钢筋笼导入装置连接，吊至桩孔上；上述钢筋笼导入装置的钢筋笼导入管贯穿钢筋笼并与钢筋笼底部连接，钢筋笼导入管上端与振动锤连接。

d. 起动钢筋笼导入装置的振动锤，通过振动锤的激振力将钢筋笼送入素砼桩身内至设计标高。

e. 拔出钢筋导入装置，成桩。

十、是否落入新产品制造方法及含有参数技术特征权利要求保护范围的典型案例

本案为最高人民法院公布的2012年中国法院知识产权司法保护10大创新性案件之二。

【案例十】无锡市隆盛电缆材料厂、上海锡盛电缆材料有限公司与西安秦邦电信材料有限责任公司专利侵权再审案（〔2012〕民提字第3号）

（一）本案据以起诉的专利及权利要求

涉案专利（专利号ZL01106788.8）名称为“平滑型金属屏蔽复合带的制作方法”，其专利要求为：一种平滑型金属屏蔽复合带的制作方法，是将塑料薄膜与金属箔带表面进行凹凸不平的非纯平面粘合，使复合带与光缆、电缆纵包模具或定径模具之间形成点接触，以减小摩擦力，避免电缆起包、漏气、脱膜及断带。工艺过程与条件如下：①将原金属箔带开卷伸直，进行前预热处理；②将塑料熔体或塑料膜通过温度为35—80℃，直径为240—600mm，目数为40目－85目的粗糙面细目钢辊，与直径为160—480mm传动金属箔带的挤压辊，相互转动，使塑料膜的表面形成0.04—0.09mm厚的凹凸不平粗糙面，热挤压在金属箔带一面的基材上；③将带有塑料膜的金属箔经过导辊、弹簧辊传动，再经倒向辊翻面，对另一面金属箔进行塑料膜热挤压复合处理；④将复合处理后的复合带通过运行时线速度为10—80m/min的导辊进入加热烘箱，进行后加热处理，加热温度为250—400℃；⑤根据传动线速度，调整加热温度，使复合带的粗糙度在后工序处理过程中破坏最小，并使拉毛的塑料表面形成新的带有圆弧过渡的凹凸不平粗糙面，以加强复合带的剥离强度和塑料塑化的定型；⑥对后加热处理过的复合带进行冷却处理并收卷。

（二）本案原审过程及对被诉行为是否落入上述专利权利要求的保护范围所作出的认定

本案一审法院西安市中级人民法院对被诉无锡市隆盛电缆材料厂进行了证据保全、组织鉴定专家对生产现场进行了勘验，并根据鉴定意见认定被诉技术方案落入了上述原告专利权的保护范围，进而判定构成专利侵权。被告不服向陕西省高级人民法院提出上诉，陕西省高级人民法院二审判决维持了一审判决关于落入专利权保护范围并构成专利侵权的认定。被告不服二审判决，向最高人民法院申请再审。最高人民法院作出民事裁定，指令陕西省高级人民法院再审。陕西省高级人民法院再审维持了二审判决。被告再次向最高人民法院申请再审，最高人民法院提审后判决被诉技术方案没有落入原告据以起诉的专利权的保护范围，撤销了原审判决，驳回了原告的全部诉讼请求。

（三）最高人民法院关于没有落入专利权保护范围的判决理由

（1）最高人民法院认为，本案侵权行为发生在2008年修正的《专利法》施行之前，应适用2000年修正的《专利法》。

（2）使用本案专利方法生产的平滑型金属屏蔽复合带是否为新产品及本案应否适用举证责任倒置。

如果一种产品制造方法专利的技术方案给使用该专利方法制造的产品带来了区别于专利申请日前同类产品的新的结构特征，则使用该专利方法制造的产品可以认定为《专利法》第57条第2款①意义上的新产品。根据本案专利权利要求书和说明书的记载，本案专利提供了一种新的平滑型金属屏蔽复合带产品制造方法。这种新制造方法要求塑料薄膜与金属箔带表面之间进行凹凸不平的非纯平面结合，与现有技术的纯平面粘合有了显著区别，使得使用该专利方法制造的平滑型金属屏蔽复合带形成了区别于本案专利申请日前同类产品的结构特征。这种新的结构特征导致使用本案专利方法制造的产品在质量和性能方面与本案专利申请日前同类产品具有明显差别。因此，可以

① 《专利法》（2020年修正）第66条第1款。

认定利用本案专利方法制造的平滑型金属屏蔽复合带属于《专利法》第57条第2款意义上的新产品。原一审、二审及再审判决认定利用本案专利方法所生产的平滑型金属屏蔽复合带为新产品，并无不当。

根据《专利法》第57条第2款的规定，适用举证责任倒置需要具备两个条件：一是使用专利方法制造的产品属于新产品，二是使用被诉侵权方法制造的产品与使用专利方法制造的产品属于相同产品。专利权人对上述两个条件应承担举证责任。当产品制造方法专利的技术方案给使用该专利方法制造的产品带来了区别于专利申请日前同类产品的新的结构特征，并使其区别于已有产品时，权利人应该证明使用被诉侵权方法制造的产品具有该结构特征。本案专利方法给产品带来了新结构特征，即塑料薄膜与金属箔带表面之间进行凹凸不平的非纯平面结合。鉴定中心的鉴定报告以本案双方当事人产品所用的原材料相同（均包括铝箔和塑料）、产品的结构相同（均采用流延工艺在铝箔两面复合乙烯-丙烯酸共聚物或乙烯-甲基丙烯酸共聚物）、执行标准相同（均为YD/1723.1—723.3—94）为由，认定申请再审人生产的产品与使用本案专利方法生产的产品相同。该鉴定意见是以西安秦邦公司实际生产的产品与使用被诉侵权方法生产的产品进行对比，并非以本案专利方法为基础，将使用专利方法生产的产品与使用被诉侵权方法生产的产品进行对比，比对对象存在错误。同时，鉴定意见未考虑本案专利方法给产品带来的新结构特征，亦未考虑利用被诉侵权方法生产的产品是否具有该结构特征，有所不当。原一审判决采信上述鉴定意见，认定使用本案被诉侵权方法制造的产品与使用本案专利方法制造的产品属于相同产品，进而认定应由申请再审人承担其铝塑复合带生产方法不同于本案专利方法的举证责任，原二审判决和再审判决均认同上述结论，亦有不当。

（3）本案被诉侵权方法是否落入本案专利权利要求1的保护范围。判断被诉侵权技术方案是否落入专利权利要求保护范围，应该将专利权利要求记载的全部技术特征与被诉侵权技术方案的全部技术特征进行一一对比。凡是记载入专利权利要求的技术特征，均应进行对比。经过对比，如果被诉侵权技术方案的技术特征与专利权利要求记载的技术特征相同或者等同，则被诉侵权技术方案落入专利权的保护范围；如果被诉侵权技术方案缺少专利权利要求记载的一个以上的技术特征，或者有一个以上技术特征不相同也不等同，则不落入专利权的保护范围。

根据本案专利权利要求1的记载，本案专利方法的技术特征是：①一种平滑型金属屏蔽复合带的制作方法，是将塑料薄膜与金属箔带表面进行凹凸不平的非纯平面粘合，使复合带与光缆、电缆纵包模具或定径模具之间形成点接触，以减小摩擦力，避免电缆起包、漏气、脱膜及断带；②将原金属箔带开卷伸直，进行前预热处理；③将塑料熔体或塑料膜通过温度为35—80℃，直径为240—600mm，目数为40—85目的粗糙面细目钢辊，与直径为160—480mm传动金属箔带的挤压辊，相互转动，使塑料膜的表面形成0.04—0.09mm厚的凹凸不平粗糙面，热挤压在金属箔带一面的基材上；④将带有塑料膜的金属箔经过导辊、弹簧辊传动，再经倒向辊翻面，对另一面金属箔进行塑料膜热挤压复合处理；⑤将复合处理后的复合带通过运行时线速度为10—80m/min的导辊进入加热烘箱，进行后加热处理，加热温度为250—400℃；⑥根据传动线速度，调整加热温度，使复合带的粗糙度在后工序处理过程中破坏最小，并使拉毛的塑料表面形成新的带有圆弧过渡的凹凸不平粗糙面，以加强复合带的剥离强度和塑料塑化的定型；⑦对后加热处理过的复合带进行冷却处理并收卷。申请再审人对其被诉侵权方法是否与本案专利方法技术特征①、③、⑤相同或者等同有异议，对其被诉侵权方法与本案专利方法的其他技术特征相同或者等同无异议。针对申请再审人有异议的技术特征，最高人民法院分析如下：

①被诉侵权方法塑料薄膜与金属箔带表面的结合方式是否与本案专利权利要求1记载的“将塑料薄膜与金属箔带表面进行凹凸不平的非纯平面粘合”的技术特征相同或者等同。

对此，首先需要确定专利权利要求这一技术特征的含义。在确定权利要求的术语的含义时，可以运用说明书及附图、权利要求书中的相关权利要求、专利审查档案进行解释，但应注意不能把包含专利所要克服的技术缺陷的技术方案纳入权利要求的保护范围。结合专利说明书的记载，已有工艺方法的缺陷是塑料薄膜与金属箔带层是纯平面粘合，即塑料薄膜与金属箔带粘合的一面以及金属箔带的表面均为平面。为克服这一缺陷，必然要求塑料薄膜与金属箔带结合的两个表面，其中至少有一个面凹凸不平。因此，专利权利要求1关于“将塑料薄膜与金属箔带表面进行凹凸不平的非纯平面粘合”的记载，应该理解为塑料薄膜与金属箔带表面粘合的方式是“凹凸不平的非纯平面粘合”，即塑料薄膜与金属箔带结合的两个表面，其中至少有一个面是凹凸不平的。

从本案查明的事实看，申请再审人生产的铝塑复合带，其塑料膜层与铝箔带之间采用传统工艺下的平面粘合，即塑料薄膜与金属箔带粘合的一面以及金属箔带的表面均为平面，通过传送塑料膜的钢辊与传动金属箔带的挤压辊相互挤压而粘合在一起。根据专利说明书对现有技术缺陷的描述，由于塑料薄膜与金属箔带表面进行纯平面粘合是本案专利要克服的技术缺陷，所以被诉侵权方法采用塑料膜层与铝箔带平面粘合的现有技术手段，与权利要求1记载的“将塑料薄膜与金属箔带表面进行凹凸不平的非纯平面粘合”的技术特征，二者既不相同也不等同。鉴定意见附件1—2虽然认定被诉侵权工艺中“铝箔表面与塑料薄膜之间为传统工艺下的平面粘合”，但又以本案专利权利要求1和被诉侵权方法所实现的目的相同，都是为了在复合带塑料膜表面形成凹凸不平的粗糙面为由，认为二者“是对其产品的各自表述”。该鉴定意见实际上将复合带塑料膜表面的凹凸不平粗糙面等同于塑料薄膜与金属箔带表面粘合的一面。该鉴定意见对“将塑料薄膜与金属箔带表面进行凹凸不平的非纯平面粘合”的解释，实际上造成了对这一技术特征的忽略，进而把具有专利所要克服的技术缺陷的技术方案纳入权利要求的保护范围之内，结论有误。

被申请人辩称，根据公知常识，没有任何物体表面是纯平面的，被诉侵权方法中塑料膜层与铝箔带之间采用传统工艺下的平面粘合与专利权利要求1记载的“塑料薄膜与金属箔带表面进行凹凸不平的非纯平面粘合”实质相同。本院认为，这种解释不能成立。本案专利说明书指出，现有技术的缺陷是塑料薄膜与金属箔带表面进行纯平面粘合，这是本案专利所要克服的。如果把任何物体表面都理解为凹凸不平的非纯平面，那么现有技术中塑料薄膜与金属箔带表面的粘合也属于凹凸不平的非纯平面粘合，现有技术的缺陷就不存在了。被申请人的上述主张不能成立，最高人民法院不予支持。

综上，原一审、二审判决以及再审判决基于鉴定意见认定被诉侵权方法的本项技术特征与专利权利要求 1 的相应技术特征相同，结论有误。再审申请人关于本项技术特征申请再审理的由成立，应予支持。

②被诉侵权方法传送塑料膜的钢辊的温度是否与专利权利要求 1 记载的相应技术特征“35—80℃”相同或者等同。

首先，被诉侵权人是否对此问题提出过鉴定申请。尽管被诉侵权人无锡隆盛厂和上海锡盛公司在 2006 年 9 月 25 日的鉴定申请中没有提出就此问题进行鉴定，但是在 2006 年 12 月 25 日提交一审法院的鉴定申请中，被诉侵权人已经提出将本案专利权利要求 1 中②、③、④项载明的技术特征与无锡隆盛厂被诉侵权方法中相应的特征是否相同作为鉴定内容。这一事实与同日一审法院同被诉侵权人的谈话笔录相互印证。传送塑料膜的钢辊的温度记载在本案专利权利要求 1 的步骤②中，应当认为被诉侵权人已经对被诉侵权方法中传送塑料膜的钢辊的温度与专利权利要求 1 中的相应技术特征是否相同或者等同提出了鉴定申请。

其次，被诉侵权人提交的《铝塑复合带相关生产工艺段的说明》的内容。在 2006 年 12 月 25 日提交一审法院的《铝塑复合带相关生产工艺段的说明》中，被诉侵权人无锡隆盛厂对被诉侵权方法的相关工艺段进行了说明。该说明既涉及被诉侵权方法与本案专利权利要求 1 的技术方案的不同之处，也涉及其与本案专利权利要求 1 的技术方案的一致或者相近之处。因此，应该认为，该说明仅仅是无锡隆盛厂对其被诉侵权方法相关工艺的介绍和澄清，从而为鉴定提供参考依据，而非一一列举其与本案专利技术方案的不同之处。

最后，被诉侵权人提交的《铝塑复合带相关生产工艺段的说明》能否证明其自认被诉侵权方法传送塑料膜的钢辊的温度与专利权利要求 1 记载的相应技术特征相同或者等同。由于该说明仅仅是无锡隆盛厂对其被诉侵权方法相关工艺的介绍和澄清，而非一一列举其与本案专利技术方案的不同之处，因此仅凭该说明未提及被诉侵权方法传送塑料膜的钢辊的温度这一事实，不足以证明被诉侵权人自认其生产工艺中传送塑料膜的钢辊的温度与专利权利要求 1 记载的相应技术特征相同或者等同。况且，被诉侵权人已经提出将本案专利权利要求 1 中②、③、④项载明的技术特征与无锡隆盛厂被诉侵权方法中相应的特征是否相同作为鉴定内容。在此情况下，鉴定中心在实地勘测时未测量被诉侵权方法中传送塑料膜的钢辊的温度，而以被诉侵权人承认其钢辊的温度与权利要求记载的温度相同为由，认定二者相同，缺乏事实依据，结论过于草率。

因此，原一审、二审判决以及再审判决以被诉侵权人无锡隆盛厂认可两者的温度相同为由，认定被诉侵权方法的该项技术特征与专利权利要求 1 的相应技术特征相同，缺乏事实依据。再审申请人关于本项技术特征的申请再审理由成立，应予支持。

③被诉侵权方法中传送塑料膜的钢辊的表面结构是否与专利权利要求 1 记载的相应技术特征“目数为 40—85 目的粗糖面细目钢辊”相同或者等同。

首先，需要明确权利要求 1 的步骤②中记载的“目数为 40—85 目的粗糙面细目钢辊”的含义。根据《粉末冶金原理》第 140 页对“目”的定义，习惯上以网目数（以下简称目）表示筛网的孔径和粉末的粒度。所谓目数是筛网 1 英寸长度上的网孔数。所以“目”既可以表示筛网的孔径，也可以表示粉末的粒度。如果将“目”解释为筛网的孔径，则“目数为 40—85 目的粗糙面细目钢辊”应该解释为该钢辊的表面每英寸具有 40 个到 85 个网孔数。如果将“目”解释为粉末的粒度，则该技术特征应该解释为该钢辊的表面经由粒度为 40 目到 85 目的砂粒或者丸粒喷射处理过。根据专利说明书第 2 页关于“细目钢辊的外表毛面结构”的描述，既然细目钢辊的外表呈毛面结构，则该细目钢辊的表面应经喷砂或者喷丸形成。结合《复合材料包装》第 108 页关于冷却辊的表面状态“呈毛玻璃状”的记载、《电线电缆用铝塑复合带的研制》第 2. 2. 3 节关于“一般冷却辊分为光辊和毛辊两种。在复合实验过程中，采用毛辊可以减轻粘辊现象”的记载以及《塑料机械的使用与维护》关于“涂覆在基材表面的薄膜会重现冷却辊的表面状态……冷却辊表面光洁程度有镜面，半镜面，喷砂表面，还有特殊花纹表面等……半镜面，表面粗糙度 Ra 为 0. 015—0. 1μm。若生产不透明薄膜，应选用喷砂表面，表面粗糙度为 0. 05—0. 1μm”的记载可知，在本案专利所属的金属屏蔽复合带加工领域，使用毛辊是一种普遍做法。因此，本领域普通技术人员根据本案权利要求书和说明书的记载，可以理解“目数为40—85目的粗糙面细目钢辊”是指利用40目到85目粒度的砂粒或者丸粒喷射处理过的毛面辊。

其次，关于被诉侵权方法使用的传送塑料膜的钢辊的表面结构。鉴定中心在实地勘测时未测量被诉侵权方法使用的传送塑料膜的钢辊的表面结构，而是通过一系列推理步骤推导出该钢辊的表面结构特征。其推理过程是，先将使用被诉侵权方法制造的铝塑复合带塑料薄膜外表面的粗糙度等同于被诉侵权方法的钢辊的表面粗糙度，然后再通过钢辊的表面粗糙度推导出喷砂（丸）的目数。铝塑复合带塑料薄膜的外表面经由传送该塑料薄膜的钢辊挤压形成，因此铝塑复合带塑料薄膜外表面的粗糙度与钢辊的表面粗糙度确实存在一定的对应关系。此外，根据《抛（喷）丸、喷砂表面粗糙度比较样块国家标准介绍》等文献的记载，目数和表面粗糙度之间亦存在一定的对应关系。因此，专家组根据使用被诉侵权方法生产的铝塑复合带塑料膜层的粗糙度值Ra2.47μm—Ra3.53μm，对照《抛（喷）丸、喷砂表面粗糙度比较样块国家标准介绍》表5，换算出被诉侵权方法细目钢辊喷砂（丸）的目数为75—100目，存在一定的合理性。

最后，被诉侵权方法细目钢辊喷砂（丸）的目数与专利权利要求1记载的相应技术特征是否相同或者等同。被诉侵权方法细目钢辊喷砂（丸）的目数为75—100目，专利权利要求1记载的相应技术特征为“目数为40—85目的粗糙面细目钢辊”，二者存在重合部分。同时，由于在对细目钢辊进行喷砂（丸）处理时，所用砂（丸）的粒径不可能完全均匀统一，一般控制在一定数值范围内即可。从《抛（喷）丸、喷砂表面粗糙度比较样块国家标准介绍》表5可以看出，当砂（丸）的粒径控制在一定数值范围内，且其他工艺条件保持不变的情况下，砂（丸）粒径的小幅波动对于经喷砂（丸）处理的金属表面粗糙度的变化影响较小。因此，尽管与专利权利要求1记载的相应技术特征的数值范围相比，被诉侵权方法细目钢辊喷砂（丸）的目数稍有超出，但是这种超出并未对经喷砂（丸）处理的金属表面粗糙度的变化造成显著影响。二者以基本相同的手段，完成基本相同的功能，实现的效果也基本相同，本领域普通技术人员非经创造性劳动即可联想到。因此，被诉侵权方法细目钢辊喷砂（丸）的目数与专利权利要求 1 记载的相应技术特征构成等同。

综上，鉴定意见认定被诉侵权方法细目钢辊喷砂（丸）的目数与专利权利要求 1 记载的相应技术特征构成等同，原一审、二审及再审法院采信该结论，并无明显不当。但应指出的是，喷砂（丸）目数和表面粗糙度之间的对应关系要受到一系列因素如喷丸空气压力、抛丸器叶轮转速、弹丸材质、工件材质等的影响，利用表面粗糙度推导喷砂（丸）的目数，难免存在一定误差。不过，这种误差对于喷砂（丸）目数的测定而言，仍属合理范围，是可以接受的。此外，鉴定结论在认定被诉侵权方法细目钢辊喷砂（丸）的目数与专利权利要求 1 记载的相应技术特征构成等同时，未给出充分的分析和说理，结论草率，有失严谨。

④关于被诉侵权方法所使用的塑料膜表面凹凸不平粗糙面的厚度与权利要求 1 记载的相应技术特征“使塑料膜的表面形成 0. 04—0. 09mm 厚的凹凸不平粗糙面”是否等同。鉴定意见认为，权利要求 1 记载的“使塑料膜的表面形成 0. 04—0. 09mm 厚的凹凸不平粗糙面”，应当解释为塑料膜本身的厚度，因为专利说明书实施例记载的 0. 04mm、0. 09mm 和 0. 07mm 均为塑料膜的厚度，与申请再审人使用的塑料膜表面粗糙度 Ral. 8—5μm（实测为 Ra2. 47—3. 53μm）没有可比性。而申请再审人使用的塑料膜的厚度为 0. 055—0. 070mm，故二者等同。对于该项技术特征的比较，最高人民法院分析评判如下：

首先，权利要求 1 记载的“使塑料膜的表面形成 0. 04—0. 09mm 厚的凹凸不平粗糙面”的含义。该技术特征含义的解释，涉及其用语与本领域通常用语的关系、其与本案专利说明书实施例中提及的塑料膜的厚度的关系、专利权人在无效宣告过程中的陈述、权利要求解释的界限等问题。第一，权利要求 1 记载的“使塑料膜的表面形成 0. 04—0. 09mm 厚的凹凸不平粗糙面”的用语与本领域通常用语的关系。专利撰写人是专利申请文件用语的创作者，其可以选择本领域的通常用语，也可以根据实际需要创造自己认为合适的用语。确定专利撰写人创造的用语的含义，应该从本领域技术人员的角度出发，结合本领域技术人员在阅读权利要求书、说明书和附图后所理解的特殊含义进行，而不能简单地以该术语不属于本领域的通常用语为由，以本领域的通常用语取代专利撰写人的特殊用语。就“使塑料膜的表面形成 0. 04—0. 09mm 厚的凹凸不平粗糙面”这一用语而言，本领域普通技术人员可以理解，其含义是指塑料膜表面凹凸不平粗糙面的厚度为 0. 04—0. 09mm，即塑料膜表面形成 0. 04—0. 09mm（40—90μm）的凹凸落差表面结构，这一含义是清楚、确定的。被申请人西安秦邦公司以本领域不存在“塑料薄膜表面凹凸不平粗糙面厚度”的说法为由，否定其在权利要求中所撰写的特殊用语，依据不足。第二，权利要求 1 记载的“使塑料膜的表面形成 0. 04—0. 09mm 厚的凹凸不平粗糙面”与本案专利说明书实施例中提及的塑料膜的厚度的关系。解释权利要求的术语的含义时，根据文本解释的一般原则，应当认为权利要求中使用的同一术语具有相同含义，不同术语具有不同含义；权利要求中的每一个术语均有其独立意义，不得解释为多余。其理由在于，专利申请的撰写者既然有意选择不同术语或者有意使用该术语，则表示该术语应有其不同含义或者独立含义，除非说明书对此给出了明确的、相反的指示。当然，上述原则只是一种指引而非一成不变的规则。在解释权利要求用语的含义时，需要结合本领域技术人员在阅读权利要求书、说明书和附图后的通常理解进行。本案专利权利要求 1 使用了“使塑料膜的表面形成 0. 04—0. 09mm 厚的凹凸不平粗糙面”的表述，这一表述强调了塑料膜表面凹凸落差的表面结构及其数值，与实施例中所使用的塑料薄膜厚度的说法存在区别，在说明书未给出进一步的解释和说明的情况下，应该认为两者具有不同含义。此外，如果把“使塑料膜的表面形成 0. 04—0. 09mm 厚的凹凸不平粗糙面”的表述解释为塑料膜的厚度为 0. 04—0. 09mm，则该表述中的“表面”以及“粗糙面”等用语实际上成为多余。第三，专利权人在专利无效宣告过程中的陈述。在本案专利的无效宣告程序中，无锡隆盛厂主张，根据本案专利所记载的工艺流程，即以 40—85 目的粗糙面细目钢辊与挤压辊相互转动，在满足把塑料膜或塑料熔体粘压在一起，且使塑料膜保持在 0. 04—0. 09mm 厚度情况下，无法实现金属箔带与塑料薄膜表面凹凸不平的非纯平面粘合的技术目的，并以此主张本案专利不具备实用性。对此，西安秦邦公司在陈述意见时明确否定本案专利说明书中有“塑料膜保持在 0. 04—0. 09mm 的厚度”的记载，表明在无效宣告程序中其自身也不认为“使塑料膜的表面形成 0.04—0.09mm 厚的凹凸不平粗糙面”是指“塑料膜厚度为 0.04—0.09mm”。第四，权利要求解释的界限。根据《专利法》第 59 条[①]的规定，发明或者实用新型专利权的保护范围以其权利要求的内容为准，说明书及附图可以用于解释权利要求。因此，权利要求内容的确定，应当根据权利要求的记载，结合本领域普通技术人员阅读说明书及附图后对权利要求的理解进行。但是，当本领域普通技术人员对权利要求相关表述的含义可以清楚确定，且说明书又未对权利要求的术语含义作特别界定时，应当以本领域普通技术人员对权利要求自身内容的理解为准，而不应当以说明书记载的内容否定权利要求的记载，从而达到实质修改权利要求的结果，并使得专利侵权诉讼程序对权利要求的解释成为专利权人额外获得的修改权利要求的机会。否则，权利要求对专利保护范围的公示和划界作用就会受到损害，专利权人因此不当获得了权利要求本不应该涵盖的保护范围。当然，如果本领域普通技术人员阅读说明书及附图后可以立即获知，权利要求特定用语的表述存在明显错误，并能够根据说明书和附图的相应记载明确、直接、毫无疑义地修正权利要求的该特定用语的含义，可以根据说明书或附图修正权利要求用语的明显错误。但是，本案中的权利要求用语并不属于明显错误的情形。本案专利权利要求 1 的“使塑料膜的表面形成 0.04—0.09mm 厚的凹凸不平粗糙面”的含义是清楚、完整的，是指塑料膜表面凹凸不平粗糙面的厚度为 0.04—0.09mm。本案专利说明书对于技术方案的描述过于简单，既未对“使塑料膜的表面形成 0.04—0.09mm 厚的凹凸不平粗糙面”进行详细说明，又未对塑料薄膜的厚度进行限定和解释，而仅仅在实施例中提及了塑料薄膜的厚度分别为 0.04mm、0.09mm 和 0.07mm。在此情况下，本领域普通技术人员在阅读权利要求书和说明书之后，难以形成权利要求 1 中“使塑料膜的表面形成 0.04—0.09mm 厚的凹凸不平粗糙面”这一表述实际上应为“塑料膜厚度为 0.04—0.09mm”的认识。虽然“使塑料膜的表面形成 0.04—0.09mm 厚的凹凸不平粗糙面”这一表述中“0.04—0.09mm”的数值范围与实施例中塑料膜厚度数值之间较为接近

---

① 《专利法》（2020 年修正）第 64 条。

并存在重叠，但是简单地以此为由认为该表述存在明显错误，并进而将塑料膜表面凹凸不平粗糙面的厚度修正为塑料膜的厚度，依据不足。因此，本案专利权利要求 1 中“使塑料膜的表面形成 0.04—0.09mm 厚的凹凸不平粗糙面”，其含义是指塑料膜表面凹凸不平粗糙面的厚度为 0.04—0.09mm，即塑料膜表面形成 0.04—0.09mm（40—90μm））的凹凸落差表面结构，而非塑料膜的厚度为 0.04—0.09mm。

其次，被诉侵权方法中塑料膜表面粗糙度与权利要求 1 记载的“使塑料膜的表面形成 0.04—0.09mm 厚的凹凸不平粗糙面”是否构成相同或者等同。根据《表面粗糙度、术语、表面及其参数》（GB 3505—83）的记载，表面粗糙度是指加工表面上具有的较小间距和峰谷所组成的微观几何形状特性，通常以取样长度内轮廓峰高绝对值的平均值与轮廓峰谷绝对值的平均值之和表示。申请再审人使用的塑料膜表面粗糙度为 Ra1.8—5μm（实测为 Ra2.47—3.53μm）。这与本案专利权利要求 1 所要求的塑料膜表面形成 0.04—0.09mm（40—90μm）的凹凸落差表面结构相差很大，与本案专利方法既不相同，也难以认定等同。

综上，鉴定意见对“使塑料膜的表面形成 0.04—0.09mm 厚的凹凸不平粗糙面”这一技术特征的解释错误，在此基础上认为被诉侵权方法的相应技术特征与该项技术特征构成相同或等同，结论有误。原一审、二审及再审判决对此予以采信，结论亦有误。再审申请人关于本项技术特征的申请再审理由成立，应予支持。

⑤被诉侵权方法生产铝塑复合带的线速度和后加热处理温度与专利权利要求 1 分别记载的相应技术特征“10—80m/min”和“250—400℃”是否等同。本案鉴定中心在实地勘测时，对被诉侵权方法生产铝塑复合带的线速度进行了勘测，其现场生产速度为 8m/min，后处理温度为 184℃（生产仪表显示 195℃）。经检测，在这种工艺条件下生产出的复合带的剥离强度未达到行业标准。相反，一审法院保全的申请再审人《流延复合铝带生产工艺流程单》记录的线速度却是“29m/min”，且其记载该生产条件下的产品合格。《流延复合铝带生产工艺流程单》记录的线速度是申请再审人生产铝塑复合带的原始记录，反映了其正常情况下的生产工艺参数，真实可信。在此情况

下，鉴定意见不以实地勘测的线速度作为比较依据，而以《流延复合铝带生产工艺流程单》记录的线速度为比较依据，并进而认定被诉侵权方法生产铝塑复合带的线速度落入专利权利要求 1 的相应技术特征“10—80m/min”的范围之内，并无不当。

在保证铝塑复合带质量的前提下，生产铝塑复合带的线速度与后加热处理温度存在密切关联。提高线速度，后加热处理温度应有相应提高。由于被诉侵权方法正常生产铝复合带的线速度 29 m/min 比实地勘测时的线速度 8m/min 有相当大的提高，根据科学经验和常识，被诉侵权方法正常生产时的后加热温度亦应比实地勘测时的现场后加热温度有相应提高。所以，鉴定意见不以现场测试的后加热温度 184℃ 为比较依据，而是根据科学经验和常识，推断线速度在 29m/min 的情况下，其后加热温度要有相应提高，并进而认为被诉侵权方法的后加热温度与权利要求 1 记载的后加热温度等同，具有合理性。

因此，生产铝塑复合带的线速度与专利权利要求 1 记载的相应技术特征构成相同，被诉侵权方法生产铝塑复合带的后加热处理温度与专利权利要求 1 记载的相应技术特征构成等同。再审申请人关于本两项技术特征不相同不等同的再审理由不能成立。

综上，被诉侵权方法技术方案中塑料薄膜与金属箔带表面的结合方式与本案专利权利要求 1 记载的“将塑料薄膜与金属箔带表面进行凹凸不平的非纯平面粘合”的技术特征既不构成相同，又不构成等同；被诉侵权方法技术方案中塑料膜表面凹凸不平粗糙面的厚度与权利要求 1 记载的相应技术特征“使塑料膜的表面形成 0. 04—0. 09mm 厚的凹凸不平粗糙面”既不构成相同，亦不构成等同。鉴定意见认定该上述两项技术特征相同或者等同，结论有误；认定被诉侵权方法中传送塑料膜的钢辊的温度与专利权利要求 1 记载的相应技术特征“35—80℃”构成相同，缺乏事实依据。由于被诉侵权方法技术方案有一项以上的技术特征与本案专利权利要求 1 的相应技术特征既不相同又不构成等同，被诉侵权方法技术方案没有落入专利权利要求 1 的保护范围。原一审、二审判决及再审判决认定被诉侵权方法技术方案落入专利权利要求 1 的保护范围，结论有误。

（4）本案鉴定意见是否程序违法以及可否采信。申请再审人提出，鉴定人王某岳、宋某佗和侯某杰应该回避而未回避，鉴定复议程序中更换的刘某娥、聂某民、张某成三位鉴定人未进行事先告知，鉴定程序违法，不应采信。对此，法院分析如下：

①鉴定人王某岳和宋某佗是否应当回避。首先，王某岳是北京邮电大学的高级工程师，其与西安秦邦公司的法定代表人杭某曾共同发表《通讯光缆电缆用金属塑料复合带的实验研究与分析》一文，且杭某曾向北京邮电大学自动化学院教育基金捐款5000元。上述事实表明，西安秦邦公司的法定代表人杭某与鉴定人王某岳存在相对密切的联系。其次，宋某佗是北京通和实益电信科学技术研究所有限公司的工作人员，其所在公司与上海网讯公司共同参与起草了有关通信行业标准的制定。西安秦邦公司法定代表人杭某和该公司副总经理王某财均为上海网讯公司的股东，且杭某还是该公司的总经理。由此可以推知，宋某佗与西安秦邦公司的主要管理人员较为熟悉。最后，从本案鉴定中心选择的上述两名外省专家来看，其均与被申请人西安秦邦公司存在一定的关系，有可能影响鉴定意见的客观性和公正性。因此，鉴定人王某岳和宋某佗应该回避。原一审、二审判决及再审判决以申请再审人在得知王某岳、宋某佗参加鉴定专家组时未提出回避申请，不能证明该两位鉴定人与西安秦邦公司有法律意义的利害关系等为由，认定王某岳、宋某佗不属于回避范围，适用法律错误。申请再审人的相应申请再审理由成立，应予支持。

②鉴定人侯某杰是否应当回避。2007 年 4 月 13 日，鉴定中心的法定代表人、鉴定人侯某杰参加由陕西省法学会科技法学研究会主办，西安交通大学知识产权研究中心和西安秦邦公司共同承办的研讨会，侯某杰与西安秦邦公司法定代表人杭某在会上分别进行了发言。侯某杰参会系受西安市科技局的指派，西安秦邦公司法定代表人杭某系陕西省法学会科技法学研究会会员，并系该次研讨会承办单位之一，二人共同参加研讨会具有合理理由。而且，仅凭鉴定人侯某杰与西安秦邦公司法定代表人杭某共同参加由西安秦邦公司共同承办的研讨会这一事实，并不足以证明侯某杰与西安秦邦公司存在一定的利害关系，也不足以证明可能影响本案鉴定意见的客观性和公正性。申请再审人仅以此为由主张鉴定人侯某杰应当回避，依据不足，本院不予支持。

③鉴定复议程序中更换刘某娥、聂某民、张某成三位鉴定人是否存在程序违法。本案鉴定复议程序中，鉴定中心更换了刘某娥、聂某民、张某成三位鉴定人，但并未事先告知申请再审人，程序上确实存在一定的瑕疵。但是，申请再审人并无证据证明该三位鉴定人不具备相应的鉴定资格条件或者与本案具有某种关系并可能影响复议意见的客观性和公正性。申请再审人仅以鉴定复议程序的上述瑕疵为由，主张本案鉴定意见不应采信，依据不足，本院不予支持。

综上，由于本案鉴定人王某岳和宋某佗应当回避而未予回避，可能影响本案鉴定意见的客观性和公正性。而且，前述对本案鉴定意见的分析已经表明，本案鉴定意见在权利要求 1 相关技术特征含义的解释及技术特征对比中存在错误。因此，本案鉴定意见不应采信。原一审、二审判决及再审判决采信鉴定意见的结论，并在此基础上作出判决，结论错误，应予纠正。申请再审人的部分申请再审理由成立，应予支持。

（四）笔者对本案的点评

本案在如何认定是否属于新产品制造方法专利、被告对其被诉产品制造方案不同于新产品制造方法专利技术方案承担举证责任的证明责任、参数技术特征是否构成相同或者等同、专利技术特征的含义的确定、鉴定意见是否应该被采信，特别是全覆盖原则的适用等，都给出了非常详尽的、令笔者深表敬佩的说理。笔者深信，读者若能在仔细研读本案专利的基础上，详细研读本案，定会收益匪浅。

另外，还应该向读者特别提示的是，在笔者看来本案专利权利要求中的技术特征，“是将塑料薄膜与金属箔带表面进行凹凸不平的非纯平面粘合”，按照该专利的说明书，本领域普通技术人员是不能知道是如何实现的。因此该专利存在的说明书公开不充分的缺陷，不符合《专利法》第 26 条第 3 款的规定。但按照我国现有的专利法律制度，在民事侵权案件中，法院对专利的合法性不作评价。本案最高人民法院的再审判决严格恪守了这一原则，没有对该缺陷导致专利无效作任何评价。但是记载在权利要求中的任何技术特征都对专利权的保护范围具有限定作用的，依据该技术特征确定该专利权利要求的保护范围，并根据全覆盖原则，在被诉技术方案中寻找与该技术特征构成相同或者等同的技术特征。由于权利要求中的该技术特征纯属于“瞎写”的技术特征，自然在被诉技术方案中找不到相应构成相同或者等同的技术特征，进而判定被诉技术方案没有落入专利权的保护范围。本案已经经历了长达数年的三次审判，如果最高人民法院再建议被告对本案专利提出无效宣告申请，是按照无效宣告的结论判决该案的话，笔者认为虽然是合法的，但却是不“正义”的。

第六章

专利侵权判定中功能性技术特征的识别及是否与功能性技术特征构成相同等同的判定

按照现行有效的司法解释，包含功能性技术特征的专利权利要求的保护范围由权利要求中的非功能性技术特征和说明书中实现权利要求中限定的所述功能或者效果的必不可少的技术特征来共同限定，而不是如没有包含功能性技术特征的权利要求那样，其专利权的保护范围仅仅由权利要求中的技术特征限定（这种情形下，说明书仅仅起到对权利要求解释的作用，并不限定专利权的保护范围，出现本书第二编第四章所述的“捐献原则”“禁止反悔原则”“隐含技术特征”的情况除外）。而且认定被诉技术方案中的技术特征是否与专利权利要求中的功能性技术特征构成相同或者等同的标准也与认定与非功能性技术特征是否构成相同或者等同的标准不同。因此，一旦对是否为功能性技术特征的识别出现错误，则关于是否构成专利侵权判定的结论基本都会出错；将从说明书及附图中归纳出的实现权利要求中限定的功能或者效果必不可少的技术特征用于判定专利权的保护范围，与仅仅将权利要求中的技术特征用于判定专利权的保护范围相比，其难度会增大很多。鉴于此，本书将专利权侵权判定中功能性技术特征的识别及是否与功能性技术特征构成相同等同的判定专门作为一章。本章分为三节。第一节是关于判定是否落入包含功能性技术特征的专利权利要求保护范围的特殊性，第二节是关于权利要求中是否包含功能性技术特征的识别，第三节是关于被诉技术方案中对应的技术特征与涉案专利权利要求中功能性技术特征是否构成相同或者等同的判定。

第一节　关于专利侵权判定中功能性技术特征的解读

一、关于功能性技术特征的司法解释

《侵犯专利权纠纷案件解释》第4条规定："对于权利要求中以功能或者效果表述的技术特征，人民法院应当结合说明书和附图描述的该功能或者效果的具体实施方式及其等同的实施方式，确定该技术特征的内容。"

《侵犯专利权纠纷案件解释（二）》第8条规定："功能性特征，是指对于结构、组分、步骤、条件或其之间的关系等，通过其在发明创造中所起的功能或者效果进行限定的技术特征，但本领域普通技术人员仅通过阅读权利要求即可直接、明确地确定实现上述功能或者效果的具体实施方式的除外。与说明书及附图记载的实现前款所称功能或者效果不可缺少的技术特征相比，被诉侵权技术方案的相应技术特征是以基本相同的手段，实现相同的功能，达到相同的效果，且本领域普通技术人员在被诉侵权行为发生时无需经过创造性劳动就能够联想到的，人民法院应当认定该相应技术特征与功能性特征相同或者等同。"

二、判定是否落入包含功能性技术特征的专利权利要求保护范围的特殊性

根据上述司法解释的规定，在判定某一技术方案（产品或者方法技术方案）是否落入某一专利权利要求的保护范围时，该专利权利要求如果包含功能性技术特征，不论是判断标准还是判断方法都会有很大的不同。对于没有包含功能性技术特征的权利要求，通常只需按照《侵犯专利权纠纷案件解

释》第 7 条规定的“人民法院判定被诉侵权技术方案是否落入专利权的保护范围，应当审查权利人主张的权利要求所记载的全部技术特征”，以及“被诉侵权技术方案包含与权利要求记载的全部技术特征相同或者等同的技术特征的，人民法院应当认定其落入专利权的保护范围；被诉侵权技术方案的技术特征与权利要求记载的全部技术特征相比，缺少权利要求记载的一个以上的技术特征，或者有一个以上技术特征不相同也不等同的，人民法院应当认定其没有落入专利权的保护范围”上述规定进行判断就可以。对于没有包含功能性技术特征的专利权利要求，除出现“捐献原则”“禁止反悔原则”以及“隐含技术特征”的例外情况外，其专利权的保护范围，是由其专利权利要求本身独立决定的，是不受专利说明书及附图特别是具体实施例影响的。在这种情形下，考察其说明书，包括附图及具体实施例，是为了确定权利要求的含义，特别是其中的术语的含义，而不是为确定该专利权利要求的保护范围。而且，特别重要的是，在这种情形下，某个技术方案就算在说明书中有充分披露，只要没有写入权利要求，就不容许将其纳入该专利权的保护范围。而对于包含有功能性技术特征的权利要求，只有而且必须考察说明书及其附图，特别是其中的具体实施例，才能确定该权利要求的保护范围，而不论其权利要求的表述是否清楚。此时，判断被控技术方案是否覆盖了专利权利要求的功能性技术特征，必须是将被控技术方案中对应的技术特征与专利的说明书及附图记载的实现专利权利要求记载的功能或者效果不可缺少的技术特征相比对。而且被诉侵权技术方案的相应技术特征是以基本相同的手段，实现相同的功能，达到相同的效果的才构成相同或者等同。因此，在确定包含功能性技术特征的专利权利要求的保护范围时，《审理专利纠纷案件规定》第 13 条第 1 款规定的“专利法第五十九条[①]第一款所称的‘发明或者实用新型专利权的保护范围以其权利要求的内容为准，说明书及附图可以用于解释权利要求的内容’，是指专利权的保护范围应当以权利要求记载的全部技术特征所确定的范围为准，也包括与该技术特征相等同的特征所确定的范围”仍然适用。但是在判定是否构成技术特征的等同时该条第 2 款规定的“等同

① 《专利法》（2020 年修正）第 64 条。

特征，是指与所记载的技术特征以基本相同的手段，实现基本相同的功能，达到基本相同的效果，并且本领域普通技术人员在被诉侵权行为发生时无需经过创造性劳动就能够联想到的特征”，不再适用。对于功能性技术特征，其构成等同的标准更高，变成了“以基本相同的手段，实现相同的功能，达到相同的效果”，而不是非功能技术特征的“以基本相同的手段，实现基本相同的功能，达到基本相同的效果”。

因此，对于一个专利的权利要求，在是否落入其保护范围的判定中，其是否包含功能性技术特征，判定的依据、方法、标准及结果，都会有很大的不同。而且对于包含功能性技术特征的判定难度一般要远大于没有包含功能性技术特征判定的难度，出错概率很高。由此，在判定是否落入专利权利要求的保护范围时，要非常小心地识别是否包含有功能性技术特征。如果包含，对于功能性技术特征，就要按照功能性技术特征的判定规则进行。

第二节　权利要求中是否包含功能性技术特征的识别

对于专利权利要求中是否包含功能性技术特征，当事人之间经常发生争议，同时也往往出现认定失误。为了帮助读者提高对权利要求中是否包含功能性技术特征的识别能力，本节分理论和实际案例两部分。实际案例是笔者精心挑选的，希望这些实际案例能够起到类似于教科书中的例题的作用。建议读者在研读所涉专利或所选案例判决书全文后再开始阅读所选案例。

一、关于功能性技术特征识别的理论

《侵犯专利权纠纷案件解释（二）》第 8 条第 1 款规定：“功能性特征，是指对于结构、组分、步骤、条件或其之间的关系等，通过其在发明创造中所起的功能或者效果进行限定的技术特征，但本领域普通技术人员仅通过阅读权利要求即可直接、明确地确定实现上述功能或者效果的具体实施方式的除外。”据此，对于权利要求中出现了表示某一技术方案或者技术方案的构

成单元或者技术要素的功能或者效果的术语时，甚至只要在权利要求中出现了表示功能或者效果的术语时，就要提高警惕了！在这种情况下，就存在专利权利要求中包含功能性技术特征的可能。如果对作为限定某一专利权利要求保护范围的技术特征的结构、组分、步骤、条件或其之间的关系等采用了功能或者效果性术语，而且本领域普通技术人员通过阅读权利要求不能直接、明确地确定实现上述功能或者效果的具体实施方式，或者仅通过阅读权利要求不能明白所述功能或者效果是如何实现的，就要初步判定该表示功能或者效果的术语为功能性技术特征。在司法实践中，原告总是希望涉诉技术特征不要被认定为功能性技术特征，而作为被告的被控侵权人总是希望认定为功能性技术特征。而作为裁判的法官，对于在专利权利要求中出现的，通过所实现的功能或者所达到的效果对发明创造中的结构、组分、步骤、条件或其之间的关系等进行限定的情形，如果其不能通过阅读专利权利要求即可直接、明确地确定实现上述功能或者效果的具体实施方式，或者其仅通过阅读权利要求不能明白所述功能或者效果是如何实现的，通常都会将其认定为功能性技术特征。除非在这种情况下，专利权人能够证明本领域普通技术人员通过阅读权利要求即可直接、明确地确定实现所述的功能或者效果的具体实施方式，或者仅通过阅读权利要求就能明白所述功能或者效果是如何实现的。因为法官在进行判断时只能把自己看成是“本领域普通技术人员”，而且法官的判断是作为裁判的判断，必须具有权威性。对于本领域普通技术人员仅通过阅读权利要求即可直接、明确地确定实现所述功能或者效果的具体实施方式，或者仅通过阅读权利要求就能明白所述功能或者效果是如何实现的，这一事实是否成立，作为专利权人能够证明的可能性最大。并且既然专利权利要求使用了功能或者效果的限定或者表述方式，对于这种通常规则规定的例外情况，即采用了功能或者效果的限定方式，但其又不属于功能性技术特征的，证明责任也应该由专利权人承担。

另外，笔者认为，用功能性或者效果性术语限定或者描述的，属于发明创新点的技术内容，一般属于功能性技术特征，除非专利权人能够提出不属于功能性技术特征的充分证明。因为，作为一项发明的创新点，其通常不属于现有技术，如果采用功能性或者效果性术语进行限定或者描述的话，本领域普通技术人员在仅阅读权利要求后，是很难明白其是如何实现的。

笔者还认为，如果本领域普通技术人员，在阅读了全部权利要求和说明书及其附图后，仍不能明白专利权利要求中出现的功能性术语或者效果性术语限定的功能或者效果是如何实现的话（除非专利权人能够充分证明本领域普通技术人员仅仅阅读权利要求后就能明白该功能或者效果是如何实现的），则这些功能性或者效果性术语自然也是属于功能性技术特征。当然，如果一个专利授权文件出现这种情况，就属于公开不充分，因而不符合《专利法》第26条第3款应该被无效的情况。然而，公开不充分，不符合《专利法》第26条第3款，属于在专利授权或者确权中的问题。在专利侵权诉讼中，不能以专利公开不充分，应该被宣告无效，作为不侵权的抗辩理由。而只能用该技术特征属于功能性技术特征，而说明书中又没有相对应的实现该功能或者效果的技术特征，进而该功能性技术特征限定的专利权利要求的保护范围为零，不论被诉侵权技术方案如何，都不可能落入该专利权利要求的保护范围，当然也就不会构成侵犯该专利权，进行抗辩。

对于如何识别功能性技术特征，广东省高级人民法院知识产权庭原副庭长张学军法官的论述值得向读者推荐，笔者相信会对读者有很大帮助。

张学军法官认为，下述几种情况可直接认定为功能性技术特征：

（1）在同一权利要求中，在阐述完零部件名称或形状构造特征之后，将功能性特征作为解释紧接着写于其后或者将功能性限定作为定语合并为一个句子。例如："横梁，其用于连接并支撑左右立柱。"

（2）直接以功能性特征来描述部件之间的空间位置、连接关系和互相作用方式。例如："控制件以活动的方式确保传动臂沿径向向外方向移动，上述控制件与控制按钮动态配合，控制按钮沿基本呈轴向方向活动安装在盖上，适于控制传动臂沿径向向内方向移动。"

（3）仅以纯功能特征限定前述的技术特征。如在专利从属权利要求中表述："保护套克服了水在低温情况下结冰使导管易折断的弊端。"

张法官还认为，对于已成熟技术的既定概念即使使用了功能性的表述，如"变压器""放大镜""发动机"等，由于本领域普通技术人员能够明了这些概念所指向的技术是如何实现的、其基本结构如何，因而对这些部件的功能性描述就不属于功能性技术特征。另外，对于有些权利要求在描述零部件所起的功能和效果的同时会披露该部件的形状、与其他部件的连接方式等结构性特征，而且这些形状、连接方式等结构性特征的披露，会使本领普通域技术人员在仅阅读权利要求后就能知道所述功能或者效果是如何实现的，则就不属于功能性技术特征。例如，专利权利要求1表述："一种可动式椅背结构，其特征在于，主要该椅背由上背板连结下背板组成，令上背板的上端枢接椅背架而位于椅背架前方，且在下背板底端经由弹力板固结椅背架，其中椅背：是于上背板底端与下背板顶端之间通过弹性片而连结；促令下背板通过弹力板的支撑而向前拱起，使整个椅背与椅背架间具有缓冲距离。"在该权利要求中，虽然出现"促令……使"之类功能和效果的表达，但是其清楚地披露了椅背的全部结构，因而该权利要求中不存在功能性特征。

张学军法官还认为，用功能性或者效果性描述的技术特征，不论其出现在权利要求的前序部分还是特征部分，法院都应当坚持以现有领域技术人员是否无需创造性劳动即可以清楚知道其实施方案中的形状、结构和连接关系为标准，来确定是否属于功能性特征。

二、权利要求中功能性技术特征识别的典型案例

【案例一】温州钱峰科技有限公司与温州宁泰机械有限公司专利侵权纠纷案（〔2016〕浙民终506号）

涉案专利（专利号201210508388.7）权利要求1为："一种裁剪机，包括机架，固定设置在机架上的下切刀及设置在下切刀上方的上切刀，所述上切刀与下切刀上设有相互配合的上切削面与下切削面，其特征是，所述上切刀或下切刀上设有基准块，该基准块上设有与其所在切刀的切削面位于同一平面内的基准面；所述机架上设有可上下升降的上切刀安装板，所述上切刀可沿与上切削面相垂直方向移动地设置在上切刀安装板上，且上切刀位于上切刀安装板下方；所述上切刀与上切刀安装板之间设有使基准块上的基准面往下切削面上靠拢或使上切削面往基准块上的基准面靠拢的弹性预紧装置，

所述上切刀上设有向上延伸的上支撑部；所述上切刀安装板设有与上支撑部相对应的第一通孔，上切刀安装板上位于第一通孔的两侧设有相互平行的第一支撑板及第二支撑板，第一支撑板与第二支撑板之间设有至少一根平置导杆，且该平置导杆与上切削面相垂直；所述上支撑部的上部穿过第一通孔位于第一支撑板与第二支撑板之间，且上支撑部的上部还设有与平置导杆相配合的平置导向套，使上支撑部可沿平置导杆移动；所述第一支撑板与上切削面位于上切刀的两侧，所述弹性预紧装置包括设置在第一支撑板与上支撑部之间的预紧弹簧。”

本案中，被告钱峰公司主张涉案专利“可上下升降的上切刀安装板”“所述上切刀可沿与上切削面相垂直方向移动的设置在上切刀安装板上”“所述上切刀上设有向上延伸的上支撑部”等技术特征采用了功能性的表述，属于功能性技术特征。原告宁泰公司认为其中“可上下升降的上切刀安装板”虽然采用了功能性描述，但实质上反映了上切刀安装板与机架的相对结构关系，属于已经技术名词化的技术特征，不属于功能性特征的范畴。一审温州市中级人民法院认为：“在专利侵权判定中，以功能或效果性语言表述且已经成为所属技术领域普通技术人员知晓的技术名词，或者仅通过阅读权利要求即可直接、明确地确定实现上述功能或者效果的具体实施方式的技术特征，由于保护范围清晰明确，无需适用该规定。但从现有证据来看，涉案专利中‘可上下升降的上切刀安装板’‘向上延伸的上支撑部’及‘上切刀可沿与上切削面相垂直方向移动的设置’等技术特征尚不足以认定属于公知的技术名词，将其解释为涵盖所有的具体实施例，事实上妨碍了其他人开发具有相同功能技术方案的自由，且无法直接从权利要求中直接确定实现功能或效果的具体实施方案，故应结合说明书及附图描述的该功能或者效果的具体实施方式及其等同的实施方式，确定上述技术特征的内容”。也就是，一审法院温州市中级人民法院认为上述原、被告争议的技术特征为功能性技术特征。

本案二审中，关于技术特征“可上下升降的上切刀安装板”，被告钱峰公司认为，此项技术特征系功能性技术特征，原告宁泰公司则在二审中仍坚持认为该项技术特征并非功能性技术特征。二审法院浙江省高级人民法院认为，“可上下升降的上切刀安装板”属于功能性技术特征。二审法院的理由为：“根据《侵犯专利权纠纷案件解释（二）》第8条第1款之规定：‘功能性特征，是指对于结构、组分、步骤、条件或其之间的关系等，通过其在发明创造中所起的功能或者效果进行限定的技术特征，但本领域普通技术人员仅通过阅读权利要求即可直接、明确地确定实现上述功能或者效果的具体实施方式的除外。’本案中，涉案专利权利要求1对上切刀安装板的结构以及其与上切刀、上支撑部、支撑板之间的关系进行了一定程度的描述，但是，对于其如何实现上下升降这一功能，并未给出具体的实现方式。并且，在实践中，实现上下升降功能的方式多种多样，所属技术领域普通技术人员在看到该功能性表述后，无法直接、明确地确定实现上下升降这一功能的具体实施方式。”

关于“上切刀上设有向上延伸的上支撑部”，原告、被告双方对于此项技术特征系功能性技术特征均无异议，浙江省高级人民法院亦予确认。

关于“上切刀可沿与上切削面相垂直方向移动地设置在上切刀安装板上”，原告、被告双方对于此项技术特征系功能性技术特征均无异议，浙江省高级人民法院亦予确认。

另外，笔者认为涉案专利权利要求中的技术特征“所述上切刀与上切刀安装板之间设有使基准块上的基准面往下切削面上靠拢或使上切削面往基准块上的基准面靠拢的弹性预紧装置”，也为功能性技术特征。因为，笔者把自己看成本领域普通技术人员时，仅仅阅读权利要求书时不能明白该功能是如何实现的，而当阅读了说明书及附图后才明白功能是如何实现的，而且该功能是解决现有技术中技术问题的创新点之一。

【案例二】飞利浦优质生活有限公司与佛山市顺德区巨天电器有限公司侵害发明专利权纠纷案（〔2017〕粤民终1125号）

涉案专利（专利号200780029489.3）权利要求1为：“一种用于制备食品的设备，包括食品制备室（2），该食品制备室具有外壁（4）、带可透过空气的底部壁（5）并带上方空气排出开口（6）的内壁（3）；风扇（7），该风扇用于使热空气顺次地移动穿过所述底部壁、所述食品制备室以及所述排出开口；空气导向装置（9），用于使空气从所述排出开口向与所述食品制备室分开的所述底部壁返回；热辐射装置（10），位于所述食品制备室的上部；和位于食品制备室下方的空气导向构件（11），其特征在于，所述空气导向构件（11）在底部壁（5）下方位于外壁（4）上，所述空气导向构件用于将空气流基本上向上导引，使其进入存在于食品制备室（2）中的食品中。”

本案不论在一审、二审中，当事人及法院对权利要求1中的表述“和位于食品制备室下方的空气导向构件（11）”为功能性技术特征观点一致，没有异议。

【案例三】浙江乐雪儿家居用品有限公司与陈某弟等侵害发明专利权纠纷再审案（〔2013〕民提字第225号）

涉案专利（专利号ZL200610049700.5）权利要求为：“布塑热水袋的加工方法，布塑热水袋由袋体、袋口和袋塞所组成，所述的袋体有内层、外层和保温层，在袋体的边缘有粘合边，所述的袋塞是螺纹塞座和螺纹塞盖，螺纹塞座的外壁有复合层，螺纹塞盖有密封垫片，袋塞中的螺纹塞座是聚丙烯材料，复合层是聚氯乙烯材料，密封垫片是硅胶材料所制成，其特征在于：第一步：首先取内层、保温层以及外层材料；第二步：将内层、保温层、外层依次层叠，成为组合层；第三步：将两层组合层对应重叠，采用高频热合机按照热水袋的形状对两层组合层边缘进行高频热粘合；第四步：对高频热粘合的热水袋进行分只裁剪；第五步：取聚丙烯材料注塑螺纹塞座，再把螺纹塞座作为嵌件放入模具，另外取聚氯乙烯材料在螺纹塞座外二次注塑复合层；第六步：将有复合层的螺纹塞座安入袋口内，与内层接触，采用高频热合机对热水袋口部与螺纹塞座复合层进行热粘合；第七步：对热水袋袋体进行修边；第八步：取塑料材料注制螺纹塞盖；第九步：取硅胶材料注制密封垫片；第十步：将密封垫片和螺纹塞盖互相装配后旋入螺纹塞座中；第十一步：充气试压检验，向热水袋充入压缩空气进行耐压试验；第十二步：包装。”

本案一审中，被告乐雪儿公司主张：“涉案专利权利要求中的保温层是功能性描述，被诉侵权方法中在内层和外层之间夹放的是半片空心薄棉，不具备保温层的技术特征。”一审法院认为所述“保温层”为上位概括，并认为，涉案专利权利要求并未对保温层的材质、大小进行限定，故对乐雪儿公司的上述抗辩不予支持。

本案二审中，二审法院针对被告关于“保温层”的抗辩观点，处理结论与一审法院相同。

再审中，被告坚持认为所述“保温层”为功能性技术特征，并认为一审法院扩大解释了该功能性限定的技术特征的保护范围。最高人民法院提审认为，所述“保温层”属于功能性技术特征，并认为应该按照《侵犯专利权纠纷案件解释》第4条规定，即“对于权利要求中以功能或者效果表述的技术特征，人民法院应当结合说明书和附图描述的该功能或者效果的具体实施方式及其等同的实施方式，确定该技术特征的内容”，而不是按照本案一审、二审判决认为的属于上位概括来确定该技术特征的内容。

有必要说明的是，本案再审时，《侵犯专利权纠纷案件解释（二）》尚未发布。

【案例四】广东美的制冷设备有限公司与珠海格力电器股份有限公司专利侵权纠纷案（〔2013〕粤高法民三终字第615号）

涉案专利（专利号ZL200620064110.5）权利要求1包括五个技术特征：①一种可拆装式空调室内机管路安装挡板，其包括固定板和滑动板；②该固定板为一中空的薄板；③在固定板一面有两个滑轨；④两滑轨间距大于或等于滑动板宽度；⑤滑动板卡在两滑轨之间。

在本案一审中，不论是作为原告的专利权人，还是作为被告的被控侵权人及一审判决，都没有提出涉案专利权利要求中包含功能性技术特征的问题；但广东省高级人民法院的二审判决认为权利要求1中的技术特征①“一种可拆装式空调室内机管路安装挡板，其包括固定板和滑动板”为一功能性技术特征。笔者也认为该技术特征为功能性技术特征。笔者的理由为：首先，在阅读该权利要求时，技术特征①包含了“可拆装”这一功能或者效果性限定的术语；其次，笔者将自己当成本领域普通技术人员时，通过仅阅读该权利要求无法明白该“可拆装”是如何实现的。笔者是通过阅读说明书及附图才明白该“可拆装”如何实现的。因此按照《侵犯专利权纠纷案件解释（二）》第8条的规定，该技术特征①属于功能性技术特征。

【案例五】宁波悦祥机械制造有限公司与上海昶意机械制造有限公司侵害发明专利权纠纷案（〔2012〕沪高民三（知）终字第10号）

涉案专利（专利号ZL200710156429.X）的权利要求1包括七个技术特征：①前车架；②后车架；③踏板；④控制前车架和后车架间夹角变化的锁定装置；⑤所述前车架的后端与后车架的前端与踏板的中部三处共同铰接在同一根铰轴上；⑥所述锁定装置的前部与前车架连接；⑦所述锁定装置的后部与后车架连接。

一审法院上海市第二中级人民法院审理认为：该技术特征④属于功能性技术特征。其理由为：首先，没有相应的证据可以证明，在所属技术领域中，已经存在技术结构相对固定且为本领域的普通技术人员所熟知的，能够控制前车架和后车架间夹角变化的“锁定装置”；其次，在权利要求1中，只记载了该锁定装置要实现的“控制前车架和后车架间夹角变化”的功能，而没有记载实现前述功能的锁定装置的结构。

二审法院上海市高级人民法院也认为该技术特征④属于功能性技术特征，其理由为④只是陈述了锁定装置的功能而未描述其具体结构。

笔者认同一审法院及二审法院将该技术特征④认定为功能性技术特征的结论及理由。

【案例六】郭某山与福清金辉房地产开发有限公司侵害发明专利权纠纷案（〔2014〕闽民终字第59号）

涉案专利（专利号ZL01117987.2）权利要求1记载如下：“一种墙体挂贴刚、脆硬性装饰板的植钉铆固定贴方法，是选用不锈钢螺钉（1）粘性糊状不塌落型的强力工程结构胶（2）及在墙体的工艺孔（3）和在装饰板的里侧上下边缘切出四个与不锈钢螺钉头相符的挂件槽等构件相互配合新工艺，其特征在于：通过专用不锈钢螺钉（1）和强力工程结构胶（2）及工艺孔（3）的相互配合作用下，能将装饰板和水泥粉刷层及墙体紧紧粘接固定成一体。”

本案一审中，原告、被告及一审法院福州市中级人民法院，都没有提出该涉案专利权利要求中包含功能性技术特征的问题。而二审判决书特别指出：“涉案专利权利要求1的技术特征A4记载为‘通过专用不锈钢螺钉、强力工程结构胶及工艺孔的相互配合，将装饰板和水泥粉刷层及墙体紧紧粘接固定成一体’，这显然属于一种基于特定功能实现特定效果的描述。《侵犯专利权纠纷案件解释》第4条规定，对于权利要求中以功能或者效果表述的技术特征，人民法院应当结合说明书和附图描述的该功能或者效果的具体实施方式及其等同的实施方式，确定该技术特征的内容。”

笔者认同二审法院福建省高级人民法院的该关于功能性技术特征的认定。笔者的理由是：首先，该技术特征虽然限定了使用专用不锈钢螺钉、强力工程结构胶及工艺孔，将装饰板和水泥粉刷层及墙体紧紧粘接固定成一体，但笔者不通过阅读说明书是无法知道该功能或者效果是如何实现的；其次，该专利说明书对这一功能，也即发明目的，是如何实现的作了详细的说明；最后，如果本领域普通技术人员仅通过阅读权利要求就能知晓该功能是如何实现的话，说明书就没有必要对该功能是如何实现的作详细说明，同时该专利权利要求就不具备创造性。因为，该专利权利要求中的技术特征“不锈钢螺钉（1）粘性糊状不塌落型的强力工程结构胶（2）及在墙体的工艺孔（3）和在装饰板的里侧上下边缘切出四个与不锈钢螺钉头相符的挂件槽等构件”，都是很常规的现有技术，而其创新点仅体现在“相互配合新工艺”。而对该“相互配合新工艺”的唯一限定内容为“通过专用不锈钢螺钉（1）和强力工程结构胶（2）及工艺孔（3）的相互配合作用下，能将装饰板和水泥粉刷层及墙体紧紧粘接固定成一体”。如果本领域普通技术人员仅仅阅读权利要求后就能明白“通过专用不锈钢螺钉（1）和强力工程结构胶（2）及工艺孔（3）的相互配合作用下，能将装饰板和水泥粉刷层及墙体紧紧粘接固定成一体”是如何实现的话，此限定内容也必然是现有技术。则该专利权利要求自然不具备创造性。

【案例七】曲某波与新世界（中国）科技传媒有限公司等侵害实用新型专利权纠纷案［〔2010〕沪高民三（知）终字第89号］

涉案专利（专利号ZL200420021194.5）权利要求为："1. 一种多线路公交电子站牌，由站名显示器，到站预报电子显示屏，多线路车站列表显示板，和支撑固定座组成，其特征在于：a）站名显示器位于站牌的顶部；b）到站预报电子显示屏位于站牌的上部，连接在站名显示器的下方；c）多线路车站列表显示板固定在到站预报电子显示屏和支撑固定座之间。"

本案二审中，上海市高级人民法院认为该权利要求1中的"到站预报电子显示屏"是一项功能性特征。

二审法院的理由：涉案专利权利要求1中记载的一项技术特征为"到站预报电子显示屏"，根据专利说明书的描述，该"到站预报电子显示屏"中的电子显示屏是多行显示LED点阵显示屏，但权利要求与说明书均未记载或者描述采取什么具体技术手段，使该采用多行显示LED点阵显示屏的"到站预报电子显示屏"能够滚动显示各条线路最近到达车辆的预计到站时间和到达本站距离等动态信息。本案中，没有相应的证据可以证明，在所属技术领域中，已经存在技术结构相对固定且为所属领域一般技术人员所熟知的，能够滚动显示各条线路最近到达车辆的预计到站时间和到达本站距离等动态信息的"到站预报电子显示屏"。权利要求中的"到站预报电子显示屏"技术特征只是描述了该特征所要实现的"到站预报"功能（根据说明书可以进一步确定"到站预报"功能是指预报"各条线路最近到达车辆的预计到站时间和到达本站距离等动态信息"的功能），但权利要求中并未记载实现该功能的具体技术手段。

【案例八】青海量具刃具有限责任公司与特莎有限公司侵害发明专利权纠纷再审案（〔2016〕最高法民再176号）

涉案专利（专利号ZL99110499.4）名称为电子千分尺，特莎公司在本案中主张的涉案专利权利要求的内容为："1. 具有一壳体（23）的电子千分尺，该壳体（23）至少限定一内部空间（230），其中安置有：至少部分制有螺纹的套筒（10）；连接于套筒（10）中的丝杆（1），它可被置于使其自身沿此电子千分尺之纵向测量轴线移动的方式相对套筒（10）转动；电子测量系统（19、20、5），其能够测量丝杆（1）相对套筒（10）的相对转动，并能从上述测量开始确定丝杆（1）的纵向位置；其特征在于，连接结构（30、32、34、38、46）被设置得使内部空间（230）全部成为液密封的；所述内部空间是一个或多个用于安装包括传感器（19）、刻度盘（20）及主运动部件和千分尺的螺纹部分在内的所有电子构件的空间。”

再审申请人（一审被告、二审被上诉人）青海量具刃具有限责任公司主张，专利权利要求中的“连接结构被设置得使内部空间全部成为液密封的”属于功能性技术特征。

被申请人（一审原告、二审上诉人）特莎有限公司主张，专利权利要求中的“连接结构被设置得使内部空间全部成为液密封的”不属于功能性技术特征。

一审法院认为：“连接结构被设置得使内部空间全部成为液密封的”属于功能性技术特征。其理由为该技术特征以连接结构在发明创造中所产生的效果进行表述，属于功能性技术特征。

二审法院支持一审法院，关于“连接结构被设置得使内部空间全部成为液密封的”属于功能性技术特征的认定。二审法院的理由为：“被设置得使内部空间全部成为液密封的连接结构”，中对“连接结构”并未采用形状或结构限定方式，而是将该“连接结构”限定为“被设置得使内部空间全部成为液密封”，这显然属于功能性限定方式。

最高人民法院认可一审、二审法院关于“连接结构被设置得使内部空间全部成为液密封的”属于功能性技术特征的认定。最高人民法院没有给出维持的理由。

笔者认为，最高人民法院之所以没有给出“连接结构被设置得使内部空间全部成为液密封的”属于功能性技术特征的理由，因为其理由是显然的，且一审法院、二审法院都已给出了虽然简单，但都足够充分的理由。

第三节 被诉技术方案中对应的技术特征与涉案专利权利要求中功能性技术特征是否构成相同或者等同的判定

《侵犯专利权纠纷案件解释二》第 8 条第 2 款规定："与说明书及附图记载的实现前款所称功能或者效果不可缺少的技术特征相比，被诉侵权技术方案的相应技术特征是以基本相同的手段，实现相同的功能，达到相同的效果，且本领域普通技术人员在被诉侵权行为发生时无需经过创造性劳动就能够联想到的，人民法院应当认定该相应技术特征与功能性特征相同或者等同。"虽然该款对与功能性技术特征是否构成相同或者等同的判定方法和标准没有作明确区分，但笔者认为，结合之前的司法解释，还是可以用是否构成相同或者等同的标准作以区分。当然这种区分仅仅有侵权类型分类上的价值，并便于表述，而对是否构成侵犯专利权的认定及侵权责任大小没有意义。与前文相同，本节也分理论和实际案例两部分。

一、是否构成与功能性技术特征相同或者等同的判定步骤、方法及标准

认定是否构成与功能性技术特征相同或者等同可以采用如下步骤：

第一步，在涉案专利说明书及附图中找出实现权利要求中的功能性技术特征中功能或者效果的所有必不可少的技术特征，即《侵犯专利权纠纷案件解释》第 4 条规定的"具体实施方式"，特别注意要在具体实施例中寻找。至于说明书中的实现对应功能或者效果的技术特征，是最小的、不能在技术上再细分的技术单元，即通常情况下的单个的技术特征，还是由单个的技术特征组成的技术单元的组合，就要视具体情况而定。如果所述的功能或者效果在说明书所公开的技术内容中是由一定的技术特征的组合实现的，则说明书中实现所述的功能或者效果的必不可少的技术特征，即《侵犯专利权纠纷案件解释》第 4 条规定的"具体实施方式"则为该几个技术特征的组合。如果所述的功能或者效果在说明书所公开的技术内容中是由单个的技术特征实

现的，则说明书中实现所述的功能或者效果的必不可少的技术特征，即《侵犯专利权纠纷案件解释》第 4 条规定的“具体实施方式”则为一个或者几个单个的技术特征。如果说明书中的某一技术特征，对实现限定权利要求保护范围的功能性技术特征的功能或者效果是没有作用的，就要将其剔除，绝对不能将其归入实现限定权利要求保护范围的功能性技术特征的功能或者效果的必不可少的技术特征里面。既不能将其单独作为实现所述功能性技术特征的必不可少的技术特征或者《侵犯专利权纠纷案件解释》第 4 条规定的“具体实施方式”，也不能将其作为实现所述功能性技术特征的某一必不可少的技术特征或者《侵犯专利权纠纷案件解释》第 4 条规定的“具体实施方式”的组成部分或者构成要素。

需要特别说明的是，对于一个专利的说明书，其所公开的实现限定权利要求保护范围的功能性技术特征的功能或者效果的具体实施方式，可能不止一个。说明书公开的所述具体实施方式数量越多，该专利的保护范围越大；相反，所公开的所述实施方式数量越少，其保护范围越小；公开的所述实施方式数量为零的，该专利权利要求的保护范围为零。因此，一定要找出所有的必不可少的技术特征或者所述具体实施方式。

第二步，在被诉技术方案中，寻找与专利说明书中找到的实现限定权利要求保护范围的功能性技术特征的功能或者效果的“必不可少的技术特征”（技术特征的组合或者单个的技术特征）所对应的技术特征（技术特征的组合或者单个的技术特征），即实现对应功能性技术特征的功能或者效果的具体实施方式。寻找时，要针对专利说明书中记载的每个所述具体实施方式逐个查找，一定不能遗漏。

第三步，将在被控技术方案中找到的，与专利说明书中找到的实现权利要求所述的功能或者效果的“必不可少的技术特征”对应的技术特征，与专利说明书中所公开的实现专利权利要求所述功能或者效果的必不可少的技术特征进行整体比对。比对时，一定要将在被诉技术方案中找到的实现所述功能或者效果的所有技术特征或者具体实施方式，与专利说明书中找到的每个所述具体实施方式逐一比对。

第四步，作出结论。

构成相同的情形：只要被控技术方案中存在一个技术特征或具体实施方

式与专利说明书中所记载的实现权利要求所述功能或者效果的其中一个必不可少的技术特征或者具体实施方式属于以相同的技术手段、实现相同的技术功能、达到相同的技术效果，则被控技术方案对应的技术特征与专利说明书中记载的实现专利权利要求所述的功能或者效果的必不可少的技术特征构成相同。这种情况包括专利说明书中记载的实现权利要求所述功能或者效果的必不可少的技术特征为上位概括，而被控技术方案中的对应技术特征从属于专利说明书记载的该上位概括的必不可少的技术特征的情形。

构成等同的情形：如果被控技术方案中的对应的技术特征或者具体实施方式与专利说明书中所记载的实现权利要求所述的功能或者效果的其中一个必不可少的技术特征或者具体实施方式属于以基本相同的技术手段、实现相同的技术功能、达到相同的技术效果，且本领域普通技术人员在被诉侵权行为发生时无需经过创造性劳动就能够联想到，则被控技术方案对应的技术特征与专利说明书中记载的实现权利要求所述功能或者效果的必不可少的技术特征构成等同。

另外，基于国家设立专利制度是为了激励创新、促进技术进步，在判定是否与功能性技术特征构成等同时还要考虑涉案专利的技术创新程度和待判断的技术特征是否为该专利的发明创新点。如果涉案专利的创新程度高，则应给予较高程度的保护，在判断是否构成所述等同时，标准应当适当从宽。如果待判断的技术特征不属于涉案专利的发明点，则在判断是否构成所述等同时，标准也应当适当从宽。

如果上述两者都不属于，则构成既不相同也不等同。

二、关于是否构成与功能性技术特征相同或者等同的判定方法及标准的实际案例

【案例一】温州钱峰科技有限公司与温州宁泰机械有限公司专利侵权纠纷案（〔2016〕浙民终 506 号）

（一）二审法院浙江省高级人民法院关于“可上下升降的上切刀安装板”的功能性技术特征的认定及理由

二审法院浙江省高级人民法院根据《侵犯专利权纠纷案件解释》第 4 条

规定的“对于权利要求中以功能或者效果表述的技术特征，人民法院应当结合说明书和附图描述的该功能或者效果的具体实施方式及其等同的实施方式，确定该技术特征的内容”，和《侵犯专利权纠纷案件解释（二）》第 8 条第 2 款规定的“与说明书及附图记载的实现前款所称功能或者效果不可缺少的技术特征相比，被诉侵权技术方案的相应技术特征是以基本相同的手段，实现相同的功能，达到相同的效果，且本领域普通技术人员在被诉侵权行为发生时无需经过创造性劳动就能够联想到的，人民法院应当认定该相应技术特征与功能性特征相同或者等同”，作了如下判定：

本案中，钱峰公司认可被诉侵权技术方案与涉案专利的上切刀安装板在“可上下升降”方面的功能相同，但是，实现该功能的手段和效果不同。本院认为，根据上述司法解释的规定，在判断功能性技术特征是否相同或等同时，首先，应当从说明书及附图的描述中正确归纳出实现该功能所不可缺少的技术特征，与被诉侵权技术方案的相应技术特征进行比对，对于那些并非实现该功能所必需的技术内容，不应纳入功能性技术特征的比对中。其次，在对某项功能性技术特征进行比对时，由于该项技术特征已经在前期划分专利权利要求记载的技术特征时被作为一个相对独立的技术单元对待，因此不应适用《侵犯专利权纠纷案件解释》第 7 条规定的全部技术特征原则，最后，对实现该项功能的手段进行技术特征的分解，而应将之作为一个整体与被诉侵权技术方案中的相应技术特征进行比对，从而避免因过度拆分技术特征导致不当限缩专利权保护范围的后果。

根据涉案专利说明书及附图的记载，上切刀安装板实现上下升降功能的不可缺少的技术特征是：竖直气缸的活塞杆穿过上切刀安装板并固定在支撑连杆上端，通过支撑连杆作用于上切刀。一审判决认为“与竖直导杆相配合的竖直导向套”系实现上下升降所不可缺少的技术特征，对此，双方当事人均存有异议。本院认为因竖直气缸活塞杆本身进行的就是轴向上下运动，故竖直导杆及导向套并非上下升降不可缺少的技术特征，对一审法院的相关认定应以纠正。与上述技术特征相对应，被诉侵权技术方案中的相关技术特征为：伺服电机驱动偏心轮，偏心轮通过拉杆与上切刀安装板连接连动。

本院认为，知识产权保护范围和强度应与其创新和贡献程度相协调，故在界定技术特征的等同范围时，应当区分不同的专利类型，创新程度较高的发明专利与创新程度较低的实用新型专利相比，其等同范围应相对较大，此外，还应当考虑到技术特征与专利发明点之间的关系。从涉案专利与被诉侵权技术方案实现相关功能的技术特征来看，两者均能实现上切刀安装板的上下升降，就其功能和效果而言并无不同。就手段而言，前者系以气缸的竖直往复直线运动带动上切刀及上切刀安装板上下升降；后者系由偏心轮在伺服电机的驱动下作圆周运动，再通过传动机构将圆周运动转化为上切刀安装板的上下运动。虽然两者在手段上存在一定差异，但无论是通过竖直气缸还是通过偏心轮的方式驱动某一部件作上下运动，都是所属技术领域惯常的技术手段，对该领域的普通技术人员而言，被诉侵权技术方案中以偏心轮带动拉杆的手段与权利要求对应技术特征相互替换是显而易见的。同时，正如一审法院所作认定，“可上下升降的”上切刀安装板这一技术特征并非涉案专利的发明点，故在被诉侵权技术方案与涉案专利中的基准块、弹性预紧装置、支撑板、平置导杆等与发明点紧密相关的技术特征均完全相同的情况下，对此项非发明点技术特征的等同范围应适当从宽把握，以保护涉案发明专利真正的创新点所在。综上，与涉案专利“可上下升降的”上切刀安装板不可缺少的技术特征相比，被诉侵权技术方案的相应技术特征是以基本相同的手段，实现相同的功能，达到相同的效果，且本领域普通技术人员在被诉侵权行为发生时无需经过创造性劳动就能够联想到，故两者构成等同。

（二）二审法院浙江省高级人民法院关于“上切刀上设有向上延伸的上支撑部”的功能性技术特征作出的认定及理由

二审法院浙江省高级人民法院作出的相关认定如下：

钱峰公司认为涉案专利中的上支撑部包括连接杆及上、下支撑块，连接杆通过螺纹连接上、下支撑块，而被诉侵权产品系通过销轴连接上、下支撑块，销轴连接与螺纹连接既不相同亦不等同。本院认为，如前所述，在比对功能性技术特征时应采用整体比对的方法，故不应将销轴连接与螺纹连接作为独立的必要技术特征进行比对，而应将功能性技术特征作为一个整体进行比对。涉案专利上支撑部的功能在于支撑并连接上切刀、上切刀安装板，实现该功能不可缺少的技术特征是：上支撑部由下往上依次包括下支撑块、连接杆及上支撑块，连接杆通过螺纹连接下支撑块和上支撑块。被诉侵权技术方案实现支撑连接功能的相应技术特征除系通过销轴连接之外，其余均与涉案专利一致。虽然螺纹连接与销轴连接存在不同，但就功能性技术特征整体而言，通过螺纹连接的上支撑部和通过销轴连接的上支撑均能够起到支撑及连接作用，功能及效果相同。且螺纹连接与销轴连接均属惯常连接方式，系本领域普通技术人员极易联想到的替换方案。因此，与涉案专利“上切刀上设有向上延伸的上支撑部”不可缺少的技术特征相比，被诉侵权技术方案的相应技术特征构成等同。

（三）二审法院浙江省高级人民法院关于“上切刀可沿与上切削面相垂直方向移动地设置在上切刀安装板上”的功能性技术特征的认定及理由

二审法院浙江省高级人民法院作出的相关认定如下：

钱峰公司认为，根据涉案专利说明书的记载，竖直气缸的活塞杆固定在支撑连杆上端，支撑连杆固定在上切刀上，在两者均系固定连接的情况下，上切刀无法实现垂直移动，故涉案专利并没有描述实现上切刀径向移动的方法，无法与被诉侵权技术方案进行比对。本院认为，对于活塞杆与支撑连杆之间所谓的“固定”方式，应结合涉案专利的发明目的以及说明书及附图中记载的相关技术内容作整体理解。涉案专利的发明目的在于防止裁剪过程中因切刀受热膨胀造成碰刀，以及自动补偿上、下切刀之间的间隙，实现上述发明目的主要途径是使上切刀可沿与上切削面相垂直方向移动，从而达到上、下切刀之间的紧密配合。而根据权利要求及说明书第0048段的记载，上支撑部可沿平置导杆移动，从而带动上切刀沿与上切削面相垂直的方向移动。具体已如一审判决所述，上支撑部的移动又是通过基准块、弹性预紧装置等部件的相互配合来实现的。据此，活塞杆与支撑连杆之间的“固定”不应理解为没有任何活动空间的刚性连接，涉案专利也已经清晰描述了实现上切刀径向移动的方法。由于被诉侵权技术方案中存在与涉案专利完全相同的基准块、弹性预紧装置部件，并可以通过上述部件实现“上切刀可沿与上切削面相垂直方向移动地设置在上切刀安装板上”，故两者在此项功能性技术特征上相同。

【案例二】飞利浦优质生活有限公司与佛山市顺德区巨天电器有限公司侵害发明专利权纠纷案（〔2017〕粤民终1125号）

为了判定被诉技术方案的技术特征与涉案专利的“空气导向构件”功能性技术特征是否构成相同或者等同，二审法院广东省高级人民法院分如下两步进行：①如何确定“空气导向构件”这一功能性技术特征内容；②被诉产品是否具有与“空气导向构件”相同或等同的技术特征。

（一）广东省高级人民法院确定的专利权利要求中“空气导向构件”这一功能性技术特征的内容

广东省高级人民法院确定“空气导向构件”这一功能性技术特征内容的论述如下：

《侵犯专利权纠纷案件解释》第4条规定：“对于权利要求中以功能或者效果表述的技术特征，人民法院应当结合说明书和附图描述的该功能或者效果的具体实施方式及其等同的实施方式，确定该技术特征的内容。”故本案需结合说明书和附图描述的具体实施方式，来确定该“空气导向构件”技术特征的内容。飞利浦公司主张，为达到“将空气流基本上向上导引”功能，说明书及附图记载了空气导向构件四种实施例。其中，实施例2、3、4均揭露了使用空气导向肋的3种方式，而实施例1并未显示空气导向肋，仅仅以附图1显示了截头锥形向上收缩的空气导向部分。飞利浦公司以此主张，实施例1揭示了不使用空气导向肋、仅通过截头锥形向上收缩的空气导向部分的设置来实现“将空气流基本上向上导引”的实施方式，故主张依据实施例1，可认定仅设置“截头锥形向上收缩的空气导向部分”也属于“空气导向构件”的特征内容和保护范围。对此，本院不予支持。理由如下：

第一，对于“空气导向构件”这一功能性特征内容的理解，不能脱离权利要求书的记载及涉案专利说明书的相关表述。本案中，权利要求1对“空气导向构件”所实现的功能或者效果是“将空气流基本上向上导引”，而对何谓“基本上向上”，说明书明确解释为“基本上试图表达气流的径向分量基本上垂直向上弯曲，以使气流基本上向上流过食品”。同时，针对背景技术“空气可以在该空间内回旋，并且不能向上导引”“空气带有显著径向流动分量地到达食品制备室的底部壁”的缺陷，说明书载明本专利的创新之处在于“空气的这种向上导向的空气流改善了常规空气流形态，因此，能均匀地制备制品”。可见，“空气导向构件”所起到的功能和效果是尽可能将空气流的径向分量基本上垂直向上引导、尽量避免空气回旋。此是确定“空气导向构件”技术特征内容的重要基础和前提。

第二，实施例并非孤立存在，在功能性特征的内容一般需要依赖具体实施例来确定的情况下，更应结合权利要求书、说明书等内容对实施例的内容进行审查，以清楚、合理界定其保护范围。从实施例 1 来看，相关文字记载并未揭示“空气导向构件”的具体形状和结构布置，但附图 1 确实并未显示空气导向肋，而仅仅显示了在外壁（4）底部中间呈向上收缩的截头锥形结构。故飞利浦公司据此主张设置截头锥形向上收缩的空气导向部分属于“空气导向构件”的一种实施方式，具有一定合理性。但仅凭该图例能否清楚确定此即“空气导向构件”的实施方式、起到“将空气流基本上向上导引”功能和效果，需要从该领域普通技术人员角度，通过阅读权利要求书、说明书及附图来理解，而不能以某一图例来简单确定。

第三，从该领域普通技术人员角度，难以从实施例 1 有效得出设置截头锥形向上收缩的空气导向部分属“空气导向构件”的实施方式。首先，涉案专利对于“空气导向构件”具有明确的限定。如前所述，涉案专利权利要求书及说明书要求“空气导向部件”实现的功能，并非仅仅是简单地将空气向上引流，而是尽可能实现气流的径向分量基本上垂直向上弯曲、避免空气回旋。实施例 1 中所揭示的截头锥形向上收缩的空气导向部分，与涉案专利说明书中实施例 3 中的“空气导向部分 11 向上收缩的周边表面 16”结构一致，图示标识名称也一致，作为同一文件中的同一术语，功能作用应当一致。而在实施例 3 中，该结构的作用明确为“协助引导从通道 9 而来的空气（图 1），使其向上进入食品制备室 2”。可见该截头锥形向上收缩结构仅起到引导空气的辅助作用，尚难以得出能够独立实现引导气流的径向分量基本上垂直向上弯曲的功能和效果。其次，从各实施例的相关表述及其关系来看，实施例 1 的文字部分并未明确记载附图 1 属“空气导向部件”的一种实施方式。相比之下，实施例 2、3 在文字部分就明确记载是“空气导向构件 11 的两种实施方式”、实施例4是“替代实施方式”。而从这三个明确记载的“空气导向部件”实施例来看，实施例2、4均设置径向/弯曲延伸且在中央位置汇合的空气导向肋，实施例3是在设置空气导向肋的基础上，与空气导向肋同心地设置截头锥形向上收缩的空气导向部分。即，涉案专利对“空气导向部件”的基本实施方式都是设置空气导向肋，且清晰记载了该空气导向肋的功能在于“有利于空气向上流动，防止出现环形（回旋）空气流并向着中央位置压力增大”。此正与涉案专利实现“将空气流基本上向上导引”、克服背景技术中的“空气回旋且不能实现向上导引”缺陷的目的相一致。故在涉案专利已就“空气导向部件”给出了明确的三个实施例及其原理，而涉案专利说明书明确记载“截头锥形向上收缩的空气导向部分”作用仅仅是“协助引导”的情况下，普通技术人员无法确定不使用空气导向肋、只使用设置截头锥形向上收缩的结构构件也属于“空气导向构件”的实施方式之一。

第四，对专利的保护力度应与其创新高度相一致。法院留意到，原专利复审委员会于2013年6月25日作出的第20936号无效宣告请求审查决定中，已经认可“对比文件2的凸底壁79向上凸起，从下方过来的空气流遇到阻力，客观上能够起到将空气向上引流的效果”，但鉴于“该对比文件2的文字部分并未记载其向上引导的气流能够实现基本上向上的功能，不能由此得出气流的径向分量基本上垂直向上弯曲的结论”；且涉案专利说明书背景技术部分已经提及对比文件2，并指出在该结构中“空气可以在该空间内回旋，并且不能向上引导”，原专利复审委员会从而认为不能根据对比文件2的凸底壁结构认定其具有能够基本上向上引导气流的功能。同理，对于涉案专利实施例1，外壁4底部中间截头锥形向上收缩的结构客观上可以起到将空气向上引流的效果，但涉案专利要求达到的是“气流的径向分量基本上垂直向上弯曲”功能，而无论是专利文件的相关记载还是飞利浦公司在庭审中及庭后提交的说明，均未能合理解释仅凭该结构，如何就能实现克服现有背景技术中空气回旋缺陷，使气流的径向分量基本上垂直向上弯曲的功能。故在实施例1未能清楚说明相关结构并无法推导出相关结构能够起到克服空气回旋、实现“将空气流基本上向上导引”功能的情况下，不能根据实施例1来确定“空气导向构件”这一技术内容的具体内容。

综上，飞利浦公司要求依据实施例1来确定“空气导向构件”技术特征内容的主张不能成立。根据涉案专利权利要求1、说明书及实施例2、3、4的记载，实现“将空气流基本上向上引导”功能的“空气导向构件”不可缺少的技术特征应当包括：在底部壁（5）下方位于外壁（4）上，设置径向延伸或者弯曲延伸且在中央位置汇合的空气导向肋。一审法院仅依据涉案专利说明书中某一附图来确定“空气导向构件”的技术特征有误，法院予以纠正。

（二）二审法院广东省高级人民法院关于被诉产品是否具有与“空气导向构件”相同或等同的技术特征的论述

二审法院广东省高级人民法院关于被诉产品是否具有与“空气导向构件”相同或等同的技术特征的论述如下：

《侵犯专利权纠纷案件解释（二)》第8条第2款规定：“与说明书及附图记载的实现前款所称功能或者效果不可缺少的技术特征相比，被诉侵权技术方案的相应技术特征是以基本相同的手段，实现相同的功能，达到相同的效果，且本领域普通技术人员在被诉侵权行为发生时无需经过创造性劳动就能够联想到的，人民法院应当认定该相应技术特征与功能性特征相同或者等同。”如前所述，涉案专利的“空气导向构件”是通过设置空气导向肋这一基本手段，来实现“将空气流基本上向上导引”的功能。而被诉产品并无空气导向肋，仅有截头锥形向上收缩的结构，但仅凭该结构尚不足以实现“将空气流基本上向上导引”的功能和效果。而且，飞利浦公司在上诉状中也提到，“被诉产品技术方案中，气体在一个相对封闭的空间内由风扇驱动，形成的气流必然会按风扇的旋转方向进行回旋运动”，可见飞利浦公司也认可被诉侵权产品对应技术在食品制备室内部实现的是“气流螺旋式上升”，而非“基本上垂直向上弯曲”。在涉案专利克服背景技术空气回旋缺陷、实现“使气流的径向分量基本上垂直向上弯曲”功能从而获得专利权的情况下，不能又将其摒弃的技术方案纳入其权利保护范围。故被诉产品并不具备涉案专利权利要求1中所述的“空气导向构件”，不落入涉案专利保护范围。飞利浦公司上诉称，被诉产品其他技术特征与涉案专利其他特征相同，且结构与实施例1附图一致，应当认定落入涉案专利保护范围。本院认为，“空气导向构件”是一个相对独立的技术单元，不能因为被诉产品其他技术特征与涉案专利相同，就推定被诉侵权产品也具有“空气导向构件”；在被诉产品相应技术不能实现涉案专利所述的“将空气流基本上向上导引”的功能的情况下，不能仅因其结构与某一图示相近似就认定采用了相同或等同的功能性技术特征。故飞利浦公司的上诉主张不能成立，本院不予支持。

【案例三】浙江乐雪儿家居用品有限公司与陈某弟等侵害发明专利权纠纷再审案（〔2013〕民提字第225号）

（一）最高人民法院关于被诉产品中的技术特征“空心棉软垫”与涉案专利中的功能性技术特征“保温层”是否构成相同或者等同作出的认定及理由

本案中最高人民法院关于被诉产品中的技术特征“空心棉软垫”与涉案专利中的功能性技术特征“保温层”是否构成相同或者等同论述如下：

根据涉案专利权利要求1的记载，保温层属于功能性限定的技术特征。《侵犯专利权纠纷案件解释》第4条规定：“对于权利要求中以功能或者效果表述的技术特征，人民法院应当结合说明书和附图描述的该功能或者效果的具体实施方式及其等同的实施方式，确定该技术特征的内容。”依照涉案专利方法所生产的热水袋共计有三层，即内层、外层和保温层。根据涉案专利说明书中关于保温层的描述及附图中公开的内容来看，该保温层由人造保温棉等各种有关材料制作，位于内层和外层之间，将内层、外层完全覆盖并隔离开，可以达到如下技术效果：提高保温性能，慢慢散热降温，延长使用时间；克服灌入热水开始过烫现象。被诉侵权产品中的空心棉软垫，在宽度上与内层、外层同宽，并与内层、外层左右两侧边缘相连接；在长度上相当于内层、外层的一半。乐雪儿公司主张半块空心棉软垫的设置是为了增强手持热水袋的手感，不具有涉案专利保温层的功能和效果。本院认为，保温的主要原理是物理隔离减弱热对流和热传导。涉案专利设置保温层的目的就是通过控制内外层之间空气的热对流，阻断内外层之间因物理接触而产生的热传导来实现保温和防烫的效果。被诉侵权产品所设置的半块空心棉软垫在材质上与涉案专利保温层相同，在结构上也设置于内层和外层之间，在大小上虽然没有完全覆盖内层和外层，但其设置方式实质上起到了减弱热对流和热传导的作用，也能够实现保温和防烫的技术效果。虽然半块空心棉的保温和防烫效果与整块空心棉的效果会稍有差异，但本领域技术人员基于对保温原理的认识，能够判断二者的差异是非实质性的，因此“空心棉软垫”与“保温层”构成等同。此外，乐雪儿公司用于主张现有技术抗辩的ZL200520015446.8号实用新型专利的区别技术特征之一就是在内层和外层之间设置有保温层。乐雪儿公司一方面主张现有技术抗辩，另一方面又主张空心棉软垫不是保温层，这在逻辑上也是自相矛盾的。且从上述实用新型专利说明书的记载来看，该实用新型专利由三层组成，内层采用塑料制成，外层采用涤纶布制成，所以手感好，保温时间长，提高了使用效果。由此可见，热水袋产品的手感与其外层材质的使用是密切相关的，乐雪儿公司关于半块空心棉软垫的设置仅是用来增强手感的主张，缺乏事实依据，本院不予支持。

（二）笔者对本案的特别说明

笔者需要提醒读者的是，本案再审判决时，《侵犯专利权纠纷案件解释（二）》尚未发布实施，《侵犯专利权纠纷案件解释（二）》第8条第2款的规定（与说明书及附图记载的实现前款所称功能或者效果不可缺少的技术特征相比，被诉侵权技术方案的相应技术特征是以基本相同的手段，实现相同的功能，达到相同的效果，且本领域普通技术人员在被诉侵权行为发生时无需经过创造性劳动就能够联想到的，人民法院应当认定该相应技术特征与功能性特征相同或者等同）尚未成为裁判依据。另外，被告对被诉产品中“半块空心棉软垫”的保温功能的否定，以及用来作为现有技术抗辩的现有技术中包含“在内层和外层之间设置有保温层”技术特征，都给人以无理反对的强烈印象。这可能在一定程度上“反向加强”了再审法官认为构成专利侵权的内心确信。这一点应该是读者特别需要注意的。如果该案发生在《侵犯专利权纠纷案件解释（二）》发布实施之后，如果被告的抗辩是承认“半块空心棉软垫”起的就是保温功能，但由于是“半块”，其保温效果只有原告主张的保温效果的“一半”，加之该专利为实用新型专利，创新度不高，应该给予相对较小的保护范围，因而结果很可能是构不成功能性技术特征的相同或者等同，因而不构成侵犯涉案专利。

【案例四】广东美的制冷设备有限公司与珠海格力电器股份有限公司专利侵权纠纷案（〔2013〕粤高法民三终字第615号）

（一）二审法院广东省高级人民法院关于被诉产品中的技术特征是否与涉案专利中的“可拆装”这一功能性技术特征构成相同或者等同的认定及理由

本案二审法院广东省高级人民法院关于被诉产品中的技术特征是否与涉案专利中的“可拆装”这一功能性技术特征构成相同或者等同的论述如下：

涉案专利的“可拆装”包含“可拆卸”和“可安装”两个功能，按照本领域普通技术人员的理解，这种拆卸和安装应在不破坏产品基本结构和使用功能的情况下进行。由于被诉侵权的安装挡板安装到空调主机之后，在拆卸过程中卡爪被破坏，无法正常使用，因此不具有涉案专利“可拆卸”的功能性技术特征。根据《侵犯专利权纠纷案件解释》第5条的规定，对于仅在说明书或者附图中描述而在权利要求中未记载的技术方案，权利人在侵犯专利权纠纷案件中将其纳入专利权保护范围的，人民法院不予支持。因此，虽然涉案专利说明书并不支持“可拆卸”这一功能性技术特征。但由于专利权人在撰写专利权利要求时，明确增加了“可拆卸”的功能，客观上缩小了专利保护范围。按照上述捐献原则，在侵权案件中，专利权人不能再随意将已经捐献的技术方案再纳入专利保护范围。综上，被诉侵权技术方案的技术特征1与涉案专利相应的技术特征①相比，采用了不同的技术手段，实现了不同的功能，达到了不同的效果，不是等同的技术特征。

（二）笔者对本案的特别说明

笔者认为，二审法院广东省高级人民法院的上述不构成相同或者等同的结论是正确的，但其认定方法是错误的。其应当首先在涉案专利说明书中寻找实现挡板“可拆装”这一功能的技术特征。而通过阅读涉案专利说明书很容易确定，涉案专利是通过“滑轨”结构来实现“拆”（将挡板从滑轨中抽出）、“装”（将挡板从滑轨中反向插入）。而不论是“拆”还是“装”都不会损坏“滑轨”和“挡板”，而且可以反复“拆”“装”。而在被诉产品中找不到类似的“滑轨”结构，最近似的结构是“卡扣”“卡爪”结构。被诉产品中，“挡板”虽然能够装入“卡扣”“卡爪”结构，但除非损坏就不能将

“挡板”从“卡扣”“卡爪”结构拆下来。因此，被诉产品不具备“拆”的功能。因此，被诉产品的“卡扣”“卡爪”结构与涉案专利的“可拆装”这一功能性技术特征不属于“以基本相同的技术手段、实现相同的功能、达到相同的效果”，因此不构成相同也不构成等同。

【案例五】宁波悦祥机械制造有限公司与上海昶意机械制造有限公司侵害发明专利权纠纷案［〔2012〕沪高民三（知）终字第10号］（〔2013〕民申字第366号）

（一）上海市高级人民法院在二审判决中作出的认定及理由

二审法院上海市高级人民法院认为被诉产品中的对应技术特征与涉案专利中的“控制前车架和后车架间夹角变化的锁定装置”这一功能性技术特征不构成技术特征的相同或者等同。

上海市高级人民法院在二审判决中理由如下：

首先，上海市高级人民法院关于“控制前车架和后车架间夹角变化的锁定装置”这一功能性技术特征的内容作了如下论述：

涉案专利的说明书及附图显示锁定装置有a1至a5五个具体实施方式，其折叠/打开操作方式相同，即折叠车架时，拉动插销拉手体，插销从插销孔中抽出，锁定装置被解锁，下压踏板，前车架和后车架间的夹角增大，车架进入折叠状态；展开车架时，前车架和后车架间的夹角减小，锁定装置被锁定，车架进入稳定的展开状态。由此可见，说明书及其附图中记载的a1至a5均能实现“控制前车架和后车架间夹角变化”的功能，a1至a5的前部、后部分别与前车架、后车架连接，a1至a5的具体实施方式及其等同实施方式均在技术特征4涵盖的范围之内。因此，权利要求1的保护范围为由技术特征1至7组成的折叠车架的技术方案，其中技术特征4的内容为说明书及其附图中描述的a1至a5的具体实施方式及其等同实施方式。

其次，上海市高级人民法院关于被诉产品的对应技术特征及是否与涉案专利的上述功能性技术特征构成相同或者等同的论述如下：

本案中，被控侵权方案的前车架中部与后车架中部之间铰接有一个气弹簧，原告主张该气弹簧与说明书和附图中记载的a1和a4相等同。原审法院认为，在被控侵权方案中气弹簧通过拉伸、锁定和复位，从而改变前车架和后车架间的夹角大小，可见，该气弹簧实现了涉案专利的锁定装置“控制前车架和后车架间夹角变化”的功能。该气弹簧是一种用途广泛的工业标准件，可以从市场上直接购买得到，本领域的普通技术人员对该气弹簧的结构和作用应是知晓的。在涉案专利中，a1 利用具有伸缩杆、伸缩杆套管、插销拉手体等的锁定装置实现其功能；a4 在 a1 的基础上增加了弹簧减震装置。a1、a4 是机械式的锁定结构，对于本领域的普通技术人员来说，该锁定结构是一种实现锁定功能的常用方式。因此，被控侵权方案中所使用的气弹簧和涉案专利中的 a1、a4 对本领域的普通技术人员来说均属于常用的实现方式，两者属于用基本相同的技术手段，实现了基本相同的功能，达到了基本相同的效果。针对背景技术中折叠车架锁定过程烦琐、折叠不够紧凑、体积较大以及现有滑板车的车架不能折叠等缺陷，涉案专利提出了利用不同实现思路的锁定装置的实施例。这为本领域的普通技术人员提供了在前车架和后车架之间安装一个锁定装置从而实现车架的折叠和展开的技术启示，特别是 a1 和 a4 提出了利用套设的伸缩杆、伸缩杆套管和弹簧等实现锁定功能的方案后，本领域的普通技术人员可以不花费创造性劳动就能想到并实现利用工业标准件气弹簧来替换涉案专利中的锁定装置 a1 或 a4。据此，被控侵权方案中所使用的气弹簧与 a1、a4 属于等同特征，即被控侵权方案的技术特征 4′与涉案专利的权利要求 1 的技术特征 4 属于等同特征。

本院认为，经比对，首先，被控侵权产品的技术特征 4′气弹簧的结构与涉案专利权利要求 1 中技术特征 4 的具体实施方式 A1、A4 不相同。其次，涉案专利权利要求 1 中技术特征 4 的具体实施方式 A1、A4 采用的是机械弹簧式的锁定装置，通过拉动插销拉手体而使插销插入或者抽出插销孔从而使伸缩杆在伸缩杆套管中的轴向滑动来实现“控制前车架和后车架间夹角变化”；被控侵权产品采用的是气弹簧式的锁定装置，通过开启、关闭控制阀门来控制气缸桶内的压力平衡从而使活塞杆在气缸桶中的轴向滑动来实现“控制前车架和后车架间夹角变化”。技术特征 4′使用的气弹簧与技术特征 4 的具体实施方式 A1、A4 的工作原理不相同，两者的技术手段并不相同，也非基本相同。由于技术特征 4′与技术特征 4 两者使用的手段并不基本相同，因此，被控侵权产品的技术特征 4′与涉案发明专利权利要求 1 的技术特征 4

既不相同，也不等同。综上，被控侵权产品的技术特征没有完全覆盖涉案发明专利权利要求1记载的全部必要技术特征，被控侵权产品未落入涉案专利权的保护范围，故本案发明专利侵权指控不能成立。上诉人生产、销售涉案滑板车的行为并不侵犯被上诉人的涉案发明专利权。

（二）最高人民法院再审维持二审法院认定的理由

之后本案又经过最高人民法院的再审，最高人民法院维持了上海市高级人民法院的判决，最高人民法院的观点及理由如下（见〔2013〕民申字第366号民事裁定书）：

本院认为，本案的焦点问题在于被诉侵权产品使用的气弹簧是否属于涉案专利权利要求1中“锁定装置”的等同实施方式。

本案中，双方当事人对涉案专利权利要求中“锁定装置”为功能性限定技术特征不持异议，争议点在于如何对该技术特征进行解释。根据《侵犯专利权纠纷案件解释》第4条的规定，对于权利要求中以功能或者效果表述的技术特征，人民法院应当结合说明书和附图描述的该功能或者效果的具体实施方式及其等同的实施方式，确定该技术特征的内容。二审法院将“锁定装置”解释为仅涵盖了涉案专利说明书中记载的具体实施方式以及与这些实施方式构成等同的实施方式，并无不当。悦祥公司请求以实现锁定功能的所有实施方式来解释涉案专利权利要求1中的“锁定装置”，缺乏法律依据，本院不予支持。

涉案专利是针对现有的折叠车架的技术改进，需要解决的技术问题是现有技术折叠车架折叠和展开的过程烦琐、速度慢以及结构不紧凑、体积大、携带不方便。该发明的技术方案在于提出了一种折叠的结构，这个结构通过设置在前车架与后车架间的锁定装置来改变前车架与后车架的夹角变化，实现整车的折叠和展开。涉案专利说明书公开了五个具体的实施例，在所述实施方式中，锁定装置均包括插销拉手体、插销、插销孔、弹簧、伸缩杆、伸缩杆套管等构件，其通过拉动插销拉手体配合插销插入与抽出插销孔，从而使伸缩杆在伸缩杆套管内轴向滑动来实现“前车架和后车架间夹角变化”。折叠时，拉动插销拉手体，插销从插销孔中抽出，锁定装置被解锁，下压踏板，前车架和后车架间的夹角增大，进入折叠状态；展开时，前车架和后车架间的夹角减小，锁定装置被锁定，进入稳定的展开状态。

悦祥公司主张被诉侵权产品使用的气弹簧与涉案专利说明书公开的锁定装置实施方式 A1、A4 属于等同的实施方式。经审查，公开的实施方式 A1 是，在车架需要折叠时，拉动插销拉手体，插销拉手体就会在导向孔的约束下，沿插销导向管轴向滑动、固定在插销拉手体上的插销会轴向沿插销孔滑动，与此同时，弹簧被压缩，插销从导向管管孔和插销孔中被抽出。当弹簧被压缩到极限位置时，插销的端面处在插销孔内，插销的长度大于插销拉手体在插销导向管上的滑动行程，且插销的长度与插销拉手体的行程之差不大于伸缩杆套管的管壁厚，因此，插销拉手体拉到极限位置时，插销的端面不会从插销孔中抽出。而插销从导向管管孔和插销孔中被抽出后，伸缩杆失去插销的限制，可以沿伸缩杆套管内轴向滑动，此时轻压踏板，前后车架之间的夹角就会增大，绞销间的距离拉大，伸缩杆就会沿着伸缩杆套管轴向滑动，锁定装置整体被延长，插销的端面与插销孔错开，放开插销拉手体后，插销的端面抵在伸缩杆套管内的伸缩杆上不能再插入。随着锁定装置的整体被延长，插销的端面也同时在伸缩杆上滑动，直到前后车架的夹角接近 180°，前车架与踏板前部贴近，后车架与踏板后部贴近，车架进入折叠状态。当需要展开时，抬起踏板一端，前后车架的夹角缩小，绞销间距离缩短，伸缩管会在伸缩杆套管内轴向滑动，当插销的端面与伸缩杆上的插销孔相对，并在弹簧的推动下自动插入插销孔和导向管管孔，此时处于锁定状态，车架处于展开状态。涉案专利说明书公开的实施方式 A4 与 A1 的不同之处在于，其锁定装置是在实施方式 A1 的基础上增加了弹簧减震装置。

被诉侵权产品实现锁定和解锁功能的是气弹簧，气弹簧通过在密闭的压力缸内充入填充物，使腔内的压力高于大气压的几倍或几十倍，利用活塞杆的横截面积小于活塞的横截面积从而产生的压力差来实现活塞杆的运动。其主要由缸筒、活塞杆、活塞头、密封导向套、填充物（惰性气体或者油气混合物）、气流阀等组成。与涉案专利公开的锁定装置相比，其并不存在对应插销拉手体、插销孔和插销的构件。在实现“控制前车架和后车架间夹角变化”时，被诉侵权产品所采用的技术手段是，在气弹簧的通孔部分增加了一个可以从外部控制通孔导通和截止的气流阀门，从而通过对气流阀的开合来控制活塞杆的位置，进而控制气弹簧的总体长度。由于被诉侵权产品通过气流阀控制拉伸，所采用的技术手段相对于涉案专利公开的限定插销与插销孔以及伸缩杆与伸缩套管结构的配合关系来实现拉伸的锁定装置相比，二者采用的手段既不相同，也不等同。涉案专利公开的锁定装置 A1 中，插销是与伸缩杆套管和伸缩杆上的插销孔、弹簧、导向管管孔进行配合，其通过预先设定的固定位置来实现锁定。车架折叠时，需要拉动插销拉手体。被诉侵权产品使用的气弹簧则是由活塞头分割两个气腔，通过气流阀来控制两个气腔气体的连通或闭合，平衡两个气腔的压强，从而达到气弹簧反向做工和锁定。其可以在拉动时随时根据使用者的需要在不同的点实现定位。可见，两者在实现的功能上既不相同也不等同。由于被诉侵权产品在控制前后车架的夹角变化时采用了不同于涉案专利的技术手段，达到的技术效果与涉案专利亦既不相同也不等同。综上，被诉侵权产品中的气弹簧与涉案专利权利要求 1 中的锁定装置不是相等同的技术特征。悦祥公司有关气弹簧是本案专利锁定装置的等同实施方式的主张，与事实不符，本院不予支持。二审法院关于被诉侵权产品未落入涉案专利权的保护范围的认定，并无不当。

（三）笔者对本案的特别说明

由于本案判决时，《侵犯专利权纠纷案件解释（二）》尚未颁行生效，因此不存在与《侵犯专利权纠纷案件解释（二）》第 8 条规定的“用基本相同的技术手段，实现相同的功能，达到相同的效果”不符的问题。但该案就算放在目前判决，结论应该和该案二审及再审结论是一致的。因为，该案二审及再审中，上海市高级人民法院和最高人民法院认为被诉技术方案与原告主张的权利要求中的功能性技术特征、技术手段既不构成相同，也不构成基本相同。只要技术手段既不构成相同也不构成基本相同，就不会与专利权利要求的功能性技术特征构成相同或者等同。这一点在《侵犯专利权纠纷案件解释（二）》发布生效前后，是没有变化的。发生变化的是在功能和效果方面的要求发生了变化，之前是实现基本相同的功能，达到基本相同的效果；之后变成了实现相同的功能、达到相同的效果。基于现在功能和效果方面要求的提高，《侵犯专利权纠纷案件解释（二）》和之前相比，对包含功能性技术特征的权利要求给予了相对更小的保护范围。

【案例六】郭某山与福清金辉房地产开发有限公司侵害发明专利权纠纷案（〔2014〕闽民终字第59号）

二审法院福建省高级人民法院认定被控产品与涉案专利权利要求中的“通过专用不锈钢螺钉、强力工程结构胶及工艺孔的相互配合，将装饰板和水泥粉刷层及墙体紧紧粘接固定成一体”（技术特征A4）这一功能性技术特征不构成相同或者等同。其理由如下：

《侵犯专利权纠纷案件解释》第4条规定，对于权利要求中以功能或者效果表述的技术特征，人民法院应当结合说明书和附图描述的该功能或者效果的具体实施方式及其等同的实施方式，确定该技术特征的内容。通过对涉案专利说明书及附图（图1、图6）的解读和观察可以发现，涉案专利设计的目的之一是将已有的“五点粘贴法”和“植钉干挂法”有机地结合在一起。这种结合方法在具体实施时应当是饰面板与墙面（水泥粉刷层）之间既有通过结构胶实现化学性的粘接，又有螺钉一端通过工艺孔打入墙体和水泥粉刷层，另一端通过挂件槽钩住饰面板实现物理性的连接。上述分析可与说明书技术方案实现部分的描述“同时在所有的螺钉周围及装饰板的中心部分都抹上一定数量的麦格博士大力胶，使其在装饰板固定时与墙面的粘贴面积每点不少于50平方厘米，如此就形成每块装饰板都有四个不锈钢螺钉和5个粘贴点的作用力，使其能永久牢固地有200倍以上保险系数而紧贴在墙体上”及附图6（装饰板靠不锈钢螺钉及麦格博士大力胶点贴在墙体上的剖视图）形成对应说明关系。综上分析，涉案专利的定贴方法最终是使饰面板与墙体及水泥粉刷层依靠结构胶和螺钉进行粘接的部位实现无缝隙固定，在实际使用当中，除非发生饰面板直接脱落情况，饰面板相对于墙体和水泥粉刷层不可能产生位移，从而实现技术特征A4所描述的“将装饰面板和水泥粉刷层及墙体紧紧粘接固定成一体”的技术效果。

比较被控侵权施工方法相对应的技术特征可以发现，被控侵权施工方法中是通过专用螺杆、角钢、挂件与化学胶及工艺孔相互配合作用下，将装饰板和水泥粉刷层及墙体进行固定。该方法中化学胶分别是填注在工艺孔和面板的直槽内，主要作用是用于固定打入工艺孔的螺栓和插入面板直槽内的T形挂件，面板与墙面之间并没有通过化学胶直接进行粘接。这与涉案专利技术特征 A4 所要求的面板与墙面之间直接通过结构胶进行粘接的技术特征并不相同。另外，被控侵权施工方法中面板与水泥粉刷层及墙体之间是通过角钢及 T 形挂件，配以螺母、螺栓等金属构件实现连接固定。通过观察被控侵权施工方法中使用的角钢及 T 形挂件可以发现，角钢及 T 形挂件上均开有长条形直槽，直槽的作用有二，一是在安装面板时可以实现面板之间、面板与墙体之间的微调；二是面板的框架体系在使用中如果遇到地震等外力作用，可作弹性位移。这与涉案专利技术特征 A4 所要求的面板与水泥粉刷层及墙体之间紧紧粘接固定成一体，无法实现位移也是不同的。

《侵犯专利权纠纷案件解释》第 7 条规定，人民法院判定被诉侵权技术方案是否落入专利权的保护范围，应当审查权利人主张的权利要求所记载的全部技术特征。被诉侵权技术方案包含与权利要求记载的全部技术特征相同或者等同的技术特征的，人民法院应当认定其落入专利权的保护范围；被诉侵权技术方案的技术特征与权利要求记载的全部技术特征相比，缺少权利要求记载的一个以上的技术特征，或者有一个以上技术特征不相同也不等同的，人民法院应当认定其没有落入专利权的保护范围。根据上述分析，由于被控侵权施工方法中与涉案专利技术特征 A4 相对应的技术特征之间既不相同也不等同，应当认定上诉人福清金辉公司在讼争的“金辉尊域”楼盘外墙挂贴饰面板工程中所使用的施工方法没有落入郭某山专利的保护范围，不构成专利侵权。原审法院关于该施工方法落入专利保护范围，构成专利侵权的认定错误，应予以纠。

【案例七】曲某波与新世界（中国）科技传媒有限公司等侵害实用新型专利权纠纷案［〔2010〕沪高民三（知）终字第 89 号］

（一）二审法院上海市高级人民法院作出的认定及理由

关于被诉技术方案中的技术特征与涉诉专利中的功能性性技术特征“到站预报电子显示屏”是否构成相同或者等同，本案二审法院上海市高级人民法院作出的认定及理由如下：

《侵犯专利权纠纷案件解释》第 4 条规定“对于权利要求中以功能或者效果表述的技术特征，人民法院应当结合说明书和附图描述的该功能或者效果的具体实施方式及其等同的实施方式，确定该技术特征的内容”。由于涉案专利说明书没有关于采用多行显示LED点阵显示屏的“到站预报电子显示屏”，实现预报“各条线路最近到达车辆的预计到站时间和到达本站距离等动态信息”功能的具体技术手段的描述，也就是说，说明书中没有记载实现相应功能的具体实施方式，故依据最高人民法院的前述司法解释，不能确定涉案专利权利要求1中技术特征“到站预报电子显示屏”的内容，进而也无法确定涉案专利权利要求1的保护范围。由于涉案专利权利要求1的保护范围不能确定，故无论被控侵权站亭的技术方案如何，上诉人曲某波的侵权指控均不能成立。

曲某波认为只要提到能够滚动显示各条线路最近到达车辆的预计到站时间和到达本站距离等动态信息的“到站预报电子显示屏”，所属领域的一般技术人员就能够知道该“到站预报电子显示屏”的通常具体技术结构，但曲某波并未提供充分的证据予以证明。所述国家标准《城市公共交通标志》也只是对“电子站牌”进行了定义，规定具有什么样功能的设备可以被称为“电子站牌”，并建议“电子站牌宜采用LED点阵发光显示”，该国家标准同样也没有披露任何制造具有相应功能的LED点阵发光“电子站牌”的具体技术方案。曲声波也认为“到站预报电子显示屏”要能够预报到站信息，需要通信支撑，但需要什么样的具体通信技术手段支撑，涉案专利权利要求与说明书均未予以描述。

况且，即使在阅读涉案专利权利要求书与说明书后，所属领域的一般技术人员能够设计出某一具体实施方式以实现专利权利要求1中“到站预报电子显示屏”特征所要求的功能，专利说明书中也应当描述相应的具体实施方式，且功能性技术特征“到站预报电子显示屏”的内容也应当根据说明书所描述的相应具体实施方式及其等同的实施方式确定。如果所属领域的一般技术人员能够设计出某一具体实施方式以实现专利权利要求1中“到站预报电子显示屏”特征所要求的功能，但在专利说明书中没有描述实现该功能的相应具体实施方式，就直接根据专利权利要求1中“到站预报电子显示屏”功能性技术特征本身的记载确定该功能性技术特征的内容，那么该功能性技术特征的内容就会被解释为覆盖了能够实现相应功能的所有具体实施方式，而这样的解释不符合最高人民法院司法解释的规定。

（二）笔者对本案的特别说明

笔者需要说明的是，本案判决虽然是在《侵犯专利权纠纷案件解释（二）》尚未颁行的前提下作出的，但就算是在《侵犯专利权纠纷案件解释（二）》颁行后作出的，本案二审判决所作出的结论及确定的原则，“说明书中没有记载实现相应功能的具体实施方式，故依据最高人民法院的前述司法解释，不能确定涉案专利权利要求1中技术特征‘到站预报电子显示屏’的内容，进而也无法确定涉案专利权利要求1的保护范围。由于涉案专利权利要求1的保护范围不能确定，故无论被控侵权站亭的技术方案如何，上诉人曲某波的侵权指控均不能成立”仍然是成立的，对今天仍然具有指导作用。因为《侵犯专利权纠纷案件解释（二）》并没有否定《侵犯专利权纠纷案件解释》第4条的规定。在今天仍然应该按照《侵犯专利权纠纷案件解释》第4条的规定，“对于权利要求中以功能或者效果表述的技术特征，人民法院应当结合说明书和附图描述的该功能或者效果的具体实施方式及其等同的实施方式，确定该技术特征的内容”。

本案非常清楚地阐释了《侵犯专利权纠纷案件解释》第4条规定包含的下述原则：说明书中没有记载实现相应功能的具体实施方式，不能确定涉案专利权利要求功能性技术特征的内容，进而也就无法确定涉案包含该功能性技术特征的专利权利要求的保护范围；由于涉案专利权利要求的保护范围不能确定，故无论被控侵权的技术方案如何，指控人的相应指控均不能成立。因此，本案非常宝贵。

【案例八】青海量具刃具有限责任公司与特莎有限公司侵害发明专利权纠纷再审案（〔2016〕最高法民再176号）

（一）最高人民法院在再审判决中作出的认定和理由

本案中，关于被诉产品技术方案中是否存在与涉案专利权利要求的功能性技术特征“被设置得使内部空间全部成为液密封的连接结构”构成相同或者等同的技术特征，最高人民法院在再审判决中作出的认定和理由如下：

本案中的“被设置得使内部空间全部成为液密封的连接结构”，系通过功能或效果进行限定的功能性特征。对于功能性特征的内容，应当结合说明书和附图描述的该功能或者效果的具体实施方式及其等同的实施方式加以确定。

涉案专利说明书记载“接头 34 使得防止轴 131 与套筒 10 之间的渗透成为可能”，故连接结构 34 的作用是防止液体渗透，使内部空间全部成为液密封。四个型号的被诉侵权产品在轴和套筒之间未使用任何部件。对此，特莎公司认为，被诉侵权产品是通过间隙密封实现了与专利同样的液密封。本院认为，据《密封设计入门》可知，间隙密封是非接触型密封的一种，非接触型密封通过在被密封的流体中产生压力降来达到密封，且允许通过一定的间隙产生最小的泄漏量。套筒密封则是间隙密封的一种，是指套筒内径与轴存在间隙（内筒间隙）的同时套筒外径与壳体也存在间隙（外筒间隙）的结构，在高内外压力差的环境下，当流体通过内筒间隙时，产生压力梯度，外筒间隙受压，于是套筒在其轴向上产生变形，从而减小内筒间隙。然而，本案的连接结构 34 在常压下通过自身弹性变形来填补间隙，四个型号的被诉侵权产品在轴与套筒之间虽有紧密配合的间隙，但因其不存在内外压差，且存在一定的泄漏量，故不能认为构成上述的间隙密封。即使这种轴与套筒之间具有紧密配合的间隙实际上起到一定的密封效果，但该密封方式与说明书所述的连接结构 34 的技术效果仍存在较大差异，与说明书记载的具体实施方式并不等同。因此，四个型号的被诉侵权产品未落入技术特征（6）“被设置得使内部空间全部成为液密封的连接结构”所限定的保护范围。

（二）笔者对本案的特别说明

本案再审作出判决的时间是 2016 年 12 月 27 日，在本案判决时《侵犯专利权纠纷案件解释（二）》已经颁行生效，《侵犯专利权纠纷案件解释（二）》第 8 条第 2 款的规定，自然成为包括最高人民法院在内的中国法院认定是否构成与功能性技术特征构成相同或者等同的依据。依据《侵犯专利权纠纷案件解释（二）》第 8 条第 2 款的规定，只有技术效果相同时，才可能与功能性技术特征构成相同或者等同。因此，本案中最高人民法院依据“即使这种轴与套筒之间具有紧密配合的间隙实际上起到一定的密封效果，但该密封方式与说明书所述的连接结构 34 的技术效果仍存在较大差异”，认定被诉产品的相应技术特征与原告主张的权利要求中的功能性技术特征“被设置得使内部空间全部成为液密封的连接结构”不构成相同也不构成等同，进而不落入该权利要求的保护范围，不构成侵犯专利权。

第七章

发明、实用新型专利权侵权诉讼中的不侵权抗辩及不侵权确认之诉

在专利权侵权诉讼中，在原告证明了被诉技术方案落入了原告主张的权利要求保护范围的前提下，如果被告能够证明被诉技术方案属于现有技术等法定的不视为侵犯专利权情形的，则原告的侵犯专利权的主张不能成立。这被称为专利权侵权诉讼中的不侵权抗辩。不侵权抗辩在专利权侵权诉讼中具有非常重要的作用。对于原告来说，要想其诉讼请求得到法院的支持，不仅要证明被诉技术方案落入了原告主张的权利要求的保护范围，同时还要对抗被告的不侵权抗辩。对于被告的不侵权抗辩，原告并非仅仅是被动应对，而是完全可以预先防范的。例如，在主张被侵权的专利权利要求时，不仅要考虑到被诉技术方案落入所主张的权利要求的保护范围的可能性大小，同时还要考虑被告可能提出的现有技术抗辩等不侵权抗辩。对于被告来说，被诉技术方案落入原告主张的权利要求的保护范围，并不等于就构成专利侵权。在实际诉讼中，在是否落入原告主张的保护范围这一防线失守的情况下，并不应该就此束手就擒，还是要在第二环节积极出击，即提出不侵权抗辩，并及时提交证据及相应的理由支持其不侵权抗辩。同样，对于被告来说，不应该等在庭审中原告证明被诉技术方案已经落入了原告主张的权利要求的保护范围时，才仓促提出不侵权抗辩。而是应该在拿到起诉状副本后，经过深入研判，如果被诉技术方案有可能落入原告据以起诉的专利的所有权利要求中的一个或者几个的保护范围的话，就要积极考虑不侵权抗辩，并收集整理相关

证据。对于法官来说，一定要坚守落入专利权利要求保护范围和不侵权抗辩不成立两个要素同时成立，才能构成侵犯专利权的观念。因此，对于原告的侵权主张及其举证和被告的不侵权抗辩及其举证，一定要一视同仁，同等重视；切忌，在原告证明被诉技术方案落入了原告主张的权利要求的保护范围的情形下，就形成了构成专利侵权的先入观念，对于被告的不侵权抗辩不给予充分重视。

另外，在一些情况下，某一技术的实施者被某一专利权人发出侵犯其专利权的警告，或者被向某个部门投诉侵犯了其专利权，但该专利权人在一定的期限内，又不向法院起诉或者向专利行政主管机关请求专利侵权行政处理，如果所述实施者所实施的技术确实是不构成侵犯所述专利权的，所述实施者可以向法院提起确认不侵犯所述专利权之诉，此被称为不侵权确认之诉。对于某一技术的实施者来说，不侵权抗辩和不侵权确认之诉的理由具有交叉，如其实施的是现有技术，既可用来做不侵权抗辩，又可用来支持不侵权确认之诉。因此，本书将不侵权抗辩和不侵权确认之诉安排在同一章，便于读者对照比较。①

本章分为三节，第一节为不侵权抗辩的理论，即对专利侵权诉讼中的不侵权抗辩的法律规定、构成要件、判断方法或者步骤、关键问题等进行阐释，第二节为不侵权抗辩的案例，希望通过笔者挑选和编辑的不侵权抗辩的相关实际案例，能帮助读者对专利侵权诉讼中的不侵权抗辩有进一步的理解和掌握，第三节是关于不侵犯发明、实用新型专利权确认之诉。

---

① 曾有法官、律师、学者共同主张，在发明和实用新型专利侵权诉讼中要引入专利权无效抗辩。即如果被告在专利侵权诉讼中提出了据以起诉的专利权无效的主张和理由，由审理专利侵权民事诉讼的同一个合议庭对据以起诉的专利权是否应该被宣告无效进行审查，如果审查的结果是被告提出的专利权无效的理由成立，判定被告不构成侵犯原告的专利权。对此，笔者是不赞同的。理由是，对于发明专利和实用新型专利权应该被宣告无效的理由中，最重要、最常见的理由，都需要作为裁判的法官具有理、工科知识基础，满足专利法律规定的“本领域普通技术人员”的要求。在目前全国受理专利侵权诉讼一审的法院中，符合这个要求的法官应该是非常少的。并且按照最近修改的《中华人民共和国法官法》对法官资格条件的规定，将来在这些法院的法官中，符合这个要求的同样也是非常少的。详细理由请读者参阅笔者的文章《试论在中国专利侵权诉讼中引入无效抗辩的不可行和不可取》（《中国发明与专利》杂志 2019 年第 8 期）。

第一节 发明、实用新型专利权侵权诉讼中的不侵权抗辩的解读

在发明或者实用新型专利权侵权诉讼中，如果被诉技术方案（方法技术方案或者产品技术方案）没有落入原告主张的专利权利要求的保护范围，被告肯定不构成侵犯原告的专利权。但就算被诉技术方案落入原告主张的专利权的保护范围，如果属于《专利法》第67条（“在专利侵权纠纷中，被控侵权人有证据证明其实施的技术或者设计属于现有技术或者现有设计的，不构成侵犯专利权”）、第75条［“有下列情形之一的，不视为侵犯专利权：（一）专利产品或者依照专利方法直接获得的产品，由专利权人或者经其许可的单位、个人售出后，使用、许诺销售、销售、进口该产品的；（二）在专利申请日前已经制造相同产品、使用相同方法或者已经作好制造、使用的必要准备，并且仅在原有范围内继续制造、使用的；（三）临时通过中国领陆、领水、领空的外国运输工具，依照其所属国同中国签订的协议或者共同参加的国际条约，或者依照互惠原则，为运输工具自身需要而在其装置和设备中使用有关专利的；（四）专为科学研究和实验而使用有关专利的；（五）为提供行政审批所需要的信息，制造、使用、进口专利药品或者专利医疗器械的，以及专门为其制造、进口专利药品或者专利医疗器械的”］，仍然不构成侵犯专利权。上述依据《专利法》第67条进行的不侵权抗辩被称为现有技术抗辩，依据《专利法》第75条第1项规定进行的不侵权抗辩被称为权利用尽抗辩，依据第75条第2项规定进行的抗辩被称为先用权抗辩，依据第75条第3项规定进行的抗辩被称为临时过境抗辩，依据第75条第4项规定进行的抗辩被称为专为科学研究抗辩，依据第75条第5项规定进行的抗辩被称为专为行政审批抗辩。

在上述不构成专利侵权的法定抗辩事由中，笔者至今未遇到临时过境抗辩，专为科学研究抗辩、专为行政审批抗辩相关案例，也未检索到相关案例，

因此本书只对前面的现有技术抗辩、权利用尽抗辩、先用权抗辩，结合具体案例进行解释说明。

另外，在专利侵权诉讼实务中，有人提出抵触申请抗辩并得到了法院生效判决的支持。在2008年专利法修正之前，不论是专利法本身还是其司法解释，虽然都没有规定现有技术不侵权抗辩，但专利侵权诉讼实务中仍然普遍实行现有技术抗辩。对此笔者认为，其法理依据应该是依据当时实施的《专利法》第11条的规定，既然是未经许可实施专利的行为才可能侵犯专利权，那么如果被诉行为属于实施现有技术的话，被告实施的就是现有技术而不是专利技术，当然就不构成侵犯专利权。只不过专利法2008年修正时对此进行了法律确认，而在随后的《侵犯专利权纠纷案件解释》《侵犯专利权纠纷案件解释（二）》中，对如何判定现有技术抗辩是否成立，进行了相应的解释说明。与此相同，虽然现行《专利法》及其司法解释没有规定专利不侵权抵触申请抗辩，但在专利侵权诉讼实务中，也有法院支持专利不侵权抵触申请抗辩的案例。法院支持抵触申请抗辩的法理依据为，既然抵触申请能使据以起诉的专利权无效，自然落入该专利权的保护范围的作为抵触申请的被诉技术方案也就应该不构成侵犯该专利权。否则，如果法院不支持抵触申请抗辩而判定被告侵犯了专利权，但被告提起专利权无效宣告申请，据以起诉的专利权被宣告无效后，即使构成专利侵权的判决生效了，也得依法予以撤销。这期间，不论是对原告被告的诉累还是对司法资源的浪费都是应该尽力避免的。引入抵触申请抗辩则不失为解决该问题的一可行方案。因此，法院支持抵触申请不侵权抗辩是符合法理的，同时也是既对专利权和社会公共利益给予平衡保护，又节约司法资源等公共资源的，应该予以肯定。

需要作出说明的是，笔者不赞同在中国专利侵权诉讼中引入专利权无效抗辩，主要理由是部分法官缺乏必要的技术背景，这并不构成对中国专利制度中不侵权抗辩的否定。

首先，上面所述的现有技术抗辩和抵触申请抗辩的实质是专利无效宣告理由中的不具有新颖性的理由。属于所有用到技术知识的无效理由中，最基础、最容易判断的。其中，在现有技术抗辩中，判断被诉技术方案中落入原告主张的权利要求保护范围的所有技术特征，与一项现有技术中的技术特征对应相同或者实质相同的判断，实质与专利侵权民事诉讼中的判定被诉技术方案的技术特征与据以起诉的专利权利要求的对应的技术特征是否构成相同或者等同是一样的。在判定是否构成抵触申请时，判定原告主张被侵犯的权利要求技术方案，是否与作为抵触申请抗辩的抵触申请技术方案属于相同的发明，即判断两者是否属于相同或者实质相同的技术方案，其判断标准和技术难度与是否落入专利权保护范围的技术特征比对实质也是一样的。

其次，在专利侵权诉讼中，在判定被诉技术方案是否落入专利权利要求的保护范围时，实质是在被诉技术方案中寻找与原告主张的权利要求中所包含的技术特征构成相同或者等同的技术特征。这虽然同样要求法官具有一定的技术背景，因而具有一定的难度；但这对法官的技术背景的要求，与要求法官对一个权利要求限定的技术方案是否具有创造性，是否得到说明书的支持，是否缺乏解决技术问题的必要技术特征，对应的说明书是否公开充分等无效理由是否成立的判断难度是不同的。第一，在判定是否落入权利要求的保护范围时，主要是对技术特征是否构成相同或者等同的判断，是对一个技术方案的局部或者构成要素或者组成单元的对比判断；而判断一个专利权利要求是否具有创造性等是否应该被宣告无效，是需要将整个技术方案甚至整个专利申请文件对照于现有技术进行整体把握。这两者对判断者的技术背景知识要求是不同的。第二，在判定两个技术特征是否构成相同或者等同遇到困难时，因为其是属于相对单纯的技术问题，可以借助技术调查官，或者司法鉴定机构作出判断。而对于是否具有创造性等，其不是一个单纯的技术问题，而是技术问题和法律问题的结合，是技术调查官乃至司法鉴定人员很难胜任的。①

综上理由，笔者认为虽然在目前和可预见的将来，在中国受理专利侵权诉讼的多数一审法院，对一个专利是否该被宣告无效作出判断，不能胜任，但对是否落入专利权的保护范围、专利不侵权抗辩乃至抵触申请抗辩的判断，在必要时借助技术调查官和鉴定机构的情况下，却是可以胜任的。

---

① 据笔者了解，截至2020年年底，中国尚未有得到法院认可的对一个专利是否应该被宣告无效的鉴定机构。

一、关于现有技术抗辩

（一）现行法律及其司法解释中关于现有技术抗辩的规定

《专利法》第 67 条："在专利侵权纠纷中，被控侵权人有证据证明其实施的技术或者设计属于现有技术或者现有设计的，不构成侵犯专利权。"

《侵犯专利权纠纷案件解释》第 14 条第 1 款规定："被诉落入专利权保护范围的全部技术特征，与一项现有技术方案中的相应技术特征相同或者无实质性差异的，人民法院应当认定被诉侵权人实施的技术属于专利法第六十二条规定的现有技术。"第 19 条第 1 款规定："被诉侵犯专利权行为发生在 2009 年 10 月 1 日以前的，人民法院适用修改前的专利法；发生在 2009 年 10 月 1 日以后的，人民法院适用修改后的专利法。"

《侵犯专利权纠纷案件解释（二）》第 22 条规定："对于被诉侵权人主张的现有技术抗辩或者现有设计抗辩，人民法院应当依照专利申请日时施行的专利法界定现有技术或者现有设计。"第 31 条规定："本解释自 2016 年 4 月 1 日起施行。最高人民法院以前发布的相关司法解释与本解释不一致的，以本解释为准。"

根据上述《专利法》及司法解释的规定，只要被诉行为发生在 2009 年 10 月 1 日以后，被告就可以依据现行的《专利法》第 67 条的规定提出现有技术抗辩，而不论据以起诉的专利权申请日如何。

（二）可以用于现有技术抗辩的技术材料或者技术载体

《侵犯专利权纠纷案件解释（二）》第 22 条，是按照据以起诉的专利申请日时施行的专利法来界定现有技术的。据此，如果据以起诉的专利申请日在 2009 年 10 月 1 日以后，适用现行实施的《专利法》第 22 条第 5 款（本法所称现有技术，是指申请日以前在国内外为公众所知的技术）的规定来界定现有技术。而现行生效的《专利审查指南》第二部分第三章第 2.1 节对现有技术作了如下详细明确的规定。该规定是判定某一材料或者载体是否构成现有技术时，读者必须掌握的内容。原文引用如下：

2.1 现有技术

根据专利法第二十二条第五款的规定，现有技术是指申请日以前在国内外为公众所知的技术。现有技术包括在申请日（有优先权的，指优先权日）以前在国内外出版物上公开发表、在国内外公开使用或者以其他方式为公众所知的技术。

现有技术应当是在申请日以前公众能够得知的技术内容。换句话说，现有技术应当在申请日以前处于能够为公众获得的状态，并包含有能够使公众从中得知实质性技术知识的内容。

应当注意，处于保密状态的技术内容不属于现有技术。所谓保密状态，不仅包括受保密规定或协议约束的情形，还包括社会观念或者商业习惯上被认为应当承担保密义务的情形，即默契保密的情形。

然而，如果负有保密义务的人违反规定、协议或者默契泄露秘密，导致技术内容公开，使公众能够得知这些技术，这些技术也就构成了现有技术的一部分。

2.1.1 时间界限

现有技术的时间界限是申请日，享有优先权的，则指优先权日。广义上说，申请日以前公开的技术内容都属于现有技术，但申请日当天公开的技术内容不包括在现有技术范围内。

2.1.2 公开方式

现有技术公开方式包括出版物公开、使用公开和以其他方式公开三种，均无地域限制。

2.1.2.1 出版物公开

专利法意义上的出版物是指记载有技术或设计内容的独立存在的传播载体，并且应当表明或者有其他证据证明其公开发表或出版的时间。

符合上述含义的出版物可以是各种印刷的、打字的纸件，例如专利文献、科技杂志、科技书籍、学术论文、专业文献、教科书、技术手册、正式公布的会议记录或者技术报告、报纸、产品样本、产品目录、广告宣传册等，也可以是用电、光、磁、照相等方法制成的视听资料，例如缩微胶片、影片、照相底片、录像带、磁带、唱片、光盘等，还可以是以其他形式存在的资料，例如存在于互联网或其他在线数据库中的资料等。

出版物不受地理位置、语言或者获得方式的限制，也不受年代的限制。出版物的出版发行量多少、是否有人阅读过、申请人是否知道是无关紧要的。

印有“内部资料”、“内部发行”等字样的出版物，确系在特定范围内发行并要求保密的，不属于公开出版物。

出版物的印刷日视为公开日，有其他证据证明其公开日的除外。印刷日只写明年月或者年份的，以所写月份的最后一日或者所写年份的12月31日为公开日。

审查员认为出版物的公开日期存在疑义的，可以要求该出版物的提交人提出证明。

2.1.2.2 使用公开

由于使用而导致技术方案的公开，或者导致技术方案处于公众可以得知的状态，这种公开方式称为使用公开。

使用公开的方式包括能够使公众得知其技术内容的制造、使用、销售、进口、交换、馈赠、演示、展出等方式。只要通过上述方式使有关技术内容处于公众想得知就能够得知的状态，就构成使用公开，而不取决于是否有公众得知。但是，未给出任何有关技术内容的说明，以致所属技术领域的技术人员无法得知其结构和功能或材料成分的产品展示，不属于使用公开。

如果使用公开的是一种产品，即使所使用的产品或者装置需要经过破坏才能够得知其结构和功能，也仍然属于使用公开。此外，使用公开还包括放置在展台上、橱窗内公众可以阅读的信息资料及直观资料，例如招贴画、图纸、照片、样本、样品等。

使用公开是以公众能够得知该产品或者方法之日为公开日。

2.1.2.3 以其他方式公开

为公众所知的其他方式，主要是指口头公开等。例如，口头交谈、报告、讨论会发言、广播、电视、电影等能够使公众得知技术内容的方式。口头交谈、报告、讨论会发言以其发生之日为公开日。公众可接收的广播、电视或电影的报道，以其播放日为公开日。

如果据以起诉的专利申请日（有优先权的以优先权日为准）在2009年10月1日以前，适用该日以前生效的专利法。2009年10月1日以前生效的专利法对何为“现有技术”没有明确规定。但按照2009年10月1日以前生效的《专利法实施细则》及《专利审查指南》的相关规定，2009年10月1日以前可以作为现有技术的载体或者材料，与2009年10月1日以后可以作为现有技术的载体或者材料的唯一区别是在使用公开上有所不同。现行有效的《专利审查指南》规定的使用公开的使用地域范围包括国内外，而之前的使用公开的使用的地域范围仅限于国内。

（三）现有技术抗辩是否成立的判定步骤

《侵犯专利权纠纷案件解释》第14条第1款规定：“被诉落入专利权保护范围的全部技术特征，与一项现有技术方案中的相应技术特征相同或者无实质性差异的，人民法院应当认定被诉侵权人实施的技术属于专利法第六十二条[①]规定的现有技术。”据此，在判定被告提出的现有技术抗辩是否成立时可以按照如下步骤进行：

（1）判定被告提出的作为现有技术抗辩的技术载体是否符合上述现有技术载体的法定条件，其所承载的技术能否作为现有技术用来实施现有技术抗辩。具体判断见上文。

（2）判定被诉技术方案中的哪些技术特征落入了原告主张的专利权利要求的保护范围，即确定被诉技术方案中的哪些技术特征与原告主张的权利要求中的技术特征构成相同或者等同，进而确定被诉技术方案中的哪些技术特征需要与被告提出的现有技术材料承载的现有技术方案对应的技术特征进行比对。

（3）判断某件现有技术载体所承载的现有技术方案中，是否全部包含了被诉技术方案的与涉案专利权利要求的所有技术特征构成相同或者实质相同的技术特征。上述司法解释在此处所规定的是，技术特征的相同或者实质相同，而不是被诉技术方案与现有技术方案的相同或者实质相同，也不是《侵犯专利权纠纷案件解释》第7条所规定的技术特征的相同或者等同。而且对

① 《专利法》（2020年修正）第67条。

于何为现有技术抗辩中的技术特征的相同或者实质相同，即《侵犯专利权纠纷案件解释》第 14 条规定的相同或者实质相同，法律及司法解释没有进一步的规定，而笔者所涉猎关于现有技术抗辩的生效判决中，不论是认定现有技术抗辩成立的，还是不成立的，都没有明确论述。对此，笔者认为司法解释关于现有技术抗辩的用词“技术特征的相同或者实质相同”，与关于是否落入专利权保护范围判定中的用词，即《侵犯专利权纠纷案件解释》第 7 条中规定的技术特征是否构成相同或者等同的含义应该是相同的，或者应该采用同样的判定标准。因为，对于作为与专利权人相对的社会公众中不特定一员的被告，对其同一个行为，判定其是否构成侵犯专利权（落入专利权的保护范围）的标准，与判定不构成侵犯专利权（属于现有技术的）的标准应该是一样的。这是对专利权人和社会公众的利益平衡、公平保护的必然要求。这样在现有技术抗辩中，判定技术特征是否相同或者实质相同时，同样应该适用《侵犯专利权纠纷案件解释》第 13 条的规定。而且对于准备比对的技术特征，同样应该按照《侵犯专利权纠纷案件解释（二）》第 8 条第 1 款的规定判定是否属于功能性技术特征，如果属于功能性技术特征，应该按照《侵犯专利权纠纷案件解释（二）》规定，判定是否构成技术特征的相同或者等同。

另外，在现有技术抗辩中，对于落入原告主张的权利要求保护范围的参数特征与现有技术中的同一物理量的参数是否构成相同或者实质相同，如果两个参数属于连续参数范围，且具有交集时，应该构成技术特征相同，这与在判定专利权是否有效时，采用的是否具备新颖性的标准应该相同。被诉技术方案的落入涉案权利要求保护范围的连续性参数特征，与现有技术中的同一物理量的连续性参数特征虽然没有交集，但现有技术中的该参数特征也落入原告主张的权利要求的保护范围的话，则应认定被诉技术方案中的该参数特征与现有技术中的该参数特征实质相同。因为，既然两个参数特征各自都落入权利要求的保护范围，那么两个参数特征都能各自解决原告据以起诉的专利所要解决的技术问题，实现据以起诉的专利主张的技术功能，达到据以起诉的专利所主张的技术效果，因此二者应该被认定为实质相同。

上文所述的某件现有技术载体所承载的现有技术通常情况下指一件单独

载体所承载的，不容许将一件现有技术载体承载的技术内容与其他载体承载的技术内容组合后作为现有技术。但按照现行法院的通常做法，如赵某美与四川鸿昌塑胶工业有限公司确认不侵害专利权、实用新型专利权纠纷申请再审案（〔2016〕最高法民申604号）中，最高人民法院生效裁定认为："现有技术抗辩规则在相同侵权和等同侵权的情形下均适用，并且允许以一项现有技术方案与公知常识的简单组合主张现有技术抗辩。"

（4）判定现有技术抗辩是否成立。按照上述司法解释及司法实务，如果被诉技术方案中落入原告主张的权利要求的所有技术特征，与一件现有技术载体所承载的技术方案中的技术特征构成相同或者实质相同，则现有技术抗辩成立；或者被诉技术方案中落入原告主张的权利要求的所有技术特征，与一件现有技术载体所承载的技术方案与公知常识简单组合后形成的技术方案中的技术特征构成相同或者实质相同，则现有技术抗辩成立。换个角度，也可以理解为，被诉技术方案中的落入原告主张的权利要求的技术特征，被一件现有技术载体所承载的技术方案与所属技术领域的公知常识简单组合后的技术方案"全覆盖"的，则现有技术抗辩成立。此处所述的"全覆盖"是指一件现有技术载体承载的技术方案与所述技术领域的公知常识简单组合后形成的技术方案包含了全部与被诉技术方案中，落入原告主张的权利要求保护范围的技术特征构成相同或者实质相同技术特征。

需要特别说明的是，在现有技术抗辩中，对于被诉技术方案中的与涉案专利权利要求的技术特征不相同也不等同的技术特征，不需要与现有技术方案中的技术特征进行比对。被诉技术方案中的与涉案专利权利要求的技术特征不相同也不等同的技术特征，对现有技术抗辩成立与否不发生影响。

关于现有技术载体，如果是一个技术文件的话，解读其中的技术内容或者技术方案，就像阅读专利说明书一样，可以将同一技术文件同一技术方案的不同部分组合起来作为一个技术方案再加上简单组合所属领域的公知常识后作为一个现有技术方案。如果一个现有技术载体是一件因使用公开的产品，则其承载的一项现有技术则为所属技术领域的普通技术人员对该产品通过观察分析，包括通过拆解、测量等通常所说的反向工程能够破解得到的技术信息加上简单的逻辑推理后形成的技术方案。

特别需要注意，每件载体只能单独作为现有技术使用，不能将两件或者两件以上的载体组合起来作为现有技术进行现有技术抗辩。

（四）特殊情况下的现有技术抗辩方法和适用条件

以上所述的是按照司法解释规定的标准套路进行现有技术抗辩的方法和步骤，但在一些特殊情况下，法院还应该支持被告不顾及据以起诉的专利，直接将被诉技术方案与一项现有技术进行比对，或者不顾及被诉技术方案，直接将原告据以起诉的专利权利要求与一项现有技术进行比对的现有技术抗辩。以下是笔者在曾经代理的一个案子中，就该问题作出的解释说明，原文如下：

中国专利侵权诉讼中现有技术抗辩的依据和方法

一、现有技术抗辩的依据

《侵犯专利权纠纷案件解释》第 14 条第 1 款："被诉落入专利权保护范围的全部技术特征，与一项现有技术方案中的相应技术特征相同或者无实质性差异的，人民法院应当认定被诉侵权人实施的技术属于专利法第六十二①条规定的现有技术。"

二、现有技术抗辩的方法

（一）严格按照《侵犯专利权纠纷案件解释》进行现有技术抗辩的方法

（1）确定被诉技术方案。对于被诉技术方案存在及其内容以及属于被告的技术方案的证明责任在原告。按照该方法进行现有技术抗辩的前提一定是被告对原告主张的被诉技术方案属于被告的技术方案予以认可，或者原告对被告自认的属于被告的被诉技术方案予以认可。

（2）对确定的被诉技术方案与原告据以起诉的权利要求进行比对，确定被诉技术方案落入了据以起诉的专利权利要求的保护范围，并且确定被诉技术方案中与据以起诉的专利权利要求中所有技术特征构成对应相同或者等同的所有技术特征。

（3）确定被告主张的现有技术载体承载的技术方案构成据以起诉的专利

① 《专利法》（2020 年修正）第 67 条。

权利要求的现有技术。被告只能举出一件技术方案载体主张其构成据以起诉专利权利要求的现有技术，当然可以在一件载体举证不能后换一件载体，但是不许可将两件或者两件以上载体承载的技术内容结合起来作为现有技术方案。

（4）将被诉技术方中落入据以起诉的专利权利要求保护范围的全部技术特征与被告主张的现有技术方案进行技术特征比对。即将被诉技术方案中的，与据以起诉的专利权利要求的全部技术特征构成相同或者等同的技术特征，与现有技术中的技术特征进行比对。具体比对时，虽然《侵犯专利权纠纷案件解释》规定的是"与一项现有技术方案中的相应技术特征相同或者无实质性差异的，人民法院应当认定被诉侵权人实施的技术属于专利法第六十二条规定的现有技术"，但对于何为"无实质性差异"没有进一步的规定。我们认为，此处应该按照判定落入专利权保护范围的全面覆盖原则进行。即，如果在一项现有技术加公知常识中找全了，与被诉技术方案中的与据以起诉的专利权利要求的全部技术特征构成相同或者等同的技术特征的，则现有技术抗辩成立；否则，现有技术抗辩不成立。

（二）由《侵犯专利权纠纷案件解释》衍生出的两种现有技术抗辩方法

1. 将被诉技术方案与现有技术直接比对的方法

在司法实务中往往存在由于据以起诉的专利权利要求存在其技术特征的含义很难确定，或者需要技术鉴定，对被诉技术方案的技术特征与专利权利要求的技术特征进行鉴定后，还要对被诉技术方案的技术特征与现有技术中的技术特征再行鉴定，鉴定成本过高等问题；但能相对容易或者成本较低的确定，被诉技术方案中的所有技术特征，都"与一项现有技术方案中的相应技术特征相同或者无实质性差异的"情况。在这种情形下，应当支持被告将被诉技术方案与一项现有技术方案加公知常识直接进行比对。只要被诉技术方案的所有技术特征与一项现有技术方案加公知常识中的相应技术特征构成相同或者无实质性差异的，则认定现有技术抗辩成立；否则，现有技术抗辩不成立。

应该支持此种抗辩的法理依据在于，由于被诉技术方案是绝对意义上的现有技术，不论据以起诉的专利权利要求如何，都不应该认定侵犯该专利权。

2. 将据以起诉的专利权利要求与一项现有技术直接比对

在司法实务中也经常存在原告主张的被诉技术方案由于缺乏充分确凿的证据证明而得不到被告的认可，同时被告又能举出原告据以起诉的专利权利要求缺乏新颖性证据的情况。对于此种情况，往往法官建议被告提出专利无效，但由于涉及发明专利的话，并不能中止侵权诉讼审理程序，到专利无效后再对侵权判决进行改变，会严重的劳民伤财，同时也极大地浪费了司法资源，给审判人员添加本不该承受之累；或者，会出现在判决之前原告撤诉后再起诉的情形；由于据以起诉的专利权利要求不具备新颖性，到最后，也不应该判决被告承担侵权责任。在此种情形下，应该支持被告将据以起诉的专利权利要求与一项现有技术直接比对。如果，据以起诉的专利权利要求的全部技术特征与一项现有技术方案加公知常识中的相应技术特征构成相同或者无实质性差异的，则认定现有技术抗辩成立；否则，现有技术抗辩不成立。

应该支持此种现有技术抗辩的法理依据在于，由于据以起诉的专利权利要求不具备新颖性，本身就不应该被授予专利权；不论被诉技术方案的内容如何，都不应该构成侵犯该实质违法的专利权。

二、关于权利用尽抗辩

《专利法》第75条第1项规定：专利产品或者依照专利方法直接获得的产品，由专利权人或者经其许可的单位、个人售出后，使用、许诺销售、销售、进口该产品的，不视为侵犯专利权。此被称为不构成专利侵权的权利用尽抗辩。在专利侵权诉讼的权利用尽抗辩中，通常情况下，也是必须先由原告证明被告的被诉技术方案落入了原告专利权的保护范围，然后再由被告进行权利用尽抗辩，由法院判定被告的权利用尽抗辩是否成立，如果权利用尽抗辩成立，则被诉行为不构成侵犯原告的专利权，否则可能构成侵犯原告的专利权。之所以说被告的权利用尽抗辩不成立，是可能构成侵犯原告的专利权，而不是确定构成原告的专利权，是因为被告可以将专利法规定的包括现有技术抗辩、权利用尽抗辩、先用权抗辩等同时使用，只要其中一种不侵权抗辩成立，被告就不构成侵犯原告的专利权。当然，被告也可以直接证明被诉产品是“由专利权人或者经其许可的单位、个人售出后，使用、许诺销售、销售、进口该产品的”。不管被诉产品是否落入原告专利权的保护范围，只要被告证明了被诉产品是“由专利权人或者经其许可的单位、个人售出后，使用、许诺销售、销售、进口该产品的”，被告就不构成侵犯原告的专利权。因此在权利用尽抗辩中，被告完全可以不管原告的专利内容如何，或者被诉侵权产品的技术特征如何，只要是属于原告据以起诉的专利的专利权人或者经其许可的单位、个人售出后，使用、许诺销售、销售、进口该产品的，就不构成侵犯专利权。因此，专利侵权诉讼中的权利用尽抗辩，其实质和难点在于，对于被诉侵权产品是否属于原告据以起诉的专利的专利权人或者经其许可的单位、个人售出后，使用、许诺销售、销售、进口该产品这一事实的证明，特别是其中的举证责任的承担和证明标准的问题。为此，建议读者结合具体案例研读民事诉讼法、民事诉讼法司法解释的相关规定以及最高人民法院关于民事诉讼证据的若干规定。就笔者所检索到的专利不侵权抗辩的案子中，提出权利用尽抗辩的案例很少，抗辩成功的案例更少。

在陈某乐与陆某昌等侵害实用新型专利权纠纷上诉案（〔2017〕粤民终162号）中，一审法院认为，根据现有证据材料，被告陆某盛主张案涉产品系从案外人高某某、卢某某、徐某某、胡某某处所购买的，而同时前述四位案外人均称案涉产品系从陈某乐处所购买的。原告陈某乐质证认为高某某、卢某某、胡某某、徐某某的确曾在陈某乐处购买过机器，但不能确认购买的就是被控侵权产品，数量也不能确定。被告陆某盛为证实其主张已经提供了代购协议或转让协议及银行转账相关凭证及陈某乐的银行收款凭证。虽然部分银行凭证的金额与代购协议及转让协议记载的金额有所出入，但该银行凭证的金额已经占协议约定金额的绝大部分，而证据显示原告陈某乐也通过案外人高某某、卢某某、徐某某、胡某某收取了该转账的金额，同时案外人高某某、卢某某、徐某某、胡某某等人也明确指认系陈某乐向其出售了案涉产品。在此情况下，原告陈某乐应当进一步举证证明其所收取款项对应的设备名称及数量，但陈某乐并未向一审法院提供该方面的证据，仅表示相关情况记不清楚了。故原告陈某乐应当承担举证不能的法律后果。根据本案现有证据，一审法院认为被告陆某盛的证据足以认定案涉产品系通过案外人高某某、卢某某、徐某某、胡某某购买的，系原告陈某乐所销售的产品。根据《专利法》第75条第1项的规定，专利产品或者依照专利方法直接获得的产品，由专利权人或者经其许可的单位、个人售出后，使用、许诺销售、销售、进口该产品的，不视为侵犯专利权。据此，被告陆某盛所购买并使用的被控侵权产品系原告陈某乐出售后所获得的，其使用行为应当不视为侵犯专利权，其不应当承担侵权的法律责任。

遗憾的是，本案二审法院虽然认定了“一审中，陆某盛提交了《委托代购协议书》《机器转让协议》《机器设备转让协议》及银行转款凭证等证据，证明被诉侵权产品有合法来源。二审庭审中，陈某乐也已经明确确认陆某盛经营场所存放14台被诉侵权产品是其本人销售的。本院认为，根据陆某盛所提交的证据，结合陈某乐的自认，足以证明被诉侵权产品中的14台产品有合法来源。陈某乐的该项上诉理由不能成立，本院不予支持”，却是依据《专利法》第77条的规定，而不是依据《专利法》第75条第1项的规定维持一审判决的。《专利法》第77条规定的是构成侵犯专利权但不承担赔偿责任的情形。符合该条规定的，被告是可以不承担赔偿责任的，但仍然是构成侵权的，是要停止侵权的，在一些前提下还要停止使用的。该条的适用条件是被诉技术方案落入原告专利权的保护范围，被告不知是侵权产品，并有合法来源；但被诉产品是否由原告据以起诉的专利的专利权人或者经其许可的单位、个人售出的，在所不问。而《专利法》第75条的适用条件是，“专利产品或者依照专利方法直接获得的产品，由专利权人或者经其许可的单位、个人售出后，使用、许诺销售、销售、进口该产品的”。符合该适用条件的，是被视为不构成侵犯专利权的。两者的适用条件不同，法律后果的性质完全不同。一个是构成侵权，但不承担赔偿责任；一个是不视为侵权，当然不应承担赔偿责任。

对于该案，笔者认为一审法院的认定是对的，二审法院的相关认定是不对的，但二审法院维持一审判决的结论是对的。

在付某与黄某武等侵害外观设计专利权纠纷上诉案（〔2016〕粤民终997号）中，二审判决确认了一审判决的如下事实：“关于付某本案提出的侵权指控及黄某武、吴某凤的责任承担。原审法院认为，首先，付某无直接证据证明涉案门市部生产、许诺销售了被诉侵权产品，付某该指控证据不足。其次，当事人双方均确认付某曾向吴某凤出售了约 200 套被诉侵权产品的配件（灯壳的上、下架及玻璃球体），而该配件组合后的产品与付某涉案专利主视图所示的产品相同。由于灯座的设计不属于付某涉案专利的保护范围，且灯座也不属于必须与灯具主体配套使用的配件，由此，即便吴某凤从其他途径获得与被诉侵权灯具产品相配的灯座，也不属于对被诉侵权产品的再加工或生产行为。综合上述证据，原审法院认定付某实质上是向吴某凤出售了与其涉案专利外观相同的完整的灯具成品，而不仅仅是配件或半成品，吴某凤辩称被诉侵权产品来源于付某有事实依据。付某称从被诉侵权产品的材质可判断该产品不是其之前向吴某凤提供的货品，因该主张为付某单方陈述且吴某凤予以否认，在付某未能提供其他证据予以佐证的情况下，原审法院对付某该主张不予采信。《专利法》第 69 条[①]第 1 项规定，专利产品或者依照专利方法直接获得的产品，由专利权人或者经其许可的单位、个人售出后，使用、许诺销售、销售、进口该产品的，不视为侵犯专利权。本案中，吴某凤实际经营的涉案门市部虽销售了落入付某涉案专利权保护范围的产品，但因该产品来源于付某，故依照上述法律规定，其行为不视为侵犯付某涉案专利权。吴某凤抗辩理由成立，应予采纳。付某起诉认为吴玉凤实施了专利侵权行为并请求其承担相应法律责任事实和法律依据不足，原审法院依法驳回其全部诉讼请求。”但二审法院同样是以被告的合法来源抗辩成立，即是依据《专利法》第 77 条而不是依据《专利法》第 75 条第 1 项的规定，维持一审判决的。

这一点读者理解起来似乎有点困难，因为判决书中出现的是专利法第 75 条，而没有出现第 77 条。但只要读者注意二审归纳的审理焦点就好理解了。二审法院归纳的本案争议焦点为：“1. 被上诉人是否许诺销售被诉侵权产品；2. 被上诉人合法来源抗辩是否成立。”关于焦点 1，二审判决是否定了一审判决的认定的。关于焦点 2，二审判决是认定了合法来源抗辩成立的，进而维持了一审判决结论。而合法来源抗辩的依据是《专利法》第 77 条。另外，《专利法》第 75 条是二审法院转述一审法院判据内容的，而不是作为二审法院判决依据的。

---

① 《专利法》（2020 年修正）第 75 条。

以上两个案例是笔者检索到的权利用尽抗辩成立的仅有的两个案子，由此反映，关于专利侵权诉讼中的权利用尽抗辩，在业界还远没有达成共识。但笔者认为，《专利法》第75条第1项的规定是清楚明确的，该类案子的难度和分歧主要应该在证明责任的分配和证明标准的把握上，而不是在于该条的适用条件和法律后果的理解上。笔者建议读者还是要坚持、尊重第75条第1项的规定，而不是将其消解或者与第77条的规定混同。

三、关于先用权抗辩

《专利法》第75条第2项规定，在专利申请日前已经制造相同产品、使用相同方法或者已经作好制造、使用的必要准备，并且仅在原有范围内继续制造、使用的，不视为侵犯专利权。据此，在专利侵权诉讼中，就算原告已经证明了被告的被诉技术方案落入了原告专利权的保护范围，只要被告证明了被诉行为属于在专利申请日前已经制造相同产品、使用相同方法或者已经作好制造、使用的必要准备，并且仅在原有范围内继续制造、使用，就不视为侵犯专利权，即不构成侵犯专利权。此被称为专利侵权诉讼中的不构成侵犯专利权先用权抗辩。对于先用权抗辩，《侵犯专利权纠纷案件解释》第15条作了如下更具体的规定：

被诉侵权人以非法获得的技术或者设计主张先用权抗辩的，人民法院不予支持。

有下列情形之一的，人民法院应当认定属于专利法第六十九条[①]第（二）项规定的已经作好制造、使用的必要准备：

（一）已经完成实施发明创造所必需的主要技术图纸或者工艺文件；

（二）已经制造或者购买实施发明创造所必需的主要设备或者原材料。

专利法第六十九条[①]第（二）项规定的原有范围，包括专利申请日前已有的生产规模以及利用已有的生产设备或者根据已有的生产准备可以达到的生产规模。

先用权人在专利申请日后将其已经实施或作好实施必要准备的技术或设

① 《专利法》（2020年修正）第75条。

计转让或者许可他人实施，被诉侵权人主张该实施行为属于在原有范围内继续实施的，人民法院不予支持，但该技术或设计与原有企业一并转让或者承继的除外。

根据上述专利法及其司法解释的规定，法院审查先用权抗辩应当审查以下四个方面：第一，被告或者利害关系人是否已经在专利申请日前制造相关产品、使用相关方法或者作好制造、使用的必要准备；第二，被诉产品或者方法与专利申请日之前生产的相关产品或者使用的相关方法是否属于相同产品或者相同方法；第三，专利申请日前已经制造相关产品、使用相关方法的技术，是否系被告或者利害关系人自行研发或以其他合法手段获得；第四，被告或者利害关系人是否在原有范围内继续制造或者使用。其中，所述利害关系人是指在原告提起侵犯专利权诉讼时，原告虽然没有将其列为被告，但其他已经被列入的被告可以依据其在涉诉专利申请日之前实施的行为提出先用权抗辩的单位或者个人。例如，在专利侵权诉讼中，原告只起诉了销售者或者使用者，而没有将生产者列为被告，已经被列为被告的销售者或者使用者可以依据被诉产品是生产者在涉案专利申请日之前生产的，来提出先用权抗辩。其中，相同产品或者方法的含义及判定标准在专利侵权诉讼先用权抗辩中是特别关键点，而且也是难点所在。在北京英特莱技术公司与深圳蓝盾公司北京分公司等侵害发明专利权纠纷案［〔2015〕民申字第 1255 号、〔2014〕高民（知）终字第 3487 号、〔2013〕二中民初字第 14638 号］中（详见本章案例部分），一审法院认为："我国专利法中所规定的'相同产品'，是指具有与涉案专利相同或等同的技术特征的产品。"

有了本案一审法院的这一标准及三级法院结合具体案情的诠释，对于读者来说，先用权抗辩中是否构成"相同产品"这一难题将迎刃而解。

在产品先用权抗辩中涉及两方面的"产品"：其一，被诉侵权产品；其二，涉案专利申请日之前生产的相关产品。在先用权抗辩中判定是否构成"相同产品"，指的是被诉侵权产品与涉案专利申请日之前生产的相关产品是否构成"相同"，而相同与否的标准则是上述案例中一审法院所述的"具有与涉案专利相同或等同的技术特征"。即如果被诉侵权产品，与涉案专利申请日之前生产的相关产品，都"具有与涉案专利相同或等同的技术特征"，则构成专利法意义上的“产品相同”。在符合其他条件的前提下，先用权抗辩成立。

据此，在判定被诉产品是否与涉案专利申请日之前生产的产品构成“相同”时，其实是在被诉侵权产品及涉案专利申请日之前生产的相关产品中，分别找与涉案专利权利要求的全部技术特征构成相同或者等同的全部技术特征，如果在这两者中各自都找到了与涉案专利权利要求的全部技术特征构成相同或者等同的全部技术特征的话，则这两者构成“相同”，在其他条件符合的前提下，先用权抗辩成立。否则，先用权抗辩不成立。先用权抗辩不成立，分两种情况。如果在被诉侵权产品中找不到与涉诉专利权利要求的全部技术特征构成相同或者等同的全部技术特征，被诉侵权产品没有落入涉诉专利权的保护范围，不可能构成侵犯涉诉专利权，不具有先用权抗辩的前提，当然先用权抗辩不成立。如果在专利申请日之前生产的相关产品中找不到与涉诉专利权利要求的全部技术特征构成相同或者等同的全部技术特征，由于先用权抗辩中的被诉侵权产品是具有与涉案专利权利要求的全部技术特征构成相同或者等同的全部技术特征的，因而这两者不共同具有与涉案专利权利要求的全部技术特征构成相同或者等同的全部技术特征，因而不构成专利法意义上的“相同产品”，进而先用权抗辩不成立。

上述关于先用权抗辩成立与否的判定，不能简化叙述为：被诉侵权产品与涉诉专利申请日之前生产的相关产品都落入涉诉专利的同一个权利要求的保护范围的，则先用权抗辩成立。因为，同一个专利权利要求可能包含两个以上的技术方案，如果被诉侵权产品落入的是其中一个技术方案的保护范围，专利申请日之前生产的相关产品落入的是另一个技术方案的保护范围，这种情况下，被诉侵权产品与专利申请日之前生产的相关产品可能不共同具有与涉诉专利权利要求的全部技术特征构成相同或者等同的全部技术特征，因而可能不构成专利法意义上的“相同产品”，进而先用权抗辩可能不成立。

另外，上述案例作为经过了三级审理的先用权抗辩的案例，基本上涉及先用权抗辩的所有方面，而且在每级法院的审理过程中，当事人都提出了新的证据和理由，法院也都给出了很详尽的回应和判决理由。而且审理法院对先用权抗辩成立的所有环节都结合本案具体情况，站在各自的角度，给出了清晰完整的论述。

四、笔者关于“抵触申请抗辩”的前沿探讨

在现有的侵权抗辩途径中，并没有单独且明确的“抵触申请抗辩”，但司法实务中却多有涉及，判决中通常引用“现有技术抗辩”理论，在其基础上进行扩展。

虽然现有的专利法及其司法解释中都没有被告可以依据抵触申请在被诉技术方案落入专利权保护范围的前提下，进行不侵权抗辩，但在发明或者实用新型专利侵权诉讼中，允许被告依据抵触申请进行不侵权抗辩，能够有效减少当事人的诉累和节省司法资源。否则，如果以没有法律及司法解释规定为由，不容许被告提出抵触申请不侵权抗辩，在被诉技术方案落入涉案专利权的保护范围的情形下，就得判决被告构成侵犯涉案专利权并承担侵权责任。而在被告依据抵触申请提起专利权无效宣告后，专利无效宣告机关乃至法院就应该宣告涉案专利无效。在宣告涉案专利无效后，已经作出的专利侵权判决也应该被撤销。因此，在专利侵权诉讼中允许被告引入不侵权抵触申请抗辩是公平正义、节约资源的要求，也是符合专利法保护创新的宗旨的。

笔者认为，抵触申请抗辩是指，在专利侵权诉讼中，被告证明了原告据以起诉的专利权利要求存在抵触申请的，应当认定被告不构成侵犯原告的涉诉专利权。抵触申请是指，如果某一专利申请文件或者专利授权文件，在涉案专利申请日前申请，在涉案专利申请日后公开，与涉案专利权利要求属于相同的发明或者实用新型，即其技术领域相同、所解决的技术问题相同、解决技术问题的技术方案和预期技术效果实质上相同，则构成涉案专利的抵触申请。目前笔者检索到的“抵触申请抗辩”成立的案例很少，检索到的两个都产生在浙江省高级人民法院。稍早些的一个案例，2017 年 2 月 16 日浙江省高级人民法院二审判决的，李某钦与宁波法耐德电子科技有限公司等侵害实用新型专利权纠纷上诉案（〔2016〕浙民终 860 号）中，采用了相比下面案例更严的判断标准。该判决认为：“在专利侵权诉讼中，只有在被诉侵权技术方案的各项技术特征均已被抵触申请单独、完整地公开，相对于抵触申

请不具有新颖性时，才可以认定抵触申请抗辩成立”；该案中，依据的实际抵触申请也是：“本案抵触申请已单独、完整地公开了被诉侵权技术方案的全部技术特征，两者相同，被诉侵权技术方案相较于抵触申请不具有新颖性”。而2017年5月8日浙江省高级人民法院在赵某美与永康市千选贸易有限公司等侵害实用新型专利权纠纷上诉案（〔2016〕浙民终900号），对抵触申请抗辩成立采取了较前一案稍微宽松的判定标准。在该案中浙江省高级人民法院认为：“进行侵害实用新型专利权纠纷案件的抵触申请判断，应当将被诉侵权技术方案与抵触申请公开的技术方案进行比对，若二者相同或无实质性差异，则抵触申请抗辩成立”；该案中，关于抵触申请抗辩成立的理由所作的论述为：“基于上述事实，本院认为，为缩小拖把杆在包装运输中的体积而设置延长杆，属于本领域技术人员根据日常生活经验容易想到的常规技术手段，构成所属领域公知常识。从抵触申请公开的内容来看，其说明书附图在内杆体10下部显示有横向螺纹状连接界限，虽然专利权利要求书对此没有明确记载，但结合本领域公知常识及相关现有技术，本领域技术人员可以得到将拖把杆采用三节杆体，以便缩小包装运输中体积的技术启示。虽然抵触申请增加的一段杆体位于拖把杆下端，但与被诉侵权产品在拖把杆上端设置的延长杆都起到相同的技术作用，属于本领域惯用技术手段的简单替换，对于技术方案的新颖性不具有实质性影响。综上，根据被诉侵权技术方案与抵触申请公开的技术方案，所属领域技术人员可以确定两者能够适用于相同的技术领域，解决相同的技术问题，并能够产生相同的技术效果，即有效防止内、外杆脱离，增加拖把头单向旋转速度，从而提高脱水效果，两者技术方案并无实质性差异。故被诉侵权技术方案已被抵触申请所公开，家乐美公司提出的抵触申请抗辩成立，本院予以采信。由于被诉侵权产品实施的是抵触申请中的技术方案，家乐美公司、千选公司制造、销售、许诺销售该产品的行为不构成对赵某美涉案专利权的侵害。”

在专利侵权诉讼不侵权抵触申请抗辩中，到底是以被诉技术方案与被告提出的抵触申请文件进行比对；还是将被告提出的抵触申请文件，与涉案专利进行比对，在这两个案例中都是不够明确的，甚至是错误的。笔者认为，应当将被告提出的抵触申请文件与涉案专利进行比对，以判断其是否构成涉案专利的申请，进而判定抵触申请抗辩是否成立。只要被告提出的抵触申请文件构成涉案专利的抵触申请，不侵权抵触申请抗辩就是成立的，不论被诉技术方案如何。不应该将被诉技术方案与抵触申请比对。因为，如果已经确知涉案专利存在抵触申请，按照专利法的规定，该涉案专利就是依法不应该被授予专利权的，在授予专利权的情况下，专利无效宣告机关也应该应申请（任何人都可提出专利无效宣告申请）宣告该涉案专利无效，任何人的任何行为，都不应该被认定为侵犯该涉案专利权。在这种情况下，用不着将被诉技术方案与涉案专利的抵触申请进行比对。而在被告主张某一技术方案（实际是一专利申请文件或者专利授权文件）构成涉案专利的抵触申请，而不存在已经被确认的涉案专利的抵触申请的前提下，这时应该做的是判定被告的该主张是否成立，即其所提出的抵触申请文件是否真的构成抵触申请，如果构成，则不论被诉技术方案如何，涉案专利都是应该被无效的，被诉行为都应该不构成侵犯涉案专利权。如果不构成涉案专利的抵触申请，则在被告没有提供涉案专利的抵触申请的条件下，被告的抵触申请抗辩没有前提，被诉行为是否侵犯原告的涉案专利，只能依据其他条件进行判断。还有，被告提出的抵触申请文件是否能被认定为抵触申请，是相对于该案专利权而言，与被诉技术方案无关。

另外，如果将被诉技术方案与抵触申请文件比对，以被诉技术方案与抵触申请技术方案不构成相同的发明或者实用新型为由，而认定抵触申请抗辩不成立，进而认定构成专利侵权的话，可能还会得出极不合理的结论。例如，涉案专利存在抵触申请，而被诉技术方案与抵触申请的技术方案差异很大的情况下，被诉技术方案会与抵触申请不构成相同的发明或者实用新型，进而抵触申请抗辩不成立，在被诉技术方案落入涉案专利保护范围的前提下，会得出被诉技术方案侵犯了涉案专利权进而要承担侵权责任的结果。具体而言，与涉案专利构成抵触申请的技术方案是关于制造飞机起落架，后来该抵触申请的申请人将用该抵触申请的技术方案制造的飞机起落架用来制造飞机，当被诉产品是装有所述起落架的飞机时，由于飞机和起落架显然存在很大的差异（此时，如果由于飞机和起落架都包含了涉案专利的全部特征，而要说飞机和起落架构成专利法上的相同，显然和人们的通常观念是相悖的。虽然法律上的观念和生活观念是可以不一致的，但既然法律是人为建构的，那么还是应该尽力避免法律与常识、常理相悖。与常识、常理相悖的法律，不容易识记，不容易接受，更不容易被遵守），如果按照人们的通常观念，就应该认定被诉产品飞机和抵触申请飞机起落架不同，进而抵触申请抗辩不能成立。但按照《侵犯专利权纠纷案件解释》第 12 条第 1 款的规定，“将侵犯发明或者实用新型专利权的产品作为零部件，制造另一产品的，人民法院应当认定属于专利法第十一条规定的使用行为；销售该另一产品的，人民法院应当认定属于专利法第十一条规定的销售行为”，所述飞机是落入涉案专利权的保护范围的，同时由于所述起落架和所述飞机的差异而认定抵触申请抗辩不能成立的话，就只能认定所述飞机侵犯了所述专利权的。这时，被告只有通过用所述抵触申请无效掉所述专利，才能避免被判定侵犯了涉案专利权。这显然是违背了引入抵触申请抗辩的解决当事人诉累和节约司法资源的初衷的，是不可取的。涉案专利因存在抵触申请，不具备新颖性，就不应该被授予专利权，授予了也应该被依法宣告无效；在这种情形下，却要判定他人构成侵犯该专利权并承担侵权责任，这显然是违背专利法律制度保护并激励创新的宗旨的。也许有人会说，这种情况不可能出现。略一分析，就会发现这种情况出现的可能性非常大。例如，在已有人提出专利申请的情况下，涉案专利权人就同样的发明或者实用新型又提出了专利申请，而涉案专利权人却获得了专利权（在我国实用新型专利申请不进行实质审查的前提下，获得实用新型专利权的可能性非常大，获得发明专利授权的可能性也是存在的），如果有人，特别是提出抵触申请的人在抵触申请技术方案的基础上作出了很大的改进，添加了很多技术特征，但仍然包含了原来抵触申请的技术特征，并加以实施时，可能会被涉案专利权人指控侵犯其专利权。在这种情况下，被诉技术方案必然会落入涉案专利权的保护范围，但与抵触申请却构不成相同的发明或者实用新型（如果按照通常观念），如果以被诉技术方案与抵触申请是否构成相同的发明创造来判定抵触申请抗辩是否成立，则结论必然是抵触申请抗辩不能成立，进而构成侵犯涉案专利权。这显然是不合理的。对于同样的情况，如果按照笔者提出的上述判定抵触申请是否成立的逻辑和方法，这种不合理的结果就不会出现。

关于笔者主张的抵触申请抗辩的逻辑路径和现有技术抗辩的逻辑路径是否不同，补充解释如下：

第一，抵触申请不属于涉案专利的现有技术，尽管两者都可以成为使涉案专利无效的充分证据；因而，没有抵触申请抗辩一定要按照现有技术抗辩的逻辑和方法的必然性。

第二，抵触申请的“抵触”，是指与涉案专利的抵触，因此是否构成抵触申请是以涉案专利为逻辑起点的，是将被告主张的抵触申请材料和涉案专利比较后得出是否构成抵触申请结论的，而与被诉技术方案无关；而是否构成现有技术的“现有”，是指被诉技术方案在涉案专利申请日之前是否构成“为公众所知”，即，对于社会公众来说，被诉技术方案，以涉案专利申请日作为判断的时间点，判断是否已经是现有的，而不是判断是否与涉案专利的技术方案相同或者实质相同，因此，应该将被诉技术方案与被告主张的作为现有技术的技术方案比较，尽管比较时要将涉案专利的申请日和涉案专利权利要求的技术特征作为评判的标准，但比较的对象仍然是被诉技术方案和被告所主张的作为现有技术的技术方案。

第三，抵触申请抗辩的法理基础是，如果涉案专利权利要求存在抵触申请，则涉案专利就不应该被授权，就算授权也应该被宣告无效，他人的行为，包括被诉技术方案，不管内容如何，都不应该被认定为侵犯这样的专利权，其根本原因在于涉案专利的不合法，而不在于被诉技术方案；而现有设计抗辩的法理基础是，被诉技术方案在涉案专利申请日前就已经成为公知的技术，社会公众使用已经公知的技术，有可能侵犯他人的专利权，但无论如何不应该被认定为侵犯涉案专利权，而不论涉案专利的内容如何。因为被诉技术方案不是来源于涉案专利，涉案专利对被诉技术方案不可能有任何贡献。既然涉案专利对被诉技术方案不可能有任何贡献，当然被诉技术方案就不应该被认定为侵犯涉案专利权。但被诉技术方案是在涉案专利申请日前成为公知的，这种公知可能是基于某一在前的专利授权公告而成为公知的，被诉技术方案相对于该前一个专利不构成现有技术，因此有可能侵犯该前一个专利权。

第二节 不侵权抗辩的案例

一、经二审补充证据现有技术抗辩成功的案例

【案例一】新会区会城五州木制品厂与黄某侵害实用新型专利权纠纷案（〔2016〕粤民终1602号）

（一）本案据以起诉的专利及其主张的权利要求

本案专利名称为“一种三层压板压合的门板”（专利号201320339725.4），专利申请日为2013年6月14日，授权公告日为2013年12月11日。原告请求保护的范围是该专利的权利要求1，即“一种三层压板压合的门板，其特征在于所述的门板包括三层的压板，所述的每层压板包括多条平行排列的木板条，所述相邻层压板之间的木板条间隔错开，所述的压板与压板之间含有胶水层。”

（二）原告主张落入其权利要求1的保护范围的被诉技术方案的技术特征

被控侵权产品为三层压板结构，压板与压板之间含有胶水层，每层压板包括多条平行排列的木板条，外两层压板的木板条均呈竖向平行排列，中层压板的木板条呈横向平行排列。

（三）被告在二审期间现有技术抗辩提交的证据

二审期间，被告五州木制品厂提交了授权公告号为CN201818204U，授权公告日为2011年5月4日，名称为“一种可防弯翘的实木复合门的门板/门框”的实用新型专利（申请号201020567659.2）说明书作为现有技术的证据。

（四）二审法院广东省高级人民法院认定被告二审期间补充提交证据进行现有技术抗辩成立

对于CN201818204U实用新型专利说明书是否采纳的问题，二审法院认为，《最高人民法院关于适用〈中华人民共和国民事诉讼法〉的解释》第102

条规定："当事人非因故意或者重大过失逾期提供的证据，人民法院应当采纳，并对当事人予以训诫。"本案中，五州木制品厂在一审期间提出现有技术抗辩，并向原审法院提交了现有技术的证据，但是该现有技术抗辩未获得原审法院的认可。为支持其抗辩主张，五州木制品厂在二审期间补充提交上述现有技术证据，该逾期提交证据的行为并非出于故意或者重大过失，因此上述现有技术证据二审法院予以采纳。CN201818204U 实用新型专利说明书的授权公告日为 2011 年 5 月 4 日，早于涉案专利的申请日 2013 年 6 月 14 日，可以作为涉案专利的现有技术对比文件，该文件涉及一种实木复合门的门板结构，与本案被诉侵权产品的技术方案相关。作为中国实用新型专利文献，该文件可以从国家知识产权局网站上查询和下载，黄某虽对其真实性提出异议，但并未提交证据支持其观点。因此，二审法院对 CN201818204U 实用新型专利说明书的真实性、关联性予以确认。

CN201818204U 实用新型专利说明书公开了一种可防弯翘的实木复合门的门板/门框，由三块指接拼板拼压形成，包括：一块上指接拼板 1，该上指接拼板 1 是由两条或两条以上沿横向而设的指接板条 11 拼接而成；一块中指接拼板 2，该中指接拼板 2 是由两条或两条以上沿纵向而设的指接板条 21 拼接而成；一块下指接拼板 3，该下指接拼板 3 是由两条或两条以上沿横向而设的指接板条 31 拼接而成。上指接拼板 1 的下表面与中指接拼板 2 的上表面通过拼板胶固接在一起，中指接拼板 2 的下表面与下指接拼板 3 的上表面通过拼板胶固接在一起［见权利要求 1、说明书（0017）~（0021）段、说明书附图 1、2］。

二审庭审中，五州木制品厂补充上诉理由如下：①五州木制品厂在一审期间提交的现有技术对比文件与被诉侵权产品也完全一致。原审判决没有考虑该对比文件附图 4 和附图 7 以及说明书第（0024）段的内容，作出现有技术抗辩不成立的认定是错误的。②被诉侵权产品不落入涉案专利权的保护范围。对于涉案专利权利要求 1 中的技术特征"间隔错开"，原审判决将其理解为包括上中下三层木条相互垂直的情形，但是根据涉案专利说明书图 1 来看，三层木条是同一顺序的，平行的，只是缝隙错开。从涉案专利的发明目的和说明书对权利要求的解释、附图来看，原审判决对"间隔错开"的理解是错误的，被诉侵权产品中上中下三层木条相互垂直不属于“间隔错开”，因此被诉侵权产品不落入涉案专利权利要求 1 的保护范围。

二审法院认为，本案系侵害实用新型专利权纠纷。黄某是名称为“一种三层压板压合的门板”、专利号为 ZL2013XXX725. 4 ZL20132033XXXX. 4 的实用新型专利权的专利权人，黄某的合法权利应受法律保护。《专利法》第 62 条[①]规定：“在专利侵权纠纷中，被控侵权人有证据证明其实施的技术或者设计属于现有技术或者现有设计的，不构成侵犯专利权”。《侵犯专利权纠纷案件解释》第 14 条第 1 款规定：“被诉落入专利权保护范围的全部技术特征，与一项现有技术方案中的相应技术特征相同或者无实质性差异的，人民法院应当认定被诉侵权人实施的技术属于专利法第六十二条规定的现有技术。”本案中，黄某请求保护涉案专利权利要求 1，被诉侵权产品被诉落入专利权保护范围的全部技术特征为：一种复合木门板，由三层压板压合，每层压板包括多条平行排列的木板条，相邻层压板的木板条相互垂直，压板与压板之间含有胶水层。CN201818204U 实用新型专利说明书公开的实木复合门的门板同样由三层压板压合，每层压板包括多条平行排列的木板条，相邻层压板的木板条相互垂直，压板与压板之间通过拼板胶固接。可见，被诉侵权产品被诉落入专利权保护范围的全部技术特征均与 CN201818204U 实用新型专利说明书记载的现有技术中相应的技术特征相同，因此，五州木制品厂实施的是现有技术，不构成侵犯专利权。黄某主张该现有技术与本案争诉的技术方案不一致，但不能提出充分理由，二审法院不予支持。

鉴于五州木制品厂的现有技术抗辩成立，在本案中不构成对涉案专利权的侵害，二审法院对于五州木制品厂在一审期间提交的现有技术能否支持其现有技术抗辩主张以及被诉侵权产品是否落入涉案专利权利要求 1 保护范围的问题不再予以评述。

（五）笔者对本案的点评

本案是被告在一审期间主张被诉技术方案没有落入原告主张的专利权利要求保护范围及现有技术抗辩均没有被法院支持，在上诉后提出补充证据，

---

① 《专利法》（2020 年修正）第 67 条。

进行现有抗辩成功的典型案例。其中有三个问题需要读者注意。第一，针对原告认为被告二审期间补充提交的用于现有技术抗辩的证据不应被采纳的问题，二审法院认为“《最高人民法院关于适用〈中华人民共和国民事诉讼法〉的解释》第 102 条规定：‘当事人非因故意或者重大过失逾期提供的证据，人民法院应当采纳，并对当事人予以训诫’。本案中，五州木制品厂在一审期间提出现有技术抗辩，并向原审法院提交了现有技术的证据，但是该现有技术抗辩未获得原审法院的认可。为支持其抗辩主张，五州木制品厂在二审期间补充提交上述现有技术证据，该逾期提交证据的行为并非出于故意或者重大过失，因此上述现有技术证据本院予以采纳。”据此，二审法院采纳被告二审期间补充提交的证据，并不是因为该证据是“新证据”，而是因为逾期提交不是出故意或者重大过失；而且判定被告不是出于故意或者重大过失，是基于被告在一审期间提交的证据未获一审法院认可。此一方面符合 2012 年修订的民事诉讼法及 2015 年颁行的民事诉讼法司法解释关于举证期限的规定，同时也反映了二审法院鼓励被告在二审期间也应该积极举证，进行现有技术抗辩。第二，二审法院是将被诉落入原告专利权保护范围的技术特征与现有技术特征进行比对的。被告始终坚持主张，被诉技术方案的相邻木板条是垂直交叉排列的，而原告专利权利要求的技术方案是相邻木板条“间隔错开”排列，实际是同向排列，因而两者不构成相同也不构成等同，被诉技术方案没有落入原告专权的保护范围。笔者认为被告的该主张是正确的，但二审法院没有就被告的该主张进行评述，而是就被告的被诉技术方案，即原告主张的被告的技术方案与现有技术进行比较，认定现有技术抗辩成立。而不是先认定被诉技术方案落入了原告专利权的保护范围，然后再认定现有技术抗辩成立的。另外，二审法院在依据被告补充提交的证据认定现有技术抗辩成立的情况下，没有对一审法院对被告提出的现有技术抗辩的认定是否正确进行评述。第三，对被告补充提交的证据，虽然原告主张其不具有真实性，二审法院是依据被告补充提交的证据能够在国家知识产权局网站上查询到和下载，认定其真实性的。

笔者认为，如果二审法院能够对被告的被诉技术方案没有落入原告的专利权的保护范围，以及一审法院对被告在一审中的现有技术抗辩的认定进行评述的话，是再好不过的，这样不论是对于当事人及其代理人、一审法院，还是对于社会公众正确行使和尊重专利权都是有利的。

二、以在先出版的书籍和国家强制性标准简单组合作为现有技术载体并以原告据以起诉的专利授权文件作为判断被诉技术方案与现有技术方案无实质性差异的依据现有技术抗辩成功的案例

【案例二】湖南省浏阳市择明热工器材有限公司等诉东莞市永淦节能科技有限公司侵害发明专利权纠纷案（〔2016〕最高法民申 2935 号、〔2016〕湘民终 274 号）

（一）本案据以起诉的专利及主张的权利要求

本案涉诉专利名称为一种用于干燥的高温空气源热泵热风机，专利号为 200910139159.0 号，专利申请日为 2009 年 5 月 15 日，原告主张的权利要求为权利要求 1，其内容为：“一种用于干燥的高温空气源热泵热风机，包括空气源热泵和冷凝器风机，空气源热泵主要由蒸发器、压缩机、冷凝器、主节流装置组成，并依序用工质循环管道连接，其特征在于，所述空气源热泵的蒸发器换热面积与压缩机输入功率的比值的取值范围在 7.0—16m^2/kw 之间；所述空气源热泵的冷凝器换热面积与压缩机输入功率的比值的取值范围5.3 - 12m^2/kw 之间；所述冷凝器风机静压在 60—300Pa”。

（二）一审法院认定的落入了原告专利权利要求 1 的保护范围的被诉技术方案

一审法院将被诉技术方案归纳为以下 6 项技术特征：①一种用于干燥的高温空气源热泵热风机；②包括空气源热泵和冷凝器风机；③空气源热泵主要由蒸发器、压缩机、冷凝器、主节流装置组成，并依序用工质循环管道连接；④所述空气源热泵的蒸发器换热面积与压缩机输入功率的比值为 10.0m^2/kw；⑤所述空气源热泵的冷凝器换热面积与压缩机输入功率的比值为 11.3m^2/kw；⑥所述冷凝器风机静压在 60—300Pa。

（三）一审法院认定被告的现有技术抗辩不成立并认定被告侵犯了原告的专利权的理由

根据《专利法》第62条①，在专利侵权纠纷中，被诉侵权人有证据证明其实施的技术或者设计属于现有技术或者现有设计的，不构成侵犯专利权。《专利法》第22条规定，现有技术是指申请日以前在国内外为公众所知的技术。本案中，根据被告东莞永淦公司作为现有技术提交的证据材料1记载，该专利的专利权人为河南农业大学，发明名称为一种烘烤设备及其加热方法，专利申请日为1999年7月20日，授权公告日为2003年1月29日。权利要求1的内容为：一种烘烤设备，包括由保温壁组成的腔体、装在保温壁上的门和置于腔体内的烘烤装置、分风系统及热泵加热系统，除湿系统及用于控制热泵加热系统和除湿系统的控制仪，其特征在于热泵系统的压缩机通过连通管与冷凝器连接，冷凝器与装在连通管上的节流装置相连通，节流装置与蒸发器相连通，蒸发器通过连通管也与压缩机相连，热泵系统中的冷凝器和压缩机装在腔体之内，蒸发器装在腔体之外，分风系统中的风机装在冷凝器的一侧。权利要求2的内容为：根据权利要求1所述的烘烤设备，其特征在于所述的除湿系统由除湿器、接水盘和与其相连的排水管组成，而除湿器、接水盘装在腔体内，排水管的出口伸出腔体外，烘烤装置为多排的挂竿。权利要求3的内容为：根据权利要求1所述的烘烤设备，其特征在于冷凝器、风机和压缩机装在靠腔体下部的安装板上，安装板底部装有滚子，靠近这些部件的保温壁上装有使设备进出的通门。权利要求4的内容为：根据权利要求1所述的烘烤设备，其特征在于冷凝器、风机和压缩机固定在带透格通孔的箱体内，箱体固定在腔体的顶部。权利要求5的内容为：根据权利要求1所述的烘烤设备，其特征在于烘烤设备中的除湿系统由装在腔体内的除湿器、置于除湿器下部的接水盘和与接水盘相连通的排水管组成，排水管的出口伸出腔体外，烘烤设备顶部开有排风口，底部开有进风口。权利要求6的内容为：根据权利要求1或2或3所述的烘烤设备，其特征在于热泵系统中的连通管内所装制冷剂为142b或R114或R124。对于该抗辩是否成立，可从以下

① 《专利法》（2020年修正）第67条。

方面分析：①原告（原判决书如此，此处应为笔误，但不论此处实际是被告还是原告，都不会影响读者对该案现有技术抗辩的理解——笔者注）并未提供能证明该专利真实存在的证据，不符合证据的形式要件，无法确认其真实性；②原告专利的申请日为2009年5月3日，而作为被告现有技术的专利文件材料中显示的该专利授权公告日确实在原告涉案专利申请日之前，但从作为现有技术的该专利权利要求书来看，尽管公开了该烘烤设备包括蒸发器、压缩机、冷凝器、节流装置及风机等，但并未公开蒸发器换热面积与压缩机输入功率的比值范围的数据、冷凝器换热面积与压缩机输入功率的比值范围的数据及冷凝器风机静压的取值范围等特征。故现有证据并不能证明被诉侵权技术方案属于现有技术，被告称被诉侵权技术属于现有技术的抗辩不成立，不予支持。

（四）二审中湖南省高级人民法院基于被告提交的新证据认定其现有技术抗辩成功不构成侵犯原告的专利权

1. 被告在二审中提交的新证据

（1）书籍《热泵干燥装置》。

（2）国家烟草局颁布的风机静压国家标准。

2. 二审法院查明的被告在二审中提交的用于现有技术抗辩的新证据的内容

二审法院查明，《热泵干燥装置》一书由陈东、谢继红编著，化学工业出版社2006年出版；该书前言部分记载了该书可作为大学本科高年级学生和研究生的选修课题教材。该书记载了热泵干燥装置基础、典型干燥器类型及原理、热泵分类和设计步骤、热泵干燥装置的结构与流程、热泵干燥装置的特性、设计等。第56—57页记载了热泵分类及工作原理、设计步骤、图示的典型蒸气压缩式热泵的组成部件；第138页记载了热泵部分的设计计算；第140页记载了若选取出蒸发器空气温度为28摄氏度时，热泵蒸发器面积、冷凝器面积、压缩机功率的计算方式及依此进行基本构件的选择和设计方案；在所设定的温度条件下，根据所列算式计算出了蒸发器、冷凝器的面积数据分别为$23m^2$和$25m^2$，压缩机的实际耗电功率为3. 15kw，蒸发器与压缩机实际耗电功率的比值、冷凝器与压缩机实际耗电功率的比值分别为 7.3m^2/kw、7.94m^2/kw。

还查明，国家烟草专卖局办公室 2008 年 3 月 20 日发布的国烟办〔2008〕575 号《密集烤房技术规范（试行）修订稿》在其“通风排湿设备与技术参数”部分确定的风机风压为全压 90—280Pa，静压不低于 70Pa。

（五）二审法院认定被告在二审中的现有技术抗辩成立并认定被告没有侵犯原告的专利权的理由

关于现有技术抗辩是否成立。《专利法》第 62 条①的规定，在专利侵权纠纷中，被诉侵权人有证据证明其实施的技术或者设计属于现有技术或者现有设计的，不构成侵犯专利权；《侵犯专利权纠纷案件解释》第 14 条规定，被诉落入专利权保护范围的全部技术特征，与一项现有技术方案中的相应技术特征相同或者无实质性差异的，人民法院应当认定被诉侵权人实施的技术属于《专利法》第 62 条规定的现有技术。根据前述规定，本院认为，通常情况下，被诉侵权人进行现有技术抗辩，只能援引一份对比文献中记载的一项现有技术方案，但是，若被诉侵权人有证据证明其实施的技术方案属于一项现有技术方案与所属技术领域内普通技术人员知晓的技术常识的组合，应当允许被诉侵权人以该理由进行抗辩。本案中，上诉人一方面提交了《热泵干燥装置》一书，认为该书记载了其实施的技术方案；另一方面，主张风机静压是热泵干燥装置领域内公知的常识，也是国家烟草专卖局发布国家标准中记载的技术规范。本院认为，结合本案的具体案情，应从如下方面分析现有技术抗辩是否成立：

第一，《热泵干燥装置》一书中是否记载了一项完整的技术方案。根据本院查明的事实，该书记载了以空气为能量来源，以蒸气压缩热泵为制热模式的热风机的技术方案；该技术方案中，蒸气压缩式热泵包括基本部件压缩机、冷凝器、节流部件、蒸发器和辅助部件、工质等；该方案中公开了在选取出蒸发器空气温度为 28℃时，即为了实现较为合理的技术效果时，通过数

① 《专利法》(2020 年修正) 第 67 条。

据的计算选取合适的蒸发器、冷凝器和压缩机，同时还提供了工质的优选手段，以达到较好的技术效果。由此可见，该书对以空气为能量来源的蒸气压缩式热泵热风机的结构、原理、基本部件选择的记载形成了一个完整的技术方案。《专利法》第22条第5款规定，现有技术是指在申请日以前在国内外为公众所知的技术，本案中，上诉人提交的载有现有技术的书出版于2006年，在涉案专利申请日前即已公知，上诉人可以该书所记载的技术方案作为本案现有技术抗辩。

第二，关于被诉技术方案与现有技术方案的比对。首先，被诉技术方案解决的是空气源热泵热风机的技术问题，其热泵构件包括蒸发器、压缩机、冷凝器、节流装置，前述构件用工质循环管道连接，属于蒸气压缩式热泵，而现有技术中记载的蒸气压缩式热泵的基本部件为压缩机、冷凝器、节流部件、蒸发器，还有工质及相关的辅助部件，两个技术特征构成相同。其次，被诉技术方案热泵中蒸发器、冷凝器与压缩机实际耗电功率的比值分别为10.0m^2/kw和11.3m^2/kw，现有技术方案相对应的两项比值分别为7.3m^2/kw和7.94m^2/kw，该两组对应的比值并不相同，但是因上述数据均在涉案专利对应技术方案所确定的取值范围内，而涉案专利说明书载明，涉案专利对该两项数值的选定系在综合考虑制造工艺可行性和生产成本等因素的基础上优选的结果，在其所确定的蒸发器与压缩机输入功率的比值为7.0—16m^2/kw、冷凝器与压缩机输入功率的比值为5.3—12m^2/kw时，能达到良好的技术效果，实现工质升温和输出热量的平衡，因此，涉案专利权利要求书和说明书间接证明了被诉侵权技术方案与现有技术方案相对应的两项技术特征在技术效果上并无实质性差异；且被上诉人亦未提供其他证据证明上述数值上的差异会导致技术效果有明显差别，因此，本院认为，被诉技术方案中上述两个技术特征与现有技术相对应的技术特征无实质性差异。

第三，上诉人主张，其实施的技术方案中循环风机的压强来自于国家标准，该标准是强制性的，是公开的，也是本领域的公知常识。本院认为，首先，正如涉案专利说明书中所记载的，冷凝风机静压数值的确定只是技术方案中一项辅助手段；其次，风机静压数值往往由物料特性及物料干燥需求决定，这种依不同需求所确定的风机静压不同取值范围对于本领域普通的技术人员而言是显而易见的。国家烟草专卖局在涉案专利申请日前对烟叶干燥设备中风机风压的数值明确了技术规范和数值范围，并以此作为全国烤烟设备的采购标准，被诉侵权人作为烟叶干燥设备生产商，生产符合烟叶这一特殊物料干燥需求的风机，实施的是本领域普通技术人员通常能想到的技术手段。

由上分析，结合一项现有技术方案和本领域公知的技术常识，上诉人的现有技术抗辩理由成立，被诉侵权的技术方案不构成对涉案专利权利要求1的侵害。

（六）本案再审中最高人民法院认定被告现有技术抗辩成立维持二审判决的理由

现有技术抗辩，通常是指被诉落入专利权保护范围的全部技术特征，与一项现有技术方案中的相应技术特征相同或者等同，或者所属技术领域的普通技术人员认为被诉侵权技术方案是一项现有技术与所属领域公知常识的简单组合的，应当认定被诉侵权人实施的技术属于现有技术，被诉侵权人的行为不构成侵犯专利权。根据《专利法》第22条第5款和第62条①的规定，现有技术，是指申请日以前在国内外为公众所知的技术。在专利侵权纠纷中，被控侵权人有证据证明其实施的技术属于现有技术的，不构成侵犯专利权。《侵犯专利权纠纷案件解释》第14条规定："被诉落入专利权保护范围的全部技术特征，与一项现有技术方案中的相应技术特征相同或者无实质性差异的，人民法院应当认定被诉侵权人实施的技术属于专利法第六十二条规定的现有技术。"永淦公司提供的《热泵干燥装置》一书于2006年公开出版，早于涉案专利申请日，故永淦公司可以引用该份证据进行现有技术抗辩。

根据原审法院查明的事实，被控侵权技术方案为一种用于干燥的高温空气源热泵热风机，其包括空气源热泵和冷凝器风机，空气源热泵由蒸发器、压缩机、冷凝器、主节流装置组成，并依序用工质循环管道连接。所述空气源热泵的蒸发器换热面积与压缩机输入功率的比值为10.0m^2/kw，所述空气源热泵的冷凝器换热面积与压缩机输入功率的比值为11.3m^2/kw。所述冷凝

① 《专利法》（2020年修正）第67条。

机风机静压在157.85—207.66Pa（以《密集烤房技术规范（试行）修订稿》规定的风机流量16 000m^3/h为基准）之间。现有技术《热泵干燥装置》中公开了以空气为能量来源、以蒸汽压缩热泵为制热模式的热风机的技术方案，热泵由蒸发器、压缩机、冷凝器、节流部件和工质等构成。在空气出蒸发器的温度为28℃时，所述空气源热泵的蒸发器换热面积与压缩机输入功率的比值为7.3m^2/kw，所述空气源热泵的冷凝器换热面积与压缩机输入功率的比值为7.94m^2/kw。由此可见，现有技术已经披露被控侵权技术方案中的蒸发器、压缩机、冷凝器、主节流装置，并依序用工质循环管道连接等必要技术特征，但未披露冷凝机风机静压的数值；另现有技术所记载的空气源热泵的蒸发器换热面积与压缩机输入功率的比值、空气源热泵的冷凝器换热面积与压缩机输入功率的比值也与被控侵权技术方案不同。国家烟草专卖局在密集烤房建设技术规范中明确规定循环风机风量16 000m^3/h以上时，静压不低于70Pa，故对于从事烟叶干燥设备生产安装的从业者，即本领域的普通技术人员来说，烟草干燥所需的冷凝机风机静压不低于70Pa属于公知常识。关于如何理解被诉侵权技术方案与现有技术方案在蒸发器和冷凝器换热面积与压缩机输入功率两项比值差异的问题。本院认为，根据涉案专利说明书的记载，涉案专利在确定该两项比值的数值范围时，系以加热效果为基础，综合考虑制造工艺可行性和生产成本等因素优选的结果。由此可知，将蒸发器和冷凝器换热面积与压缩机输入功率的比值设定在涉案专利权利要求1限定的数值范围内，均可实现提高热泵热风机的工作能力，对物料进行快速干燥，同时确保干燥系统平稳运行，获得较高能效比的技术效果。被诉侵权技术方案和现有技术方案的蒸发器和冷凝器换热面积与压缩机输入功率的比值均在涉案专利权利要求1限定的数值范围内，根据前述分析，二者具有基本相同的技术效果。据此可认定被控侵权技术方案中蒸发器和冷凝器换热面积与压缩机输入功率的比值与现有技术相对应的技术特征无实质性差异。

综上，二审法院关于被诉侵权技术方案是现有技术《热泵干燥装置》与所属技术领域公知常识的简单组合，永淦公司实施的技术属于现有技术，不构成侵犯专利权的认定并无不当。

（七）笔者对本案的点评

本案是在一审中现有技术抗辩失败的前提下，在二审中提出新证据现有技术抗辩成功的案例。二审中作为现有技术载体的是在原告据以起诉的专利申请日前出版的图书。本案例表明，只要在同一本图书中记载的技术方案，也包括记载在同一本图书中的不同部分的同一技术方案的内容结合起来的技术方案，都可以作为一个现有技术方案进行现有技术抗辩。另外，由于所属技术领域的强制性国家标准，是每个所属技术领域的技术人员必须掌握的内容，因而属于本技术领域的公知常识。还有，本案也再次重申了一件现有技术载体记载的技术方案与所属技术领域的公知常识简单组合后形成的技术方案可以作为现有技术抗辩中的一件现有技术。最为重要的是，本案中，在判定被诉技术方案的参数特征与现有技术中的同一物理量的参数数值不同时，可以以原告据以起诉的专利授权文件作为判断这两者是否无实质性差异的依据。如果按照原告专利授权文件，同一物理量的参数数值范围虽然明显不同，但该物理量在该两个参数范围内时，都能解决原告专利所要解决的技术问题，达到该专利所声明的技术效果，则该物理量在该两个不同的数值范围属于《侵犯专利权纠纷案件解释》第 14 条规定的，被诉落入专利权保护范围的技术特征，与一项现有技术方案中的相应技术特征无实质性差异。

三、被告以其生产、销售产品的证据而不考虑原告据以起诉的专利内容现有技术抗辩成功的典型案例

【案例三】山东常林农业装备股份有限公司诉山东白龙机械有限公司侵害实用新型专利权纠纷案（〔2017〕最高法民申 972 号、〔2016〕鲁民终 1385 号）

（一）原告对被诉侵权产品公证证据保全的过程及内容

原告常林公司据以起诉的专利申请日为 2014 年 6 月 26 日。常林公司以白龙公司涉嫌侵犯其专利权为由，向山东省临沭县公证处申请证据保全。公证处于 2015 年 9 月 15 日，分别制作出〔2015〕临沭证民字第 1238 号、第 1242 号公证书。第 1238 号公证书，公证了 2015 年 9 月 8 日，在梅河口市鑫

浩农机有限公司，以 4 万元的价格，购买一台白龙公司生产的 4YZP－2 型“帝呈现白龙”自走式玉米收获机的过程，公证人员对购买的玉米收获机予以封存并进行了摄像、拍照。第 1242 号公证书，公证了 2015 年 9 月 7 日，对在尚志市三环农机有限公司、常发农装销售服务中心院内，停放的 17 台白龙公司生产的 4YZP－2 型“帝呈现白龙”自走式玉米收获机进行摄像、拍照的过程。

（二）被告进行现有技术抗辩向一审法院提交并经一审法院认定的证据及事实

2014 年 3 月 1 日，白龙公司发布了玉米收获机备案企业标准（备案号为 371327J00470－2014），该标准于 2014 年 3 月 20 日实施。该标准适用于帝呈现白龙 4Y 系列玉米收获机，规定了该型机器的产品型号、基本参数、要求、试验方法、检验规则、标志、运输及贮存。该标准对 4YZP－2 产品型号的含义作了说明，类别号 4Y，指代玉米收获机；特征代号 Z，指代自走式；功能代号 P，指代剥皮功能；2 为主参数代号，用阿拉伯数字表示行数。该标准在莒南县质量技术监督局颁发的山东省企业产品执行标准登记证书中予以登记，登记日期为 2014 年 3 月 6 日。

2014 年 7 月 25 日，白龙公司将其 2015 年 7 月（此处应为 2014 年 7 月，2015 年 7 月应为原判决书笔误——笔者注）生产的帝呈现白龙 4YZP－2 型自走式玉米收获机委托山东省农业机械产品质量监督检验站进行性能检验和可靠性检验。2014 年 8 月 8 日检验结论作出，结论均为符合有关标准的规定要求。

2015 年 11 月 26 日，白龙公司向吉林省辉南县公证处申请证据保全。同日，公证处人员及白龙公司的委托代理人来到辉南县庆阳镇太平村太平屯，对赵某国所购白龙公司生产的 121 手扶拖拉机的变速箱拆卸、运至辉南县金铭农机经销股份有限公司的过程进行记录、摄像，制作了现场工作记录和 DVD 光盘。对公证的内容，公证处于 2015 年 11 月 30 日制作出〔2015〕吉辉证民字第 796 号公证书。

2015 年 12 月 4 日，白龙公司向山东省莒南县公证处申请证据保全。同日，公证处人员及白龙公司的委托代理人来到莒南县十字路镇大埠南村吴某明的大院内，向吴某明购买了一台“帝呈现白龙”自走式玉米收获机（型号4YZP－2型，白龙公司生产），吴某明出具了编号为8846851的收据。公证人员对购买过程进行记录、摄像，制作了工作记录，并对购买的玉米收获机予以封存。对公证的内容，公证处于2015年12月5日制作出〔2015〕莒南证民字第841号公证书。

一审庭审中，常林公司认可白龙公司申请公证的第841号公证书公证取得的玉米收获机与其第1238号公证书公证取得的玉米收获机是相同的产品。经一审当庭核对，第841号公证书中拍摄的公证封存的玉米收获机与常林公司公证保全的玉米收获机是相同的产品，其中拍摄的生产标牌照片显示了该产品的详细信息：品牌为帝呈现白龙，产品名称为自走式玉米收获机，型号为4YZP－2，工作行数为2行，出厂日期为2014年3月，出厂编号为BL1403007，生产商为白龙公司，厂址为山东省莒南县经济开发区大西环路南段。

白龙公司为支持其先用权和现有技术抗辩的主张，还向一审法院提供了机架总成、割台总成、剥皮机、操作系统、传动系统、覆盖件、粮箱组件等4YZP－2型玉米收获机产品设计的原始图纸（图纸上设计人、审核人、批准人的签字均为2013年7月），辉南县金锋农机经销有限公司（以下简称金锋公司）与白龙公司于2014年1月3日签订的购买手扶拖拉机协议书及所附带增值税发票、金锋公司的证明及给赵某国出具的收款收据、赵某国给白龙公司出具的收据，蒋某波的营业执照、税务登记证、身份证复印件、白龙公司于2014年4月6日给蒋某波出具的玉米收获机发货通知单及收款收据、蒋某波给吴某明出具的收款收据、吴某明给白龙公司出具的编号为8846851的收据等证据，一审法院认为上述证据与白龙公司所提供的两份公证书、玉米收获机备案企业标准、性能检验和可靠性检验报告、山东省企业产品执行标准登记证书等证据，从内容和时间能够相互对应，已经形成完整的证据链，上述证据可以证明第841号公证书公证购买的吴某明的4YZP－2型“帝呈现白龙”自走式玉米收获机的来源真实合法，该产品已经在涉案专利申请日前公开销售。

（三）一审法院认定被告现有技术抗辩成立的理由

《专利法》第22条第5款规定："本法所称现有技术，是指申请日以前在国内外为公众所知的技术。"因此现有技术，包括发明或者实用新型专利申请日以前在国内外出版物上公开发表、在国内外公开使用或者以其他方式为公众所知的技术。由于我国的专利法对实用新型专利不进行实质性审查，因而某些现有技术方案有可能被授予专利，允许现有技术抗辩是为了弥补在专利审查制度上的不完备，同时也是保护社会公众的利益。因此，在实用新型专利权侵权诉讼中，被控侵权人以被控侵权物系现有技术进行不侵权抗辩的，不论其是否提出宣告专利权无效的请求，人民法院均应当予以审查。

《专利法》第62条①规定："在专利侵权纠纷中，被控侵权人有证据证明其实施的技术或者设计属于现有技术或者现有设计的，不构成侵犯专利权。"判断现有技术抗辩是否成立时，应当将被控侵权物的技术与现有技术进行对比。被诉落入专利权保护范围的全部技术特征，与一项现有技术方案中的相应技术特征相同或者无实质性差异的，应当认定被诉侵权人实施的技术属于现有技术。

本案中，白龙公司生产的被控侵权产品为4YZP－2型"帝呈现白龙"自走式玉米收获机，常林公司诉其落入专利权保护范围的全部技术特征。而白龙公司提供的证据已经充分证明，在涉案专利申请日2014年6月26日之前，被控侵权产品已经在国内公开销售和使用。被控侵权产品的技术已经成为涉案专利申请日以前在国内为公众所知的现有技术。因此本案具备了现有技术抗辩成立的构成要件，应当认定白龙公司不构成对常林公司专利权的侵犯。

（四）二审山东省高级人民法院维持一审关于现有技术抗辩认定的理由

二审法院二审查明的事实与原审法院查明的一致。二审法院以如下理由维持了一审法院关于现有技术抗辩的认定：

《专利法》第62条②规定："在专利侵权纠纷中，被控侵权人有证据证明

① 《专利法》(2020年修正) 第67条。
② 《专利法》(2020年修正) 第67条。

其实施的技术或者设计属于现有技术或者现有设计的，不构成侵犯专利权。”《专利法》第22条第5款规定：“本法所称现有技术，是指申请日以前在国内外为公众所知的技术。”本案中除上述证据外，白龙公司还举证了第841号公证书，其中公证拍摄封存的玉米收获机与常林公司公证保全的玉米收获机是相同的产品，该公证书公证拍摄的玉米收获机的生产标牌照片显示的产品名称为自走式玉米收获机，品牌为帝呈现白龙，型号为4YZP-2，出厂日期为2014年3月，出厂编号为BL1403007。二审法院认为，白龙公司已经举证证明在常林公司涉案专利申请日2014年6月26日之前，被控侵权产品已经在国内公开销售和使用，被控侵权产品所蕴含的技术已经可以在国内被不特定的相关公众所知悉，被控侵权产品所蕴含的技术已经成为常林公司涉案专利申请日以前在国内为公众所知的技术，符合《专利法》上述关于现有技术的规定。因此，原审判决认定“本案具备了现有技术抗辩成立的构成要件，应当认定白龙公司不构成对常林公司专利权的侵犯”，并无不当。

（五）最高人民法院再审维持一审、二审法院关于现有技术抗辩成立认定的理由

首先，关于白龙公司的在先销售行为是否成立。常林公司申请再审称，白龙公司仅提交收据不足以证明其销售被诉侵权产品给蒋某波，且常林公司在二审程序中提交了录音证据，在该录音中蒋某波承认其没有销售过玉米收获机。本院认为，一审、二审法院并非仅仅依据收据就认定白龙公司的在先销售行为，白龙公司在一审诉讼中还提交了第841号公证书，证明蒋某波后续将被诉侵权产品销售给了吴某明。此外，白龙公司还提交了其与辉南县金锋农机经销有限公司于2014年1月3日签订的协议书、增值税发票等证据，用以证明除蒋某波之外白龙公司还将被诉侵权产品销售给了其他市场主体。关于常林公司提交的录音证据，由于录音本身无法证明被录音主体的身份，且蒋某波亦未出庭作证或作出任何形式的说明，故二审法院对录音证据不予采信并无不当。因此，本院认为，根据白龙公司提交的证据，可以认定该公司在涉案专利申请日之前已就被诉侵权产品进行了销售。

其次，关于白龙公司的在先销售是否为市场公开销售。常林公司申请再审称，虽然第841号公证书公证取得的玉米收获机，其生产标牌显示的出厂日期为2014年3月，但不必然表明该产品在所标明的出厂日期已经面向公众销售；而且，第841号公证书无法证明公证员所看到的设备是出厂时的原始配件，未经过更换。对此，本院认为，常林公司对于该项主张未提供任何证据，本院不予支持。常林公司申请再审还称，第841号公证书及收据仅涉及1台被诉侵权产品，不能确定白龙公司是否已面向不特定相关公众销售。本院认为，除第841号公证书与收据以外，白龙公司在原审诉讼中还提交了证据《玉米收获机的备案企业标准》《山东省农业机械产品质量监督检验站进行的性能检验报告》《山东省农业机械产品质量监督检验站进行的可靠性检验报告》《山东省企业产品执行标准登记证书》、白龙公司与辉南县金锋农机经销有限公司于2014年1月3日签订的协议与增值税发票、辉南县金锋农机经销有限公司出具的证明及给赵某国出具的收款收据、赵某国给白龙公司出具的收据，上述证据已形成完整的证据链，能够证明白龙公司在涉案专利申请日之前已就被诉侵权产品进行公开检验、企业标准备案，以及市场公开销售。

综上，本院认为，白龙公司在原审诉讼中提交的证据能够证明，被诉侵权产品的技术方案在涉案专利申请日以前已经为公众所知，故二审法院关于白龙公司现有技术抗辩成立的认定正确，常林公司该项申请再审理由不能成立。

（六）笔者对本案的点评

本案的如下三点对读者来说值得注意：第一，在该案的三级审理过程中都没有提及原告据以起诉的专利权利要求的内容。这是因为原告承认被诉侵犯专利权的产品与被告举证的作为现有技术载体的产品是相同产品。如果被告的举证属实，即该产品能够被认定为现有技术载体，则无论原告据以起诉的专利内容如何，被告都不构成侵犯原告的专利权。但原告专利权的申请日的时间，是该案中非常重要的信息，因为是根据原告专利申请日确定是否为现有技术的时间分界点。第二，关于举证责任的分配。原告再审时主张，第841号公证书无法证明公证员所看到的设备是出厂时的原始配件，未经过更换的。对此，最高人民法院再审认为，常林公司对于该项主张未提供任何证据，对其该项主张不予支持。对此，笔者特别提醒读者，法院判案依据的是法律事实而不是客观事实，客观事实法官无从知晓。而法律事实是证据证明的事实。认定法律事实必然要把握证明责任和证明标准的问题。具体到本案，在正常情况下，销售的一手产品或者新产品应该是，通常也是，出厂时的原配件，未经过更换的。而新产品的配件不是出厂时的原配件，是经过了更换的，这是不符合常理的，也是很少出现的。这是社会生产、交换、生活的“公理”。因此，被告对此不需要举证证明。而原告提出不符合这一“公理”的主张，其就要举证证明，而且证明标准要达到使法官认为这一“公理”可能出现了例外的程度，即被告如果没有其他证据或者合理解释，法官无法认定该设备配件是否是原配件，或者对是原配件产生了严重怀疑，不能产生内心确信。而本案中，原告仅仅提出主张，而没有任何证据以动摇法官根据这一“公理”产生的内心确信。法院不支持原告的该主张是正确的。第三，像本案中出现的“常林公司申请再审称，白龙公司仅提交收据不足以证明其销售被诉侵权产品给蒋某波，且常林公司在二审程序中提交了录音证据”，这样的情况在诉讼中出现的频率比较高，而且是一些代理人比较看重的诉讼策略。对这种诉讼策略笔者不予置评，但笔者认为，在被告提供了大量的形成了完整的具有很高证明力的证据链的前提下，原告仍以“白龙公司仅提交收据不足以证明其销售被诉侵权产品给蒋某波，且常林公司在二审程序中提交了录音证据”作为再审理由，应该说是除了再折腾一次被告，浪费司法资源外，于自身带不来任何好处。这种做法，笔者是完全不赞同的。

四、以被诉产品就是在先销售的产品现有技术抗辩成功的案例

【案例四】东莞市汇如涞电能科技有限公司与银禧工程塑料（东莞）有限公司等侵害实用新型专利权纠纷案（〔2016〕粤民终 1126 号）

（一）一审中被告的举证及原告的质证

1. 原告汇如涞公司的指控

汇如涞公司向一审法院起诉，请求判令银禧公司、星火公司：①立即停止侵权行为，销毁库存的侵权产品；②连带赔偿汇如涞公司经济损失 80 万

元；③承担本案诉讼费用。汇如涞公司指控“YX－QL－33”切粒机为本案侵权产品。

2. 对现有技术抗辩被告的举证及质证

（1）被告银禧公司的举证及质证。银禧公司主张被诉侵权产品具有合法来源，提交了如下证据：证据一，星火公司与银禧公司签订的机械购销合同（盖有星火公司、银禧公司的公章），合同签订时间为 2013 年 8 月 14 日，合同项目为切粒机、XH－200 型，数量为 10 台，金额为 140 万元，交货期限为分批次交货，8 月份交 2 台，9 月份交 2 台，10 月份交 3 台，11 月份交 3 台，于 2013 年 11 月 20 日前交清。证据二，发票若干张（均盖有星火公司的公章），发票显示的购货单位为银禧公司、销货单位为星火公司，开票日期从 2013 年 10 月至 2014 年 7 月不等（发票编号不同），发票的总金额为 140 万元。

原告汇如涞公司质证后，对上述发票的真实性予以认可，认为上述证据不能证实汇如涞公司提交的银禧公司现场拍摄的切粒机照片所示设备型号为 XH－200 型切粒机，且设备上标识有“YX－QL－33”；上述合同显示切粒机单价为 14 万元，而星火公司销售给信诺公司的 XH－200 型切粒机的单价才 5 万多元，可见这两种机器功能有较大差异，故不能证明“YX－QL－33”机器所采用的技术方案与被诉侵权产品的技术方案相同。

星火公司对上述证据均予以确认，并确认被诉侵权产品是其销售给银禧公司的。

（2）被告星火公司的举证。星火公司为证明其在 2013 年已销售与本案被诉侵权产品相同的产品，提交了如下证据：证据一，星火公司与银禧公司签订的机械购销合同（盖有星火公司、银禧公司的公章），合同签订时间为 2013 年 8 月 14 日，该合同与银禧公司提交的合同一致。证据二，星火公司的送货单（盖有星火公司公章），日期为 2013 年 11 月 9 日，产品名称为 XH－200 型切粒机，数量为 2 台。证据三，发票照片，即为上述合同对应的部分发票，与银禧公司提交的证据二相吻合。

（二）一审法院应被告的申请对现场勘验所得的证据

经银禧公司、星火公司申请，一审法院于 2016 年 5 月 11 日来到银禧公司进行现场勘验，经查，银禧公司共有切粒机 15 台，切粒机上贴有银禧公司自制的设备标示卡，标示卡上写有设备编号、名称、型号规格、制造厂商及购买日期等信息，机身上用手写字迹标有设备购入日期，部分机器上还有铭牌，铭牌上标有星火公司的名称、地址、电话等内容。其中，编号为“YX－QL－27”机器设备标示卡所示内容为设备编号：YX－QL－27；设备名称：切粒机；型号规格：XH－200 型；制造厂商：星火机械；购入日期：2013 年 12 月。机身上手写内容为“本切粒机请购于 2013 年 12 月 16 日。编号为“YX－QL－33”的切粒机设备标示卡不完整，可见“星火、XH－200”等字样，该机器机身上手写内容为“2013 年 11 月购回”。星火公司、银禧公司均确认上述切粒机型号为 XH－200 型，汇如涞公司确认上述机器所实施的技术方案相同。双方均同意以编号为“YX－QL－33”的切粒机进行比对，当事人双方均确认该切粒机所实施的技术方案与一审法院在信诺公司现场保全的切粒机所实施的技术方案一致，亦与本案专利权利要求记载的全部技术特征一致。

一审法院为核实现场设备编号及设备标示卡制作等问题通知银禧公司工作人员李某强出庭做证，李某强称：其为设备部班长，现场勘验的相同型号的机器大概有 15 台，他们会根据机器的机型对应作设备标示卡，因为机器保修时间是一年，所以买入机器时会在机器上手写购入日期，设备标示卡上所写购入日期与手写时间一致，不能完全保证设备标示卡是贴对的。他们每年都会对设备进行盘点，2014 年、2015 年盘点时未发现相关问题。汇如涞公司认为，李某强是银禧公司员工，故对其证言的真实性不予认可。

银禧公司为有限责任公司，成立于 2002 年 9 月 19 日，经营范围为生产和销售工程塑料、道路普通货运。星火公司为有限责任公司，成立于 2011 年 2 月 24 日。

（三）一审法院审理后认定被告现有技术抗辩成立

一审法院认为：汇如涞公司是名称为“一种塑料切粒机”、专利号为 ZL2014XXX662.4 ZL20142000XXXX.4 的实用新型专利权人，该专利仍处于有效状态，故汇如涞公司享有的实用新型专利权应受法律保护。

《专利法》第62条①规定，在专利侵权纠纷中，被控侵权人有证据证明其实施的技术或者设计属于现有技术或者现有设计的，不构成侵犯专利权。本案中，银禧公司、星火公司主张被诉侵权技术方案属于现有技术，如果该现有技术抗辩成立，则银禧公司、星火公司不侵犯汇如涞公司的专利权；如果不成立，则需要进一步判断被诉侵权技术方案与本案专利是否相同或者相似，是否侵犯汇如涞公司的专利权。故一审法院首先审查银禧公司、星火公司的现有技术抗辩是否成立。

银禧公司、星火公司以星火公司在本案专利申请日前已公开销售相同产品为由主张现有技术抗辩，银禧公司、星火公司提交了合同、发票、送货单、证人证言等证据予以证实，一审法院结合现场勘验的照片、笔录及汇如涞公司提交的机器照片等证据分析如下：

第一，现有证据显示星火公司于2013年已经制造并公开销售了XH－200型切粒机。从本案证据分析，银禧公司于2013年8月14日与星火公司签订了购销合同，星火公司送货单显示该公司于2013年11月9日向银禧公司送了2台产品名称为切粒机；星火公司出具的发票上显示的购销单位、产品名称型号以及总金额等均能与上述合同互相印证，故现有证据上述已形成完整的证据链足以证实星火公司于2013年向银禧公司出售了其制造的XH－200型切粒机10台。

第二，现有证据显示XH－200型切粒机所实施的技术方案与银禧公司标识有“YX－QL－33”字样的切粒机所实施的技术方案一致。首先，从汇如涞公司提交的在银禧公司拍摄的标识有“YX－QL－33”字样的切粒机照片看，该机器上贴有显示有星火公司名称、地址等信息的铭牌，且星火公司、银禧公司均确认该机器来源于星火公司，故可确认该切粒机由星火公司制造并销售给银禧公司。其次，关于“YX－QL－33”的编号及该机器所贴设备标示卡的编写问题，银禧公司设备部班长李某强证实该公司会根据机器的机型制作设备标示卡并且在买入机器时会在机器上手写购入日期，结合银禧公司与星火公司于2013年签订的合同中关于“10台XH－200型切粒机分批交

① 《专利法》（2020年修正）第67条。

货，同年 11 月份星火公司向银禧公司交货 3 台”的约定，可见，李某强的证言与合同约定内容能够相互印证，其证言可以作为认定本案事实的证据予以采信。经现场勘验，编号为“YX－QL－33”切粒机所贴设备标示卡上标识该机器型号为 XH－200 型，且该机器机身上手写内容为“2013 年 11 月购回”，根据上述分析，“YX－QL－33”切粒机即为 2013 年 11 月星火公司向银禧公司销售的 XH－200 型切粒机。

综合考虑相关证据，可以认定，星火公司在本案专利申请日即 2014 年 1 月 2 日之前，已经在市场上公开销售具备 XH－200 型机器所载技术特征的切粒机，该型号为 XH－200 型切粒机所实施的技术方案已为公众所知悉。根据《专利法》第 22 条第 5 款规定，本法所称现有技术，是指申请日以前在国内外为公众所知的技术。故，XH－200 型切粒机所实施的技术方案属于现有技术。

经现场比对，汇如涞公司与银禧公司、星火公司均确认“YX－QL－33”切粒机所实施的技术方案与本案被诉侵权产品所实施的技术方案一致，故被诉侵权产品实施的技术属于现有技术。根据《专利法》第 62 条规定，银禧公司、星火公司均不构成本案侵犯专利权。

（四）二审法院广东省高级人民法院维持一审现有技术抗辩成立的认定及其理由

二审法院经审理查明，一审认定基本事实属实，二审法院予以确认。

二审诉讼期间，汇如涞公司向二审法院提交两份新证据：①〔2016〕粤莞东莞第 020397 号公证书，用以证明星火公司网站上 XH－200 型号切粒机与被诉侵权切粒机在外观、技术特征上明显不同，即被诉侵权切粒机不是 XH－200 型号。②〔2016〕粤莞东莞第 023692 号公证书，用以证明涉案专利权利要求 5 记载的部件属于易于拆卸部件，更换该部件机器可以正常运转。银禧公司、星火公司质证认为，对两份公证书的真实性认可，但与本案没有关联性，不能支持汇如涞公司的主张。二审法院对新证据的真实性予以确认，其有无证明力及证明力大小将结合案件事实予以综合认定。

还查明：①银禧公司一审提交的增值税发票为第三联“购货方记账凭

证”，具体为：日期为2013年10月10日，编号为01953746—01953758的发票共13张，共计145 600元；日期为2013年10月11日，编号为04252861—04252868、04252870—04252873的发票共12张，共计134 400元；日期为2013年11月25日，编号为00172092—00172099、04252915—04252920、00172100—00172110的发票共25张，共计280 000元；日期为2014年1月11日，编号为03662996—03663020的发票共25张，共计280 000元；日期为2014年3月19日，编号为04465540—04465564的发票共25张，共计280 000元；日期为2014年7月11日，编号为07729186—07729189的发票共4张，共计280 000元。②星火公司提交相应发票联为第一联“销货方记账凭证”。③二审庭审中，银禧公司陈述称被诉侵权产品设备标识卡由采购部填写，便于确定保修时间，其中型号规格XH－200中的“XH”代表“星火”；设备上的编号由生产部喷漆，编号YX－QL－33中“YX”代表“银禧”，“QL”代表“切粒”。④《购销合同》第3条、第5条约定了分批交货、分期支付的相关内容。⑤一审法院现场勘验查看银禧公司内部管理档案，其中切粒机日常保修登记表记载了滚刀、定刀、胶轮易耗部件更换时间。

二审法院认为，本案系侵害实用新型专利权纠纷。综合上诉请求及事由、答辩意见，二审争议焦点为被诉侵权产品实施的是否为现有技术。

本案被诉侵权产品为银禧公司现场使用的特定型号的切粒机。银禧公司、星火公司主张被诉切粒机为2013年双方交易中星火公司制造并销售给银禧公司的，为此提交了相关证据。二审法院认为，银禧公司、星火公司分别提交了各自持有的《购销合同》，从约定内容来看，购货共10台，总金额为140万元，交货方式为分批交货，付款方式为分期支付，合同签订时间为2013年8月13日。银禧公司提交增值税发票总金额为140万元，与购销合同金额一致，开票时间基本印证了合同约定的分期支付方式，发票上显示的购销单位与购销合同方一致，发票上填写的货物名称及型号与购销合同一致；星火公司提交的第一联发票与银禧公司持有的第三联发票相互印证，星火公司提交的一张盖有公司印章的送货单也部分印证了交付情况。从一审法院勘验情况来看，银禧公司现场有切粒机多台，设备标识卡、机器上的喷码虽为银禧公司己方标记，但银禧公司陈述称设备标识卡由采购部填写，便于确定保修时间，编号由生产部喷漆，符合正常的生产使用习惯，结合前述合同约定及履行情况来看，银禧公司填写设备标识卡的真实性具有高度的可能性，并非为本案诉讼而为。一审法院根据审理实际需要进行现场勘验，并询问有关人员，程序并无不当，汇如涞公司关于一审法院程序违法的主张二审法院不予支持。综合合同、发票、送货单等证据，当事人陈述，一审法院勘验情况，运用逻辑推理和日常生活经验法则进行全面客观审查后，二审法院认为星火公司于2013年8月14日与银禧公司签订购销合同将涉案被诉侵权产品销售给银禧公司，合同已经实际履行完毕，被诉侵权产品由星火公司于涉案专利申请日之前制造并公开销售，银禧公司所购并使用的被诉侵权产品来源于星火公司。

汇如涞公司主张被诉侵权产品对应于权利要求5中技术特征的部件属于易于拆卸部件，不排除在专利申请日之前销售的切粒机于专利申请之后更换部件的可能。对此本院认为，银禧公司承认被诉侵权机器在使用中更换过刀具等易损部件，但否认改装，该陈述与一审法院现场勘验的切粒机日常保修登记表记载内容相符。汇如涞公司认为被诉侵权产品被人为改装，并未提供具体证据，属主观猜测，其二审提交的公证书仅能证明专利部分技术特征的产品结构可以被拆卸，无法证实其主张。双方当事人在一审勘验时均确认被诉侵权产品的技术方案与专利的技术方案一致，若银禧公司为本案诉讼而改装机器，却按照与专利相同的技术方案进行改装，有违常理。综上所述，汇如涞公司该项主张理据不足，二审法院不予采信。

被诉侵权产品系涉案专利申请日前星火公司制造并销售给银禧公司的，星火公司的销售行为属于公开销售，被诉侵权的技术方案与专利权利要求5、7的技术方案相同，故被诉侵权产品实施的技术方案为现有技术。

（五）笔者对本案的点评

和其他以在先销售的产品进行现有技术抗辩，被告几乎不可能以一个直接证据证明其在涉案专利申请日之前已经销售的产品承载的技术方案，而只能以众多证据形成证据链来证明其在先销售的产品的技术方案的案例一样，本案也是由众多证据作为证据链来达到其证明目的的。也正如同类案例一样，对于被告的举证是否形成证据链、是否达到了证明目的，是很难有一个具体的、明确的、易于各方都能接受的判断标准，甚至可以说是仁者见仁、智者见智的。但对于同一案子证据的认定结果，对于具有一定智慧的人来说还是容易达成共识的。笔者所说的智慧是指知识、智力、道德经过岁月洗礼后形成的结晶。具体到实际案子，对于主张现有技术的被告来说，最好的做法就是尽可能充分地举证，也就是说提供尽可能多不互相冲突的证据支持其主张。对于持反对意见的原告来说，提出尽可能多的质疑意见并提供尽可能多的反证。对于作为裁判的法官来说，只有在遵循所有裁判规则的前提下遵循智慧的引导作出判断，并将自己判断的过程和依据，即思维过程，尽可能深入浅出并全面详尽地写出来，以便以理服人。具体到本案而言，笔者认为，被告的举证应该算是很充分的，法官的判理是很棒的。特别是二审法官，在一审法院认定的事实及判理的基础上，所作的如下补充是非常珍贵的，读者应该用心体会，在具体诉讼实务中学习运用。

（1）补充查明，银禧公司一审提交的增值税发票为第三联“购货方记账凭证”，并补充了大量具体细节；星火公司提交相应发票联为第一联“销货方记账凭证”。这样与银禧公司作为购货方、星火公司作为销售方相印证，购货方的第三联与销售方的第一联相互印证。

（2）银禧公司提交增值税发票总金额为 140 万元，与购销合同金额一致，开票时间基本印证了合同约定的分期支付方式，发票上显示的购销单位与购销合同方一致，发票上填写的货物名称及型号与购销合同一致；星火公司提交的第一联发票与银禧公司持有的第三联发票相互印证，星火公司提交的一张盖有公司印章的送货单也部分印证了交付情况。

（3）对于汇如涞公司主张的，被诉侵权产品对应于权利要求 5 中技术特征的部件属于易于拆卸部件，不排除在专利申请日之前销售的切粒机于专利申请之后更换部件的可能，二审法院除以“汇如涞公司认为被诉侵权产品被人为改装，并未提供具体证据，属主观猜测”的消极事实，予以回应外，还用“双方当事人在一审勘验时均确认被诉侵权产品的技术方案与专利的技术方案一致，若银禧公司为本案诉讼而改装机器，却按照与专利相同的技术方案进行改装，有违常理”的积极事实予以回应。这样该案判决的说服力就大大加强。

另外，本案一审中，银禧公司、星火公司主张被诉侵权技术方案属于现有技术，如果其现有技术抗辩成立，则银禧公司、星火公司不侵犯汇如涞公司的专利权；如果不成立，则需要进一步判断被诉侵权技术方案与本案专利是否相同或者相似，是否侵犯汇如涞公司的专利权。故，一审法院首先审查银禧公司、星火公司的现有技术抗辩是否成立，在本案中，被告以被诉侵权产品与被告在涉诉专利申请日之前销售的产品相同作现有技术抗辩的前提下，是没有问题的。如果被告不是以被诉侵权产品与在先销售的产品相同进行现有技术抗辩，而是以被诉产品的技术方案属于现有技术抗辩的话，则应该首先考虑被诉产品是否落入涉案专利权保护范围，其次再考虑现有技术抗辩是否成立。因为，首先，如果被诉产品的技术方案不落入涉诉专利权保护范围的话，就不需要进行现有技术抗辩的判定。其次，判定现有技术抗辩是否成立时，按照《侵犯专利权纠纷案件解释》第 14 条第 1 款的规定，“被诉落入专利权保护范围的全部技术特征，与一项现有技术方案中的相应技术特征相同或者无实质性差异的，人民法院应当认定被诉侵权人实施的技术属于专利法第六十二条[①]规定的现有技术”，只要被诉产品或者方法技术方案中的落入专利权保护范围的全部技术特征，与一项现有技术方案中的相应技术特征相同或者无实质性差异的，人民法院就应当认定被诉侵权人实施的技术属于《专利法》第 67 条规定的现有技术。在被诉产品或者方法的技术方案落入专利权保护范围的情况下，通常会既包含与涉案权利要求的技术特征构成相同或者等同的技术特征，也包含与涉案权利要求的技术特征不构成相同也不构成等同的技术特征。在进行判定现有技术抗辩是否成立时，只需将被诉产品或者方法中与涉案权利要求的技术特征构成相同或者等同的技术特征与一项现有技术中的技术特征进行比对，看是否构成相同或者无实质性差异，而对被诉产品或者方法技术方案中与涉案权利要求的技术特征不构成相同也不构成等同的技术特征在所不问。在这种情况下，先将被诉技术方案与涉案专利权利要求进行比对，看其是否落入了涉案专利保护范围，如果落入的话，看具体哪些技术特征落入了涉案专利权的保护范围；而是直接先将被诉技术方

---

① 《专利法》（2020 年修正）第 67 条。

案与现有技术方案比对并由此得出现有技术抗辩不成功的结论，是没有依据的。以这样的比对结论作为判定现有技术抗辩不成功的依据是错误的。这一点希望读者特别注意。

五、原告以涉诉专利申请日之前的关于涉诉产品设计、生产、销售的几乎所有方面的证据及库存产品证据形成的证据链作为现有技术的载体进行现有技术抗辩不侵权确认成功的案例

【案例五】赵某美与四川鸿昌塑胶工业有限公司确认不侵害专利权、侵害实用新型专利权纠纷再审案［〔2016〕最高法民申726号、〔2015〕沪高民三（知）终字第40号］①

（一）本案中反诉人赵某美据以反诉被告的专利及其主张的权利要求

反诉人据以反诉的专利名称为“清洁工具”，专利号为201020535057.9，专利申请日为2010年9月19日。2013年1月23日，国家知识产权局因涉案专利权利要求14引用错误出版了涉案专利权利要求书、说明书及其附图的全文更正版本。2014年5月5日，原专利复审委作出第22729号无效宣告请求审查决定书，宣告维持该专利权有效。上述国家知识产权局出版的涉案专利权利要求书、说明书及其附图的全文更正版本中涉及本案审理的涉案专利权利要求1、7、9、10、14、15的内容如下：

1. 一种清洁工具，包括：甩水桶和拖把；甩水桶中设有可旋转的甩水篮；拖把杆下端铰接有带擦拭物的拖把头，拖把杆至少包括内杆和外杆，内杆、外杆其中之一的下端与拖把头相连；内杆、外杆间相互套接，内外杆间设有驱动机构和防拉脱机构；下压拖把杆，驱动机构将拖把杆伸缩运动转化为拖把头的旋转运动，拖把头绕拖把头旋转中心单向旋转，拖把头带动甩水篮绕旋转中心单向旋转；其特征在于，所述的甩水篮与拖把头间设有相配合的定位装置；带擦拭物的拖把头放入甩水篮时，定位装置将拖把头在甩水篮

---

① 〔2016〕最高法民申726号、〔2015〕沪高民三（知）终字第40号是不侵犯专利权确认之诉和侵犯专利权之诉的合案，以下简称本案再审和本案二审。而在本案中涉及的〔2013〕沪二中民五（知）初字第37号案，以下简称赵某美另案一审；〔2014〕沪高民三（知）终字第13号，以下简称赵某美另案二审。

中平整定位；拖把头带动甩水篮旋转时，定位装置阻止拖把头倾斜。

7. 根据权利要求 1 所述的清洁装置，其特征在于：所述的定位装置包括，设于甩水篮内侧中段的定位部，拖把头包括圆形拖把盘，拖把杆下压时，定位部与拖把盘相抵触。

9. 根据权利要求 7 所述的清洁工具，其特征在于：所述的定位部包括，甩水篮内侧纵向分布至少 3 根定位筋，定位筋与拖把盘外缘相配合，定位筋中段设有突出部。

10. 根据权利要求 1 所述的清洁工具，其特征在于：所述的驱动机构包括，与外杆固定的螺旋杆件，内杆与传动件相固定，转动件中设有与螺旋杆件相配合的螺牙或开孔；转动件与传动件间设有单向传动机构；所述的防拉脱机构包括，螺旋杆件上设有阻挡件，螺旋杆件与外杆的固定端和阻挡件分别设于传动件两侧，阻挡件可在内杆中灵活移动；拖把杆拉长到位时阻挡件阻止内、外杆脱离。

14. 根据权利要求 1 所述的清洁工具，其特征在于：所述的甩水桶中设有清洗部，清洗部设有清洗支撑装置；清洗时拖把头单向旋转，清洗支撑装置支撑拖把头以减小拖把头的旋转阻力，清洗支撑装置同时阻止拖把头压紧擦拭物；清洗支撑装置设有与拖把头上支杆或开孔相配合的孔洞或支柱。

15. 根据权利要求 1 所述的清洁工具，其特征在于：所述的内杆是与拖把头相连的杆体，拖把杆还包括：与外杆上端相连接的延长杆，握把设于延长杆顶端，内杆、外杆和延长杆均为金属杆；外杆中分别固定有螺旋杆件固定端和连接套，连接套与延长杆中的连接头配合连接，外杆上端或延长杆下端设有缩口段，外杆上端和延长杆下端通过缩口段插接。

（二）本案一审法院查明的关于鸿昌公司现有技术抗辩的相关事实

2013 年 4 月 7 日，赵某美以鸿昌公司生产、销售的涉案手压双驱拖、涉案传奇拖侵犯其名称为“一种拖把桶及与其配套的拖把”实用新型专利权（以下简称 3406 专利）为由向一审法院提起诉讼，一审法院予以立案受理，案号为〔2013〕沪二中民五（知）初字第 37 号（以下简称赵某美另案一审）。在赵某美另案一审审理中，鸿昌公司以其使用现有技术生产涉案手压双驱拖、涉案传奇拖为由进行抗辩，鸿昌公司在赵某美另案一审中向一审法院提供的证据中，包括了鸿昌公司在本案一审中提供的证据10—17、20—30以及证据18、19中的部分技术图纸、证据31中丘驳公司与鸿昌公司之间的合同。

2013年11月25日，一审法院对赵某美另案一审作出民事判决［〔2013〕沪二中民五（知）初字第37号］，赵某美另案一审民事判决中确认的鸿昌公司有关现有技术抗辩的事实包括：

二、被告鸿昌公司现有技术抗辩的事实

（一）委托加工

2009年12月18日，鸿昌公司与丘驳公司签订一份合同，约定丘驳公司为鸿昌公司生产美丽雅时来运转和美丽雅好运道拖把，合同对数量、交货时间、结算方式等作出约定。2009年12月31日，鸿昌公司通过网上银行付款的方式向丘驳公司支付货款20万元。

（二）申请专利

鸿昌公司总经理李某梅于2009年12月24日向国家知识产权局提出名称为“一种拖把及其专用脱水桶”的实用新型专利（专利申请号ZL××××××××××××.9）的申请，国家知识产权局于2010年10月6日作出授权公告。该实用新型专利公开了一种拖把，拖把杆中具有由螺杆、离合螺母和离合套组成的驱动机构以及由挡销和下缓冲器组成的防拉脱机构，螺旋杆与离合螺母螺纹配合，离合螺母位于离合套内。

（三）设计图纸

审理中，被告鸿昌公司提交了手压式地拖设计图中涉及拖把杆部分的设计图纸，该设计图纸为手压式地拖拖把杆各零部件图及总装配图，包括各零部件的名称，规格编号、材质、件数等。其中规格编号一栏标明了各部件所需模具的模号，如离合螺母ST2574－15、离合套ST2574－16；还有部分需要外购的零部件显示为具体的尺寸和规格，如螺杆400某6.5某2，垫圈14某0.7，定位销3某12、压块50某4某1.3等。该份设计图显示，手压式地拖拖把杆包括内杆、外杆，外杆上端有延长杆，内杆、外杆之间设有驱动机构，驱动机构包括螺杆、离合螺母和离合套，螺杆穿过离合螺母，离合螺母中具有与螺杆相配合的开孔，离合螺母下端有棘齿。内杆、外杆之间设有由定位销、垫圈、限位环组成的防拉脱机构。

（四）订购模材

陈洁模具公司成立于2006年11月1日，法定代表人陈某焜，经营范围包括生产、销售钢模具等，该公司章程中记载的股东名称是陈某焜、方某琴。洁鑫模具公司成立于2009年8月21日，法定代表人陈某焜，经营范围包括销售模具、钢材等，该公司章程中记载的股东名称亦是陈某焜、方某琴。2010年4月2日，洁鑫模具公司向鸿昌公司发出关于公司变更的通知，告知由陈洁模具公司变更为洁鑫模具公司并盖两公司印章。2011年12月28日，陈洁模具公司向工商部门办理了公司注销登记。

2009年12月至2010年2月，陈洁模具公司出具报价单，经鸿昌公司确认后分别签订编号为M091230－03、M100109－02、M100109－03、M100208－06、M100209－01、M100209－02、M100209－03的合同，经办人涂某华、谭某某，合同约定由陈洁模具公司为鸿昌公司提供模号为ST2574系列和ST2575系列的模材、P20精料、P20内模件等，合同标明了具体的规格、数量，总价分别为38 840元、9225元、5260元、8425元、56 969元、55 350元和20 570元。审理中，鸿昌公司称上述7份合同仅为其与陈洁模具公司签订的订购合同中的一部分，由于时间久远，仍有大量合同未找到。

2010年2月2日，鸿昌公司与陈洁模具公司对账单显示2010年1月的交易总计金额为223 188元，其中包括金额为5260元和金额为9225元的两笔订单。2010年3月，陈洁模具公司向鸿昌公司开具货物名称为模胚和P20钢材的发票共计21张，总计金额为223 188元。

2013年8月9日，洁鑫模具公司员工梁某先出具情况说明，证明其于2009年11月进入该公司工作，公司当时同时存在洁鑫模具公司和陈洁模具公司两个名称，2010年4月后以洁鑫模具公司的名称对外经营，其本人负责模具材料的销售，2009年12月至2010年2月期间曾收到鸿昌公司的订单，订购产品编号为2574和2575系列模具材料，并安排当时的员工涂某华、谭某某起草合同，盖章后传真给鸿昌公司，之后向龙记模架加工工厂订购相应的模具材料，一般7日左右将有龙记钢印标记的模具材料发给鸿昌公司。同日，梁某先向四川省成都市国力公证处申请公证，在公证员面前对上述情况说明签字并捺指印，四川省成都市国力公证处出具公证书（〔2013〕川国公证字第88575号）。

2013年8月9日，洁鑫模具公司员工谭某某出具情况说明，证明其于2008年1月进入陈洁模具公司工作，2010年4月后公司改名为洁鑫模具公司。其本人在公司负责模具材料销售和财务。2009年12月至2010年2月期间曾收到鸿昌公司的订单订购产品编号为2574和2575系列模具材料，并起草了编号为M100208－06、M100209－01、M100209－02、M100209－03的4份合同，盖章后传真给鸿昌公司确认。洁鑫模具公司是龙记模架在四川的总代理，在收到订单后向龙记模架订购相应的模具材料，7—10天左右可以到货，到货后将有钢印标记的模具材料发给鸿昌公司。同日，谭某某向四川省成都市国力公证处申请公证，在公证员面前对上述情况说明签字并捺指印，四川省成都市国力公证处出具公证书（〔2013〕川国公证字第88574号）。

2013年8月9日，鸿昌公司向四川省成都市国力公证处申请证据保全公证，公证员来到位于成都市新都区新都镇君跃路×××号鸿昌公司，对放置在厂房内的设备现状进行摄像和照相，取得6张照片和1张光盘。公证书所附光盘共包括4段视频。第一段文件名为M2U01921.MPG的视频反映了ST2574系列和ST2575系列各类模具的外观，可以看到有钢印的模号、LKM标记、2010－2。第二段文件名为M2U01922.MPG的视频反映了模具ST2574－28、ST2574－17、ST2574－19、ST2574－18分别是用于制造手压式拖把杆中延长杆管口套、手压式地拖脱水篮、延长杆膨胀螺母和膨胀螺纹、挡水板的模具。第三段文件名为M2U01923.MPG的视频反映了模具ST2575－5、ST2575－10、ST2575－11、ST2575－1打开之后的细节图。第四段文件名为M2U01924.MPG的视频反映了模具ST2574－15和ST2574－16是用于制造手压式拖把杆中驱动机构离合螺母和离合套的模具，离合螺母内有与螺杆相配合的开孔，离合螺母和离合套内均设棘齿。

审理中，证人谭某某出庭作证，确认鸿昌公司提交的订购合同是真实的。此外，证人谭某某还确认陈洁模具公司销售给鸿昌公司的是模胚，由陈洁模具公司进行粗加工，之后再由鸿昌公司进行精加工。LKM 是厂商标记，2010－2 是模胚的出厂日期。

（五）外购零部件

2010 年 2 月 6 日，鸿昌公司与成都龙华公司模具厂签订《订购协议》，订购的货品名称为垫圈、限位销和压块，金额分别为 6000 元、6700 元和 7 865.04元。2010 年 4 月 1 日，鸿昌公司通过网上银行转账的方式将货款 20 565元支付给成都龙华公司模具厂。

（六）包装印刷

2010 年年初，鸿昌公司与尚世公司签订长期供货合同，约定由尚世公司为鸿昌公司提供包装印刷。2010 年 3 月至 7 月，尚世公司为鸿昌公司印制了好运道地拖、手压式地拖以及其他地拖的包装盒及说明书等，每次印刷的数量从几百套到几千套不等，分为 16 次送货，每次送货均有送货单及与之对应的入库单。其中 2010 年 3 月 24 日送货单及与其相对应的入库单显示："好运道甩水拖＋说明书 600 套，单价 5.3；时来运转甩水拖＋说明书 500 套，单价 5.2；手压式甩水拖＋说明书 500 套，单价 6.5。" 2010 年 3 月至 7 月双方的对账单显示包括 2010 年 3 月 24 日在内的共计 16 次送货的交易明细，与前述送货单和入库单均一一对应，金额共计 64 948 元。2010 年 8 月 10 日，尚世公司向鸿昌公司开具金额为 64 948 元的增值税专用发票一张。

2013 年 8 月 9 日，尚世公司的股东何某琼（曾用名何某群）出具情况说明，证明 2010 年 3 月 20 日，鸿昌公司向尚世公司下单，委托尚世公司生产印刷美丽雅手压式、时来运转和好运道拖把的彩盒及说明书，数量分别为 500 套、500 套和 600 套。尚世公司在 2010 年 3 月 24 日将上述三款拖把的彩盒和说明书印刷完毕并交付给了鸿昌公司。同日，何某琼向四川省成都市国力公证处申请公证，在公证员面前对上述情况说明签字并捺指印，四川省成都市国力公证处出具公证书（〔2013〕川国公证字第 88576 号）。

审理中，鸿昌公司提交了一套由何某琼签字并由尚世公司盖章的好运道地拖和手压式地拖的包装印刷版式样张。其中，从好运道地拖的包装盒及说明书可见该产品的拖把桶分为脱水部和清洗部，脱水部中具有脱水篮、挡水板，清洗部中具有清洗架。产品说明书中描述了部件特性及使用方法并标明了挡水罩和清洗组件。从手压式地拖包装盒可见，该产品的拖把杆是手压式拖把杆，包括内杆、外杆，外杆上端有延长杆，内外杆间有可以旋转的标识。

（七）库存实物

审理中，鸿昌公司提交了其库存的好运道地拖实物和手压式地拖实物各一套。其中好运道地拖包装盒显示：产品名称美丽雅好运道地拖、货号HC15333、条形码×××××××××××××。该产品实物的拖把桶具有清洗部和脱水部，脱水部中设有脱水篮，脱水篮能够在拖把头带动下旋转，脱水部还设有与拖把桶相固定的挡水板，清洗部中设有可以转动的清洗架。手压式地拖包装盒显示：产品名称美丽雅手压式旋转地拖、货号HC18884、条形码×××××××××××××。该产品实物的拖把杆包括内杆、外杆，外杆上端有延长杆，内杆、外杆之间可以相互转动，内杆下端铰接有带擦拭物的拖把头。拖把杆中设有驱动机构，驱动机构将内、外杆间的直线运动转化为拖把头的旋转运动，内外杆之间有防拉脱机构，防止内外杆分离。

经当庭演示，手压式地拖的拖把杆可以用在好运道地拖的拖把桶上实现手压脱水和清洗的功能。脱水时，下压拖把杆，脱水篮能够在旋转的拖把头带动下旋转；清洗时，拖把头与清洗架相抵触，清洗架阻止拖把头压紧擦拭物，拖把头绕拖把头的中心转动。

（八）超市订货及销售

成都市家乐福超市有限公司光华店编号为××××××××的家乐福验收单显示：供应商鸿昌公司，订货日期2010年3月2日，收货日期2010年4月15日，商品名称包括美丽雅手压式，HC18884，条码×××××××××××××，订单数量100套，收货数量0套。

2010年4月12日，鸿昌公司向成都桂湖摩尔商贸有限公司开具金额为45 397.97元的增值税专用发票一张，销售货物清单显示所售货物包括：美丽雅手压式旋转地拖，规格型号HC18884，数量5套；美丽雅双涡轮地拖，规格型号HC17665，数量18套等。

2010年5月3日，鸿昌公司向北京物美综合超市有限公司开具金额为114 888元的增值税专用发票一张，货物或应税劳务名称包括美丽雅好运道地拖，规格型号显示1533，数量60套等。

（九）网络销售

1. 淘宝卖家杨某的网络销售

2010年4月28日，淘宝卖家杨某的进货单显示：品名规格美丽雅好运道地拖、条形码×××××××××××××、数量10套、单价160元。2010年4月30日的进货单显示：品名规格手压式三节杆（不带盘），数量20套，单价18元。

审理中，杨某的丈夫潘某出庭作证称，其与杨某一起开设网店，在超市看到有好运道地拖等销售后，于2010年4月28日向鸿昌公司购进美丽雅好运道地拖并在网上销售。由于手压式拖把杆可以用在好运道地拖的拖把桶上配套使用进行手压脱水和清洗，因而在2010年4月30日单独进购20套手压式三节杆以备售后维修之用。证人潘某当庭确认其销售的好运道地拖与被告鸿昌公司提交的好运道地拖实物一致。

2. 淘宝卖家于某会的网络销售

2010年5月15日，淘宝卖家于某会的进货单显示：名称美丽雅好运道地拖、条形码×××××××××××××、数量2套等，2010年7月9日的进货单显示名称美丽雅好运道地拖、条形码×××××××××××××、数量30套等。

2013年8月7日，于某会向上海市静安公证处申请证据保全公证，在公证人员的监督下，于某会使用公证处已经联网的计算机进行以下操作：打开IE浏览器，在地址栏输入www. taobao. com，进入淘宝网页面，点击登陆，输入用户名和密码进入淘宝网卖家中心，点击已卖出的宝贝，再点击三个月前订单，在宝贝名称栏内输入“好运”，成交时间更改为“2010－05－15”到“2010－05－18”，点击搜索，进入页面。该页面显示一条交易记录，成交时间：2010－05－17，点击该交易，显示宝贝快照，所售宝贝的图片显示为美丽雅好运道地拖，卖家在商品详情中标注：货号HC15333。宝贝快照中所附照片可见，好运道地拖的拖把桶具有挡水板和清洗架。关闭该页面并返回上级页面，将成交时间更改为“2010－08－31”到“2010－08－31日23时”，点击搜索，显示一条交易记录，成交时间2010－08－31，点击该笔交易，显示宝贝快照，所售宝贝图片显示为美丽雅好运道地拖—包装样式2。卖家在商品详情中标注：货号 HC15333。关闭该页面并返回上级页面，在宝贝名称栏内输入手压式的“手”，成交时间更改为“2010－08－08”到“2010－08－09”，点击搜索，进入页面。该页面显示一条交易记录，成交时间：2010－08－08，点击该交易，显示宝贝快照，所售宝贝的图片显示为美丽雅手压式旋转地拖，卖家在商品详情中标注：货号 HC18884。从宝贝快照中所附的照片看，手压式地拖的拖把杆包括内杆、外杆和延长杆，宝贝快照中还附有产品解说图、部件特性及使用方法说明。根据上述公证过程，上海市静安公证处出具公证书（〔2013〕沪静证字第 2107 号）。

审理中，于某会出具情况说明并到庭作证，证明其从 2008 年年底开始在淘宝网销售鸿昌公司的产品，一般在进购新品前，会到上海地区的家乐福、沃尔玛等超市进行实地考察，确认该产品为热销产品后，再向鸿昌公司申请在网上销售该产品。同时，于某会确认鸿昌公司提交的好运道地拖和手压式地拖实物与其在网络上销售的实物一致，并称由于与好运道地拖配套出售的拖把杆不能手压，比较容易坏，为解决售后维修问题，将手压式地拖的拖把杆配给客户使用，手压式地拖的拖把杆可以与好运道地拖的拖把桶配套使用实现手压脱水和清洗的功能。

赵某美另案一审判决后，赵某美向上海市高级人民法院提起上诉。在赵某美另案二审期间，赵某美向上海市高级人民法院提供的证据中包括了其在本案一审中提供的证据 1、3—7、10，鸿昌公司则将其在本案一审中提供的证据 30—36 在赵某美另案二审中作为补充证据递交给上海市高级人民法院。

2014 年 10 月 28 日，上海市高级人民法院作出终审判决［〔2014〕沪高民三（知）终字第 13 号］（赵某美另案二审）。在赵某美另案二审生效判决中，上海市高级人民法院认为，赵某美在赵某美另案二审中提交的五份专利文件（本案一审赵某美证据 3—7），难以证明鸿昌公司的好运道地拖系根据这些专利生产，因此其与赵某美另案涉案产品的关联性，上海市高级人民法院难以认定；而公证书（〔2013〕浙永证民字第 4952 号、第 4953 号）（本案一审赵某美证据 1、10），无法证明所涉及的好运道地拖系鸿昌公司生产销售，因此难以达到赵某美关于好运道地拖拖把桶无清洗架的证明目的。上海市高级人民法院对赵某美在赵某美另案二审中提交的证据材料，均不予采信。

对于赵某美另案二审中，鸿昌公司提交的新证据。上海市高级人民法院认为，鸿昌公司提交的证据材料一（本案一审鸿昌公司证据31中武义德馨工贸有限公司、丘驳公司情况说明）属于证人证言，根据法律规定，除非存在《中华人民共和国民事诉讼法》第73条规定的例外情形，否则出具证人证言的单位负责人或知道相关情况的个人应当出庭接受质询，现有关公司相关人员未到庭作证，亦无证据证明其存在法定例外情形，且赵某美亦不认可其内容，故上海市高级人民法院难以确认该组证据材料真实可信，因此不予采信。证据材料二、三、四（本案一审鸿昌公司证据32—34），均产生于赵某美另案案一审之前，鸿昌公司理应可通过公开渠道获取并向原审法院提供，因此其不符合二审新证据条件；同时，证据材料二和证据材料四之外观设计专利难以完全反映其产品结构，而证据材料三的内容亦不与一审认定事实相矛盾。证据材料五（本案一审鸿昌公司证据35）之证明内容与赵某美另案无直接关联。证据材料六（本案一审鸿昌公司证据36）产生于赵某美另案一审之前，不符合二审新证据条件；且该证据所欲证明的内容已被一审判决所认定。证据材料七（本案一审鸿昌公司证据37）的有关内容在一审中已经提交，因此其属于在一审中即可提交的证据，亦不属于二审新证据；且该证据材料的内容与一审认定的事实并无矛盾。因此对上述证据材料，上海市高级人民法院均未采纳。

综上，上海市高级人民法院在上述生效判决（赵某美另案二审）中确认的与本案相关的事实包括：①赵某美另案中原审判决认定的事实属实。②赵某美另案二审庭审中，法院组织双方对鸿昌公司作为现有技术载体的手压式地拖拖把杆进行了当庭破拆，并将其与两款被控侵权产品的拖把杆进行了比对：三者均具有内杆、外杆，外杆上端有延长杆，内外杆间可相互转动，并通过套接使拖把杆可作压短和拉长的直线运动，内杆下端铰接有带擦拭物的拖把头；内外杆间设有驱动机构，驱动机构包括螺杆和离合螺母，螺杆穿过离合螺母，离合螺母的中心通孔具有与螺杆外形相匹配的开孔；驱动机构将内杆、外杆间的直线运动转化为拖把头的旋转运动并通过离合螺母下端棘齿与离合套内棘齿相啮合来驱动拖把头单向旋转，内外杆之间有防拉脱机构。

本案一审中一审法院另查明，丘驳公司企业法人营业执照显示，该公司法定代表人系陈某。2009 年 10 月 27 日，陈某申请了名称为“拖把桶（G）”外观设计专利（专利号：ZL× × × × × × × × × × × ×.7）。该外观设计专利公告图片显示，该拖把桶设置有清洗篮、清洗架，该拖把桶侧面设置有脚踩驱动装置。2009 年 11 月 9 日，陈剑申请了名称为“脱水清洗装置”实用新型专利（专利号：ZL× × × × × × × × × × × ×.1），该实用新型专利体现了拖把桶具有清洗篮、清洗架，并在拖把桶侧面设置有脚踩驱动装置以驱动清洗篮、清洗架的结构特征。2010 年 2 月 5 日，陈剑申请了名称为“拖把桶（K）”外观设计专利（专利号：ZL× × × × × × × × × × × ×.7），该外观设计专利公告图片显示，该拖把桶设置有清洗篮、清洗架，该拖把桶侧面设置有脚踩驱动装置。

2014 年 1 月 24 日，四川省成都市国力公证处出具公证书（〔2014〕川国公证字第 52337 号）。该公证书记载了公证处公证人员与鸿昌公司委托代理人共同至成都市新都区桂湖名都 C 幢桂湖摩尔一号办公区二楼财务部复印相关财务发票的过程。公证书中还随附了现场拍摄的照片及现场复印的财务发票复印件。公证书附件显示：2010 年 4 月 12 日，鸿昌公司向成都桂湖摩尔商贸有限公司开具编号为× × × × × × × ×增值税专用发票及销售货物清单，增值税发票金额共计 45 397.97 元，销售货物清单中包括了手压式地拖。

2013 年 11 月 15 日，四川省成都市国力公证处出具公证书（〔2013〕川国公证字第 117993 号）。该公证书记载了何某琼在公证书所附情况说明及其 5 张附件上签名的过程。公证书中所附情况说明及其 5 张附件所显示的事实与赵某美另案生效判决［〔2014〕沪高民三（知）终字第 13 号，民事判决书第 9 页至第 10 页］中查明的有关事实相一致。

（三）关于本案中相关产品的相关技术特征

（1）涉案手压双驱拖、涉案传奇拖、涉案涡轮拖、涉案好采拖、手压式地拖对应涉案专利权利要求 1、7、9、10、15 的技术特征为：包括甩水桶和拖把；甩水桶中设有可旋转的甩水篮；拖把杆下端连接带擦拭物的拖把头，拖把杆包括内杆和外杆，外杆下端与拖把头相连；内外杆间相互套接，内外杆间设有驱动机构和防拉脱机构；下压拖把杆，驱动机构将拖把杆伸缩运动转化为拖把头的旋转运动，拖把头绕拖把头旋转中心单向旋转，拖把头带动甩水篮绕旋转中心单向旋转。上述甩水篮内侧纵向分布有 5 根定位筋，定位筋中段较其上段略有突出。上述拖把头由连接装置、拖把盘、擦拭物组成，其中连接装置的上端与拖把杆下端插接，连接装置和拖把杆并通过套在拖把杆上的连接套螺旋连接固定。连接装置的下端通过螺母固定于拖把盘中间突出的定位孔中。连接装置下端两侧设有卡位部，在连接装置与拖把盘呈 90 度时，卡位部通过与拖把盘表面的平面接触，使连接装置及插接于其上的拖把杆与拖把盘保持垂直。将带擦拭物的拖把头放入甩水篮并将拖把杆下压时，拖把盘的外缘抵触在擦拭物上，擦拭物抵触在甩水篮上。上述内外杆间设有驱动机构包括：与外杆固定的螺旋杆件，内杆与传动件相固定，转动件中设有与螺旋杆件相配合的螺牙或开孔；转动件与传动件间设有单向传动机构；所述的防拉脱机构包括：螺旋杆件上设有阻挡件，螺旋杆件与外杆的固定端和阻挡件分别设于传动件两侧，阻挡件可在内杆中灵活移动；拖把杆拉长到位时阻挡件阻止内、外杆脱离。上述内杆是与拖把头相连的杆体，拖把杆还包括：与外杆上端相连接的延长杆，握把设于延长杆顶端，内杆、外杆和延长杆均为金属杆；外杆中分别固定有螺旋杆件固定端和连接头，连接头与延长杆中的连接套配合连接。外杆上端设有一段直径略小于外杆的部分，该部分可以插接于延长杆的下端。

（2）涉案手压双驱拖、涉案传奇拖对应涉案专利权利要求 14 的技术特征为：涉案手压双驱拖、涉案传奇拖除具有对应上述权利要求 1 的技术特征外，还在其甩水桶中设有清洗部，清洗部设有清洗支撑装置；清洗时拖把头单向旋转，清洗支撑装置支撑拖把头以减小拖把头的旋转阻力，清洗支撑装置同时阻止拖把头压紧擦拭物；清洗支撑装置上设有与拖把头开孔相配合的凸起，该凸起呈粗短支柱状。

经当庭查看，好运道地拖中的拖把桶具有如下技术特征：甩水桶中设有清洗部，清洗部设有清洗支撑装置；清洗时拖把头单向旋转，清洗支撑装置支撑拖把头以减小拖把头的旋转阻力，清洗支撑装置同时阻止拖把头压紧擦拭物；清洗支撑装置上设有与拖把头开孔相配合的凸起。但好运道地拖中的配套拖把杆不能带动配套拖把桶中的脱水篮和清洗架旋转，带动好运道地拖拖把桶中的脱水篮和清洗架旋转的是安装于好运道地拖拖把桶侧面的脚踩驱动装置。

此外，上述赵某美案中查明的有关将手压式地拖的拖把杆使用于好运道地拖的拖把桶的相关事实为："经当庭演示，手压式地拖的拖把杆可以用在好运道地拖的拖把桶上实现手压脱水和清洗的功能。脱水时，下压拖把杆，脱水篮能够在旋转的拖把头带动下旋转；清洗时，拖把头与清洗架相抵触，清洗架阻止拖把头压紧擦拭物，拖把头绕拖把头的中心转动。"经当庭查看，手压式地拖拖把杆的拖把头中部孔洞不能与好运道地拖清洗架中部凸起相配合。

（四）本案一审法院对鸿昌公司关于四款涉案产品的技术特征系根据现有技术生产的主张能否成立的认定

1. 关于好运道地拖、手压式地拖在涉案专利申请日前是否已经公开销售

本案一审中一审法院认为，《最高人民法院关于民事诉讼证据的若干规定》第9条规定，已为人民法院发生法律效力的裁判所确认的事实，当事人无需举证证明，但当事人有相反证据足以推翻的除外。本案一审中，根据一审法院查明的事实，在赵某美另案的生效判决（赵某美另案二审）中上海市高级人民法院已就好运道地拖、手压式地拖公开销售的情况的相关事实进行了认定。因此，本案中需要考量的是，本案中双方当事人所提供的新证据可否推翻上述生效判决（赵某美另案二审）已经确认的事实。

（1）关于鸿昌公司在本案一审中提供的证据10—37。鸿昌公司在本案一审中提供的证据10—17、20—30以及证据18、19中的部分技术图纸、证据31中丘骏公司与鸿昌公司之间的合同，已为赵某美另案（赵某美另案二审）生效判决所采纳，并成为赵某美另案（赵某美另案二审）中认定事实的依据。鸿昌公司证据31中武义德馨工贸有限公司、丘骏公司情况说明、证据35，因不符合证据真实性、关联性的要求而未被赵某美另案（赵某美另案二审）生效判决所采纳。鸿昌公司证据32—34、36、37因不属于赵某美另案二审（赵某美另案二审）新证据，而未予采纳。因此，本案一审中仍需对鸿昌

公司证据18、19中未在赵某美另案中提供的图纸和证据32—34、36、37予以考量。其中鸿昌公司本案一审证据18、19中未在赵某美另案中提供的图纸可以与其余已在赵某美另案中提供的图纸相印证，基本体现了手压式地拖拖把杆、好运道地拖拖把桶的相关技术特征。虽然，上述证据18、19图纸中相关部件的花纹、尺寸与鸿昌公司提供的证据25手压式地拖拖把杆、好运道地拖拖把桶实物有所区别，但设计图纸与实际购买的零部件在规格、尺寸上的细微差异是由产品生产时的客观情况所决定的，上述细微差异既不影响产品的实际使用，也未改变产品生产时所实际使用的技术特征。故上述证据18、19图纸中相关部件的花纹、尺寸与鸿昌公司提供的证据25手压式地拖拖把杆、好运道地拖拖把桶实物的细微差异，并不能否定上海市高级人民法院赵某美另案（赵某美另案二审）生效判决中关于鸿昌公司现有技术抗辩的有关事实的认定。本案一审法院对于赵某美的相关辩称意见，不予采信。鸿昌公司证据32—34显示丘驳公司法定代表人陈某在2009年10月至2010年2月申请的两项外观设计专利、一项实用新型专利中所显示的具有清洗篮、清洗架，拖把桶侧面设置有脚踩驱动装置的拖把桶结构，与好运道地拖具有清洗篮、清洗架，拖把桶侧面设置有脚踩驱动装置的拖把桶结构相一致，可以进一步印证鸿昌公司从丘驳公司处委托生产好运道地拖的事实。鸿昌公司证据36、37所反映的事实与赵某美案生效判决中查明的鸿昌公司向成都桂湖摩尔商贸有限公司销售手压式地拖等产品，鸿昌公司委托尚世公司印制好运道地拖、手压式地拖等产品包装盒及说明书的事实相一致。因此，鸿昌公司证据32—34、证据36、证据37进一步证明了赵某美另案中生效判决（赵某美另案二审）所确认的有关事实，本案一审法院予以采纳。

（2）关于赵某美在本案一审中提供的证据1—8、10—13。赵某美证据1、3—7、证据10在赵某美另案二审中已向上海市高级人民法院提供，这些证据在本案一审中的证明目的与赵某美另案中的证明目的相同，其中赵某美证据3—7与赵某美证据2相结合为证明鸿昌公司的好运道地拖系根据证据3—7所示专利生产，故好运道地拖的拖把桶中并不包含清洗架。证据1、10为证明好运道地拖存在两种不同结构的拖把桶，一种设有清洗架，另一种没有清洗架，而有清洗架的是2010年5月17日之后才开始公开销售的。对此，上海市高级人民法院在赵某美另案（赵某美另案二审）中已经对于这些证据予以了分析，认为难以达到赵某美关于好运道地拖拖把桶无清洗架的证明目的，对此本案一审法院予以认同。

对于赵某美本案一审提供的证据 8、11、12、13，本案一审法院认为，证据 8 是李某梅于 2011 年 10 月申请的一份实用新型专利，该份专利申请与好运道地拖、手压式地拖公开销售的事实并无关联，并不能否定赵某美另案的生效判决中鸿昌公司现有技术抗辩的有关事实。证据 11 是有关网友团购名为“美丽雅好运道的拖把”谈话记录的公证书，仅凭该谈话记录中的图片、内容尚无法确认网友所谈及的物品即是本案所涉及的好运道地拖，更无法证明好运道地拖确实存在无清洗架的拖把桶。证据 12 是赵某美于 2015 年 1 月 16 日购买的手压式地拖的公证书，该公证购买的手压式地拖的拖把杆部分零件材料与鸿昌公司所提供的手压式地拖的对应部分确实略有不同，但该公证购买的手压式地拖的拖把杆与鸿昌公司所提供的手压式地拖拖把杆对应技术特征相同。鉴于，鸿昌公司自 2010 年年初起生产手压式地拖至今已长达 5 年，因此，鸿昌公司对于手压式地拖部分零件材料进行升级换代符合常理。且无论是之前鸿昌公司所提供的手压式地拖，还是之后赵某美提供的手压式地拖，两者对应技术特征并无改变。因此，该份证据并不足以证明赵某美关于鸿昌公司生产的手压式地拖拖把杆具有不同技术特征的主张，也不足以否定赵某美另案的生效判决（赵某美另案二审）中关于具有涉案相关技术特征的手压式地拖已经公开销售的事实。证据 13 显示了丘驳公司法定代表人陈某于 2010 年 2 月申请的外观设计，该外观设计与好运道地拖中拖把桶的外观基本一致。且根据鸿昌公司与丘驳公司之间合同中有关有效期自 2009 年 12 月 18 日至 2012 年 12 月 18 日的约定，该份专利申请的时间，恰在鸿昌公司与丘驳公司合同履行的前期。因此，该份证据不但不能证明赵某美关于好运道地拖拖把桶具有多种结构的观点，反而可以印证鸿昌公司关于其委托丘驳公司生产的好运道地拖具有清洗篮、清洗架，拖把桶侧面设置有脚踩驱动装置的拖把桶结构的事实。

综上，本案一审法院认为，赵某美在本案一审中所提供的证据均不足以推翻上海市高级人民法院在赵某美另案生效判决（赵某美另案二审）中所确认的事实，故本案一审法院对于赵某美在本案中所提供的证据1—8、10—13不予采纳。

本案一审法院认为，上海市高级人民法院在赵某美另案生效判决（赵某美另案二审）中所确认的事实，显示了鸿昌公司好运道地拖、手压式地拖从生产到销售的各个环节，反映了好运道地拖在2010年4月28日，手压式地拖在2010年4月12日已经公开销售的事实。赵某美对于上述事实有异议，但并无相反证据予以推翻，故本案一审法院对于赵某美的相关辩称意见，不予采信。本案一审法院认为，上述事实可以证明好运道地拖、手压式地拖在涉案专利申请日2010年9月19日之前已经公开销售。

2. 本案一审法院关于四款涉案产品是否系根据现有技术生产，有无侵犯赵某美涉案专利权的认定

本案一审法院认为，《专利法》第22条第5款规定现有技术是指申请日以前在国内外为公众所知的技术。《专利法》第62条[①]规定，在专利侵权纠纷中，被控侵权人有证据证明其实施的技术或者设计属于现有技术或者现有设计的，不构成侵犯专利权。

（1）关于涉案涡轮拖、涉案好采拖。本案一审法院认为，涉案涡轮拖、涉案好采拖、手压式地拖具有如下相同的技术特征：包括甩水桶和拖把；甩水桶中设有可旋转的甩水篮；拖把杆下端连接带擦拭物的拖把头，拖把杆包括内杆和外杆，外杆下端与拖把头相连；内、外杆间相互套接，内外杆间设有驱动机构和防拉脱机构；下压拖把杆，驱动机构将拖把杆伸缩运动转化为拖把头的旋转运动，拖把头绕拖把头旋转中心单向旋转，拖把头带动甩水篮绕旋转中心单向旋转。上述甩水篮内侧纵向分布有5根定位筋，定位筋中段较其上段略有突出。上述拖把头由连接装置、拖把盘、擦拭物组成，其中连接装置的上端与拖把杆下端插接，连接装置和拖把杆并通过套在拖把杆上的连接套螺旋连接固定。连接装置的下端通过螺母固定于拖把盘中间突出的定位孔中。连接装置下端两侧设有卡位部，在连接装置与拖把盘呈90度时，卡位部通过与拖把盘表面的平面接触，使连接装置及插接于其上的拖把杆与拖

① 《专利法》（2020年修正）第67条。

把盘保持垂直。将带擦拭物的拖把头放入甩水篮并将拖把杆下压时，拖把盘的外缘抵触在擦拭物上，擦拭物抵触在甩水篮上。上述内外杆间设有驱动机构包括：与外杆固定的螺旋杆件，内杆与传动件相固定，转动件中设有与螺旋杆件相配合的螺牙或开孔；转动件与传动件间设有单向传动机构；所述的防拉脱机构包括：螺旋杆件上设有阻挡件，螺旋杆件与外杆的固定端和阻挡件分别设于传动件两侧，阻挡件可在内杆中灵活移动；拖把杆拉长到位时阻挡件阻止内、外杆脱离。上述内杆是与拖把头相连的杆体，拖把杆还包括：与外杆上端相连接的延长杆，握把设于延长杆顶端，内杆、外杆和延长杆均为金属杆；外杆中分别固定有螺旋杆件固定端和连接头，连接头与延长杆中的连接套配合连接。外杆上端设有一段直径略小于外杆的部分，该部分可以插接于延长杆的下端。而手压式地拖所体现的相关技术特征在涉案专利申请日前通过销售的方式已为公众所知，属于现有技术。故本案一审法院认为，鸿昌公司系使用现有技术生产了涉案涡轮拖、涉案好采拖。

（2）关于涉案手压双驱拖、传奇拖。本案一审法院认为，首先，根据上海市高级人民法院在赵某美另案生效判决（赵某美另案二审）中所确认的事实，淘宝卖家杨某曾因手压式地拖拖把杆可配套使用于好运道地拖的拖把桶上进行手压脱水和清洗，而单独购入手压式拖把杆用于好运道地拖的拖把杆的售后维修。可见，在涉案专利申请日之前手压式地拖拖把杆配合使用于好运道地拖拖把桶的技术方案，已经因使用而公开。其次，手压式地拖拖把杆配合使用于好运道地拖拖把桶除具有上述手压式地拖与涉案涡轮拖、涉案好采拖相同的技术特征外，还在甩水桶中设有清洗部，清洗部设有清洗支撑装置；清洗时拖把头单向旋转，清洗支撑装置支撑拖把头以减小拖把头的旋转阻力，清洗支撑装置同时阻止拖把头压紧擦拭物。上述手压式地拖拖把杆与好运道地拖拖把桶配合使用的技术特征，与涉案手压双驱拖、涉案传奇拖的对应技术特征的区别仅在于，涉案手压双驱拖、涉案传奇拖的清洗支撑装置上设有与拖把头开孔相配合的凸起。而手压式地拖拖把杆的拖把头开孔，不能与好运道地拖拖把桶清洗支撑装置上的凸起相配合。对此，本案一审法院认为，根据本案一审法院查明的事实，在涉案专利申请日之前已公开销售的好运道地拖拖把杆的拖把头中部开孔可以与清洗支撑装置上的凸起相配合。

可见，在拖把杆与具有清洁架的拖把桶成套销售的产品中，在拖把杆的拖把头中部开孔可以与清洗支撑装置上的凸起相配合，属于所属技术领域的公知常识。本案一审法院认为，上述手压式地拖拖把杆与好运道地拖拖把桶配合使用的技术特征与拖把杆的拖把头中部设有与清洗架中部凸起相配合的定位部的技术特征相组合，系一项现有技术与所属领域公知常识的简单组合，属于现有技术。故本案一审法院认为，鸿昌公司系使用现有技术生产了涉案手压双驱拖、涉案传奇拖。

综上，本案一审法院认为，鸿昌公司系使用现有技术生产、销售了涉案涡轮拖、涉案好采拖、涉案手压双驱拖、涉案传奇拖。根据《专利法》第62条[①]的规定，鸿昌公司使用现有技术生产4款涉案产品的行为，不构成对赵某美涉案专利权的侵害。

（五）本案二审法院上海市高级人民法院就本案赵某美上诉后关于鸿昌公司现有技术抗辩是否成立作出的认定

本案二审法院经审理查明，本案一审查明的事实属实。

关于现有技术载体。鸿昌公司主张的现有技术载体为好运道地拖、手压式地拖。而赵某美则认为好运道地拖、手压式地拖其公开日期晚于涉案专利申请日，不构成现有技术。本案二审法院认为，二审法院作出的民事判决（赵某美另案二审），已认定上述鸿昌公司生产销售的好运道地拖、手压式地拖已分别于2010年4月28日、2010年4月12日公开销售。根据有关法律规定，已为人民法院发生法律效力的裁判所确认的事实，当事人无需举证证明，但当事人有相反证据足以推翻的除外。赵某美在本案上诉中关于好运道地拖、手压式地拖公开日期晚于涉案专利申请日的意见，其在赵某美另案二审中均已提出，二审法院不予采纳，此处不再赘述。关键在于赵某美在本案中提交的新证据材料是否足以推翻赵某美另案二审民事判决确认的有关事实。本案一审法院对于赵某美在本案一审中提交而未在赵某美另案二审案中提交的证据材料8、11、12、13进行了分析论证，认为不足以推翻法院在赵某美另案

① 《专利法》（2020年修正）第67条。

二审民事判决确认的事实，本案二审法院予以认同，不再赘述。

综上，好运道地拖、手压式地拖可以成为本案中现有技术的载体。

鸿昌公司主张好运道地拖、手压式地拖为现有技术载体。本案一审法院认定涉案涡轮拖、涉案好彩拖的现有技术抗辩载体为手压式地拖，其相应技术特征相同；涉案手压双驱拖、涉案传奇拖的现有技术抗辩载体为手压式地拖拖把杆、好运道地拖拖把桶，其相应技术特征相同，手压式地拖拖把杆与好运道地拖拖把桶配合使用的技术特征与拖把杆的拖把头中部设有与清洗架中部凸起相配合的定位部的技术特征相组合，系一项现有技术与所属领域公知常识的简单组合，属于现有技术。本案二审中，双方当事人对原审法院关于现有技术与被控侵权产品的比对认定意见并无异议，但赵某美认为原审法院将好运道地拖、手压式地拖组合成一项现有技术进行抗辩，于法无据。对此本案二审法院认为，鸿昌公司生产的手压式地拖和好运道地拖，现已查明均于涉案专利申请日前生产销售，可作为本案现有技术抗辩的载体。根据本案一审查明的事实，在涉案专利申请日之前手压式地拖拖把杆配合使用于好运道地拖拖把桶的技术方案，已经因使用而公开，好运道地拖拖把杆的拖把头中部开孔可以与清洗支撑装置上的凸起相配合，已属本领域公知常识。将现有技术与本领域公知常识简单组合后进行现有技术抗辩，于法不悖。因此，上诉人关于本案现有技术比对方式不当的意见，本案二审法院不予采纳。综上，本案一审法院关于涉案涡轮拖、涉案好采拖、涉案手压双驱拖、涉案传奇拖系采用现有技术生产的认定，本案二审法院予以认同。

关于赵某美认为手压式拖把未公开清洗部设有清洗支撑装置等 3 个技术特征，而被控侵权的手压双驱拖、传奇拖具有上述特征，因此现有技术抗辩不能成立的意见。本案二审法院认为，本案中手压双驱拖、传奇拖的现有技术抗辩载体为手压式地拖拖把杆和好运道地拖拖把桶，赵某美所称的清洗部设有清洗支撑装置等 3 个技术特征，其相应现有技术抗辩载体应为好运道地拖的拖把桶。而根据查明的事实，好运道地拖拖把桶具有在甩水桶中设有清洗部，清洗部设有清洗支撑装置，清洗时拖把头单向旋转，清洗支撑装置支撑拖把头以减小拖把头的旋转阻力，清洗支撑装置同时阻止拖把头压紧擦拭物的技术特征；而且，本案一审还查明在涉案专利申请日之前已公开销售的好运道地拖拖把杆的拖把头中部开孔可以与清洗支撑装置上的凸起相配合。据此，本案一审法院的认定并无不当，赵某美的上诉意见不能成立。

综上理由，本案二审判决驳回上诉，维持原判。

（六）最高人民法院再审关于本案鸿昌公司的现有技术抗辩是否成立作出的认定及理由

1. 关于本案的现有技术载体

本案中，鸿昌公司在本诉中以其生产销售的美丽雅手压式旋转地拖（货号 HC18884、条形码 6923074018884，以下简称手压式地拖）、美丽雅好运道地拖（货号 HC15333、条形码 6923074015333，以下简称好运道地拖）为现有技术载体主张现有技术抗辩，请求法院确认其生产销售的 4 款涉案产品未侵犯赵某美的涉案专利权。《专利法》第 22 条第 5 款规定，现有技术是指专利申请日以前在国内外为公众所知的技术。对于手压式地拖、好运道地拖的公开日期，已经生效的赵某美另案二审民事判决认定其已经分别于 2010 年 4 月 12 日、2010 年 4 月 28 日公开销售。根据有关法律规定，已为人民法院发生法律效力的裁判所确认的事实，当事人无需举证证明，但当事人有相反证据足以推翻的除外。本案中，一审法院对赵某美在本案一审中提交而未在另案中提交的证据材料 8、11、12、13 进行了分析论证，认为不足以推翻另案生效判决确认的事实，本案二审法院予以认同，经审查，最高人民法院亦予以认同，此处不再赘述。赵某美关于手压式地拖、好运道地拖公开日期晚于涉案专利申请日的再审申请理由，均已在另案和本案二审中提出，最高人民法院对于其重复的理由不予采纳。相应地，对于赵某美向本院提交的调取鸿昌公司的本案一审证据 21、27 原件并对其真实性和形成时间进行司法鉴定的申请，调取手压式地拖和好运道地拖实物的申请，以及调取淘宝卖家杨某 2010 年 5 月 21 日对买家 cai5007 回评的产品相关图片的申请，最高人民法院不予准许。

综上，手压式地拖、好运道地拖的公开销售时间早于涉案专利申请日 2010 年 9 月 19 日，可以作为本案现有技术载体。

2. 关于手压式地拖与好运道地拖配合使用的技术方案的公开时间

赵某美另案二审生效判决认定，在涉案专利申请日之前，淘宝卖家杨某曾因手压式地拖拖把杆可配套使用于好运道地拖的拖把桶上进行手压脱水和清洗，而单独购入手压式拖把杆用于好运道地拖的拖把杆的售后维修。赵某美对此不予认可，并在本案再审申请阶段提交了另案二审物证拆解视频，主张单项旋转的手压式地拖拖把杆无法同时带动好运道地拖脱水篮和清洗架。最高人民法院经审查，对于上述情况，鸿昌公司在赵某美另案二审中当庭解释为用于比对的好运道地拖的脱水蓝和清洗架二者旋转方向的设置相反，因此同一根单向旋转的手压式地拖拖把杆只能带动脱水篮或者清洗架旋转，但是另案一审中已经当庭演示，手压式地拖的拖把杆可以用在好运道地拖的拖把桶上实现手压脱水和清洗的功能，脱水时，下压拖把杆，脱水篮能够在旋转的拖把头带动下旋转；清洗时，拖把头与清洗架相抵触，清洗架阻止拖把头压紧擦拭物，拖把头绕拖把头的中心转动。对此，赵某美另案二审生效判决亦予以确认。赵某美提交的证据并不能否认赵某美另案一审庭审演示事实，对于赵某美的上述再审申请理由，最高人民法院不予支持。

综上，在涉案专利申请日之前，手压式地拖拖把杆配合使用于好运道地拖拖把桶的技术方案，已经因使用而公开，可以作为本案现有技术。

3. 关于具体的技术特征

赵某美主张手压式地拖未公开清洗部设有清洗支撑装置等 3 个技术特征，而被诉侵权产品具有上述特征，现有技术抗辩不成立。对此，最高人民法院认为，本案中美丽雅手压双驱旋转甩水拖、美丽雅传奇旋转三驱地拖的现有技术抗辩载体为手压式地拖拖把杆和好运道地拖拖把桶，赵某美所称的清洗部设有清洗支撑装置等 3 个技术特征，其相应现有技术抗辩载体应为好运道地拖的拖把桶。根据查明的事实，好运道地拖拖把桶具有在甩水桶中设有清洗部，清洗部设有清洗支撑装置，清洗时拖把头单向旋转，清洗支撑装置支撑拖把头以减小拖把头的旋转阻力，清洗支撑装置同时阻止拖把头压紧擦拭物的技术特征，本案一审法院还查明在涉案专利申请日之前已公开销售的好运道地拖拖把杆的拖把头中部开孔可以与清洗支撑装置上的凸起相配合。因此，本案二审法院的相关认定并无不当，对于赵某美的该项再审申请理由，最高人民法院不予支持。

4. 关于现有技术抗辩的适用规则

赵某美主张原审判决将手压式地拖配合使用好运道地拖与公知常识组合认定为现有技术，于法无据。对此，最高人民法院认为，《侵犯专利权纠纷案件解释》第14条规定："被诉落入专利权保护范围的全部技术特征，与一项现有技术方案中的相应技术特征相同或者无实质性差异的，人民法院应当认定被诉侵权人实施的技术属于专利法第六十二条所规定的现有技术。"现有技术抗辩规则在相同侵权和等同侵权的情形下均适用，并且允许以一项现有技术方案与公知常识的简单组合主张现有技术抗辩。因此，在手压式地拖拖把杆配合使用于好运道地拖拖把桶的技术方案已经在涉案专利申请日之前使用公开的情形下，原审法院认为其与公知常识的简单组合可以适用现有技术抗辩，于法不悖。对于赵某美的该项再审申请理由，最高人民法院不予支持。

另外，赵某美还主张二审程序违法，理由是二审法院未依其申请调查取证。对此，最高人民法院认为，《最高人民法院关于适用〈中华人民共和国民事诉讼法〉的解释》第95条规定："当事人申请调查收集的证据，与待证事实无关联、对证明待证事实无意义或者其他无调查收集必要的，人民法院不予准许。"二审法院根据案件审理情况，对赵某美的调查取证申请未予准许，并无不当。对于赵某美的该项再审申请理由，最高人民法院不予支持。

最高人民法院依据上述理由裁定驳回了赵某美的再审申请。

（七）笔者对本案的点评

赵某美与四川鸿昌塑胶工业有限公司关于拖地清洁工具确认不侵害专利权、侵害实用新型专利权纠纷，先后有法院的多个生效裁定及判决。其中，经最高人民法院再审裁定维持的两案，上海市第二中级人民法院一审和上海市高级人民法院二审都判决鸿昌公司的现有技术抗辩成立。而在其后两案（〔2016〕粤民终1919号、〔2016〕浙民终123号）中，一审法院都判决鸿昌公司的现有技术抗辩不成立，二审法院判决现有技术抗辩成立。专利权人赵某美与鸿昌公司的这些系列纠纷案可以说错综复杂的，读者完全理清头绪和其中的脉络可能较有难度，但如果能静下心来，理顺案件脉络，特别是能够明晰其中的判理，对于读者真正掌握现有技术抗辩的技能，应该会有很大帮助。

就现有技术抗辩的一般情况而言，需要将涉诉专利权利要求的技术特征与被诉技术方案的技术特征进行比对，在比对的结果是被诉技术方案落入涉诉权利要求的保护范围的前提下，再将被诉技术方案中落入专利权利要求保护范围的技术特征与现有技术的技术特征进行比对。而本案最高人民法院民事判决（〔2016〕最高法民申726号），是在赵某美就同样的事实诉鸿昌公司专利侵权起诉、撤诉，再起诉、撤诉的前提下，鸿昌公司作为原告提起的确认不侵犯专利权之诉作为本诉，而赵某美在本诉应诉的同时提起判定鸿昌公司侵犯其专利权的反诉的情况下产生的。在鸿昌公司主张其实施的技术方案的所有技术特征与一项现有技术的对应技术特征相同或者实质相同，或者鸿昌公司主张其实施的技术方案与一项现有技术完全相同的情况下，如果其主张成立，则不论赵某美的专利权利要求如何，都不会侵犯其专利权。因此，在判定鸿昌公司的现有技术抗辩是否成立时，完全可以不考虑赵某美专利的权利要求的。本案正是这样处理的，在本案反诉中判定鸿昌公司被诉技术方案没有落入赵某美涉诉专利保护范围的前提下，将鸿昌公司使用的技术方案与其主张的现有技术进行比对，得出其现有技术抗辩成立的结论。

在现有技术抗辩中，首要问题是确定现有技术的载体。如果主张的现有技术载体是一份技术文献的话，则其作为现有技术是否成立，判断起来是较为容易的。如果像本案这样的主张在先销售的产品作为现有技术载体的话，很难用少量的几份证据就能证明所主张的现有技术载体达到法律对现有技术载体的要求。因此，本案用大量的，可以说覆盖了一个产品研发、设计、生产、采购、销售等全环节的证据，加上合作伙伴作为证人作证，对当年的网络销售记录的公证证据保全，淘宝卖家的出庭作证等等，再加上生效判决认定的事实，共同作为现有技术载体的证据。鸿昌公司这种可以说是“上穷碧落下黄泉”地挖掘证据及举证是值得读者学习的，同时，不论是一审法官还是二审法官，对于如此众多烦难复杂的证据，给予条分缕析地分析认定，显示了高度的专业水准和敬业精神，也令笔者肃然起敬。特别需要强调的是本案一审、二审将一件现有技术载体承载的技术方案与公知常识简单组合后形成的技术方案，作为现有技术来判定现有技术抗辩是否成立，是对《专利法》67 条、《侵犯专利权纠纷案件解释》第 14 条规定的现有技术抗辩的创造性适用，真正体现了现有设计抗辩制度的立法目的，实现对专利权人与社会公众利益的平衡保护，维护了专利权人与社会公众之间的公平公正。

六、最高人民法院依据专业书籍纠正二审判决对现有技术载体中的隐含技术特征过度解读导致现有技术抗辩认定失误的案例

【案例六】中誉电子（上海）有限公司与上海九鹰电子科技有限公司侵犯实用新型专利权纠纷案（〔2011〕民提字第306号）

（一）本案据以起诉的专利及其权利要求

本案涉诉专利名称为“一种舵机”，专利号为 ZL200720069025.2，申请日是2007 年4 月17 日，授权公告日是2008 年2 月13 日。该涉案专利授权公告的权利要求 1—3 为：“1. 一种模型舵机，其特征在于，包括支架、电机、丝杆和滑块，所述支架包括电机座和滑块座，所述电机设置于所述电机座内，在所述电机的一端设置有一主动齿轮，所述丝杆纵向穿过所述滑块座，在所述丝杆的一端设置有一从动齿轮，所述主动齿轮和所述从动齿轮相互啮合，所述滑块穿在所述丝杆上，并且所述滑块伸出所述滑块座，在所述滑块底面设置有一电刷。2. 如权利要求 1 所述的舵机，其特征在于，在所述支架上，设置有固定到一舵机驱动电路板上的固定孔。3. 如权利要求 2 所述的舵机，其特征在于，在所述舵机驱动电路板上，印制有一条形的碳膜和银膜，所述支架通过其上的固定孔固定到所述舵机驱动电路板上，且所述滑块底面上的电刷与该碳膜和银膜相接触。”

该专利经过专利无效宣告后，在权利要求 3 的基础上维持有效。

（二）原告委托的鉴定结论为被告的被诉技术方案落入了原告专利的保护范围

原告委托上海市知识产权司法鉴定中心就被告九鹰公司制造、销售的电

子遥控飞机中的航模舵机与涉案专利的技术特征是否相同或者等同进行鉴定。鉴定结论为，九鹰公司制造、销售的电子遥控飞机中的航模舵机与涉案专利的技术特征等同。

（三）法院委托的鉴定结论为被诉技术方案与原告专利权利要求3的技术特征等同、与现有技术的技术特征实质相同

根据九鹰公司的申请，一审法院于2009年11月11日委托科学技术部知识产权事务中心（以下简称知产事务中心）就九鹰公司生产、销售的航模舵机的技术特征与涉案专利的权利要求3的技术特征是否相同或等同，以及九鹰公司生产、销售的航模舵机的技术特征是否属于现有技术进行鉴定。知产事务中心于2010年3月16日出具的《司法鉴定意见书》（国科知鉴字〔2010〕09号）认为：

（1）被诉侵权产品的技术特征a—f与涉案专利权利要求3所记载的技术特征A—F相同，被诉侵权产品的技术特征g与涉案专利权利要求3所记载的技术特征G等同。

（2）被诉侵权产品技术特征a与现有技术方案（德国WES-Technik生产的LS系列比例控制舵机）的技术特征A′相同，均为“包括支架、电机、丝杆、滑块和含有舵机驱动电路的电路板”；现有技术方案技术特征B′仅能看出所述支架包括滑块座，未发现明显的电机座构造，也未发现所述含有舵机驱动电路的电路板上设置有固定孔，但这种支架在电路板上设置方式的区别属于所属技术领域惯用手段的直接置换，即被诉侵权产品技术特征b与现有技术方案的技术特征B′无实质性差异；被诉侵权产品技术特征c中，所述电机通过电机座设置在电路板上，而现有技术方案的技术特征C′中，所述电机直接设置在电路板上，这种电机设置方式的区别属于所属技术领域惯用手段的直接置换，即被诉侵权产品技术特征c与现有技术方案的技术特征C′无实质性差异；被诉侵权产品技术特征d与现有技术方案的技术特征D′相同，均为“所述丝杆纵向穿过所述滑块座，在所述丝杆的一端设置有一从动齿轮”；被诉侵权产品技术特征e与现有技术方案的技术特征E′相同，均为“所述主动齿轮和所述从动齿轮相互啮合”；被诉侵权产品的技术特征f包含

"在所述滑块底面设置有一电刷"，而现有技术方案的技术特征 F′虽未直接披露，但所属领域技术人员根据现有技术文件直接记载的内容和公知常识，可以很容易联想到，现有技术方案隐含了"在所述滑块底面设置有一电刷"的特征，因此被诉侵权产品技术特征 f 与现有技术方案的技术特征 F′无实质性差异；被诉侵权产品技术特征 g 为"在所述含有舵机驱动电路的电路板上，印制有一条形的碳膜和镀金铜条，且所述滑块底面上的电刷与该碳膜和镀金铜条相接触"，而现有技术文件未直接记载该项技术特征，但隐含包含了直线型电位器，而这种直线型电位器的具体结构属于公知常识，因此被诉侵权产品技术特征 g 与公知常识无实质性差异，所属领域技术人员无须经过创造性劳动，就能够在现有技术方案隐含包含的直线型电位器中采用与公知常识无实质性差异的特定具体结构。

（四）一审法院认定被告的现有技术抗辩成立

上海市第二中级人民法院一审认为，本案的争议焦点是九鹰公司的现有技术抗辩是否成立。首先，确定九鹰公司提供的现有技术是否属于相对于涉案专利的现有技术，即涉案专利申请日以前在国内外出版物上公开发表、在国内公开使用过或者以其他方式为公众所知的技术。九鹰公司提供的德国 WES-Technik 生产的 LS 系列比例控制舵机在 2005 年第 4 期《航空模型》上已公开发表，早于涉案专利申请日期 2007 年 4 月 17 日，故九鹰公司可以据此进行现有技术抗辩，其次，对被诉侵权产品的技术特征与现有技术进行比较，应限于一项现有技术方案，可以结合所属领域技术人员公知的技术常识。根据知产事务中心《司法鉴定意见书》，被诉侵权产品的技术特征 a、d、e 分别与现有技术方案的技术特征 A′、D′、E′相同，被诉侵权产品的技术特征 b、c、f 分别与现有技术方案的技术特征 B′、C′、F′无实质性差异，被诉侵权产品的技术特征 g 与公知常识无实质性差异。一审法院认为，中誉公司关于知产事务中心鉴定程序违法、鉴定方法错误和鉴定结论含混的主张没有事实和法律依据，不予认可，对该《司法鉴定意见书》依法予以确认。被诉侵权产品的技术方案是一项现有技术与公知常识的简单组合，九鹰公司的现有技术抗辩成立，被诉侵权产品不构成对涉案专利权的侵权。

（五）二审法院上海市高级人民法院作出的认定及理由

二审法院上海市高级人民法院认定被诉技术方案没有落入原告专利权的

保护范围，被告现有技术抗辩成立是基于从现有技术载体中直接的、毫无疑义地得出的技术信息而不是基于一件现有技术与公知常识的简单组合。

二审法院作出上述认定的理由如下：

上海市高级人民法院二审认为，涉案专利权利要求1、2被宣告无效，在权利要求3的基础上专利权被维持有效。从属权利要求3的保护范围由权利要求3附加的技术特征“在所述舵机驱动电路板上，印制有一条形的碳膜和银膜，所述支架通过其上的固定孔固定到所述舵机驱动电路板上，且所述滑块底面上的电刷与该碳膜和银膜相接触”、权利要求3所从属的权利要求2附加的技术特征“在所述支架上，设置有固定到一舵机驱动电路板上的固定孔”以及权利要求2所从属的权利要求1记载的全部技术特征共同限定。从属权利要求3被维持有效的原因在于在权利要求1中增加了从属权利要求2以及从属权利要求3记载的附加技术特征，这实质上是修改权利要求1，在权利要求1记载的技术方案中增加了从属权利要求2和3记载的附加技术特征。因此，在界定权利要求3保护范围的技术特征中，“在所述支架上，设置有固定到一舵机驱动电路板上的固定孔”与“在所述舵机驱动电路板上，印制有一条形的碳膜和银膜，所述支架通过其上的固定孔固定到所述舵机驱动电路板上，且所述滑块底面上的电刷与该碳膜和银膜相接触”，属于为维持专利权有效限制性修改权利要求而增加的技术特征。由此，可以认定权利要求3中技术特征C（在所述舵机驱动电路板上，印制有一条形的碳膜和银膜，且所述滑块底面上的电刷与该碳膜和银膜相接触）属于为维持专利权有效限制性修改权利要求而增加的技术特征。根据《侵犯专利权纠纷案件解释》第6条的规定，专利权人在无效宣告程序中，通过对权利要求的修改而放弃的技术方案，权利人在侵犯专利权纠纷案件中又将其纳入专利权保护范围的，人民法院不予支持。本案中，涉案专利的技术特征G将舵机驱动电路板上作为直线型电位器的导流条明确限定为“银膜”，该具体的限定应视为专利权人放弃了除“银膜”外以其他导电材料作为导流条的技术方案。被诉侵权产品的技术特征g为“在所述含有舵机驱动电路的电路板上，印制有一条形碳膜和镀金铜条，且所述滑块底面上的电刷与该碳膜和镀金铜条相接触”，根据知产事务中心的鉴定意见，被诉侵权产品的技术特征g与涉案专利的技术特征 G 等同，知产事务中心的该项认定双方当事人均予认可，且无足以推翻该项认定的事实与理由，应予采信。尽管技术特征 g 与技术特征 G 等同，但依据禁止反悔原则，由于除“银膜”外以其他导电材料作为导流条的技术方案被视为是专利权人放弃了的技术方案，因此，以技术特征 g 与技术特征 G（这两处技术特征 C，应该是技术特征 G，法院判决书笔误——笔者注）等同为由，认为被诉侵权产品构成等同侵权的结论不能成立。一审法院关于本案等同侵权成立的结论有误，应予纠正。

现有技术抗辩是比较被诉侵权产品技术方案与现有技术方案。是否能够确定 2005 年第 4 期《航空模型》杂志所刊载的“LS 系列舵机”与涉案专利结构的一致性，并不是现有技术抗辩所要关注的问题，九鹰公司在一审提供的舵机样机也并非本案一审认定现有技术抗辩成立所依据的现有技术，故中誉公司的此点上诉理由不能成立。

一份现有技术文件所披露的技术内容应以所属技术领域的技术人员从相应技术文件中能够获知的技术内容为准，该技术内容不仅包括技术文件明确记载的技术内容，而且包括可以从该技术文件中直接地、毫无疑问地确定的技术内容，这也就是知产事务中心《司法鉴定意见书》所说的现有技术文件“隐含”公开的技术内容。尽管 2005 年第 4 期《航空模型》公开舵机的照片及相应文字描述中不能直接看到舵机滑块底面设置有一电刷，但知产事务中心的鉴定专家依据所属领域技术人员的知识与经验（包括所属领域技术人员的公知常识），认为所属领域技术人员依据《航空模型》公开舵机的照片及相应文字描述，可以获知《航空模型》公开了舵机中舵机滑块底面设置有一电刷，亦即《航空模型》公开的技术方案隐含有“在所述滑块底面设置有一电刷”的技术特征，从而进一步认定被诉侵权产品技术特征 f 与现有技术特征 F′无实质性差异，并无不当。同样，尽管从《航空模型》公开舵机的照片及相应文字描述中不能直接看到舵机驱动电路板上构成直线型电位器所需的导流条与电阻条，但知产事务中心的鉴定专家依据所属领域技术人员的知识与经验（包括所属领域技术人员的公知常识），认为所属领域技术人员依据《航空模型》公开舵机的照片及相应文字描述，可以获知《航空模型》公开的舵机中有一个直线型电位器，从而在事实上认定《航空模型》公开的舵机中，其驱动电路板上存在作为构成直线型电位器所需的导流条与电阻条，且滑块底面上的电刷与该电阻条和导流条相接触，亦即《航空模型》公开的技术方案隐含有“在所述含有舵机驱动电路的电路板上，印制有一条形电阻条和导流条，且所述滑块底面上的电刷与该电阻条和导流条相接触”的技术特征，并进一步认定被诉侵权产品的技术特征 g 与现有技术特征 G′无实质性差异，并无不当。中誉公司关于知产事务中心鉴定方法不尊重事实，不能以“隐含”推论为依据的相应上诉理由不能成立。

在知产事务中心《司法鉴定意见书》中，鉴定专家从所属领域技术人员的角度，依据2005 年第4 期《航空模型》公开舵机的照片及相应文字描述所披露的技术方案（包括不能直接看到，但所属领域技术人员根据其包括公知常识在内的知识与经验可以从照片及相应文字描述中直接地、毫无疑问地确定的技术内容），认定本案现有技术抗辩成立，但一审法院认为该《司法鉴定意见书》依据2005 年第4 期《航空模型》公开舵机的照片及相应文字描述所披露的技术方案与所属领域公知常识的简单组合，认定现有技术抗辩成立，这与《司法鉴定意见书》的实际认定理由不一致，应予纠正。

综上所述，中誉公司上诉请求与理由没有事实和法律依据，应予驳回。况且，即使中誉公司关于现有技术抗辩不成立的上诉理由能够成立，本案也因禁止反悔原则的适用，而不构成等同侵权，中誉公司关于本案被诉侵权产品构成专利侵权的主张，也不能成立，中誉公司的上诉请求，也应予以驳回。

（六）最高人民法院认定被告现有技术抗辩不成立，被诉技术方案落入原告专利权保护范围构成侵犯专利权

最高人民法院经审理查明，原一审、二审法院查明的事实基本属实。

最高人民法院提审认为，本案当事人争议的焦点问题有：①原专利复审委员会决定在权利要求 3 的基础上维持涉案专利权有效，是否导致禁止反悔原则的适用。②九鹰公司的现有技术抗辩是否成立。

关于第一个焦点问题。首先，禁止反悔原则的法理基础。诚实信用原则作为民法基本原则之一，要求民事主体信守承诺，不得损害善意第三人对其的合理信赖或正当期待，以衡平权利自由行使所可能带来的失衡。在专利授权实践中，专利申请人往往通过对权利要求或说明书的限缩以便快速获得授权，但在侵权诉讼中又试图通过等同侵权将已放弃的技术方案重新纳入专利权的保护范围。为确保专利权保护范围的安定性，维护社会公众的信赖利益，专利制度通过禁止反悔原则防止专利权人上述“两头得利”情形的发生。故此，专利权人在专利授权或者无效宣告程序中，通过对权利要求、说明书的修改或者意见陈述而放弃的技术方案，权利人在侵犯专利权纠纷案件中又将其纳入专利权保护范围的，人民法院不应支持。

其次，禁止反悔原则的适用条件。一般情况下，只有权利要求、说明书修改或者意见陈述两种形式，才有可能产生技术方案的放弃，进而导致禁止反悔原则的适用。本案中，独立权利要求 1 及其从属权利要求 2 均被宣告无效，在权利要求 2 的从属权利要求 3 的基础上维持涉案专利有效。问题是，权利要求 3 是否仅仅因此构成对其所从属的权利要求 1—2 的限制性修改。独立权利要求被宣告无效，在其从属权利要求的基础上维持专利权有效，该从属权利要求即实际取代了原独立权利要求的地位。但是，该从属权利要求的内容或者所确定的保护范围并没有因为原独立权利要求的无效而改变。因为，每一项权利要求都是单独的、完整的技术方案，每一项权利要求都应准确、完整地概括申请人在原始申请中各自要求的保护范围，而不论其是否以独立权利要求的形式出现。正基于此，每一项权利要求可以被单独地维持有效或宣告无效。每一项权利要求的效力应当被推定为独立于其他权利要求项的效力。即使从属权利要求所从属的权利要求被宣告无效，该从属权利要求并不能因此被认为无效。所以，不应当以从属权利要求所从属的权利要求被无效而简单地认为该从属权利要求所确定的保护范围即受到限制。本案原二审判决认为，从属权利要求 3 被维持有效的原因在于，在权利要求 1 中增加了从属权利要求 2 以及从属权利要求 3 记载的附加技术特征，这实质上就是修改权利要求 1，该认定有所不当。

最后，放弃的认定标准。专利权保护范围是由权利要求包含的技术特征所限定的，故专利权保护范围的变化，亦体现为权利要求中技术特征的变化。在专利授权或无效宣告程序中，专利权人主动或应审查员的要求，可以通过增加技术特征对某权利要求所确定的保护范围进行限制，也可以通过意见陈述对某权利要求进行限缩性解释。禁止反悔原则适用于导致专利权保护范围缩小的修改或者陈述。亦即，由此所放弃的技术方案。该放弃，通常是专利权人通过修改或意见陈述进行的自我放弃。但是，若原专利复审委员会认定独立权利要求无效、在其从属权利要求的基础上维持专利权有效，且专利权人未曾作上述自我放弃，则在判断是否构成禁止反悔原则中的“放弃”时，应充分注意专利权人未自我放弃的情形，严格把握放弃的认定条件。如果该从属权利要求中的附加技术特征未被该独立权利要求所概括，则因该附加技术特征没有原始的参照，故不能推定该附加技术特征之外的技术方案已被全部放弃。本案中，九鹰公司称，因为权利要求1—2被宣告无效，而权利要求3是对其进一步限定，故权利要求1—2与权利要求3之间的“领地”被推定已放弃。本院认为，权利要求3中的“银膜”并没有被权利要求1—2所提及，而且，中誉公司在专利授权和无效宣告程序中没有修改权利要求和说明书，在意见陈述中也没有放弃除“银膜”外其他导电材料作为导流条的技术方案。因此，不应当基于权利要求1—2被宣告无效，而认为权利要求3的附加技术特征“银膜”不能再适用等同原则。

综上，原专利复审委员会宣告涉案专利权利要求1—2、4—6无效，在权利要求3的基础上维持专利权有效，二审法院认为涉案专利权利要求3中的技术特征G实质是修改权利要求而增加的技术特征，该技术特征将导流条明确限定为银膜，应视为专利权人放弃了除“银膜”外其他导电材料作为导流条的技术方案，从而认定被诉侵权产品不构成等同侵权，存在错误，应予纠正。

关于第二个焦点问题。将被诉侵权技术方案与2005年第4期《航空模型》杂志所刊载的“LS系列比例控制舵机”技术方案相比对，其区别在于：①所述支架包括电机座；②所述电机设置于所述电机座内；③所述滑块底面设置有一电刷；④在所述含有舵机驱动电路的电路板上，印制有一条形碳膜和镀金铜条，且所述滑块底面上的电刷与该碳膜和镀金铜条相接触。对于区别技术特征①和②，虽然从现有技术中未看出电机座，但使用电机座来固定电机是本领域的惯用手段，该两项技术特征与被诉侵权技术没有实质性差异。对于区别技术特征③，现有技术虽然没有披露该技术特征，但是在舵机的结构中，一般在滑块底部安装一个电刷作为电位器的滑动触点是本领域的惯用手段，且在《电位器基础及其应用》一书中也记载了一种具有电刷的电位器。因此，该项技术特征与被诉侵权技术没有实质性差异。对于区别技术特征④，现有技术没有公开这一具体电路板结构，虽然《电位器基础及其应用》一书的图2－7（a）公开了一种电位器结构，包括导流条、条形电阻元件、陶瓷基体，但从图片来看，导流条不能对应被诉侵权技术方案中的镀金铜条，且其电阻元件和导流条是固定在陶瓷基体上的。然而被诉侵权产品没有独立的电位器，而是将碳膜和镀金铜条直接印制在驱动电路板上，其作用是提高舵机的集成度，简化舵机结构，从而减轻舵机重量，实现模型飞机的小型化。由此可见，该技术特征没有被对比技术公开，也不是本领域的普通技术人员基于公知常识能够从现有技术中直接或者毫无疑义得出的技术特征。因此，被诉侵权技术方案与现有技术方案具有实质性的不同，原二审判决依据知产事务中心的鉴定意见认定九鹰公司的现有技术抗辩成立，存在错误，应予纠正。

由于对被诉侵权技术方案与涉案专利的区别技术特征 g 与 G，双方当事人均认可属于等同的技术特征，且本案不适用禁止反悔原则，故被诉侵权技术方案已落入专利权的保护范围。又因九鹰公司的现有技术抗辩不能成功，故九鹰公司构成对涉案专利的侵犯，依法应当承担停止侵权的民事责任。

（七）笔者对本案的点评

对于读者而言，本案中涉及的如下两点理解起来有一定有难度但却是非常重要的，因此本案是非常珍贵的。第一，关于部分权利要求被宣告无效与《侵犯专利权纠纷案件解释》第6条（专利权人在专利授权或者无效宣告程序中，通过对权利要求、说明书的修改或者意见陈述而放弃的技术方案，权利人在侵犯专利权纠纷案件中又将其纳入专利权保护范围的，人民法院不予支持）规定的“放弃”的关系及该条规定的“放弃”的适用条件。第二，如何确定所属技术领域技术人员从一件现有技术载体中，能够直接地毫无疑义地得出的技术信息或者技术内容。对此，本案中最高人民法院与二审法院发生严重分歧，并认为二审法院的认定错误，进行了纠正。对于笔者来说，之所以赞同最高人民法院的认定，不是因为有人说过的“之所以正确是因为权威”，而是因为最高人民法院采用了一种更令笔者信服的方法。即最高人民法院在确定如何从作为现有技术的2005年第4期《航空模型》杂志所刊载的“LS系列比例控制舵机”中，确定所属技术领域技术人员能够从中直接地、毫无疑义地确定的技术信息或者技术内容时，引入了《电位器基础及其应用》一书中所记载的一种具有电刷的电位器，作为参照，同时也考虑到了原告据以起诉的专利的发明点或者技术贡献。(“然而被诉侵权产品没有独立的电位器，而是将碳膜和镀金铜条直接印制在驱动电路板上，其作用是提高舵机的集成度，简化舵机结构，从而减轻舵机重量，实现模型飞机的小型化”，这正是原告专利的发明点。）将这两者结合起来，作为判断在原告专利申请日之前所属技术领域技术人员的所应掌握的技术知识的参考。相比之下，二审法院及鉴定机构在从作为现有技术的2005年第4期《航空模型》杂志所刊载的“LS系列比例控制舵机”中确定所属技术领域的技术人员能够直接地、毫无疑义地得出的技术信息或者技术内容时，则没有引入任何客观材料作为参照，因而是纯主观的。另外，如果所属技术领域的技术人员能够从作为现有技术的2005年第4期《航空模型》杂志所刊载的“LS系列比例控制舵机”中直接地、毫无疑义地得出的技术信息或者技术内容如鉴定机构和二审法院所认定的那样的话，则专利无效宣告决定维持权利要求3有效就是错误的。如果该鉴定机构及二审法院的认定是正确的话，则该专利权利要求3则是必然因缺乏创造性而无效。但经法院生效判决维持的专利权无效宣告决定，在没有充足理由可以推翻的前提下，包括鉴定机构和二审法院是要必须予以尊重的，因而在判定所属技术领域的技术人员能够从作为现有技术的2005年第4期《航空模型》杂志所刊载的“LS系列比例控制舵机”中直接地、毫无疑义地得出的技术信息或者技术内容时，要作为必须遵循的客观依据，而鉴定机构和二审法院却无视其存在，因此在笔者看来二审法院的该相关认定是错误的。

另外，二审法院的“现有技术抗辩是比较被诉侵权产品技术方案与现有技术方案。是否能够确定2005年第4期《航空模型》杂志所刊载的‘LS系列舵机’与涉案专利结构的一致性，并不是现有技术抗辩所要关注的问题”观点，也是错误的。《侵犯专利权纠纷案件解释》第14条第1款规定：“被诉落入专利权保护范围的全部技术特征，与一项现有技术方案中的相应技术特征相同或者无实质性差异的，人民法院应当认定被诉侵权人实施的技术属于专利法第六十二条规定的现有技术。”据此，在判定现有技术抗辩是否成立时，是将被诉落入专利权保护范围的全部技术特征，与一项现有技术方案中的相应技术进行比对。在被诉技术方案落入专利权的保护范围的情况下，被诉技术方案通常由两个部分技术特征构成，一部分是与原告主张的权利要求中的技术特征构成相同或者等同的技术特征；另一部分是与原告主张的权利要求的技术特征既不构成相同也不构成等同的技术特征，也可以说是与原告主张的权利要求的技术特征没有关系的技术特征。对于被诉技术方案中与原告主张的权利要求没有关系的这部分技术特征，是用不着与现有技术的技术特征进行比较的。因为离开原告主张的权利要求，被诉技术方案与现有技术的比对是没有路径和目标的，因而无从比对，任何比对也是没有意义的。当然，这种情形有个例外，就是被诉技术方案与现有技术方案完全相同。在这种情形下，现有设计抗辩时，可以完全不考虑原告主张的专利权利要求。

七、经三级审理的专利侵权诉讼先用权抗辩典型案例

【案例七】北京英特莱技术公司与深圳蓝盾公司北京分公司等侵害发明专利权纠纷案（〔2015〕民申字第1255号、〔2014〕高民（知）终字第3487号、〔2013〕二中民初字第14638号）

（一）原告据以起诉的专利权利要求

原告北京英特莱技术公司起诉被告深圳市蓝盾实业有限公司北京分公司、北京蓝盾创展门业有限公司侵犯其专利权的专利名称为“防火隔热卷帘用耐火纤维复合卷帘及其应用”，专利申请日为2000年4月28日，专利号为ZL00107201.3，原告主张被侵犯的权利要求1为：“一种防火隔热卷帘耐火纤维复合帘面，其中所说的帘面由多层耐火纤维制品复合缝制而成，其特征在于所说的帘面包括中间植有增强用耐高温的不锈钢丝或不锈钢丝绳的耐火纤维毯夹芯，由耐火纤维纱线织成的用于两面固定该夹芯的耐火纤维布以及位于其中的金属铝箔层。”

（二）就一审法院认定落入专利权保护范围被告提出先用权抗辩

一审法院北京市第二中级人民法院认定被诉侵权产品落入了涉案专利权的保护范围，二被告提出了不侵犯专利权的先用权抗辩。

（三）就被告先用权抗辩是否成功一审法院北京市第二中级人民法院认定的事实

庭审中，蓝盾北京分公司称其在无机复合布质特级防火卷帘中使用的帘面系由深圳市蓝盾实业有限公司生产，蓝盾北京分公司将帘面与所生产的其他部件进行组装。蓝盾创展公司称无机复合布质特级防火卷帘中使用的帘面系由深圳市蓝盾实业有限公司生产，蓝盾创展公司将帘面与其他部件进行组装并负责维修。

深圳市宝安区蓝盾消防器材厂成立于1994年6月30日，系专门从事防盗门、防火门制造和销售的企业，地址位于广东省深圳市，后于2000年4月18日更名为深圳市蓝盾实业有限公司。深圳市蓝盾实业有限公司除制造防火门产品外，还从事防火卷帘的制造。1999年3月8日，原中华人民共和国建设部发布了《高层民用建筑设计防火规范》（GB 50045—95）1999年局部修订条文，其中规定："在设置防火墙有困难的场所，可采用防火卷帘作防火分区分隔，当采用包括背火面温升作耐火极限判定条件的防火卷帘时，其耐火极限不低于3.00h；当采用不包括背火面温升作耐火极限判定条件的防火卷帘时，其卷帘两侧应设独立的闭式自动喷水系统保护，系统喷水延续时间不应小于3.00h。"在上述规范发布以后，深圳市蓝盾实业有限公司开始研制符合规范要求的防火卷帘。

诉讼中，蓝盾北京分公司、蓝盾创展公司提交了北京东铁热陶瓷有限公司出具的证明以及深圳市宝安区蓝盾消防器材厂在1999年研发被诉侵权产品时的《布质复合防火卷帘门开发设计可行性报告》《布质复合防火卷帘门设计计划书》《布质复合防火卷帘门设计流程图》《布质复合防火卷帘门设计人员名单》《布质复合防火卷帘门设计任务书》《布质复合防火卷帘门研制报告》《布质复合防火卷帘门设计图纸》《布质复合防火卷帘门设计总结》等证据，用以证明深圳市宝安区蓝盾消防器材厂在涉案专利申请日前自主研发被诉侵权产品的事实。此外，证人谢 × 的证言称，深圳市宝安区蓝盾消防器材厂在 1999 年时已经开始研制布质复合防火卷帘门，当时其作为蛇口龙电实业有限公司的工作人员在 1999 年 10 月接受深圳市宝安区蓝盾消防器材厂的邀请，前往该厂协助搞开发研制；在其参与协助研制的过程中，其看到安排设计开发、产品结构、技术收集等项工作均是由深圳市宝安区蓝盾消防器材厂的负责人提出的；深圳市宝安区蓝盾消防器材厂之后实施了上述开发计划，收集材料，反复进行实验，在 1999 年 11 月月底作出了成品，并在同年 12 月对成品进行了封样。证人杨 × 的证言称，布质复合防火卷帘门是由深圳市宝安区蓝盾消防器材厂独立开发研制的，在开发过程中，还邀请了两名蛇口龙电实业有限公司的工作人员参与，其中包括谢晓峰；在 1999 年年底前，深圳市宝安区蓝盾消防器材厂制作出了第一批成品，并用于封样。上述两名证人还出庭接受了双方当事人的质询。蓝盾北京分公司、蓝盾创展公司还提交了深圳市宝安区蓝盾消防器材厂在 1999 年度与他人签订的防火门制造、安装合同共 47 份，合同总金额为 2078 万元，以及卷帘项目合同 15 份、1999 年 9 月相关工资表及员工工资单，证明深圳市宝安区蓝盾消防器材厂在涉案专利申请日之前生产钢质防火卷帘门的规模，以及在转化为无机复合布质防火卷帘时，仍然在原有范围内生产。

英特莱公司对上述证据及证人证言的真实性和证明力均不予认可，并认为，上述证据不能证明深圳市宝安区蓝盾消防器材厂在涉案专利申请日前做好了制造相同产品的必要准备，而且，更不能以钢质防火卷帘门的产量为参考确定无机复合布质防火卷帘的生产规模。另外，涉案专利是耐火纤维复合帘面，深圳市宝安区蓝盾消防器材厂在涉案专利申请日之前制造的防火卷帘门的帘面是钢质的，二者非同一种产品，不能适用先用权抗辩。

庭审后，蓝盾北京分公司、蓝盾创展公司又补充提交了《设备等固定资产明细表》《工具盘点表》等相关证据，以证明在涉案专利申请日前，深圳市宝安区蓝盾消防器材厂采购了风泵、折弯机、剪板机、冲床、台钻等固定资产，以及实用五金手册、万能角度尺、角尺、三棱比例尺、绘图工具、简易电焊机、塞尺等工具，用以研发涉案被诉侵权产品。英特莱公司认为，上述证据不是研发耐火纤维复合卷帘的专用工具，而是一般通用工具，不能根据深圳市宝安区蓝盾消防器材厂在涉案专利申请日前采购了上述工具就认定其是为了研制被诉侵权产品。

1999 年 12 月 30 日，广东省公安厅消防局向国家固定灭火系统和耐火构件质检中心出具《消防产品检测委托书》，该委托书载明：兹有深圳市宝安区蓝盾消防器材厂送来无机复合布质防火卷帘一樘做有关性能检测。2002 年 2 月 19 日，广东省公安厅消防局又向国家固定灭火系统和耐火构件质检中心出具了一份《消防产品检测委托书》，该委托书载明：兹有深圳市蓝盾实业有限公司送来无机复合布质防火卷帘做有关性能检测。对于分两次送检的原因，深圳市蓝盾实业有限公司在 2013 年 10 月 14 日向广东省公安厅消防局出具申请函，在函中称：1999 年 11 月，深圳市宝安区蓝盾消防器材厂研发的无机复合布质防火卷帘申请封样并送检，1999 年 12 月 30 日现场封样后，因公司恰逢改制而暂缓送检，之后以深圳市蓝盾实业有限公司名义申请重新封样，两次封样系针对同一样品，现请求广东省公安厅消防局对申请函中描述的上述事实予以证明。广东省公安厅消防局于 2013 年 10 月 15 日在该申请函上以手写形式注明“经向技术处原封样人员调查核实，两次封样均系针对同一样品的过程属实”，并加盖了广东省公安厅消防局的公章。英特莱公司对上述证据的真实性不予认可。

诉讼中，一审法院为核实上述证据的真实性，向广东省公安厅消防局发出调查函，要求该局对 2013 年 10 月 15 日手写形式的答复内容进行确认，并核实其他相关事实。2014 年 1 月 10 日，广东省公安厅消防局出具了书面回函，函中称，前述两份《消防产品检测委托书》均为该局出具；经向当年两位主要承办人了解，所涉及样品为同一样品，1999 年 12 月深圳市宝安区蓝盾消防器材厂向该局申请对其生产的“无机复合布质防火卷帘”产品进行封样，2000 年年初，该厂由于改制需要更名以及该产品企业标准备案等原因，向该局提出暂缓送检，该局同意暂不送检；2001 年年初，该厂完成改制启用新名称“深圳市蓝盾实业有限公司”后重新申请对“无机复合布质防火卷帘”样品封样送检，该局主要承办人对原样品去除旧封条后重新加贴新封条送检。

一审法院另向国家固定灭火系统和耐火构件质量监督检验中心相关负责人员就前述 2001 年年初的检测进行调查，相关负责人员说明其检查过程是企业把样品入样品库，根据图纸、企业验样，在业务办公室签合同，符合要求后鉴定，然后出具报告并存档。一审法院在国家固定灭火系统和耐火构件质量监督检验中心取得了深圳市蓝盾实业有限公司在2001年2月28日发布的《无机复合布质防火卷帘企业标准》，其中记载“无机复合布质防火卷帘的帘面由无机防火布、防辐射布和硅酸铝耐火纤维毡用耐高温线缝制而成。两外表面为陶瓷棉防火布，中间为硅酸盐耐火纤维毡。帘面中间应根据计算设计一定数量符合GB8918规定的钢丝绳，以承受卷帘纵向的拉力。”经向相关负责人员询问，相关负责人员说明防辐射布是铝箔和防火耐火布复合在一起的称呼，起防辐射作用的是铝箔。

另查，蓝盾北京分公司提交了深圳市蓝盾实业有限公司向其供货的清单，以证明其所使用、销售的防火卷帘系由深圳市蓝盾实业有限公司提供。

（四）一审法院认定被告的先用权抗辩成立

被告蓝盾北京分公司和蓝盾创展公司证明被诉侵权产品均来自于深圳市蓝盾实业有限公司，并认为深圳市蓝盾实业有限公司享有先用权，在此前提下，其对该产品的使用和销售行为合法，不构成侵权。因此，判断被告蓝盾北京分公司和蓝盾创展公司的涉案行为是否构成侵权，应审查其提出的先用权抗辩能否成功。

根据《专利法》的规定，在专利申请日前已经制造相同产品、使用相同方法或者已经作好制造、使用的必要准备，并且仅在原有范围内继续制造、使用的，不视为侵犯专利权。此外，相关司法解释规定，被诉侵权人以非法获得的技术或者设计主张先用权抗辩的，不予支持。本案中，被告蓝盾北京分公司和蓝盾创展公司主张深圳市蓝盾实业有限公司在涉案专利申请日前已经制造了相同产品，并仅在原有范围内继续制造，据此提出深圳市蓝盾实业有限公司享有先用权。原告英特莱公司认为深圳市蓝盾实业有限公司在涉案专利申请日前没有制造出相关产品，更谈不上自行研发；即使制造出相关产品，该产品也不具备涉案专利的必要技术特征，不属于相同产品；深圳市蓝盾实业有限公司也不属于在原有范围内继续制造，被告蓝盾北京分公司和蓝盾创展公司提出的先用权抗辩不能成立。

根据相关规定和当事人的主张，本案中判断先用权抗辩是否成立应当考察以下四个条件：一是深圳市蓝盾实业有限公司是否在专利申请日前已经制造出相关产品；二是相关产品是否属于相同产品；三是该产品是否系深圳市蓝盾实业有限公司自行研发或以其他合法手段获得；四是深圳市蓝盾实业有限公司是否在原有范围内继续制造。

第一，关于深圳市蓝盾实业有限公司在涉案专利申请日之前是否已经制造出相关产品的问题。本案中，被告蓝盾北京分公司和蓝盾创展公司提交了广东省公安厅消防局分别于1999年12月30日和2001年2月19日出具的《消防产品检测委托书》，用以证明在涉案专利申请日前深圳市蓝盾实业有限公司已经制造出相关产品。经本院向广东省公安厅消防局发出调查函后，广东省公安厅消防局予以复函，确认其于1999年12月30日和2001年2月19日两次出具的《消防产品检测委托书》中记载的“无机复合布质防火卷帘”产品样品之间具有同一性。鉴于涉案专利申请日为2000年4月28日，故可以认定深圳市蓝盾实业有限公司在涉案专利申请日之前已经制造出了相关的防火卷帘产品。

第二，关于相关产品是否属于相同产品的问题。《专利法》中所规定的“相同产品”，是指具有与涉案专利相同或等同的技术特征的产品。从深圳市蓝盾实业有限公司提交给国家固定灭火系统检验中心的涉案企业标准和涉案检验报告的附图以及本院向国家固定灭火系统检验中心检测部所做的调查笔录等证据看，深圳市蓝盾实业有限公司制造并送检的防火卷帘产品的帘面由耐火防火布、硅酸铝棉、耐火纤维毡、铝箔涂层和耐火防火布缝制而成，除不能清楚体现不锈钢丝绳所处的具体位置外，上述产品具备涉案专利权利要求1的全部必要技术特征。从专利文件中可以看出，在帘面中加入不锈钢丝绳是为了起到产品的增强作用，而不锈钢丝绳的所处位置既不会妨碍技术功能的实现，也不会对技术效果带来影响，即使与涉案专利所描述的钢丝绳的位置不同，也属于以基本相同的手段，实现基本相同的功能，达到基本相同的效果，并且本领域的普通技术人员无需经过创造性劳动就能够联想到的与涉案专利所记载的技术特征等同的特征。故可以确认深圳市蓝盾实业有限公司涉案提交给国家固定灭火系统检验中心检验的防火卷帘产品帘面与涉案专利属于相同产品。

原告英特莱公司主张深圳市蓝盾实业有限公司制造并送检的防火卷帘产品的帘面中缺少钢丝绳这一必要技术特征，不属于相同产品。鉴于其一，深圳市蓝盾实业有限公司提交给国家固定灭火系统检验中心的涉案企业标准中载明“帘面中间应根据计算设计一定数量符合 GB8918 规定的钢丝绳，以承受卷帘纵向的拉力”，其二，涉案检验报告系依据该企业标准进行检验后所作，检验结果为“符合标准要求”，其三，国家固定灭火系统检验中心检测部工作人员证实深圳市蓝盾实业有限公司制造并送检的防火卷帘产品中应当有钢丝绳，其四，原告英特莱公司虽然主张深圳市蓝盾实业有限公司制造并送检的防火卷帘产品中的帘面缺少钢丝绳这一特征，但未举出相反证据予以证明，故本院对原告英特莱公司的上述主张不予支持。

第三，关于该产品是否系深圳市蓝盾实业有限公司自行研发的问题。根据本案查明的事实，在 1999 年，《高层民用建筑设计防火规范》（GB 50045—95）局部修订条文对于防火卷帘应采用背火面温升作为耐火极限判定条件的规定，是各防火卷帘生产企业据此进行研发的背景。被告蓝盾北京分公司和蓝盾创展公司在本案中提供了深圳市蓝盾实业有限公司研发与涉案专利相同的防火卷帘产品的设计可行性报告、计划书、任务书、研制报告书、设计总结、相关研发会议纪要和技术人员的证人证言以及案外人提供研发产品原材料的证明，证明相关产品系深圳市蓝盾实业有限公司自行研发。虽然原告英特莱公司对上述证据的真实性不予认可，但是，在已确认原中华人民共和国建设部相关规范的修订导致全行业开展新产品研发和深圳市蓝盾实业有限公司于涉案专利申请日前已生产出相关产品这两项事实的前提下，被告蓝盾北京分公司和蓝盾创展公司关于深圳市蓝盾实业有限公司自行研发的上述证据内容之间彼此印证，形成了较为完整的证据链。故综合本案证据，可以认定该产品系深圳市蓝盾实业有限公司自行研发。

第四，关于是否在原有范围内继续制造的问题。根据相关司法解释的规定，《专利法》中所指的原有范围，包括专利申请日前已有的生产规模以及利用已有的生产设备或者根据已有的生产准备可以达到的生产规模。根据本案现有证据，深圳市蓝盾实业有限公司在 1999 年前制造防火卷帘和钢质、木质门窗产品的产值较高，用工人员较多，产品销售区域较广。在1999年原中华人民共和国建设部出台新的防火规范促使各企业研发新产品的大背景下，新型的布质防火卷帘将替代传统的钢质防火卷帘成为防火卷帘产品的主要样态，因此，待相关产品通过检验后，深圳市蓝盾实业有限公司利用已有的生产钢质、木质门窗和钢质卷帘门的设备和人力投入制造涉案布质防火卷帘符合正常的生产规律。涉案防火卷帘帘面系由多层材料复合缝制而成，生产工艺相对简单，无需大型或者特种机器设备或生产线。被告蓝盾北京分公司和蓝盾创展公司提交的现有证据表明深圳市蓝盾实业有限公司在涉案专利申请日前已经具备制造涉案无机布质防火卷帘帘面所需的缝纫机、切割机等设备，目前尚未超出涉案专利申请日前的生产规模，故可以认定深圳市蓝盾实业有限公司制造涉案被诉侵权产品是在原有范围内继续制造。

综上，深圳市蓝盾实业有限公司在专利申请日前已经制造相同产品，并且仅在原有范围内继续制造，依法享有先用权。被告蓝盾北京分公司和蓝盾创展公司在本案中所主张的先用权抗辩理由成立。

（五）二审法院北京市高级人民法院维持一审法院关于先用权抗辩成立的认定

1. 二审法院维持一审法院关于先用权抗辩成立所依据的事实包括一审法院认定的事实和以下在二审期间发生的事实

2014年8月21日，英特莱公司向本院提交了《请求进行笔迹鉴定申请书》《鉴定申请书》《请求法院调查取证申请书》及《证人出庭作证申请书》，分别申请对广东省公安厅消防局2014年1月10日出具的“关于北京市第二中级人民法院调查函的答复”的经办人严某及田某清的签字进行笔迹鉴定、对“不具有不锈钢丝绳的帘面也能实现背面温升大于4小时”进行鉴定、前往广东省公安厅消防局调查取证、允许证人王×1出庭作证。但英特莱公司未提交王×1的书面证言，且在本院庭审时证人王×2到庭作证。此外，在本院二审庭审时，蓝盾北京分公司与北京蓝盾创展公司均认可深圳蓝盾公司不具备生产防火卷帘门的帘面的能力，其生产的防火卷帘门的帘面均系外购。

在二审举证期限内，英特莱公司向本院提交了七份新证据材料：

二审证据一：北京市第一中级人民法院参加诉讼通知书，其中记载英特莱公司向北京市第一中级人民法院起诉北京东铁热陶瓷有限公司侵害其发明专利权，用以证明北京东铁热陶瓷有限公司与英特莱公司有利害关系，故北京东铁热陶瓷有限公司在本案中出具的证明不应被采信。

二审证据二：深圳蓝盾公司工商档案，用以证明深圳蓝盾公司2000年注册资本为100万元，属于国营小企业，且经营困难资不抵债，而2007年其注册资本已达3000万元。

二审证据三：2006－2401检测报告，用以证明深圳蓝盾公司生产的防火卷帘的帘面来自青岛美康特种防护制品有限公司。

二审证据四：2009－4877检测报告和2009－4878检测报告，用以证明北京蓝盾创展公司生产的防火卷帘的帘面来自北京宾辰工贸有限公司。

二审证据五：GN20128434检测报告，用以证明北京蓝盾创展公司生产的防火卷帘的帘面来自青岛美康特种防护制品有限公司。

二审证据六：93243136.4实用新型专利证书、94103992.7发明专利证书、99244022.X实用新型专利证书、刘某锋毕业证书及专业技术资质证，用以证明涉案专利的研发过程。

二审证据七：北京市方圆公证处公证书（〔2014〕京方圆内经证字第18991号），用以证明上述二审证据三、四、五的真实性。

蓝盾北京分公司与北京蓝盾创展公司经核对上述七份二审新证据的原件后认可其真实性，并主张上述二审证据一、六与本案缺乏关联性，二审证据二无法证明英特莱公司所陈述的事实，认可二审证据三、四、五、七的证明内容，并认可其并不生产防火卷帘的帘面，相关防火卷帘的帘面均来自青岛美康特种防护制品有限公司及北京宾辰工贸有限公司等案外人。

二审法院在依法组织各方当事人对上述二审新证据质证的基础上，认定上述二审证据一、二、六与本案缺乏关联性，故不予采信；上述二审证据三、四、五、七因各方当事人均认可其真实性及证明内容，故二审法院予以采信。上述二审证据三、四、五、七可以证明，深圳蓝盾公司并不生产防火卷帘的帘面，其生产的防火卷帘的帘面均来自青岛美康特种防护制品有限公司及北京宾辰工贸有限公司等案外人。

在二审法院二审庭审结束后，蓝盾北京分公司与北京蓝盾创展公司向本院提交了《调取证据申请书》，请求本院到国家固定灭火系统和耐火构件质检中心调取证据。经审查蓝盾北京分公司与北京蓝盾创展公司未在本院指定期限内提交《调取证据申请书》亦未说明正当理由，且本案亦无到国家固定灭火系统和耐火构件质检中心调取证据的必要，故二审法院对其申请不予准许。

2. 二审法院维持一审法院认定先用权抗辩成立的理由

《中华人民共和国民事诉讼法》第 64 条规定：“当事人对自己提出的主张，有责任提供证据。当事人及其诉讼代理人因客观原因不能自行收集的证据，或者人民法院认为审理案件需要的证据，人民法院应当调查收集。人民法院应当按照法定程序，全面地、客观地审查核实证据。”第 65 条第 1 款规定：“当事人对自己提出的主张应当及时提供证据。”第 72 条第 1 款规定：“凡是知道案件情况的单位和个人，都有义务出庭作证。有关单位的负责人应当支持证人作证。”第 73 条规定：“经人民法院通知，证人应当出庭作证。有下列情形之一的，经人民法院许可，可以通过书面证言、视听传输技术或者视听资料等方式作证：（一）因健康原因不能出庭的；（二）因路途遥远，交通不便不能出庭的；（三）因自然灾害等不可抗力不能出庭的；（四）其他有正当理由不能出庭的。”第 76 条第 1 款规定：“当事人可以就查明事实的专门性问题向人民法院申请鉴定。当事人申请鉴定的，由双方当事人协商确定具备资格的鉴定人；协商不成的，由人民法院指定。”《最高人民法院关于民事诉讼证据的若干规定》第 77 条规定：“人民法院就数个证据对同一事实的证明力，可以依照下列原则认定：（一）国家机关、社会团体依职权制作的公文书证的证明力一般大于其他书证；（二）物证、档案、鉴定结论、勘验笔录或者经过公证、登记的书证，其证明力一般大于其他书证、视听资料和证人证言；（三）原始证据的证明力一般大于传来证据；（四）直接证据的证明力一般大于间接证据；（五）证人提供的对与其有亲属或者其他密切关系的当事人有利的证言，其证明力一般小于其他证人证言。”本案中，英特莱公司虽申请证人出庭，但相关证人未到庭亦未提交书面证言，故其提交的《证人出庭作证申请书》视为未提交。同时，广东省公安厅消防局作为国家机关，其于2014年1月10日出具的“关于北京市第二中级人民法院调查函的答复”具有较高证明力，国家固定灭火系统和耐火构件质量监督检验中心作为我国检测防火卷帘门的权威机构，其出具的检测报告具有较大的可信性。英特莱公司虽然不认可广东省公安厅消防局2014年1月10日出具的“关于北京市第二中级人民法院调查函的答复”及国家固定灭火系统和耐火构件质量监督检验中心出具的检测报告，但其并未提供有效反证，其提交鉴定申请及调查取证申请亦不属于法院应当组织鉴定及调查取证的情形，故本院对英特莱公司所提交的《请求进行笔迹鉴定申请书》《鉴定申请书》《请求法院调查取证申请书》不予准许。

《专利法》第11条第1款规定：“发明和实用新型专利权被授予后，除本法另有规定的以外，任何单位或者个人未经专利权人许可，都不得实施其专利，即不得为生产经营目的制造、使用、许诺销售、销售、进口其专利产品，或者使用其专利方法以及使用、许诺销售、销售、进口依照该专利方法直接获得的产品。”第59条第1款[①]规定：“发明或者实用新型专利权的保护范围以其权利要求的内容为准，说明书及附图可以用于解释权利要求的内容。”第69条第（二）项规定：“在专利申请日前已经制造相同产品、使用相同方法或者已经作好制造、使用的必要准备，并且仅在原有范围内继续制造、使用的”，为不视为侵犯专利权的情形。《侵犯专利权纠纷案件解释》第15条规定：“被诉侵权人以非法获得的技术或者设计主张先用权抗辩的，人民法院不予支持。有下列情形之一的，人民法院应当认定属于专利法第六十九条[②]第（二）项规定的已经作好制造、使用的必要准备：（一）已经完成实施发明创造所必需的主要技术图纸或者工艺文件；（二）已经制造或者购买实施发明创造所必需的主要设备或者原材料。专利法第六十九条第（二）项规定的原有范围，包括专利申请日前已有的生产规模以及利用已有的生产设备或者根据已有的生产准备可以达到的生产规模。先用权人在专利申请日后将其已经实施或作好实施必要准备的技术或设计转让或者许可他人实施，被

① 《专利法》（2020年修正）第64条。
② 《专利法》（2020年修正）第75条。

诉侵权人主张该实施行为属于在原有范围内继续实施的，人民法院不予支持，但该技术或设计与原有企业一并转让或者承继的除外。”判断先用权抗辩是否成立一般应考察以下四个条件：先用权人是否在专利申请日前已经制造出相关产品、相关产品是否属于相同产品、先用技术是否系先用权人自行研发或以其他合法手段获得、先用权人是否在原有范围内继续制造。

本案中，英特莱公司有权提起侵权诉讼，被控侵权产品已经落入涉案专利权的保护范围。被上诉人蓝盾北京分公司和北京蓝盾创展公司主张深圳蓝盾公司在涉案专利申请日前已经制造了相同产品，并仅在原有范围内继续制造，据此主张深圳蓝盾公司享有先用权。经审查：首先，蓝盾北京分公司和北京蓝盾创展公司提交了广东省公安厅消防局分别于 1999 年 12 月 30 日和 2001 年 2 月 19 日出具的《消防产品检测委托书》，用以证明在涉案专利申请日前深圳蓝盾公司已经制造出相关产品。经法院向广东省公安厅消防局发出调查函后，广东省公安厅消防局予以复函，确认其于 1999 年 12 月 30 日和 2001 年 2 月 19 日两次出具的《消防产品检测委托书》中记载的“无机复合布质防火卷帘”产品样品之间具有同一性。鉴于涉案专利申请日为 2000 年 4 月 28 日，故原审法院认定深圳蓝盾公司在涉案专利申请日之前已经制造出了相关的防火卷帘产品具有事实依据。其次，从深圳蓝盾公司提交给国家固定灭火系统检验中心的涉案企业标准和涉案检验报告的附图以及原审法院向国家固定灭火系统检验中心检测部所做的调查笔录等证据来看，深圳蓝盾公司制造并送检的防火卷帘产品的帘面由耐火防火布、硅酸铝棉、耐火纤维毡、铝箔涂层和耐火防火布缝制而成，除不能清楚体现不锈钢丝绳所处的具体位置外，上述产品具备涉案专利权利要求 1 的全部必要技术特征。英特莱公司虽主张深圳蓝盾公司制造并送检的防火卷帘产品的帘面中缺少钢丝绳这一必要技术特征故不属于相同产品，但深圳蓝盾公司提交给国家固定灭火系统检验中心的涉案企业标准中载明“帘面中间应根据计算设计一定数量符合 GB8918 规定的钢丝绳，以承受卷帘纵向的拉力”；涉案检验报告系依据该企业标准进行检验后所作，检验结果为“符合标准要求”；国家固定灭火系统检验中心检测部工作人员证实深圳蓝盾公司制造并送检的防火卷帘产品中应当有钢丝绳；英特莱公司虽然主张深圳蓝盾公司制造并送检的防火卷帘产品中的帘面缺少钢丝绳这一特征，但未举出相反证据予以证明，故英特莱公司的上述主张不能成立。而且，从涉案专利文件中可以看出，在帘面中加入不锈钢丝绳是为了起到产品的增强作用，而不锈钢丝绳的所处位置既不会妨碍技术功能的实现，也不会对技术效果带来影响，即使与涉案专利所描述的钢丝绳的位置不同，也属于以基本相同的手段，实现基本相同的功能，达到基本相同的效果，并且本领域的普通技术人员无需经过创造性劳动就能够联想到的与涉案专利所记载的技术特征等同的特征。因此，原审法院认定认深圳蓝盾公司涉案提交给国家固定灭火系统检验中心检验的防火卷帘产品帘面与涉案专利[①]属于相同产品具有事实依据。再次，《高层民用建筑设计防火规范》（GB 50045—95）1999 年局部修订条文对防火卷帘应采用背火面温升作为耐火极限判定条件的规定，是各防火卷帘生产企业据此进行研发的背景。蓝盾北京分公司和北京蓝盾创展公司提供了深圳蓝盾公司研发与涉案专利相同的防火卷帘产品的设计可行性报告、计划书、任务书、研制报告书、设计总结、相关研发会议纪要和技术人员的证人证言以及案外人提供研发产品原材料的证明，可以证明被控侵权产品系深圳蓝盾公司自行研发。虽然英特莱公司不认可上述证据的真实性，但在已确认原中华人民共和国建设部相关规范的修订导致全行业开展新产品研发和深圳蓝盾公司于涉案专利申请日前已生产出相关产品这两项事实的前提下，蓝盾北京分公司和北京蓝盾创展公司关于深圳蓝盾公司自行研发的上述证据内容之间彼此印证，形成了较为完整的证据链。因此，原审法院综合本案证据认定深圳蓝盾公司在涉案专利申请日前自行完成研发被控侵权产品使用的技术具有事实依据。最后，根据本案现有证据，深圳蓝盾公司在 1999 年前制造防火卷帘和钢质、木质门窗产品的产值较高，用工人员较多，产品销售区域较广。在 1999 年原中华人民共和国建设部出台新的防火规范促使各企业研发新产品的大背景下，新型的布质防火卷帘将替代传统的钢质防火卷帘成为防火卷帘产品的主要样态，因此，待相关产品通过检验后，深圳蓝盾公司利用已有的生产钢质、木质门窗和钢质卷帘门的设备和人力投入制造涉案布质防火卷帘符合正常的生产规律。涉案防火

① 此外应为判决书笔误，正确的应为“被诉产品”。——笔者注

卷帘帘面系由多层材料复合缝制而成，生产工艺相对简单，无需大型或者特种机器设备或生产线。蓝盾北京分公司和北京蓝盾创展公司提交的现有证据表明，深圳蓝盾公司在涉案专利申请日前已经具备制造涉案无机布质防火卷帘帘面所需的缝纫机、切割机等设备，目前尚未超出涉案专利申请日前的生产规模，故原审法院认定深圳蓝盾公司制造涉案被诉侵权产品是在原有范围内继续制造具有事实和法律依据。基于上述理由，原审法院认定深圳蓝盾公司在专利申请日前已经制造相同产品，并且仅在原有范围内继续制造，依法享有先用权，蓝盾北京分公司和北京蓝盾创展公司在本案中所主张的先用权抗辩理由成立具有事实和法律依据。英特莱公司有关蓝盾北京分公司与北京蓝盾创展公司主张的先用权抗辩不能成立的上诉理由缺乏依据，本院不予支持。

此外，蓝盾北京分公司、北京蓝盾创展公司与案外人深圳蓝盾公司均为关联企业，蓝盾北京分公司与北京蓝盾创展公司在诉讼中提交了被控侵权产品相关合同、运输单据、出库单、入库单等证据，可以证明被控侵权产品来源于深圳蓝盾公司。英特莱公司虽主张北京蓝盾创展公司没有提供侵权产品的合法来源且北京蓝盾创展公司制造了侵权产品，但其并没有提供有效证据证明该主张，故二审法院对英特莱公司该上诉主张不予支持。

（六）最高人民法院再审裁定维持二审判决

1. 最高人民法院维持二审判决依据的事实

英特莱公司在最高人民法院再审审查中向最高人民法院提交北京务实知识产权发展中心出具的务实（〔2015〕第010号）关于“防火隔热卷帘用耐火纤维复合卷帘及其应用”发明专利侵权纠纷专家研讨会法律意见书，该法律意见书中对深圳蓝盾公司是否享有先用权，蓝盾北京分公司与蓝盾创展公司是否具有主张先用权的主体资格等与本案相关法律问题进行了研讨，拟证明国家固定灭火系统检测中心的主任赵某利不是检验报告的鉴定人，其出具的证言不具有证明力，二审判决对深圳蓝盾公司享有先用权的认定缺乏充分依据，蓝盾北京分公司与蓝盾创展公司不具有主张先用权抗辩的主体资格。英特莱公司另向本院提交了包括涉案专利所涉及的7份无效宣告请求审查决定，拟证明涉案专利权的稳定性。

蓝盾创展公司向最高人民法院提交了七份证据：青岛美康防火材料有限公司出具的证明，青岛美康防火材料有限公司的企业法人营业执照，青岛美康防火材料有限公司的试验报告，深圳蓝盾公司的检验报告，深圳鹏基龙安防股份有限公司的检验报告，北京宾辰工贸有限公司的试验报告，二审庭审笔录。前三份证据用于证明蓝盾北京分公司、蓝盾创展公司的防火卷帘部分检测报告中所使用帘面材料由青岛美康防火材料有限公司提供，青岛美康防火材料有限公司不生产防火卷帘成品帘布。第四份证据用于证明申请人主张的“检验样品中不含有钢丝绳”事实错误。第五份证据用于证明防火卷帘技术在广东的发展情况。第六份证据用于证明北京宾辰工贸有限公司后来做检验报告时所附的材料试验报告。第七份证据用于证明帘面与帘面材料的区别。

英特莱公司对蓝盾创展公司提交的上述证据未提交质证意见。

针对英特莱公司提交的务实（〔2015〕第010号）法律意见书，蓝盾北京分公司、蓝盾创展公司向本院提交了意见书和2001－0439号检验报告的副本，并指出检测报告第7页明确记载国家固定灭火系统检测中心检验员赵华利亲笔签字，其证言具有充分的证明力。蓝盾北京分公司、蓝盾创展公司认为该法律意见书中对本案事实的认定不客观、不全面，针对深圳蓝盾公司享有先用权的质疑理由没有事实依据，其观点和结论存在逻辑错误，不应被采纳。

2. 最高人民法院维持二审判决的理由

最高人民法院认为，本案的争议焦点在于：①涉案被诉侵权防火卷帘帘面是否系案外人深圳蓝盾公司制造。②蓝盾北京分公司、蓝盾创展公司提出的先用权抗辩是否成立。

（1）关于涉案被诉侵权防火卷帘帘面是否系案外人深圳蓝盾公司制造的问题。英特莱公司主张被诉侵权产品的帘面均来自青岛美康特种防护制品有限公司及北京宾辰工贸有限公司等案外人，不是深圳蓝盾公司“制造”的，深圳蓝盾公司不应当享有先用权。根据审查查明的事实，专利权人英特莱公司在一审庭审主张以涉案专利“防火隔热卷帘用耐火纤维复合卷帘及其应用”权利要求1作为涉案专利权的保护范围。该权利要求1记载的内容为，

“一种防火隔热卷帘耐火纤维复合帘面，其中所说的帘面由多层耐火纤维制品复合缝制而成，其特征在于所说的帘面包括中间植有增强用耐高温的不锈钢丝或不锈钢丝绳的耐火纤维毯夹芯，由耐火纤维纱线织成的用于两面固定该夹芯的耐火纤维布以及位于其中的金属铝箔层”。涉案专利请求保护的是具有权利要求 1 限定的层数以及排列方式的防火隔热卷帘耐火纤维复合帘面。本案中，被诉侵权的防火隔热卷帘的帘面是由多层耐火纤维制品复合缝制而成，虽然铭牌上标注的制造者是蓝盾北京分公司和蓝盾创展公司，但蓝盾北京分公司与蓝盾创展公司在诉讼中提交的被诉侵权产品相关合同、运输单据、出库单、入库单等证据，可以证明深圳蓝盾公司向案外人购买帘面原材料后，将各层耐火纤维布、耐火纤维毯夹芯按对应层级摆放、埋入钢丝绳进行缝制形成防火卷帘的帘面。尽管英特莱公司主张蓝盾北京分公司、蓝盾创展公司与案外人深圳蓝盾公司为关联企业，但其未提出充分证据证明涉案被诉侵权产品中的帘面系蓝盾北京分公司与蓝盾创展公司自行制造。二审认定被诉侵权产品系深圳蓝盾公司制造的事实，并无不当。

（2）关于蓝盾北京分公司与蓝盾创展公司提出的先用权抗辩是否成立。本案中，蓝盾北京分公司与蓝盾创展公司认可被诉侵权防火卷帘产品已经落入英特莱公司涉案专利权保护范围，但主张深圳蓝盾公司在涉案专利申请日前已经制造了相同产品，并仅在原有范围内继续制造，据此提出深圳蓝盾公司享有先用权。

根据《专利法》第 69 条[①]，《侵犯专利权纠纷案件解释》第 15 条规定，判断先用权抗辩是否成立应当考察以下四个条件：先用权人是否在专利申请日前已经制造出相关产品、相关产品是否属于相同产品、先用技术是否系先用权人自行研发或以其他合法手段获得、先用权人是否在原有范围内继续制造。

1. 广东省公安厅消防局出具的关于深圳蓝盾公司申请事项的回函及北京市第二中级人民法院调查函的书面答复能否被采信

《最高人民法院关于民事诉讼证据的若干规定》第 77 条第 1 项规定，国

① 《专利法》（2020 年修正）第 75 条。

家机关、社会团体依职权制作的公文书证的证明力一般大于其他书证。广东省公安厅消防局作为国家机关出具的公文，国家固定灭火系统检测中心作为我国检测防火卷帘门的权威机构出具的检测报告，均具有较大的可信性。英特莱公司虽然不认可广东省公安厅消防局 2014 年 1 月 10 日出具的“关于北京市第二中级人民法院调查函的答复”及国家固定灭火系统检测中心出具的检测报告，但其并未提供有效反证，对于英特莱公司的相关主张，本院不予支持。

2. 关于深圳蓝盾公司在涉案专利申请日之前是否已经制造出相关产品的问题

广东省公安厅消防局于 2014 年 1 月 10 日出具“关于北京市第二中级人民法院调查函的答复”，对一审法院提出的两次封样过程是否针对同一样品的调查问题进行了意见回复，确认广东省公安厅消防局于 1999 年 12 月 30 日和 2001 年 2 月 19 日两次出具的《消防产品检测委托书》中记载的“无机复合布质防火卷帘”产品样品之间具有同一性。涉案专利申请日为 2000 年 4 月 28 日，被诉侵权的防火卷帘产品的生产时间早于涉案专利申请日，故可以认定深圳蓝盾公司在涉案专利申请日之前已经制造出了相关的防火卷帘产品。

3. 关于相关产品是否属于相同产品的问题

根据深圳蓝盾公司提交给国家固定灭火系统检测中心的涉案企业标准和涉案检验报告的附图等证据看，深圳蓝盾公司制造并送检的防火卷帘产品的帘面由耐火防火布、硅酸铝棉、耐火纤维毡、铝箔涂层和耐火防火布缝制而成，除不能清楚体现不锈钢丝绳所处的具体位置外，上述产品具备涉案专利权利要求 1 的全部必要技术特征。英特莱公司主张深圳蓝盾公司制造并送检的防火卷帘产品的帘面中缺少钢丝绳这一必要技术特征，不属于相同产品，但深圳蓝盾公司提交给国家固定灭火系统检测中心的企业标准（Q/LD003－2001）第 5. 3. 2 条载明“帘面中间应根据计算设计一定数量符合 GB8918 规定的钢丝绳，以承受卷帘纵向的拉力”。本案中，检验报告（NO. 2001－0439）系依据上述企业标准进行检验后所作，在检验报告第 1 页中明确记载检测项目包括第 5. 3 条，检验报告第 2 页第 5 栏中明确记载对检验报告的第 5. 3. 2 条项目进行检验，其检验结果为“符合标准要求”，而且，从检验报告第 6 页所显示的试验结束后卷帘回卷情况来看，在经过燃烧性能检验后帘布还可以完全卷起，表明帘面中应当有钢丝绳，否则燃烧后的帘布不可能卷起。同时，从一审法院的调查笔录看，国家固定灭火系统检测中心检测部工作人员证实，深圳蓝盾公司制造并送检的防火卷帘产品中应当有钢丝绳。此外，从涉案专利文件中可以看出，在帘面中加入不锈钢丝绳是为了起到产品的增强作用，而不锈钢丝绳的所处位置既不会妨碍技术功能的实现，也不会对技术效果带来影响，放置钢丝绳的不同位置，属于以基本相同的手段，实现基本相同的功能，达到基本相同的效果，并且本领域的普通技术人员无需经过创造性劳动就能够联想到的与涉案专利所记载的技术特征等同的特征。《专利法》第 69 条[①]规定的相同产品是指具有与涉案专利相同或等同的技术特征的产品。因此，一审、二审法院认定深圳蓝盾公司提交给国家固定灭火系统检验中心检验的防火卷帘产品帘面与涉案专利[②]属于相同产品具有事实依据。

4. 关于是否做好了必要准备的问题

关于是否做好必要的制备。蓝盾北京分公司和蓝盾创展公司提交了深圳蓝盾公司研发与涉案专利相同的防火卷帘产品的设计可行性报告、计划书、任务书、研制报告书、设计总结、相关研发会议纪要和技术人员的证人证言以及案外人提供研发产品原材料的证明。《高层民用建筑设计防火规范》（GB 50045—95）1999 年局部修订条文对防火卷帘应采用背火面温升作为耐火极限判定条件的规定，是各防火卷帘生产企业据此进行研发的背景。蓝盾北京分公司和蓝盾创展公司提供了深圳蓝盾公司研发与涉案专利相同的防火卷帘产品的设计可行性报告、计划书、任务书、研制报告书、设计总结、相关研发会议纪要和技术人员的证人证言以及案外人提供研发产品原材料的证明，可以证明被诉侵权产品系深圳蓝盾公司自行研发。英特莱公司不认可上述证据的真实性，但在已确认原中华人民共和国建设部相关规范的修订导致全行业开展新产品研发和深圳蓝盾公司于涉案专利申请日前已生产出相关产品这两项事实的前提下，蓝盾北京分公司和蓝盾创展公司关于深圳蓝盾公司

---

① 《专利法》（2020 年修正）第 75 条。

② 此处应为判决书笔误，正确的应为“被诉产品”。——笔者注

自行研发的上述证据内容之间彼此印证，形成了较为完整的证据链，可以认定深圳蓝盾公司在涉案专利申请日前为实施涉案专利做好了制造的必要准备。一审、二审法院认定在涉案专利申请日前深圳蓝盾公司自行完成研发被诉侵权产品使用的技术，并无不当。

5. 关于是否在原有范围内继续制造的问题

根据审查查明的事实，深永信评报字〔2014〕第129号《关于深圳市蓝盾实业有限公司委托的机器设备资产评估报告书》中的资产清查评估明细表与《设备等固定资产明细表》《工具盘点表》中采购的设备相互印证，作为深圳蓝盾公司改制前的深圳市宝安区蓝盾消防器材厂，在1998年购置了缝纫机、切割机等设备。深圳市宝安区蓝盾消防器材厂的《设备等固定资产明细表》《工具盘点表》、深永信评报字〔2014〕第129号《关于深圳市蓝盾实业有限公司委托的机器设备资产评估报告书》，以及深圳市宝安区蓝盾消防器材厂1999年度签订的47份合同总金额为2078万元的防火门制造、安装合同，以及15份卷帘项目合同、1999年9月相关工资表及员工工资单，亦可证明深圳蓝盾公司在涉案专利申请日前生产钢质防火卷帘门时已经具备一定的生产规模和生产能力。深圳蓝盾公司在1999年前制造防火卷帘和钢质、木质门窗产品的产值较高，用工人员较多，产品销售区域较广。在1999年原中华人民共和国建设部出台新的防火规范促使各企业研发新产品的大背景下，新型的布质防火卷帘将替代传统的钢质防火卷帘成为防火卷帘产品的主要样态，在相关产品通过检验后，深圳蓝盾公司利用已有的缝纫机、切割机等设备和人力投入制造涉案布质防火卷帘，符合市场生产规律。一审、二审法院认定深圳蓝盾公司制造涉案被诉侵权产品是在原有范围内继续制造具有事实和法律依据。

6. 主张先用权的主体资格问题

本案中，制造商享有先用权，但制造商并非本案被告，提出抗辩的是制造商的交易对象、被诉侵权产品的销售商，在销售商提出合法来源，并就其提交的证据审查后能够认定制造商先用权成立的情况下，如果简单地要求追加制造商为当事人或者驳回销售商的抗辩，一方面会增加当事人诉累，另一方面也与享有先用权的制造商生产的产品可以合法流通相违背。本案中，被诉的侵权产品销售商可以主张制造商享有先用权。

基于上述事实和理由，二审法院认定本案被诉侵权产品系深圳蓝盾公司在其先用权范围内制造并销售的产品具有事实和法律依据。英特莱公司有关蓝盾北京分公司与蓝盾创展公司主张的先用权抗辩不能成功的再审理由缺乏事实和法律依据，最高人民法院不予支持。

（七）笔者对本案的点评

本案作为经过了三级审理的先用权抗辩案例，基本上涉及先用权抗辩的所有方面，而且每级审理中，当事人都提出了新的证据和理由，每级法院也都给出了很详尽的回应和判决理由。而且每级法院对先用权抗辩成立的所有环节都针对本案具体情况，站在各自的角度，给出了清晰完整的论述。其中有两点，特别值得读者注意。

第一，关于何为《专利法》第 75 条第 2 项规定的先用权抗辩的“相同产品”判断标准或者依据。截至目前，专利法及其司法解释都没有相关规定，这对初学者来说无疑是一个难以把握的问题。而一审判决给出了非常清楚明确的判断标准，即“第二，关于相关产品是否属于相同产品的问题。《专利法》中所规定的‘相同产品’，是指具有与涉案专利相同或等同的技术特征的产品”。二审法院、最高人民法院在对是否属于“相同产品”进行审查时，就是遵循一审法院所给出的这一标准的，即二审法院和最高人民法院以实际行动确认了一审法院给出的这一判断标准。而且最高人民法院也明确宣告：“《中华人民共和国专利法》第六十九条①规定的相同产品是指具有与涉案专利相同或等同的技术特征的产品。”笔者认为，一审法院的这一表述非常精准简要地体现了在先用权抗辩中“相同产品”判定的法理，非常精准地体现了专利权保护及先用权抗辩的立法本意。有了该案一审法院的这一标准及三级法院的结合具体案情的诠释，对于读者来说，在先用权抗辩中是否构成“相同产品”这一难题将迎刃而解。

第二，先用权抗辩由于涉及专利申请日之前的“历史问题”，而且还涉及历史上的技术来源是否合法，是否在原有范围等问题，各方当事人必然都

① 《专利法》（2020 年修正）第 75 条。

会举出众多的证据和反证，而且当事人通常都会竭尽所能，各执一词，如在三级审理中，原、被告双方都在不断追加证据，甚至把“专家意见”都用上了。在这种情况下，举证责任的分配、证明标准等证据规则的正确运用就非常重要。在这一点上，该案同样是非常珍贵的。

第三节　确认不侵犯专利权之诉

《侵犯专利权纠纷案件解释》第 18 条规定：“权利人向他人发出侵犯专利权的警告，被警告人或者利害关系人经书面催告权利人行使诉权，自权利人收到该书面催告之日一个月内或者自书面催告发出之日起二个月内，权利人不撤回警告也不提起诉讼，被警告人或者利害关系人向人民法院提起请求确认其行为不侵犯专利权的诉讼的，人民法院应当受理。”被警告侵犯专利权的人或者利害关系人依据该条规定向法院提起的请求判决确认其被警告行为不构成侵犯警告人专利权的诉讼，被称为确认不侵犯专利权之诉。确认不侵犯专利权之诉的法律意义在于，解决因权利人的侵权警告导致被警告行为侵权与否的不确定状态。法律赋予被警告人以诉讼救济，避免被警告人的合法利益受损。

对于确认不侵犯专利权之诉，读者需要掌握以下问题。

一、司法实务中对“发出侵权警告”的认定及相应类型案件的受理条件

在司法实务中，发出侵权警告的形式不仅包括由专利权人直接向被警告人发出警告函，也包括例如药品专利权人或者利害关系人对他人进行药品注册申报过程中，向国家食品药品监督管理机关提出书面异议的行为，例如南昌弘益科技有限公司诉天长亿帆制药有限公司等确认不侵害专利权纠纷案（〔2017〕最高法民申 771 号），怀化正好制药有限公司与湖南方盛制药股份有限公司确认不侵害专利权纠纷上诉案（〔2014〕湘高法民三终字第 51 号）；或者专利权人提出专利权侵权之诉后撤诉，对同一事实依据同一专利权，再

起诉再撤诉的行为，如赵某美与四川鸿昌塑胶工业有限公司确认不侵害专利权、侵害实用新型专利权纠纷［〔2016〕最高法民申726号申请案、〔2015〕沪高民三（知）终字第40号］；也包括专利权人或者利害关系人向天猫、淘宝等网络销售平台投诉侵犯其知识产权，网络平台采取断开链接等措施后，专利权人在收到催告后既不行使诉权也不撤回投诉的行为，如贾某某与永康市东玮工贸有限公司等确认不侵害专利权纠纷上诉案（〔2016〕浙民终932号）。

在〔2017〕最高法民申771号案中，最高人民法院审理认为："现有证据已经足以证明，南昌弘益公司即为本案药品申报程序的'异议人'，一审、二审法院基于该事实，认定其为本案所涉确认不侵害专利权之诉的适格被告，具有事实与法律依据，本院对该结论予以维持。"

〔2014〕湘高法民三终字第51号案（该案为2014年中国法院10大创新性知识产权案件之五）中湖南省高级人民法院审理认为："虽然正好制药公司并未直接向方盛制药公司发出侵权警告函，但是通过向国家食品药品监督管理局药品审评中心提出异议，且国家食品药品监督管理局药品审评中心向方盛制药公司转达了正好制药公司的异议，应视为是专利权人正好制药公司向方盛制药公司发出了侵犯专利权的警告。方盛制药公司遂向国家食品药品监督管理局药品审评中心出具了答复意见，向正好制药公司出具催告函，后又寄出催告邮件，且该邮件已由正好制药公司签收。正好制药公司对方盛制药公司要求其撤回警告或依法行使诉权的请求不予理睬超过二个月，方盛制药公司可以提起确认不侵权之诉。上诉人正好制药公司提出的本案不符合确认不侵权之诉条件的主张没有事实和法律依据，本院不予支持。"

赵某美与四川鸿昌塑胶工业有限公司确认不侵害专利权、侵害实用新型专利权纠纷［〔2016〕最高法民申726号再审案、〔2015〕沪高民三（知）终字第40号］案中，原告鸿昌公司在原审本诉中诉称："赵某美系名称为'清洁工具'实用新型专利（专利号ZL×××××××××××××.9，以下简称涉案专利）的专利权人。2013年4月，赵某美以鸿昌公司生产、销售的美丽雅手压双驱旋转甩水拖（货号HC049017、商品条码×××××××××××××，以下简称涉案手压双驱拖）、美丽雅双涡轮地拖（货号HC017665、商品条码××××××××××××××，以下简称涉案涡轮拖）、美丽雅传奇旋转三驱地拖（货号 HC017344、商品条码××××××××××××××，以下简称涉案传奇拖）、美丽雅好彩头旋转地拖（货号 HC017603、商品条码××××××××××××××，以下简称涉案好彩拖），侵犯了赵某美涉案专利权为由向法院提起侵权诉讼［〔2013〕沪二中民五（知）初字第65号，以下简称65号案件］，在65号案件的审理过程中，赵某美突然撤回65号案件的起诉。之后，赵某美又就相同事实，于2013年9月9日向浙江省义乌市人民法院提起诉讼，并于2013年12月10日再次撤诉。鸿昌公司认为，鸿昌公司使用现有技术生产了上述4款涉案产品，且上述4款涉案产品的技术特征与涉案专利权利要求的对应技术特征不同。故鸿昌公司生产、销售的上述4款涉案产品的行为没有侵犯赵某美的涉案专利权。而赵某美重复诉讼又撤诉的行为，使鸿昌公司一直处于被控侵权的不确定状态中，严重影响了鸿昌公司的正常经营。鸿昌公司遂诉讼来院，请求判令：确认鸿昌公司生产、销售的上述4款涉案产品没有侵犯赵某美的涉案专利权。”而被告赵某美对一审法院将该案作为确认不侵犯专利权之诉受理并无异议，只是反诉本诉原告侵犯其专利权，诉请追究本诉原告侵犯其专利权的法律责任。一审法院判决确认本诉原告的涉诉行为没有侵犯本诉被告的涉诉专利权。本诉被告赵某美虽然向上海市高级人民法院提出上诉，但没有以该案本诉不属于确认不侵犯专利权之诉为上诉理由。二审判决维持了一审判决后，虽然本诉被告仍不服向最高人民法院申请再审，但仍然没有以该案本诉不属于确认不侵犯专利权之诉为理由。最高人民法院审理后裁定维持了二审判决。

贾某某与永康市东玮工贸有限公司等确认不侵害专利权纠纷上诉案（〔2016〕浙民终932号）中，一审法院认为：“贾某某为了保护其所有的专利号为 ZL20143001××××.7‘电烤炉（JS）’外观设计专利权，多次对他人提起侵犯专利权诉讼，并于2016年5月7日向天猫公司投诉，称东玮公司经营的明爵东玮专卖店销售的电烤炉侵犯其专利，天猫公司就此删除了涉案电烤炉的链接，同月22日，东玮公司向天猫公司提交了申诉文件，写明被投诉的电烤炉不落入涉案专利保护范围，要求天猫公司恢复链接，并催告贾某某行使诉权，但贾某某收到后，直至东玮公司提起本案诉讼时，未向天猫公司撤回投诉，也未提起诉讼。这使双方之间是否存在专利侵权的法律关系处于不确定状态，严重影响了东玮公司通过互联网销售涉案电烤炉产品，因此，东玮公司与本案有直接的利害关系，有权提起确认不侵权之诉。”该案二审时，贾某某对原告有权提起确认不侵犯专利权之诉及一审法院对该案的受理并无异议，二审判决也维持了确认不构成侵犯专利权的一审判决。

根据以上司法解释的规定及司法实务判断，不仅如上述司法解释规定的直接发侵权警告函的情形，专利权人或者利害关系人通过其他途径使得他人的生产、销售、使用等经营行为因侵犯专利权的指控或者间接指控而受到了实质性影响的行为，都可以向法院提出确认不侵犯专利权之诉。但起诉同样都要满足在专利权人收到催告函一个月或者催告函发出后两个月后，不行使诉权也不消除其行为对催告人的生产经营所产生的影响的条件；或者其他专利权人不行使诉权也不消除其行为对相对人的影响达到同等期限。

二、确认不侵犯专利权之诉的原告

确认不侵犯专利权之诉的原告为专利权人发出侵犯其专利权警告所针对的人或者利害关系人，以及受到专利权人实施的其他侵犯专利权的直接或者间接指控，致使生产经营受到该指控影响的单位或者个人。

三、确认不侵犯专利权之诉的被告

确认不侵犯专利权之诉的被告为发出侵犯专利权警告函，或者直接或者间接指控他人侵犯其专利权，致使他人生产经营受到该指控影响，且收到被警告人或者被指控人发出的催告后，既不撤回侵犯专利权警告或者其他指控，也不向法院提出专利侵权之诉或者向专利行政机关请求专利侵权行政处理的专利权人或者专利权的利害关系人。

四、确认不侵犯专利权之诉的诉讼请求

确认不侵犯专利权之诉的诉讼请求只能是：

（1）确认被警告或者被指控的行为或者事实不构成侵犯被告据以发出侵权警告或者指控的专利权；

（2）确认不侵犯专利权之诉的诉讼费由被告承担。

在目前的状况下，不支持由确认不侵犯专利权之诉的被告承担原告的合理支出。

如果被告的警告行为或者指控不当给原告造成损失的，原告可以以不正当竞争法等法律另行提起诉讼，请求被告赔偿损失、消除影响等。但也有实际案例在一审时，原告提出了确认不侵权之诉，同时一并请求赔偿损失、消除影响，得到了法院的支持；二审法院出于节约司法资源和解决诉累的考虑，对赔偿损失和消除影响的判决一并作了审理并维持了一审判决的案例。

在北京速迈医疗科技有限公司与北京水木天蓬医疗技术有限公司等确认不侵害专利权纠纷上诉案（〔2017〕京民终 15 号）中，北京市高级人民法院审理认为："在最高人民法院《民事案件案由规定》中，将确认不侵权纠纷作为二级案由规定在一级案由知识产权权属、侵权纠纷下，这种划分是基于我国当前的民事诉讼制度主要以合同诉讼、侵权诉讼的分类来设计的。主要原因是确认不侵害专利权之诉中的'权利'实际上是被告的'权利'，即诉争专利权，确认不侵权纠纷诉讼的实体审查内容与侵害专利权纠纷诉讼实体审查的内容是一致的，相当于被控侵权人在侵害专利权纠纷诉讼中进行不侵权抗辩，应当适用《专利法》的规定。在侵害专利权纠纷诉讼中，如果人民法院认定不构成侵权，则判决驳回专利权人或者利害关系人的诉讼请求，而不会在同一案件中判令原告直接承担因侵权不成立可能对被告造成损失的损害赔偿法律责任。同样，在确认不侵权纠纷诉讼中，虽然提起诉讼的原因可能是被告发警告函的相关行为导致被控侵权一方的商誉受到损害，商业安宁受到侵扰，潜在的商业利益受到损失，但是是否存在上述事实，不是提起确认不侵权纠纷诉讼的前提条件，只要满足侵犯专利权纠纷司法解释的相关规定，原告即可主张确认不侵权的诉讼请求，原告确认不侵权的诉讼请求得到支持，并不当然导致被告需承担损害赔偿、消除影响等法律责任。而本案中，原审原告主张损害赔偿、消除影响等诉讼请求，是基于其主张被告违反《中华人民共和国反不正当竞争法》第 2 条关于经营者在市场交易中，应当遵循自愿、平等、公平诚实信用原则，遵守公认的商业道德的相关规定，认为原审被告发警告函等行为属于实施了损害其他经营者的合法权益，扰乱社会经济秩序的行为，其依据的权利是原审原告正常、合法经营的权利，与确认不侵权的诉讼请求为不同的法律关系，应当分别进行审理。鉴于本案一审已对北京速迈医疗公司向北京水木天蓬医疗公司、江苏水木天蓬科技公司及其潜在客户发出律师函等行为是否构成侵权进行了审理并作出认定，为节省诉讼资源，本院亦一并进行审理。"

五、确认不侵犯专利权之诉的管辖法院

（一）一审管辖法院

确认不侵犯专利权之诉一审由被告所在地或者被警告侵犯专利权行为地或者被指控侵权行为地，有权受理专利侵权诉讼的法院管辖。

对此，广东省高级人民法院在广州金凯新材料有限公司与科莱恩化工（中国）有限公司等确认不侵害专利权纠纷管辖权异议上诉案（〔2017〕粤民辖终358号）中经审理认为：

本院经审查认为，科莱恩公司、广宾公司起诉请求确认其使用、销售、许诺销售、进口的产品不侵犯金凯公司第ZL2013XXX931.4号发明专利权，故本案是确认不侵害专利权纠纷。确认不侵害专利权纠纷是指受到特定专利权影响的行为人，以该专利权利人为被告提起的，请求确认其有关行为不侵犯该专利权的诉讼。确认不侵害专利权诉讼在性质上属于侵权类纠纷，应当按照侵权纠纷来确定管辖。根据《中华人民共和国民事诉讼法》第28条关于"因侵权行为提起的诉讼，由侵权行为地或者被告住所地人民法院管辖"、《最高人民法院关于适用〈中华人民共和国民事诉讼法〉的解释》第2条第1款关于"专利纠纷案件由知识产权法院、最高人民法院确定的中级人民法院和基层人民法院管辖"和《最高人民法院关于北京、上海、广州知识产权法院案件管辖的规定》第1条关于"知识产权法院管辖所在市辖区内的下列第一审案件：（一）专利、植物新品种、集成电路布图设计、技术秘密、计算机软件民事和行政案件……"，第2条关于"广州知识产权法院对广东省内本规定第1条第（一）项和第（三）项规定的案件实行跨区域管辖"以及《最高人民法院关于同意广东省深圳市两级法院继续管辖专利等知识产权案

件的批复》的规定，原审法院在广东省内跨行政区域管辖全省除深圳市以外的专利等第一审民事案件。本案金凯公司的住所地在广东省广州市，属于原审法院管辖专利民事案件的范围，故原审法院作为被告住所地的知识产权法院对本案具有管辖权。

科莱恩公司、广宾公司起诉时明确其提起的是确认不侵犯专利权诉讼，原审法院亦作为一审案件立案受理，金凯公司上诉主张科莱恩公司、广宾公司并非〔2015〕粤知法专民初字第1997号案的当事人，故不具备提起本案诉讼资格，应循第三人再审程序的理由缺乏依据。因广州市黄埔区人民法院不是最高人民法院确定有权管辖专利纠纷案件的基层人民法院，不具有专利纠纷案件管辖权，故金凯公司上诉主张本案应移送广州市黄埔区人民法院管辖的理由不能成立，本院不予支持。

（二）二审管辖法院

如果是确认不侵犯外观设计专利权的，由一审法院的上级法院管辖。如果是确认不侵犯发明或者实用新型专利权的，由最高人民法院知识产权法庭管辖。

六、关于确认不侵犯专利权之诉的诉讼时效

确认不侵害专利权之诉属于侵犯专利权之诉，诉讼时效为专利法规定的专利侵权之诉的3年，自专利权利人收到被警告人书面催告之日起满1个月之日或者自书面催告发出之日起满2个月之日起算，适用诉讼时效的中止、中断、延长的规定。被警告人收到侵权警告后，向专利无效机构提起专利权无效宣告申请的，属于被警告人以法律途径积极解决其行为是否构成侵害专利权的不确定状态，而不是怠于行使其诉权，确认不侵害专利权之诉的诉讼时效被中断。西安千禾药业股份有限公司诉吉林天药本草堂制药有限公司确认不侵害发明专利权纠纷案（〔2017〕最高法民申2893号）中，最高人民法院审理认为：“由于专利法规定利害关系人可以请求宣告专利无效，其亦有权以宣告专利无效的方式解决侵权与否不确定的状态。吉林天药公司选择宣告专利无效的行为，说明其始终在积极地解决侵权与否的问题，而非懈怠自

己的权利。”

七、确认不侵犯专利权之诉原告诉讼请求得到支持的事实依据

确认不侵犯专利权之诉原告诉讼请求得到支持的事实依据为，被告发出的侵权警告函所主张的侵权行为不构成对侵权警告函所依据的专利权的所有权利要求的侵犯。是否构成侵犯专利权的裁判规则和标准与侵犯专利权之诉的裁判规则和标准相同。北京速迈医疗科技有限公司与北京水木天蓬医疗技术有限公司等确认不侵害专利权纠纷上诉案（〔2017〕京民终 15 号）中，二审法院北京市高级人民法院审理认为：“确认不侵权纠纷诉讼的实体审查内容与侵害专利权纠纷诉讼实体审查的内容是一致的，相当于被控侵权人在侵害专利权纠纷诉讼中进行不侵权抗辩。”

八、确认不侵犯专利权之诉的证明责任

确认不侵犯专利权之诉的证明责任除关于诉法时效的证明责任外全部在原告，具体证明事项及所需材料如下。

（一）证明原告直接收到侵权警告函或者存在法律效果等同于侵权警告函的其他事实，且原告发出催告函的时间超过两个月或者被告收到催告函超过一个月，以及其他原告起诉时间符合要求的证明责任在原告

原告提供直接收到的侵权警告函或者其他机构转来的被告向该机构提交的投诉书、异议书等的，就算对前一方面尽到了证明责任。原告提供邮政快递、顺丰等邮递机构出具的被告签收了催告函的证明的，就算对后一方面尽到了证明责任。

怀化正好制药有限公司与湖南方盛制药股份有限公司确认不侵害专利权纠纷上诉案（〔2014〕湘高法民三终字第 51 号）（2014 年中国法院 10 大创新性知识产权案件之五）中，二审法院认定被告收到催告函达到两个月法定期限的证据为：“2011 年 9 月 13 日，原告方盛制药公司通过申通快递寄出一份快递单号为 368944058443、标注品名为‘关于金刚藤分散片与分散片相关事宜的通知函’的邮件，收件单位名称为‘怀化正好制药有限公司’，收件地址

为‘湖南省怀化市河西正好路18号’。2011年10月20日，湖南申通快递有限公司出具证明称，该公司于2011年9月13日从原告处接收一份单号为368944058443的快递文件，于2011年9月14日由公司派件员送至湖南怀化正好制药有限公司，收件地址为湖南省怀化市河西正好路18号，签收人为周××，整个派件过程顺利，并未发生任何送件错误或者退件事宜。该证明的附件为368944058443号邮件的网络送件跟踪记录，记录显示已于2011年9月14日签收，签收人是周××。”

（二）对被确认行为内容的证明责任

对被确认不构成专利侵权的行为或者事实的证明责任在原告。但原告依据侵权警告函或者其他机构转来的被告向其提出投诉或者“异议”的文件即可尽到证明责任。被确认的行为或者事实可以根据侵权警告函或者投诉书、异议书的内容确定。法律实务中可能会存在侵权警告函、投诉书或者“异议书”等的内容不够具体、清楚、完整、全面的问题。据此判定不侵犯被告的专利权似乎对被告不公平或者与原告的实际行为是否构成侵犯被告的专利权不符的问题。但这是符合确认不侵犯专利权之诉制度设计的宗旨的。在该制度中，判定是否构成侵犯专利权依据的就是被告提出侵权警告所依据的“事实”或者提出其他指控或者“异议”所依据的事实。如果由于被告提出侵权警告等所依据的“事实”不够全面具体导致将原告相关实际上构成侵权的事实确认为不侵权的事实，也是由被告咎由自取造成的。这样将会从制度设计的层面促使被告发出侵权警告等时，采取审慎态度，依据充足的“事实”，而不是将发侵权警告函、进行侵权投诉、提出“异议”作为不正当竞争的手段。

（三）确认不侵犯专利权的内容的证明责任

确认不侵犯专利权的内容的证明责任在原告，但以被告的侵权警告函、投诉书、异议书等确定的专利号并按照该专利号在国家知识产权局网站下载的专利授权文件就可以尽到证明责任。

（四）被警告、投诉、异议等行为不构成侵犯被告提出警告等所依据的专利权的证明责任

原告可以依据《侵犯专利权纠纷案件解释》第7条及其他相关规定证明被确认的行为（《专利法》第11条规定的实施专利的行为所针对的技术方案）没有落入被告专利权的所有权利要求的保护范围，从而证明被确认行为不构成侵犯所确认的专利权。或者在被确认行为落入被告发出侵权警告等所依据的专利权的所有权利要求中的某一或者某几个权利要求的保护范围的情况下，依据《专利法》第67条及其相关司法解释的规定，或者依据《专利法》第75条及其相关司法解释的规定证明不构成侵犯所确认的专利权。

被告对原告的主张提出反驳的，由被告对其据以反驳的理由承担证明责任。

（五）关于属于受诉法院管辖的证明责任

关于属于受诉法院管辖的证明责任在原告。原告可以以被告所在地，或者被警告等行为发生地，证明属于受诉法院管辖。原告也可以以其注册地、实际营业地，作为被警告行为的实施地、所涉产品的制造地等来证明，属于受诉法院管辖。

被告对原告的该相关主张及依据提出异议的，由被告对其理由承担举证责任。

（六）关于诉讼时效的证明责任

被告主张超过诉讼时效的，由被告承担证明责任。原告以诉讼时效中断、中止、延长提出抗辩的，由原告对发生诉讼时效发生中断、中止、延长的事由承担证明责任。

九、关于是否构成侵犯专利权的认定

确认不侵犯专利权之诉中，是否构成侵犯专利权的认定，与专利侵犯诉讼中构成侵犯专利权的认定一致。〔2014〕湘高法民三终字第51号案可以作为认定确认不构成侵犯专利权的一个范例。本案中，二审法院湖南省高级人民法院审理后认为：

根据《专利法》第59条[①]的规定，发明专利权的保护范围以其权利要求的内容为准，说明书及附图可以用于解释权利要求的内容。《侵犯专利权纠纷案件解释》第7条规定，人民法院判定被诉侵权技术方案是否落入专利权的保护范围，应当审查权利人主张的权利要求所记载的全部技术特征。被诉侵权技术方案包含与权利要求记载的全部技术特征相同或者等同的技术特征的，人民法院应当认定其落入专利权的保护范围；被诉侵权技术方案的技术特征与权利要求记载的全部技术特征相比，缺少权利要求记载的一个以上的技术特征的，或者有一个以上技术特征不相同也不等同的，人民法院应当认定其没有落入专利权的保护范围。根据查明的事实，正好制药公司的专利为“一种药物金刚藤微丸及其制备方法”，其权利要求如前所述包括了1至10项。在上述权利要求中，权利要求1至权利要求5、权利要求7为产品权利要求，权利要求6、8、9、10为专利方法权利要求。权利要求1为独立产品权利要求，权利要求2至10均为从属权利要求。要判断方盛制药公司申请注册的“金刚藤分散片”产品及其生产技术方案是否落入正好制药公司的“一种药物金刚藤微丸及其制备方法”专利权的保护范围，就应当将方盛制药公司申请注册的“金刚藤分散片”产品及其技术方案的技术特征与正好制药公司的该专利所记载的每项权利要求所具有的全部技术特征进行比对。

关于权利要求1。权利要求1为：一种药物微丸，其特征在于该药物微丸是由下述重量份的原料制成的：金刚藤干浸膏45—150重量份、微晶纤维素50—90重量份、交联聚维酮5—15重量份。可见，涉案专利独立权利要求所描述的必要技术特征，它是一种药物微丸，这种药物微丸由三种原料制成，该三种原料的比例是：金刚藤干浸膏: 微晶纤维素: 交联聚维酮 =（45—150）:（50—90）:（5—15），从申请注册的“金刚藤分散片”的相关技术特征来分析，它是一种药片，这种药片由五种原料组成，该五种原料的比例是：金刚藤浸膏: 微晶纤维素: 交联聚维酮: 羟丙纤维素: 硬脂酸镁 =300∶55∶40∶100∶5。经比对两者在名称及形状、原料组成及其比例上都明显不同。

经过将请求确认不侵权产品相应的技术特征与涉案专利的专利要求1的

① 《专利法》（2020年修正）第64条。

全部技术特征进行比对分析，可以认定“金刚藤分散片”未落入涉案专利权利要求1的保护范围。

关于权利要求2—10。本案中权利要求2—10均为权利要求1的从属权利要求，均是在权利要求1微丸技术方案的基础上附加技术特征后形成的新的技术方案。该9项从属权利要求保护范围小于权利要求1的保护范围。因此，在请求确认不侵权产品不落入权利要求1的保护范围的情况下，亦不落入权利要求2—10的保护范围。

综上，“金刚藤分散片”产品及其生产工艺未落入涉案专利权的保护范围，不构成对涉案专利权的侵犯。

上述案例清楚表明，在发明、实用新型专利不侵权确认之诉中，在判定是否落入据以“警告”或者“投诉”的专利权的保护范围时，判定方法和原则与在侵犯专利权诉讼是完全一样的。即，第一步，按照本书第二编第三章叙述的方法和原则，对据以“警告”或者“投诉”的专利权的全部权利要求进行解释；第二步，按照本书第二编第四章叙述的方法和原则确定据以“警告”或者“投诉”的专利权的全部权利要求的保护范围；第三步，按照本书第二编第五章叙述的方法和原则判定被“警告”或者“投诉”的行为所涉的技术方案是否落入据以“警告”或者“投诉”专利权的所有专利权利要求的保护范围，其中还要特别注意按照本书第二编第六章叙述的方法和原则进行功能性技术特征的识别及落入包含功能性技术特征的专利权利要求的保护范围判定的特殊性。如果判定的结果是，被“警告”或者“投诉”行为所涉技术方案没有落入据以“警告”或者“投诉”的所有专利权利要求的保护范围，则可判定被“警告”或者“投诉”行为没有侵犯据以“警告”或者“投诉”的专利权。如果判定的结果为被“警告”或者“投诉”行为落入据以“警告”或者“投诉”的专利权的某一项或者某几项专利权利要求的保护范围，则要按照本书第二编第七章第一节和第二节叙述的方法和原则判定原告的“不侵权抗辩”是否成立。如果针对被“警告”或者“投诉”行为所涉技术方案落入其保护范围的所有权利要求的不侵权抗辩都成立，则原告胜诉，即原告的被“警告”或者“投诉”行为不侵犯被告据以“警告”或者“投诉”的专利权的诉讼请求成立；如果针对被“警告”或者“投诉”行为所涉技术方案落入其保护范围的某一项权利要求的不侵权抗辩不成立，则原告败诉，即原告的被“警告”或者“投诉”行为不侵犯被告据以“警告”或者“投诉”的专利权的诉讼请求不成立。

如果被告据以“警告”或者“投诉”的专利权为外观设计专利权，则按照本书第一编和第二编第七章所述的方法和原则进行。

另外，自 2020 年 11 月 18 日起施行的《审理专利纠纷案件规定》在第 1 条受案范围中增加了第 13 项（确认不侵害专利权纠纷案件），以及自 2020 年 11 月 18 日起施行的《知识产权证据规定》第 5 条规定：“提起确认不侵害知识产权之诉的原告应当举证证明下列事实：（一）被告向原告发出侵权警告或者对原告进行侵权投诉；（二）原告向被告发出诉权行使催告及催告时间、送达时间；（三）被告未在合理期限内提起诉讼。”但很显然，在具体诉讼实务中仅仅依靠现有关于不侵犯专利权之诉的司法解释的规定是远远不够的（截至现在尚未有法律层面的规定）。在不侵犯专利权的确认之诉的实务操作中，本书叙述的方法和原则仍然具有非常重要的指导作用。

后 记

在众多师友的鼓励、帮助、支持，特别是知识产权出版社齐梓伊主任团队的支持下，《中国专利侵权判定诉讼实务指南　正义——从粗糙到精细》一书终于能够出版奉献给读者了。在此，谨对各位师友，特别是为本书出版付出大量辛勤劳动的丛芳女士和凌艳怡编辑致以衷心的感谢！本书交到出版社的稿件，几乎仅仅是原材料，充其量也是毛坯件，是经丛芳女士、齐梓伊主任、凌艳怡编辑的认真加工后，才成为如今呈现给读者的样子。

笔者期待本书的出版对助力“中国创造”起到添砖加瓦的作用。但不论对于作者还是读者，如果真的要在解决中国“缺芯少魂”等“卡脖子”技术的伟大壮举中添些助力的话，仅仅做到对相关法律知识的融会贯通是远远不够的，还得在对相关技术的理解上跟上“中国创造”的步伐，对相关技术能达到在专利法角度的精准理解。因此，对于每个有志于通过知识产权保护助力“中国创造”的人来说，每天的生活就不得不像习总书记所说的“滚石上山，爬坡过坎”。

本书呈现的是笔者对过往学习、工作中的感悟思考、经验总结，笔者坚信，每一次对曾经磨难的回顾，都会为我们增添前行的勇气和力量！

章建勤

2021 年 6 月 14 日